D1717642

МИРОВАЯ КЛАССИКА

МИРОВАЯ КЛАССИКА

А.И. СОЛЖЕНИЦЫН

Раковый корпус

Москва
2002

УДК 821.161.1
ББК 84 (2Рос=Рус)6
С60

Серия «Мировая классика»

Серийное оформление А.А. Воробьева

Подписано в печать с готовых диапозитивов 04.04.02.
Формат 84×108[1]/32. Печать высокая с ФПФ. Бумага типографская. Усл. печ. л. 26,88. Тираж 10 000 экз.
Заказ 2994.

Солженицын А.И.

С60 Раковый корпус: Роман / А.И. Солженицын. — М.: ООО «Издательство АСТ», 2002. — 505, [7] с. — (Мировая классика).

ISBN 5-17-004225-6.

Александр Солженицын — уникальная фигура в мировой литературе второй половины XX века. Один из величайших правозащитников-диссидентов «советской эпохи» — и, главное, ПИСАТЕЛЬ. Писатель сложный, во многом противоречивый — но вызывающий восхищение своим огромным талантом и своей непоколебимой, искренней гражданской позицией.

От неизлечимой болезни умирают люди — и гибнет страна. Исцеление может прийти только чудом. Быть может, если не люди, то хотя бы СТРАНА сумеет исцелиться от смертельного недуга страха?..

УДК 821.161.1
ББК 84 (2Рос=Рус)6

ISBN 5-17-004225-6

ЧАСТЬ ПЕРВАЯ

1

Раковый корпус носил и номер тринадцать. Павел Николаевич Русанов никогда не был и не мог быть суеверен, но что-то опустилось в нём, когда в направлении ему написали: «тринадцатый корпус». Вот уж ума не хватило назвать тринадцатым какой-нибудь протезный или кишечный.

Однако во всей республике сейчас не могли ему помочь нигде, кроме этой клиники.

— Но ведь у меня — не рак, доктор? У меня ведь — не рак? — с надеждой спрашивал Павел Николаевич, слегка потрагивая на правой стороне шеи свою злую опухоль, растущую почти по дням, а снаружи всё так же обтянутую безобидной белой кожей.

— Да нет же, нет, конечно, — в десятый раз успокоила его доктор Донцова, размашистым почерком исписывая страницы в истории болезни. Когда она писала, она надевала очки — скруглённые четырёхугольные, как только прекращала писать — снимала их. Она была уже немолода, и вид у неё был бледный, очень усталый.

Это было ещё на амбулаторном приёме, несколько дней назад. Назначенные в раковый даже на амбулаторный приём, больные уже не спали ночь. А Павлу Николаевичу Донцова определила лечь, и как можно быстрей.

Не сама только болезнь, непредусмотренная, неподготовленная, налетевшая как шквал за две недели на беспечного счастливого человека, — но не меньше болезни угнетало теперь Павла Николаевича то, что приходилось ложиться в эту клинику на общих основаниях, как он лечился уже не помнил когда. Стали звонить — Евгению Семёновичу, и Шендяпину, и Ульмасбаеву, а те в свою очередь звонили, выясняли возможности, и нет ли в этой клинике спецпалаты, или нельзя хоть временно организовать маленькую комнату как спецпалату. Но по здешней тесноте не вышло ничего.

И единственное, о чём удалось договориться через главного врача, — что можно будет миновать приёмный покой, общую баню и переодевалку.

И на их голубеньком «москвичике» Юра подвёз отца и мать к самым ступенькам Тринадцатого корпуса.

Несмотря на морозец, две женщины в застиранных бумазейных халатах стояли на открытом каменном крыльце — ёжились, а стояли.

Начиная с этих неопрятных халатов всё было здесь для Павла Николаевича неприятно: слишком истёртый ногами цементный пол крыльца; тусклые ручки двери, захватанные руками больных; вестибюль ожидающих с облезлой краской пола, высокой оливковой панелью стен (оливковый цвет так и казался грязным) и большими рейчатыми скамьями, на которых не помещались и сидели на полу приехавшие издалека больные — узбеки в стёганых ватных халатах, старые узбечки в белых платках, а молодые — в лиловых, красно-зелёных, и все в сапогах и в галошах. Один русский парень лежал, занимая целую скамейку, в расстёгнутом, до полу свешенном пальто, сам истощавший, а с животом опухшим, и непрерывно кричал от боли. И эти его вопли оглушили Павла Николаевича и так задели, будто парень кричал не о себе, а о нём.

Павел Николаевич побледнел до губ, остановился и прошептал:

— Капа! Я здесь умру. Не надо. Вернёмся.

Капитолина Матвеевна взяла его за руку твёрдо и сжала:

— Пашенька! Куда же мы вернёмся?.. И что дальше?

— Ну, может быть, с Москвой ещё как-нибудь устроится...

Капитолина Матвеевна обратилась к мужу всей своей широкой головой, ещё уширенной пышными медными стрижеными кудрями:

— Пашенька! Москва — это, может быть, ещё две недели, может быть, не удастся. Как можно ждать? Ведь каждое утро она больше!

Жена крепко сжимала его у кисти, передавая бодрость. В делах гражданских и служебных Павел Николаевич был неуклонен и сам, — тем приятней и спокойней было ему в делах семейных всегда полагаться на жену: всё важное она решала быстро и верно.

А парень на скамейке раздирался-кричал!

— Может, врачи домой согласятся... Заплатим... — неуверенно отпирался Павел Николаевич.

— Пасик! — внушала жена, страдая вместе с мужем, — ты знаешь, я сама первая всегда за это: позвать человека и заплатить. Но мы же выяснили: эти врачи не ходят, денег не берут. И у них аппаратура. Нельзя...

Павел Николаевич и сам понимал, что нельзя. Это он говорил только на всякий случай.

По уговору с главврачом онкологического диспансера их должна была ожидать старшая сестра в два часа дня вот здесь, у низа лестницы, по которой сейчас осторожно спускался больной на костылях. Но, конечно, старшей сестры на месте не было, и каморка её под лестницей была на замочке.

— Ни с кем нельзя договориться! — вспыхнула Капитолина Матвеевна. — За что им только зарплату платят!

Как была, объятая по плечам двумя чернобурками, Капитолина Матвеевна пошла по коридору, где написано было: «В верхней одежде вход воспрещён».

Павел Николаевич остался стоять в вестибюле. Боязливо, лёгким наклоном головы направо, он ощупывал свою опухоль между ключицей и челюстью. Такое было впечатление, что за полчаса — с тех пор как он дома в последний раз посмотрел на неё в зеркало, окутывая кашне, — за эти полчаса она будто ещё выросла. Павел Николаевич ощущал слабость и хотел бы сесть. Но скамьи казались грязными, и ещё надо было просить подвинуться какую-то бабу в платке с сальным мешком на полу между ног. Даже издали как бы не достигал до Павла Николаевича смрадный запах от этого мешка.

И когда только научится наше население ездить с чистыми аккуратными чемоданами! (Впрочем, теперь, при опухоли, это уже было всё равно.)

Страдая от криков того парня и от всего, что видели глаза, и от всего, что входило через нос, Русанов стоял, чуть прислонясь к выступу стены. Снаружи вошёл какой-то мужик, перед собой неся поллитровую банку с наклейкой, почти полную жёлтой жидкостью. Банку он нёс не пряча, а гордо приподняв, как кружку с пивом, выстоянную в очереди. Перед самым Павлом Николаевичем, чуть не протягивая ему эту банку, мужик остановился, хотел спросить, но посмотрел на котиковую шапку и отвернулся, ища дальше, к больному на костылях:

— Милай! Куда это несть, а?

Безногий показал ему на дверь лаборатории.

Павла Николаевича просто тошнило.

Раскрылась опять наружная дверь — и в одном белом халате вошла сестра, не миловидная, слишком долголицая. Она сразу заметила Павла Николаевича, и догадалась, и подошла к нему.

— Простите, — сказала она через запышку, румяная до цвета накрашенных губ, так спешила. — Простите, пожалуйста! Вы давно меня ждёте? Там лекарства привезли, я принимаю.

Павел Николаевич хотел ответить едко, но сдержался. Уж он рад был, что ожидание кончилось. Подошёл, неся чемодан и сумку с продуктами, Юра — в одном костюме, без шапки, как правил машиной, — очень спокойный, с покачивающимся высоким светлым чубом.

— Пойдёмте! — вела старшая сестра к своей кладовке под лестницей. — Я знаю, Низамутдин Бахрамович мне говорил, вы будете в своём белье и привезли свою пижаму, только ещё не ношенную, правда?

— Из магазина.

— Это обязательно, иначе ведь нужна дезинфекция, вы понимаете? Вот здесь вы переоденетесь.

Она отворила фанерную дверь и зажгла свет. В каморке со скошенным потолком не было окна, а висело много графиков цветными карандашами.

Юра молча занёс туда чемодан, вышел, а Павел Николаевич вошёл переодеваться. Старшая сестра рванулась куда-то ещё за это время сходить, но тут подошла Капитолина Матвеевна:

— Девушка, вы что, так торопитесь?

— Да н-немножко...

— Как вас зовут?

— Мита.

— Странное какое имя. Вы не русская?

— Немка...

— Вы нас ждать заставили.

— Простите, пожалуйста. Я сейчас там принимаю...

— Так вот слушайте, Мита, я хочу, чтоб вы знали. Мой муж... заслуженный человек, очень ценный работник. Его зовут Павел Николаевич.

— Павел Николаевич, хорошо, я запомню.

— Понимаете, он и вообще привык к уходу, а сейчас у него такая серьёзная болезнь. Нельзя ли около него устроить дежурство постоянной сестры?

Озабоченное неспокойное лицо Миты ещё озаботилось. Она покачала головой:

— У нас, кроме операционных, на шестьдесят человек три дежурных сестры днём. А ночью две.

— Ну вот, видите! Тут умирать будешь, кричать — не подойдут.

— Почему вы так думаете? Ко всем подходят.

Ко «всем»!.. Если она говорила «ко всем», то что́ ей объяснять?

— К тому ж ваши сёстры меняются?

— Да, по двенадцать часов.

— Ужасно это обезличенное лечение!.. Я бы сама с дочерью сидела посменно! Я бы постоянную сиделку за свой счёт пригласила, — мне говорят — и это нельзя... ?

— Я думаю, это невозможно. Так никто ещё не делал. Да там в палате и стула негде поставить.

— Боже мой, воображаю, что это за палата! Ещё надо посмотреть эту палату! Сколько ж там коек?

— Девять. Да это хорошо, что сразу в палату. У нас новенькие лежат на лестницах, в коридорах.

— Девушка, я буду всё-таки просить, вы знаете своих людей, вам легче организовать. Договоритесь с сестрой или с санитаркой, чтобы к Павлу Николаевичу было внимание не казённое... — она уже расщёлкнула большой чёрный ридикюль и вытянула оттуда три пятидесятки.

Недалеко стоявший молчаливый сын отвернулся.

Мита отвела обе руки за спину.

— Нет, нет! Таких поручений...

— Но я же не вам даю! — совала ей в грудь растопыренные бумажки Капитолина Матвеевна. — Но раз нельзя это сделать в законном порядке... Я плачу за работу! А вас прошу только о любезности передать!

— Нет-нет, — холодела сестра. — У нас так не делают.

Со скрипом двери из каморки вышел Павел Николаевич в новенькой зелёно-коричневой пижаме и тёплых комнатных туфлях с меховой оторочкой. На его почти безволосой голове была новенькая малиновая тюбетейка. Теперь, без зимнего воротника и кашне, особенно грозно выглядела его опухоль в кулак на боку шеи. Он и голову уже не держал ровно, а чуть набок.

Сын пошёл собрать в чемодан всё снятое. Спрятав деньги в ридикюль, жена с тревогой смотрела на мужа:

— Не замёрзнешь ли ты?.. Надо было тёплый халат тебе взять. Привезу. Да, здесь же шарфик, — она вынула из его кармана. — Обмотай, чтоб не простудить! — В чернобурках и в шубе она казалась втрое мощнее мужа. — Теперь иди в палату, устраивайся. Разложи продукты, осмотрись, продумай, что тебе нужно, я буду сидеть ждать. Спустишься, скажешь — к вечеру всё привезу.

Она не теряла головы, она всегда всё предусматривала. Она была настоящий товарищ по жизни. Павел Николаевич с благодарностью и страданием посмотрел на неё, потом на сына.

— Ну, так, значит, едешь, Юра?

— Вечером поезд, папа, — подошёл Юра. Он держался с отцом почтительно, но, как всегда, порыва у него не было никакого, сейчас вот — порыва разлуки с отцом, оставляемым в больнице. Он всё воспринимал погашенно.

— Так, сынок. Значит, это первая серьёзная командировка. Возьми сразу правильный тон. Никакого благодушия! Тебя благодушие губит! Всегда помни, что ты — не Юра Русанов, не частное лицо, ты — представитель за-ко-на, понимаешь?

Понимал Юра или нет, но Павлу Николаевичу трудно было сейчас найти более точные слова. Мита мялась и рвалась идти.

— Так я же подожду с мамой, — улыбался Юра. — Ты не прощайся, иди пока, пап.

— Вы дойдёте сами? — спросила Мита.

— Боже мой, человек еле стоит, неужели вы не можете довести его до койки? Сумку донести!

Павел Николаевич сиротливо посмотрел на своих, отклонил поддерживающую руку Миты и, крепко взявшись за перила, стал всходить. Сердце его забилось, и ещё не от подъёма совсем. Он всходил по ступенькам, как всходят на этот, на как его... ну, вроде трибуны, чтобы там, наверху, отдать голову.

Старшая сестра, опережая, взбежала вверх с его сумкой, там что-то крикнула Марии и, ещё прежде чем Павел Николаевич прошёл первый марш, уже сбегала по лестнице другою стороной и из корпуса вон, показывая Капитолине Матвеевне, какая тут ждёт её мужа чуткость.

А Павел Николаевич медленно взошёл на лестничную площадку — широкую и глубокую, какие могут быть только в старинных зданиях. На этой серединной площадке, ничуть не мешая движению, стояли две кровати с больными и ещё тумбочки при них. Один больной был плох, изнурён и сосал кислородную подушку.

Стараясь не смотреть на его безнадёжное лицо, Русанов повернул и пошёл выше, глядя вверх. Но и в конце второго марша его не ждало ободрение. Там стояла сестра Мария. Ни улыбки, ни привета не излучало её смуглое иконописное лицо. Высокая, худая и плоская, она ждала его, как солдат, и сразу же пошла верхним вестибюлем, показывая куда. Отсюда было несколько дверей, и, только их не загораживая, ещё стояли кровати с больными. В безоконном завороте под постоянно горящей настольной лампой стоял письменный столик сестры, её же процедурный столик, а рядом висел настенный шкаф, с матовым стеклом и красным крестом. Мимо этих столиков, ещё мимо кровати, и Мария указала длинной сухой рукой:

— Вторая от окна.

И уже торопилась уйти — неприятная черта общей больницы, не постоит, не поговорит.

Створки двери в палату были постоянно распахнуты, и всё же, переходя порог, Павел Николаевич ощутил влажно-спёртый смешанный, отчасти лекарственный запах — мучительный при его чуткости к запахам.

Койки стояли поперёк стен тесно, с узкими проходами по ширине тумбочек, и средний проход вдоль комнаты тоже был двоим разминуться.

В этом проходе стоял коренастый широкоплечий больной в розово-полосчатой пижаме. Толсто и туго была обмотана бинтами вся его шея — высоко, почти под мочки ушей. Белое сжимающее кольцо бинтов не оставляло ему свободы двигать тяжёлой тупой головой, буро заросшей.

Этот больной хрипло рассказывал другим, слушавшим с коек. При входе Русанова он повернулся к нему всем корпусом, с которым наглухо сливалась голова, посмотрел без участия и сказал:

— А вот — ещё один рачок.

Павел Николаевич не счёл нужным ответить на эту фамильярность. Он чувствовал, что и вся комната сейчас смотрит на него, но ему не хотелось ответно оглядывать этих случайных людей и даже здороваться с ними. Он лишь отодвигающим движением повёл рукою в воздухе, указывая бурому больному посторониться. Тот пропустил Павла Николаевича и опять так же всем корпусом с приклёпанной головой повернулся вослед.

— Слышь, браток, у тебя рак — *чего?* — спросил он нечистым голосом.

Павла Николаевича, уже дошедшего до своей койки, как заскоблило от этого вопроса. Он поднял глаза на нахала, стараясь не выйти из себя (но всё-таки плечи его дёрнулись), и сказал с достоинством:

— Ни чего. У меня вообще не рак.

Бурый просопел и присудил на всю комнату:

— Ну и дурак! Если б не рак — разве б сюда положили?

2

В этот первый же вечер в палате за несколько часов Павлу Николаевичу стало жутко.

Твёрдый комок опухоли — неожиданной, ненужной, бессмысленной, никому не полезной — притащил его сюда, как крючок тащит рыбу, и бросил на эту железную койку — узкую, жалкую, со скрипящей сеткой, со скудным матрасиком. Стоило только переодеться под лестницей, проститься с родными и подняться в эту палату — как захлопнулась вся прежняя жизнь, а здесь выперла такая мерзкая, что от неё ещё жутче стало, чем от самой опухоли. Уже не выбрать было приятного, успокаивающего, на что смотреть, а надо было смотреть на восемь пришибленных существ, теперь ему как бы равных, — восемь больных в бело-розовых, сильно уже слинявших и поношенных пижамках, где залатанных, где надорванных, почти всем не по мерке. И уже не выбрать было, что́ слушать, а надо было слушать нудные разговоры этих сбродных людей, совсем не касавшиеся Павла Николаевича и неинтересные ему. Он охотно приказал бы им замолчать, и особенно этому надоедному буроволосому с бинтовым охватом по шее и защемлённой головой — его просто Ефремом все звали, хотя был он не молод.

Но Ефрем никак не усмирялся, не ложился и из палаты никуда не уходил, а неспокойно похаживал средним проходом вдоль комнаты. Иногда он взмарщивался, перекашивался лицом, как от укола, брался за голову. Потом опять ходил. И, походив так, останавливался именно у кровати Русанова, переклонялся к нему через спинку всей своей негнущейся верхней половиной, выставлял широкое конопатое хмурое лицо и внушал:

— Теперь всё, профессор. Домой не вернёшься, понятно?

В палате было очень тепло, Павел Николаевич лежал сверх одеяла в пижаме и тюбетейке. Он поправил очки с золочёным ободочком, посмотрел на Ефрема строго, как умел смотреть, и ответил:

— Я не понимаю, товарищ, чего вы от меня хотите? И зачем вы меня запугиваете? Я ведь вам вопросов не задаю.

Ефрем только фыркнул злобно:

— Да уж задавай не задавай, а домой не вернёшься. Очки вон можешь вернуть. Пижаму новую.

Сказав такую грубость, он выпрямил неповоротливое туловище и опять зашагал по проходу, нелёгкая его несла.

Павел Николаевич мог, конечно, оборвать его и поставить на место, но для этого он не находил в себе обычной воли: она упала и от слов обмотанного чёрта ещё опускалась. Нужна была поддержка, а его в яму сталкивали. В несколько часов Русанов как потерял всё положение своё, заслуги, планы на будущее — и стал семью десятками килограммов тёплого белого тела, не знающего своего завтра.

Наверно, тоска отразилась на его лице, потому что в одну из следующих проходок Ефрем, став напротив, сказал уже миролюбно:

— Если и попадёшь домой — ненадолго, а-апять сюда. Рак людей любит. Кого рак клешнёй схватит — то уж до смерти.

Не было сил Павла Николаевича возражать — и Ефрем опять занялся ходить. Да и кому было в комнате его осадить! — все лежали какие-то прибитые или нерусские. По той стене, где из-за печного выступа помещалось только четыре койки, одна койка — прямо против русановской, ноги к ногам через проход, — была Ефремова, а на трёх остальных совсем были юнцы: простоватый смуглявый хлопец у печки, молодой узбек с костылём, а у окна — худой, как глист, и скрюченный на своей койке пожелтевший стонущий парень. В этом же ряду, где был Павел Николаевич, налево лежали два нацмена, потом у двери русский пацан, рослый, стриженный под машинку, сидел читал, — а по другую руку на последней приоконной койке тоже сидел будто русский, но не обрадуешься такому соседству: морда у него была бандитская. Так он выглядел, наверно, от шрама (начинался шрам близ угла рта и переходил по низу левой щеки почти на шею); а может быть от непричёсанных дыбливых чёрных волос, торчавших и вверх, и вбок; а может вообще от грубого жёсткого выражения. Бандюга этот туда же тянулся к культуре — дочитывал книгу.

Уже горел свет — две яркие лампы с потолка. За окнами стемнело. Ждали ужина.

— Вот тут старик есть один, — не унимался Ефрем, — он внизу лежит, операция ему завтра. Так ему ещё в сорок втором году рачок маленький вырезали и сказали — пустяки, иди гуляй. Понял? — Ефрем говорил будто бойко, а голос был такой, как самого бы резали. — Тринадцать лет прошло, он и забыл про этот диспа́нсер, водку пил, баб трепал — нотный старик, увидишь. А сейчас рачище у него та-кой вырос! — Ефрем даже чмокнул от удовольствия. — Прямо со стола да как бы не в морг.

— Ну хорошо, довольно этих мрачных предсказаний! — отмахнулся и отвернулся Павел Николаевич и не узнал своего голоса: так неавторитетно, так жалобно он прозвучал.

А все молчали. Ещё нудьги нагонял этот исхудалый, всё вертящийся парень у окна в том ряду. Он сидел — не сидел, лежал — не лежал, скрючился, подобрав коленки к груди, и, никак не находя удобнее, перевалился головой уже не к подушке, а к изножью кровати. Он тихо-тихо стонал, гримасами и подёргиваниями выражая, как ему больно.

Павел Николаевич отвернулся и от него, спустил ноги в шлёпанцы и стал бессмысленно инспектировать свою тумбочку, открывая и закрывая то дверцу, где были густо сложены у него продукты, то верхний ящичек, где легли туалетные принадлежности и электробритва.

А Ефрем всё ходил, сложив руки в замок перед грудью, иногда вздрагивал от уколов и гудел своё, как припев, как по покойнику:

— Так что — сикиверное наше дело... очень сикиверное...

Лёгкий хлопок раздался за спиной Павла Николаевича. Он обернулся туда осторожно, потому что каждое шевеление шеи отдавалось болью, и увидел, что это его сосед, полубандит, хлопнул коркой прочтённой книги и вертел её в своих больших шершавых руках. Наискось по тёмно-синему переплёту, и такая же по корешку, шла тиснённая золотом и уже потускневшая роспись писателя. Чья это роспись, Павел Николаевич не разобрал, а спрашивать у такого типа не хотелось. Он придумал соседу прозвище — Оглоед. Очень подходило.

Оглоед угрюмыми глазищами смотрел на книгу и объявил беззастенчиво громко на всю комнату:

— Если б не Дёмка эту книгу в шкафу выбирал, так поверить бы нельзя, что нам её не подкинули.

— Чего — Дёмка? Какую книгу? — отозвался пацан от двери, читая своё.

— По всему городу шарь — пожалуй, нарочно такой не найдёшь. — Оглоед смотрел в широкий тупой затылок Ефрема (давно не стриженные, от неудобства его волосы налезали на повязку), потом в напряжённое лицо. — Ефрем! Хватит скулить. Возьми-ка вот книжку почитай.

Ефрем остановился как бык, посмотрел мутно.

— А зачем — читать? Зачем, как все подохнем скоро?

Оглоед шевельнул шрамом:

— Вот потому и торопись, что скоро подохнем. На, на.

Он уже протягивал книгу Ефрему, но тот не шагнул:

— Много тут читать. Не хочу.

— Да ты неграмотный, что ли? — не очень-то и уговаривал Оглоед.

— Я — даже очень грамотный. Где мне нужно — я очень грамотный.

Оглоед пошарил за карандашом на подоконнике, открыл книгу сзади и, просматривая, кое-где поставил точки.

— Не бойсь, — бормотнул он, — тут рассказишки маленькие. Вот эти несколько — попробуй. Да надоел больно, скулишь. Почитай.

— А Ефрем ничего не боѐтся! — Он взял книгу и перешвырнул к себе на койку.

На одном костыле прохромал из двери молодой узбек Ахмаджан — один весёлый в комнате. Объявил:

— Ложки к бою!

И смуглявый у печки оживился:

— Вечерю несут, хлопцы!

Показалась раздатчица в белом халате, держа поднос выше плеча. Она перевела его перед себя и стала обходить койки. Все, кроме измученного парня у окна, зашевелились и разбирали тарелки. На каждого в палате приходилась тумбочка, и только у пацана Дёмки не было своей, а пополам с ширококостым казахом, у которого распух над губою неперебинтованный безобразный тёмно-бурый струп.

Не говоря о том, что Павлу Николаевичу и вообще сейчас было не до еды, даже до своей домашней, но один вид этого ужина — прямоугольной резиновой манной бабки с желейным жёлтым соусом, и этой нечистой серой алюминиевой ложки с дважды перекрученным стеблом, — только ещё раз горько напомнил ему, куда он попал и какую, может быть, сделал ошибку, согласясь на эту клинику.

А все, кроме стонущего парня, дружно принялись есть. Павел Николаевич не взял тарелку в руки, а постучал ноготком по её ребру, оглядываясь, кому б её отдать. Одни сидели к нему боком, другие спиной, а тот хлопец у двери как раз видел его.

— Тебя как зовут? — спросил Павел Николаевич, не напрягая голоса (тот должен был сам услышать).

Стучали ложки, но хлопец понял, что обращаются к нему, и ответил готовно:

— Прошка... той, э-э-э... Прокофий Семёныч.

— Возьми.

— Та що ж, можно... — Прошка подошёл, взял тарелку, кивнул благодарно.

А Павел Николаевич, ощущая жёсткий комок опухоли под челюстью, вдруг сообразил, что ведь он здесь был не из лёгких. Изо всех девяти только один был перевязан — Ефрем, и в таком месте как раз, где могли порезать и Павла Николаевича. И только у одного были сильные боли. И только у того здорового казаха через койку — тёмно-багровый струп. И вот — костыль у молодого узбека, да и то он лишь чуть на него приступал. А у остальных вовсе не было заметно снаружи никакой опухоли, никакого безобразия, они выглядели как здоровые люди. Особенно — Прошка, он был румян, как будто в доме отдыха, а не в больнице, и с большим аппетитом вылизывал сейчас тарелку. У Оглоеда хоть была серизна в лице, но двигался он свободно, разговаривал развязно, а на бабку так накинулся, что мелькнуло у Павла Николаевича — не симулянт ли он, пристроился на государственных харчах, благо в нашей стране больных кормят бесплатно.

А у Павла Николаевича сгусток опухоли поддавливал под голову, мешал поворачиваться, рос по часам — но врачи здесь не считали часов: от самого обеда и до ужина никто не смотрел Русанова и никакое лечение не было применено. А ведь доктор Донцова заманила его сюда именно экстренным лечением. Значит, она совершенно безответственна и преступно-халатна. Русанов же поверил ей и терял золотое время в этой тесной, затхлой, нечистой палате, вместо того чтобы созваниваться с Москвой и лететь туда.

И это сознание делаемой ошибки, обидного промедления, наложенное на его тоску от опухоли, так защемило сердце Павла Николаевича, что непереносимо было ему слышать что-нибудь, начиная с этого стука ложек по тарелкам, и видеть эти железные кровати, грубые одеяла, стены, лампы, людей. Ощущение было, что он попал в западню, и до утра нельзя сделать никакого решительного шага.

Глубоко несчастный, он лёг и своим домашним полотенцем закрыл глаза от света и ото всего. Чтоб отвлечься, он стал перебирать дом, семью, чем они там могут сейчас заниматься. Юра уже в поезде. Его первая практическая инспекция. Очень важно правильно себя показать. Но Юра — не напористый, растяпа он, как бы не опозорился. Авиета — в Москве, на каникулах. Немножко развлечься, по театрам побегать, а главное — с целью деловой: присмотреться, как и что, может быть завязать связи, ведь пятый курс, надо правильно сориентироваться в жизни. Авиета будет толковая журналистка, очень деловая, и, конечно, ей надо перебираться в Москву, здесь ей будет тесно. Она такая умница и такая талантливая, как никто в семье, — опыта у неё недостаточно, но как же она всё на лету схватывает! Лаврик — немножко шалопай, учится так себе, но в спорте — просто талант, уже ездил на соревнования в Ригу, там жил в гостинице, как взрослый. Он уже и машину гоняет. Теперь при Досаафе занимается на получение прав. Во второй четверти схватил две двойки, надо выправлять. А Майка сейчас уже, наверно, дома, на пианино играет (до неё в семье никто не играл). А в коридоре лежит Джульбарс на коврике. Последний год Павел Николаевич пристрастился сам его по утрам выводить, это и себе полезно. Теперь будет Лаврик выводить. Он любит — притравит немножко на прохожего, а потом: вы не пугайтесь, я его держу!

Но вся дружная образцовая семья Русановых, вся их налаженная жизнь, безупречная квартира — всё это за несколько дней отделилось от него и оказалось по ту сторону опухоли. Они живут и будут жить, как бы ни кончилось с отцом. Как бы они теперь ни волновались, ни заботились, ни плакали — опухоль задвигала его как стена, и по эту сторону оставался он один.

Мысли о доме не помогли, и Павел Николаевич постарался отвлечься государственными мыслями. В субботу должна открыться сессия Верховного Совета Союза. Ничего крупного как будто не ожидается, утвердят бюджет. Когда сегодня он уезжал из дому в больницу, начали передавать по радио большой доклад о тяжёлой промышленности. А здесь, в палате, даже радио нет, и в коридоре нет, хорошенькое дело! Надо хоть обеспечить «Правду» без перебоя. Сегодня — о тяжёлой промышленности, а вчера — постановление об увеличении производства продуктов животноводства. Да! Очень энергично развивается экономическая жизнь, и предстоят, конечно, крупные преобразования разных государственных и хозяйственных организаций.

И Павлу Николаевичу стало представляться, какие именно могут произойти реорганизации в масштабах республики и области. Эти реорганизации всегда празднично волновали, на время отвлекали от будней работы, работники созванивались, встречались и обсуждали возможности. И в какую бы сторону реорганизации ни происходили, иногда в противоположные, никого никогда, в том числе и Павла Николаевича, не понижали, а только всегда повышали.

Но и этими мыслями не отвлёкся он и не оживился. Кольнуло под шеей — и опухоль, глухая, бесчувственная, вдвинулась и заслонила весь мир. И опять: бюджет, тяжёлая промышленность, животноводство и реорганизации — всё это осталось по т у сторону опухоли. А по э т у — Павел Николаевич Русанов. Один.

В палате раздался приятный женский голосок. Хотя сегодня ничто не могло быть приятно Павлу Николаевичу, но этот голосок был просто лакомый:

— Температурку померим! — будто она обещала раздавать конфеты.

Русанов стянул полотенце с лица, чуть приподнялся и надел очки. Счастье какое! — это была уже не та унылая чёрная Мария, а плотненькая, подобранная, и не в косынке углом, а в шапочке на золотистых волосах, как носили доктора.

— Азовкин! А, Азовкин! — весело окликала она молодого человека у окна, стоя над его койкой. Он лежал ещё странней прежнего — наискось кровати, ничком, с подушкой под животом, упершись подбородком в матрас, как кладёт голову собака, и смотрел в прутья кровати, отчего получался как в клетке. По его обтянутому лицу переходили тени внутренних болей. Рука свисала до полу.

— Ну, подберитесь! — стыдила сестра. — Силы у вас есть. Возьмите термометр сами.

Он еле поднял руку от пола, как ведро из колодца, взял термометр. Так был он обессилен и так углубился в боль, что нельзя было поверить, что ему лет семнадцать, не больше.

— Зоя! — попросил он стонуще. — Дайте мне грелку.

— Вы — враг сам себе, — строго сказала Зоя. — Вам давали грелку, но вы её клали не на укол, а на живот.

— Но мне так легчает, — страдальчески настаивал он.

— Вы себе опухоль так отращиваете, вам объясняли. В онкологическом вообще грелки не положены, для вас специально доставали.

— Ну, я тогда колоть не дам.

Но Зоя уже не слушала и, постукивая пальчиком по пустой кровати Оглоеда, спросила:

— А где Костоглотов?

(Ну надо же! — как Павел Николаевич верно схватил! Костоглод — Оглоед — точно!)

— Курить пошёл, — отозвался Дёмка от двери. Он всё читал.

— Он у меня докурится! — проворчала Зоя.

Какие же славные бывают девушки! Павел Николаевич с удовольствием смотрел на её тугую затянутую кругловатость и чуть навыкате глаза — смотрел с бескорыстным уже любованием и чувствовал, что смягчается. Улыбаясь, она протянула ему термометр. Она стояла как раз со стороны опухоли, но ни бровью не дала понять, что ужасается или не видела таких никогда.

— А мне никакого лечения не прописано? — спросил Русанов.

— Пока нет, — извинилась она улыбкой.

— Но почему же? Где врачи?

— У них рабочий день кончился.

На Зою нельзя было сердиться, но кто-то же был виноват, что Русанова не лечили! И надо было действовать! Русанов презирал бездействие и слякотные характеры. И, когда Зоя пришла отбирать термометры, он спросил:

— А где у вас городской телефон? Как мне пройти?

В конце концов, можно было сейчас решиться и позвонить товарищу Остапенко! Простая мысль о телефоне вернула Павлу Николаевичу его привычный мир. И мужество. И он почувствовал себя снова борцом.

— Тридцать семь, — сказала Зоя с улыбкой и на новой температурной карточке, повешенной в изножье его кровати, поставила первую точку графика. — Телефон — в регистратуре. Но вы сейчас туда не пройдёте. Это — с другого парадного.

— Позвольте, девушка! — Павел Николаевич приподнялся и построжел. — Как может в клинике не быть телефона? Ну, а если сейчас что-нибудь случится? Вот со мной, например.

— Побежим — позвоним, — не испугалась Зоя.

— Ну, а если буран, дождь проливной?

Зоя уже перешла к соседу, старому узбеку, и продолжала его график.

— Днём и прямо ходим, а сейчас заперто.

Приятная-приятная, а дерзкая: не дослушав, уже перешла к казаху. Невольно повышая голос ей вослед, Павел Николаевич воскликнул:

— Так должен быть другой телефон! Не может быть, чтоб не было!

— Он есть, — ответила Зоя из присядки у кровати казаха. — Но в кабинете главврача.

— Ну, так в чём дело?

— Дёма... Тридцать шесть и восемь... А кабинет заперт. Низамутдин Бахрамович не любит...

И ушла.

В этом была логика. Конечно, неприятно, чтобы без тебя ходили в твой кабинет. Но в больнице как-то же надо придумать...

На мгновенье болтнулся проводок к миру внешнему — и оборвался. И опять весь мир закрыла опухоль величиной с кулак, подставленный под челюсть.

Павел Николаевич достал зеркальце и посмотрел. Ух, как же её разносило! Посторонними глазами и то страшно на неё взглянуть — а своими?! Ведь такого не бывает! Вот кругом ни у кого же нет! Да за сорок пять лет жизни Павел Николаевич ни у кого не видел такого уродства!..

Не стал уж он определять — ещё выросла или нет, спрятал зеркало да из тумбочки немного достал, пожевал.

Двух самых грубых — Ефрема и Оглоеда — в палате не было, ушли. Азовкин у окна ещё по-новому извернулся, но не стонал. Остальные вели себя тихо, слышалось перелистывание страниц, некоторые легли спать. Оставалось и Русанову заснуть. Скоротать ночь, не думать — а уж утром дать взбучку врачам.

И он разделся, лёг под одеяло, накрыл голову полотенцем и попробовал заснуть.

Но в тишине особенно стало слышно и раздражало, как где-то шепчут и шепчут — и даже прямо в ухо Павлу Николаевичу. Он не выдержал, сорвал полотенце с лица, приподнялся, стараясь не сделать больно шее, и обнаружил, что это шепчет его сосед-узбек — высохший, худенький, почти коричневый старик с клинышком маленькой чёрной бородки и в коричневой же потёртой тюбетейке.

Он лежал на спине, заложив руки за голову, смотрел в потолок и шептал — молитвы, что ли, старый дурак?

— Э! Аксакал! — погрозил ему пальцем Русанов. — Перестань! Мешаешь!

Аксакал смолк. Опять Русанов лёг и накрылся полотенцем. Но уснуть всё равно не мог. Теперь он понял, что успокоиться ему мешает режущий свет двух подпотолочных ламп — не матовых и плохо закрытых абажурами. Даже через полотенце ощущался этот свет. Павел Николаевич крякнул, опять на руках приподнялся от подушки, ладя, чтоб не кольнула опухоль.

Прошка стоял у своей кровати близ выключателя и начинал раздеваться.

— Молодой человек! Потушите-ка свет! — распорядился Павел Николаевич.

— Та ще... лекарства нэ принэсли... — замялся Прошка, но приподнял руку к выключателю.

— Что значит — «потушите»? — зарычал сзади Русанова Оглоед. — Укоротитесь, вы тут не один.

Павел Николаевич сел как следует, надел очки и, оберегая опухоль, визжа сеткой, обернулся:

— А вы повежливей можете разговаривать?

Грубиян скорчил кривоватую рожу и ответил низким голосом:

— Не оттягивайте, я не у вас в аппарате.

Павел Николаевич метнул в него сжигающим взглядом, но на Оглоеда это не подействовало ничуть.

— Хорошо, а зачем нужен свет? — вступил Русанов в мирные переговоры.

— В заднем проходе ковырять, — сгрубил Костоглотов.

Павлу Николаевичу стало трудно дышать, хотя, кажется, уж он обдышался в палате. Этого нахала надо было в двадцать минут выписать из больницы и отправить на работу! Но в руках не было никаких конкретных мер воздействия.

— Так если почитать или что другое — можно выйти в коридор, — справедливо указал Павел Николаевич. — Почему вы присваиваете себе право решать за всех? Тут — разные больные, и надо делать различия...

— Сделают, — оклычился тот. — Вам некролог напишут, член с такого-то года, а нас — ногами вперёд.

Такого необузданного неподчинения, такого неконтролируемого своеволия Павел Николаевич никогда не встречал, не помнил. И он даже терялся — что́ можно противопоставить? Не жаловаться же этой девчёнке. Приходилось пока самым достойным образом прекратить разговор. Павел Николаевич снял очки, осторожно лёг и накрылся полотенцем.

Его разрывало от негодования и тоски, что он поддался и лёг в эту клинику. Но не поздно будет завтра же и выписаться.

На часах его было начало девятого. Что ж, он решил теперь всё терпеть. Когда-нибудь же они успокоятся.

Но опять началась ходьба и тряска между кроватями — это, конечно, Ефрем вернулся. Старые половицы комнаты отзывались на его шаги и передавались Русанову через койку и подушку. Но уж решил Павел Николаевич замечания ему не делать, терпеть.

Сколько ещё в нашем населении неискоренённого хамства! И как его с этим грузом вести в новое общество!

Бесконечно тянулся вечер! Начала приходить сестра — один раз, второй, третий, четвёртый, одному несла микстуру, другому порошок, третьего и четвёртого колола. Азовкин вскрикивал при уколе, опять клянчил грелку, чтоб рассасывалось. Ефрем продолжал топать туда-сюда, не находил покоя. Ахмаджан разговаривал с Прошкой, и каждый со своей кровати. Как будто все только сейчас и оживали по-настоящему, как будто ничто их не заботило и нечего было лечить. Даже Дёмка не ложился спать, а пришёл и сел на койку Костоглотова, и тут, над самым ухом Павла Николаевича, они бубнили.

— Побольше стараюсь читать, — говорил Дёмка, — пока время есть. В университет поступить охота.

— Это хорошо. Только учти: образование ума не прибавляет.

(Чему учит ребёнка, Оглоед!)

— Как не прибавляет?!

— Так вот.

— А что ж прибавляет?

— Ж-жизнь.

Дёмка помолчал, ответил:

— Я не согласен.

— У нас в части комиссар такой был, Пашкин, он всегда говорил: образование ума не прибавляет. И звание — не прибавляет. Иному добавят звёздочку, он думает — и ума добавилось. Нет.

— Так что ж тогда — учиться не надо? Я не согласен.

— Почему не надо? Учись. Только для себя помни, что ум — не в этом.

— А в чём же ум?

— В чём ум? Глазам своим верь, а ушам не верь. На какой же ты факультет хочешь?

— Да вот не решил. На исторический хочется, и на литературный хочется.

— А на технический?

— Не-а.

— Странно. Это в наше время так было. А сейчас ребята все технику любят. А ты — нет?

— Меня... общественная жизнь очень разжигает.

— Общественная?.. Ох, Дёмка, с техникой — спокойней жить. Учись лучше приёмники собирать.

— А чего мне — покойней!.. Сейчас вот если месяца два тут полежу — надо за девятый класс подогнать, за второе полугодие.

— А учебники?

— Да два у меня есть. Стереометрия очень трудная.

— Стереометрия?! А ну, тащи сюда!

Слышно было, как пацан пошёл и вернулся.

— Так, так, так... Стереометрия Киселёва, старушка... Та же самая... Прямая и плоскость, параллельные между собой... Если прямая параллельна какой-нибудь прямой, расположенной в плоскости, то она параллельна и самой плоскости... Чёрт возьми, вот книжечка, Дёмка! Вот так бы все писали! Толщины никакой, да? А сколько тут напихано!

— Полтора года по ней учат.

— И я по ней учился. Здорово знал!

— А когда?

— Сейчас тебе скажу. Тоже вот так девятый класс, со второго полугодия... значит, в тридцать седьмом и в тридцать восьмом. Чудно́ в руках держать. Я геометрию больше всего любил.

— А потом?

— Что потом?

— После школы.

— После школы я на замечательное отделение поступил — геофизическое.

— Это где?

— Там же, в Ленинграде.

— И что?

— Первый курс кончил, а в сентябре тридцать девятого вышел указ брать в армию с девятнадцати, и меня загребли.

— А потом?

— Потом действительную служил.

— А потом?

— А потом — не знаешь, что было? Война.

— Вы — офицер были?

— Не, сержант.

— А почему?

— А потому что если все в генералы пойдут, некому будет войну выигрывать... Если плоскость проходит через прямую, параллельную другой плоскости, и пересекает эту плоскость, то линия пересечения... Слушай, Дёмка! Давай я с тобой каждый день буду стереометрией заниматься? Ох, двинем! Хочешь?

— Хочу.

(Этого ещё не хватало, над ухом.)

— Буду уроки тебе задавать.

— Задавай.

— А то, правда, время пропадает. Прямо сейчас и начнём. Разберём вот эти три аксиомы. Аксиомы эти, учти, на вид простенькие, но они потом в каждой теореме скрытно будут содержаться, и ты должен видеть — где. Вот первая: если две точки прямой принадлежат плоскости, то и каждая точка этой прямой принадлежит ей. В чём тут смысл? Вот пусть эта книжка будет плоскость, а карандаш — прямая, так? Теперь попробуй расположить...

Заладили и долго ещё гудели об аксиомах и следствиях. Но Павел Николаевич решил терпеть, демонстративно повёрнутый к ним спиной. Наконец замолчали и разошлись. С двойным снотворным заснул и умолк Азовкин. Так тут начал кашлять аксакал, к которому Павел Николаевич повёрнут был лицом. И свет уже потушили, а он, проклятый, кашлял и кашлял, да так противно, подолгу, со свистом, что, казалось, задохнётся.

Повернулся Павел Николаевич спиной и к нему. Он снял полотенце с головы, но настоящей темноты всё равно не было: падал свет из коридора, там слышался шум, хождение, гремели плевательницами и вёдрами.

Не спалось. Давила опухоль. Такая счастливая, такая полезная жизнь была на обрыве. Было очень жалко себя. Одного маленького толчка не хватало, чтоб выступили слёзы.

И толчок этот не упустил добавить Ефрем. Он и в темноте не унялся и рассказывал Ахмаджану по соседству идиотскую сказку:

— А зачем человеку жить сто лет? И не надо. Это дело было вот как. Раздавал, ну, Аллах жизнь и всем зверям давал по пятьдесят лет, хватит. А человек пришёл последний, и у Аллаха оставалось только двадцать пять.

— Четвертна́я, значит? — спросил Ахмаджан.

— Ну да. И стал обижаться человек: мало! Аллах говорит: хватит. А человек: мало! Ну, тогда, мол, пойди сам спроси, может у кого лишнее, отдаст. Пошёл человек, встречает лошадь. «Слушай, — говорит, — мне жизни мало. Уступи от себя.» — «Ну, на, возьми двадцать пять.» Пошёл дальше, навстречу собака. «Слушай, собака, уступи жизни!» — «Да возьми двадцать пять!» Пошёл дальше. Обезьяна. Выпросил и у неё двадцать пять. Вернулся к Аллаху. Тот и говорит: «Как хочешь, сам ты решил. Первые двадцать пять лет будешь жить как человек. Вторые двадцать пять будешь работать как лошадь. Третьи двадцать пять будешь гавкать как собака. И ещё двадцать пять над тобой, как над обезьяной, смеяться будут...»

3

Хотя Зоя была толкова, проворна и очень быстро сновала по своему этажу от стола к кроватям и снова к столу, она увидела, что не успевает выполнить к отбою всех назначений. Тогда она подогнала, чтоб кончить и погасить в мужской палате и в малой женской. В большой же женской — огромной, где стояло больше тридцати коек, — женщины никогда не угомонивались вовремя, гаси им свет или не гаси. Многие там лежали подолгу, утомились от больницы, сон у них был плох, душно, постоянно шёл спор — держать ли балконную дверь открытой или закрытой. А было и несколько изощрённых любительниц поговорить из угла в угол. До полуночи и до часу ночи тут всё обсуждали то цены, то продукты, то мебель, то детей, то мужей, то соседок — и до самых бесстыжих разговоров.

А сегодня там ещё мыла пол санитарка Нэля — крутозадая горластая девка с большими бровями и большими губами. Она давно уже начала, но никак не могла кончить, встревая в каждый разговор. Между тем ждая своей ванночки Сибгатов, чья кровать стояла в вестибюле перед входом в мужскую палату. Из-за этих вечерних ванночек, а также стесняясь дурного запаха от своей спины, Сибгатов добровольно оставался лежать в вестибюле, хотя он был здесь издавнее всех старожилов — уж будто и не больной, а на постоянной службе.

Быстро мелькая по женской палате, Зоя сделала Нэле одно замечание и второе, но Нэля только огрызнулась, а подвигалась медленно. Она была не моложе Зои и считала обидой подчиняться девчёнке. Зоя пришла сегодня на работу в праздничном настроении, но это сопротивление санитарки раздражало её. Вообще Зоя считала, что всякий человек имеет право на свою долю свободы и, приходя на работу, тоже не обязательно должен выложиться до изнемоги, но где-то была разумная мера, а тем более находясь при больных.

Наконец и Зоя всё раздала и кончила, и Нэля дотёрла пол, потушили свет у женщин, потушили и в вестибюле верхний, был уже двенадцатый час, когда Нэля развела тёплый раствор на первом этаже и оттуда принесла Сибгатову в его постоянном тазике.

— О-о-ой, уморилась, — громко зевнула она. — Закачусь я минуток на триста. Слушай, больной, ты ведь целый час будешь сидеть, тебя не дождёшься. Ты потом сам снеси тазик вниз, вылей, а?

(В этом крепком старом здании с просторными вестибюлями не было наверху слива.)

Каким Шараф Сибгатов был раньше — уж теперь нельзя было догадаться, не по чему судить: страдание его было такое долгое, что от прежней жизни уже как бы ничего и не осталось. Но после трёх лет непрерывной гнетучей болезни этот молодой татарин был самый кроткий, самый вежливый человек во всей клинике. Он часто слабо-слабо улыбался, как бы извиняясь за долгие хлопоты с собой. За свои четырёх- и шестимесячные лежанья он тут знал всех врачей, сестёр и санитарок как своих, и они его знали. А Нэля была новенькая, несколько недель.

— Мне тяжело будет, — тихо возразил Сибгатов. — Если куда отлить, я бы по частям отнёс.

Но зоин стол был близко, она слышала и прискочила:

— Как тебе не стыдно! Ему спину искривлять нельзя, так он тебе таз понесёт, да?

Она это всё как бы выкрикнула, но полушёпотом, никому, кроме них троих, не слышно. А Нэля спокойно отозвалась, но на весь второй этаж:

— А чего стыдно? Я тоже как сучка затомилась.

— Ты на дежурстве! Тебе деньги платят! — ещё приглушённей возмущалась Зоя.

— Хой! Платят! Разве эт деньги? Я на текстильном и то больше заработаю.

— Тш-ш! Тише ты можешь?

— О-о-ой, — вздохнула-простонала на весь вестибюль широкогрудая Нэля. — Милая подружка подушка! Спать-то как хочется-а... Ту ночь с шоферянами прогуляла... Ну ладно, больной, ты тазик потом подсунь под кровать, я утром вынесу.

Глубоко-затяжно зевнув, не покрывая рта, в конце зевка сказала Зое:

— Тут я, в заседаниях буду, на диванчике.

И, не дожидаясь разрешения, пошла к угловой двери — там была с мягкой мебелью комната врачебных заседаний и пятиминуток.

Она оставляла ещё многую недоделанную работу, невычищенные плевательницы, и в вестибюле можно было помыть пол, но Зоя посмотрела ей в широкую спину и сдержалась. Не так давно и сама она работала, но начинала понимать этот досадный принцип: кто не тянет, с того и не спросишь, а кто тянет — и за двоих потянет. Завтра с утра заступит Елизавета Анатольевна, она вычистит и вымоет за Нэлю и за себя.

Теперь, когда Сибгатова оставили одного, он обнажил крестец, в неудобном положении опустился в тазик на полу около кровати — и так сидел, очень тихо. Ото всякого неосторожного движения ему было больно в кости, но ещё бывало паляще больно и от касания к повреждённому месту, даже от постоянного касания бельём. Что там у него сзади, он не видел никогда, только иногда нащупывал пальцами. В позапрошлом году в эту клинику его внесли на носилках — он не мог вставать и ногами двигать. Его смотрели тогда многие доктора, но лечила всё время Людмила Афанасьевна. И за четыре месяца боль совсем прошла! — он свободно ходил, наклонялся и ни на что не жаловался. При выписке он руки целовал Людмиле Афанасьевне, а она его только предупреждала: «Будь осторожен, Шараф! Не прыгай, не ударяйся!» Но на такую работу его не взяли, а пришлось опять экспедитором. Экспедитору — как не прыгать из кузова на землю? Как не помочь грузчику и шофёру? Но всё было ничего до одного случая — покатилась с машины бочка и ударила Шарафа как раз в больное место. И на месте удара загноилась рана. Она не заживала. И с тех пор Сибгатов стал как цепью прикован к раковому диспансеру.

С непроходящим чувством досады Зоя села за стол и ещё раз проверяла, все ли процедуры исполнила, дочёркивая расплывающимися чернильными чёрточками по дурной бумаге уже расплывшиеся чернильные строки. Писать рапорт было бесполезно. Да и не в натуре Зои. Надо бы самой справиться, но именно с Нэлей она справиться не умела. Поспать — ничего плохого нет. При хорошей санитарке Зоя и сама бы полночи поспала. А теперь надо сидеть.

Она смотрела в свою бумажку, но слышала, как подошёл мужчина и стал рядом. Зоя подняла голову. Стоял Костоглотов — неукладистый, с недочёсанной угольной головой, большие руки почти не влезали в боковые маленькие карманчики больничной куртки.

— Давно пора спать, — вменила Зоя. — Что расхаживаете?

— Добрый вечер, Зоенька, — выговорил Костоглотов как мог мягче, даже нарастяг.

— Спокойной ночи, — летуче улыбнулась она. — Добрый вечер был, когда я за вами с термометром бегала.

— То на службе было, не укоряйте. А сейчас я к вам в гости пришёл.

— Вот как? — (Это уж там само получалось, что подбрасывались ресницы или широко открывались глаза, она этого не обдумывала.) — Почему вы думаете, что я принимаю гостей?

— А потому что по ночным дежурствам вы всегда зубрили, а сегодня учебников не вижу. Сдали последний?

— Наблюдательны. Сдала.

— И что получили? Впрочем, это неважно.

— Впрочем, всё-таки четвёрку. А почему неважно?

— Я подумал: может быть тройку, и вам неприятно говорить. И теперь каникулы?

Она мигнула с весёлым выражением лёгкости. Мигнула — и прониклась: чего она, в самом деле, расстроилась? Две недели каникул, блаженство! Кроме клиники — больше никуда! Сколько свободного времени! И на дежурствах — можно книжечку почитать, можно вот поболтать.

— Значит, я правильно пришёл в гости?

— Ну, садитесь.

— Скажите, Зоя, но ведь каникулы, если я не забыл, раньше начинались 25 января.

— Так мы осенью на хлопке были. Это каждый год.

— И сколько ж вам лет осталось учиться?

— Полтора.

— А куда вас могут назначить?

Она пожала кругленькими плечами:

— Родина необъятна.

Глаза её с выкатком, даже когда она смотрела спокойно, как будто под веками не помещались, просились наружу.

— Но здесь не оставят?

— Не-ет, конечно.

— И как же вы семью бросите?

— Какую семью? У меня бабушка одна. Бабушку — с собой.

— А папа-мама?

Зоя вздохнула.

— Мама моя умерла.

Костоглотов посмотрел на неё и об отце не спросил.

— А вообще, вы — здешняя?

— Нет, из Смоленска.

— Во-о! И давно оттуда?

— В эвакуацию, когда ж.

— Это вам было... лет девять?

— Ага. Два класса там кончила... А потом здесь с бабушкой застряли.

Зоя потянулась к большой хозяйственной ярко-оранжевой сумке на полу у стены, достала оттуда зеркальце, сняла врачебную шапочку, чуть всклочила стянутые шапочкой волосы и начесала из них редкую, лёгкой дугой подстриженную золотенькую чёлку.

Золотой отблик отразился и на жёсткое лицо Костоглотова. Он смягчился и следил за ней с удовольствием.

— А ваша где бабушка? — пошутила Зоя, кончая с зеркальцем.

— Моя бабушка, — вполне серьёзно принял Костоглотов, — и мама моя... умерли в блокаду.

— Ленинградскую?

— У-гм. И сестрёнку снарядом убило. Тоже была медсестрой. Козявка ещё.

— Да-а, — вздохнула Зоя. — Сколько погибло в блокаду! Проклятый Гитлер!

Костоглотов усмехнулся:

— Что Гитлер — проклятый, это не требует повторных доказательств. Но всё же ленинградскую блокаду я на него одного не списываю.

— Как?! Почему?

— Ну, как! Гитлер и шёл нас уничтожать. Неужели ждали, что он приотворит калиточку и предложит блокадным: выходите по одному, не толпитесь? Он воевал, он враг. А в блокаде виноват некто другой.

— Кто же?? — прошептала поражённая Зоя. Ничего подобного она не слышала и не предполагала.

Костоглотов собрал чёрные брови.

— Ну, скажем, тот или те, кто были готовы к войне, даже если бы с Гитлером объединились Англия, Франция и Америка. Кто получал зарплату десятки лет и предусмотрел угловое положение Ленинграда и его оборону. Кто оценил степень будущих бомбардировок и догадался спрятать продовольственные склады под землю. Они-то и задушили мою мать — вместе с Гитлером.

Просто это было, но как-то очень уж ново.

Сибгатов тихо сидел в своей ванночке позади них, в углу.

— Но тогда?.. тогда их надо... судить? — шёпотом предположила Зоя.

— Не знаю. — Костоглотов скривил губы, и без того угловатые. — Не знаю.

Зоя не надевала больше шапочки. Верхняя пуговица её халата была расстёгнута, и виднелся ворот платья иззолота-серый.

— Зоенька. А ведь я к вам отчасти и по делу.

— Ах, вот как! — прыгнули её ресницы. — Тогда, пожалуйста, в дневное дежурство. А сейчас — спать! Вы просились — в гости?

— Я — и в гости. Но пока вы ещё не испортились, не стали окончательным врачом — протяните мне человеческую руку.

— А врачи не протягивают?

— Ну, у них и рука не такая... Да и не протягивают. Зоенька, я всю жизнь отличался тем, что не любил быть мартышкой. Меня здесь лечат, но ничего не объясняют. Я так не могу. Я у вас видел книгу — «Патологическая анатомия». Так ведь?

— Так.

— Это и есть об опухолях, да?

— Да.

— Так вот будьте человеком — принесите мне её! Я должен её полистать и кое-что сообразить. Для себя.

Зоя скруглила губы и покачала головой:

— Но больным читать медицинские книги противопоказано. Даже вот когда мы, студенты, изучаем какую-нибудь болезнь, нам всегда кажется...

— Это кому-нибудь другому противопоказано, но не мне! — прихлопнул Костоглотов по столу большой лапой. — Я уже в жизни пуган-перепуган и отпугался. Мне в областной больнице хирург-кореец, который диагноз ставил, вот под Новый год, тоже объяснять не хотел, а я ему — «говорите!». «У нас, мол, так не положено!» — «Говорите, я отвечаю! Я семейными делами должен распорядиться!» Ну, и он мне лепанул: «Три недели проживёте, больше не ручаюсь!»

— Какое ж он имел право!..

— Молодец! Человек! Я ему руку пожал. Я знать должен! Да если я полгода до этого мучился, а последний месяц не мог уже ни лежать, ни сидеть, ни стоять, чтобы не болело, в сутки спал несколько минут, — так я уже что-то ведь передумал! За эту осень я на себе узнал, что человек может переступить черту смерти, ещё когда тело его не умерло. Ещё что-то там в тебе кровообращается или пищеварится — а ты уже, психологически, прошёл всю подготовку к смерти. И пережил саму смерть. Всё, что видишь вокруг, видишь уже как бы из гроба, бесстрастно. Хотя ты не причислял себя к христианам, и даже иногда напротив, а тут вдруг замечаешь, что ты таки уже простил всем обижавшим тебя и не имеешь зла к гнавшим тебя. Тебе уже просто всё и все безразличны, ничего не порываешься исправить, ничего не жаль. Я бы даже сказал: очень равновесное состояние, естественное. Теперь меня вывели из него, но я не знаю — радоваться ли. Вернутся все страсти — и плохие, и хорошие.

— Да уж чего задаётесь! Ещё бы не радоваться! Когда вы сюда поступили... Сколько это дней?..

— Двенадцать.

— И вот тут, в вестибюле, на диванчике крутились — на вас смотреть было страшно, лицо покойницкое, не ели ничего, температура тридцать восемь и утром, и вечером — а сейчас? Ходите в гости... Это же чудо — чтоб человек за двенадцать дней так ожил! У нас так редко бывает.

В самом деле — тогда на лице его были как зубилом прорублены глубокие, серые, частые морщины от постоянного напряжения. А сейчас их стало куда меньше, и они посветлели.

— Всё счастье в том, что оказалось — я хорошо переношу рентген.

— Это далеко не часто! Это удача! — с тёплым сердцем сказала Зоя.

Костоглотов усмехнулся:

— Жизнь моя так была бедна удачами, что в этой рентгеновской есть своя справедливость. Мне и сны сейчас стали сниться какие-то расплывчато-приятные. Я думаю — это признак выздоровления.

— Вполне допускаю.

— Так тем более мне надо понять и разобраться! Я хочу понять, в чём состоит метод лечения, какие перспективы, какие осложнения. Мне настолько полегчало, что, может, нужно лечение остановить? Это надо понять. Ни Людмила Афанасьевна, ни Вера Корнильевна мне ничего не объясняют, лечат, как обезьяну. Принесите книжечку, Зоя, прошу вас! Я вас не продам.

Он говорил так настоятельно, что оживился.

Зоя в колебании взялась за ручку ящика в столе.

— Она у вас здесь? — догадался Костоглотов. — Зоенька, дайте! — И уже руку вытянул. — Когда вы следующий раз дежурите?

— В воскресенье днём.

— И я вам отдам! Всё! Договорились!

Какая она славная была, незаносчивая, с этой чёлкой золотенькой, с этими чуть выкаченными глазками.

Он только себя не видел, как во всех направлениях были закручены угловатые вихры на его собственной голове, отлёжанные так на подушке, а из-под курточки, недостёгнутой до шеи, с больничною простотой высовывался уголок казённой бязевой сорочки.

— Так-так-так, — листал он книгу и лез в оглавление. — Очень хорошо. Тут я всё найду. Вот спасибо. А то, чёрт его знает, ещё, может, перелечат. Им ведь только графу заполнить. Я ещё, может, оторвусь. И хорошая аптека убавит века.

— Ну вот! — всплеснула Зоя ладонями. — Стоило вам давать! А ну-ка назад!

И она потянула книгу одной рукой, потом двумя. Но он легко удерживал.

— Порвём библиотечную! Отдайте!

Круглые плотные плечи её и круглые плотные небольшие руки были как облитые в натянувшемся халате. Шея была ни худа, ни толста, ни коротка, ни вытянута, очень соразмерна.

Перетягивая книгу, они сблизились и смотрели в упор. Его нескладное лицо распустилось в улыбке. И шрам уже не казался таким страшным, да он и был-то побледневший, давний. Свободной рукой мягко отнимая её пальцы от книги, Костоглотов шёпотом уговаривал:

— Зоенька. Ну вы же не за невежество, вы же за просвещение. Как можно мешать людям развиваться? Я пошутил, я никуда не оторвусь.

Напористым шёпотом отвечала и она:

— Да вы уж потому недостойны читать, что — как вы себя запустили? Почему вы не приехали раньше? Почему надо было приезжать уже мертвецом?

— Э-э-эх, — вздохнул Костоглотов уже полувслух. — Транспорта не было.

— Да что это за место такое — транспорта не было? Ну, самолётом! Да почему надо было допускать до последнего? Почему заранее не переехать в более культурное место? Какой-нибудь врач, фельдшер у вас там был?

Она сняла пальцы с книги.

— Врач есть, гинеколог. Даже два...

— Два гинеколога!? — подавилась Зоя. — Так у вас там одни женщины?

— Наоборот, женщин не хватает. Гинеколога два, а других врачей нет. И лаборатории нет. Крови не могли взять на исследование. У меня РОЭ было, оказывается, шестьдесят, и никто не знал.

— Кошмар! И опять берётесь решать — лечиться или нет? Себя не жалеете — хоть бы близких своих пожалели, детей!

— Детей? — будто очнулся Костоглотов, будто вся эта весёлая возня с книгой была во сне, а вот опять он возвращался в своё жёсткое лицо и медленную речь. — У меня никаких детей нет.

— А жена — не человек?

Он стал ещё медленней:

— И жены нет.

— Мужчины всегда, что — нет. А какие ж вы семейные дела собирались улаживать? Корейцу что́ говорили?

— Так я ему соврал.

— А может мне — сейчас?

— Нет, правда нет. — Лицо Костоглотова тяжелело. — Я переборчив очень.

— Она не выдержала вашего характера? — сочувственно кивнула Зоя.

Костоглотов совсем медленно покачал головой.

— И не было никогда.

Зоя недоумённо оценивала, сколько ж ему лет. Она шевельнула губами раз — и отложила вопрос. И ещё шевельнула — и ещё отложила.

Зоя к Сибгатову сидела спиной, а Костоглотов лицом, и ему было видно, как тот преосторожно поднялся из ванночки, обеими руками держась за поясницу, и просыхал. Вид его был обстрадавшийся: от крайнего горя он уже отстал, а к радости не вызывало его ничто.

Костоглотов вдохнул и выдохнул, как будто это работа была — дышать.

— Ох, закурить хочется! Здесь никак нельзя?

— Никак. И для вас курить — это смерть.

— Ни за что просто?

— Просто ни за что. Особенно при мне.

Но улыбалась.

— А может, одну всё-таки?

— Больные спят, как можно!

Он всё же вытащил пустой длинный наборный мундштук ручной работы и стал его сосать.

— Знаете, как говорят: молодому жениться рано, а старому поздно. — Двумя руками облокотился о её стол и пальцы с мундштуком запустил в волосы. — Чуть-чуть я не женился после войны, хотя: я — студент, она — студентка. Поженились бы всё равно, да пошло кувырком.

Зоя рассматривала малодружелюбное, но сильное лицо Костоглотова. Костлявые плечи, руки — но это от болезни.

— Не сладилось?

— Она... как это называется... погибла. — Один глаз он закрыл в кривой пожимке, а одним смотрел. — Погибла, но вообще — жива. В прошлом году мы обменялись с ней несколькими письмами.

Он расщурился. Увидел в пальцах мундштук и положил его в карманчик назад.

— И, знаете, по некоторым фразам в этих письмах я вдруг задумался: а на самом-то деле тогда, прежде, она была ли таким совершенством, как виделась мне? Может и не была?.. Что мы понимаем в двадцать пять лет?..

Он смотрел в упор на Зою тёмно-коричневыми глазищами:

— Вот вы, например, — что сейчас понимаете в мужчинах? Ни-чер-та!

Зоя засмеялась:

— А может быть, как раз понимаю?

— Никак этого не может быть, — продиктовал Костоглотов. — То, что вы под пониманием думаете, — это не понимание. И выйдете замуж — о-бя-за-тельно ошибётесь.

— Перспективка! — покрутила Зоя головой и из той же большой оранжевой сумки достала и развернула вышиванье: небольшой кусочек, натянутый на пяльцы, на нём уже вышитый зелёный журавль, а лиса и кувшин только нарисованы.

Костоглотов смотрел, как на диво:

— Вышиваете??

— Чему вы удивляетесь?

— Не представлял, что сейчас, и студентка мединститута — может вынуть рукоделие.

— Вы не видели, как девушки вышивают?

— Кроме, может быть, самого раннего детства. В двадцатые годы. И то уже считалось буржуазным. За это б вас на комсомольском собрании выхлестали.

— Сейчас это очень распространено. А вы не видели?

Он покрутил головой.

— И осуждаете?

— Что вы! Это так мило, уютно. Я любуюсь.

Она клала стежок к стежку, давая ему полюбоваться. Она смотрела в вышиванье, а он — на неё. В жёлтом свете лампы отсвечивали призолотой её ресницы. И отзолачивал открытый уголок платья.

— Вы — пчёлка с чёлкой, — прошептал он.

— Как? — Она исподлобья взбросила бровки.

Он повторил.

— Да? — Зоя будто ожидала похвалы и побольше. — А там, где вы живёте, если никто не вышивает, так, может быть, свободно продаются мулинэ?

— Как-как?

— Му-ли-нэ. Вот эти нитки — зелёные, синие, красные, жёлтые. У нас очень трудно купить.

— Мулинэ. Запомню и спрошу. Если есть — обязательно пришлю. А если у нас окажутся неограниченные запасы мулинэ — так, может быть, вам проще переехать самой к нам туда?

— А куда это всё-таки — к вам?

— Да можно сказать — на целину.

— Так вы — на целине? Вы — целинник?

— То есть, когда я туда приехал, никто не думал, что целина. А теперь выяснилось, что — целина, и к нам приезжают целинники. Вот будут распределять — проситесь к нам! Наверняка не откажут. К нам — не откажут.

— Неужели у вас так плохо?

— Ничуть. Просто у людей перевёрнуты представления — что хорошо и что плохо. Жить в пятиэтажной клетке, чтоб над твоей головой стучали и ходили, и радио со всех сторон, — это считается хорошо. А жить трудолюбивым земледельцем в глинобитной хатке на краю степи — это считается крайняя неудача.

Он говорил ничуть не в шутку, с той утомлённой убеждённостью, когда не хочется даже силой голоса укрепить доводы.

— Но степь или пустыня?

— Степь. Барханов нет. Всё же травка кой-какая. Растёт жанта́к — верблюжья колючка, не знаете? Это — колючка, но в июле на ней розоватые цветы и даже очень тонкий запах. Казахи делают из неё сто лекарств.

— Так это в Казахстане?

— У-гм.

— Как же называется?

— Уш-Тере́к.

— Это — аул?

— Да хотите — аул, а хотите — и районный центр. Больница. Только врачей не хватает. Приезжайте.

Он сощурился.

— И больше ничего не растёт?

— Нет, почему же, есть поливное земледелие. Сахарная свёкла, кукуруза. На огородах вообще всё, что угодно. Только трудиться надо много. С кетменём. На базаре у греков всегда молоко, у курдов баранина, у немцев свинина. А какие живописные базары, вы бы видели! Все в национальных костюмах, приезжают на верблюдах.

— Вы — агроном?

— Нет. Землеустроитель.

— А вообще зачем вы там живёте?

Костоглотов почесал нос:

— Мне там климат очень нравится.

— И нет транспорта?

— Да почему, хо-одят машины, сколько хотите.

— Но зачем всё-таки туда поеду я?

Она смотрела искоса. За то время, что они болтали, лицо Костоглотова подобрело и помягчело.

— Вы? — Он поднял кожу со лба, как бы придумывая тост. — А откуда вы знаете, Зоенька, в какой точке земли вы будете счастливы, в какой — несчастливы? Кто скажет, что знает это о себе?

4

Хирургическим больным, то есть тем, чью опухоль намечено было пресекать операцией, не хватало места в палатах нижнего этажа, и их клали также наверху, вперемежку с «лучевыми», кому назначалось облучение или химия. Поэтому наверху каждое утро шло два обхода: лучевики смотрели своих больных, хирурги — своих.

Но четвёртого февраля была пятница, операционный день, и хирурги обхода не делали. Доктор же Вера Корнильевна Гангарт, лечащий врач лучевых, после пятиминутки тоже не пошла сразу обходить, а лишь, поравнявшись с дверью мужской палаты, заглянула туда.

Доктор Гангарт была невысока и очень стройна — казалась очень стройной оттого, что у неё подчёркнуто узко сходилось в поясном перехвате. Волосы её, немодно положенные узлом на затылок, были светлее чёрных, но и темней тёмно-русых — те, при которых нам предлагают невразумительное слово «шатенка», а сказать бы: чёрнорусые — между чёрными и русыми.

Её заметил Ахмаджан и закивал радостно. И Костоглотов успел поднять голову от большой книги и поклониться издали. И она обоим им улыбнулась и подняла палец, как предупреждают детей, чтоб сидели без неё тихо. И тут же, уклоняясь от дверного проёма, ушла.

Сегодня она должна была обходить палаты не одна, а с заведующей лучевым отделением Людмилой Афанасьевной Донцовой, но Людмилу Афанасьевну вызвал и задерживал Низамутдин Бахрамович, главврач.

Только в эти дни своих обходов, раз в неделю, Донцова жертвовала рентгенодиагностикой. Обычно же два первых лучших утренних часа, когда острей всего глаз и яснее ум, она сидела со своим очередным ординатором перед экраном. Она считала это самой сложной частью своей работы и более чем за двадцать лет её поняла, как дорого обходятся ошибки именно в диагнозе. У неё в отделении было три врача, все молодые женщины, и, чтобы опыт каждой из них был равномерен и ни одна не отставала бы от диагностики, Донцова кругообразно сменяла их, держа по три месяца на первичном амбулаторном приёме, в рентгенодиагностическом кабинете и лечащим врачом в клинике.

У доктора Гангарт шёл сейчас этот третий период. Самым главным, опасным и наименее исследованным здесь было — следить за верною дозировкой облучения. Не было такой формулы, по которой можно было бы рассчитать интенсивности и дозы облучений, самые смертоносные для каждой опухоли, самые безвредные для остального тела. Формулы не было, а был — некий опыт, некое чутьё и возможность сверяться с состоянием больного. Это тоже была операция — но лучом, вслепую и растянутая во времени. Невозможно было не ранить и не губить здоровых клеток.

Остальные обязанности лечащего врача требовали только методичности: вовремя назначать анализы, проверять их и делать записи в тридесяти историях болезни. Никакой врач не любит исписывать разграфлённые бланки, но Вера Корнильевна примирялась с ними за то, что эти три месяца у неё были *свои* больные — не бледное сплетение светов и теней на экране, а свои живые постоянные люди, которые верили ей, ждали её голоса и взгляда. И когда ей приходилось передавать обязанности лечащего врача, ей всегда было жалко расставаться с теми, кого она не долечила.

Дежурная медсестра, Олимпиада Владиславовна, пожилая, седоватая, очень осанистая женщина, с виду солиднее иных врачей, объявила по палатам, чтобы лучевые не расходились. Но в большой женской палате только как будто и ждали этого объявления — сейчас же одна за другой женщины в однообразных серых халатах потянулись на лестницу и куда-то вниз: посмотреть, не пришёл ли сметанный дед; и не пришла ли та бабка с молоком; заглядывать с крыльца клиники в окна операционной (поверх забеленной нижней части видны были шапочки хирургов и сестёр и яркие верхние лампы); и вымыть банку над раковиной; и кого-то навестить.

Не только их операционная судьба, но ещё эти серые бумазейные обтрепавшиеся халаты, неопрятные на вид, даже когда они были вполне чисты, отъединяли, отрывали женщин от их женской доли и женского обаяния. Покрой халатов был никакой: они были все просторны так, чтоб любая толстая женщина могла в любой запахнуться, и рукава шли бесформенными широкими трубами. Бело-розовые полосатые курточки мужчин были гораздо аккуратнее, женщинам же не выдавали платья, а только — эти халаты, лишённые петель и пуговиц. Одни подшивали их, другие — удлиняли, все однообразно затягивали бумазейные пояса, чтоб не обнажать сорочек, и так же однообразно стягивали рукою полы на груди. Угнетённая болезнью и убогая в таком халате, женщина не могла обрадовать ничьего взгляда и понимала это.

А в мужской палате все, кроме Русанова, ждали обхода спокойно, малоподвижно.

Старый узбек, колхозный сторож Мурсалимов, лежал, вытянувшись на спине поверх застеленной постели, как всегда в своей вытертой-перевытертой тюбетейке. Он уж тому, должно быть, рад был, что кашель его не рвал. Он сложил руки на задышливой груди и смотрел в одну точку потолка. Его тёмно-бронзовая кожа обтягивала почти череп: видны были реберки носовой кости, скулы, острая подбородочная кость за клинышком бородки. Уши его утончились и были совсем плоские хрящики. Ему уже немного оставалось досохнуть и дотемнеть до мумии.

Рядом с ним средолетний казах чабан Егенбердиев на своей кровати не лежал, а сидел, поджав ноги накрест, будто дома у себя на кошме. Ладонями больших сильных рук он держался за круглые большие колени — и так жёстко сцеплено было его тугое ядрёное тело, что если он и чуть покачивался иногда в своей неподвижности, то лишь как заводская труба или башня. Его плечи и спина распирали курточку, и манжеты её едва не рвались на мускулистых предлокотьях. Небольшая язвочка на губе, с которой он приехал в эту больницу, здесь под трубками обратилась в большой тёмно-багровый струп, который заслонял ему рот и мешал есть и пить. Но он не метался, не суетился, не кричал, а мерно и дочиста выедал из тарелок и вот так спокойно часами мог сидеть, смотря никуда.

Дальше, на придверной койке, шестнадцатилетний Дёма вытянул больную ногу по кровати и всё время чуть поглаживал, массировал грызущее место голени ладонью. А другую ногу он поджал, как котёнок, и читал, ничего не замечая. Он вообще читал всё то время, что не спал и не проходил процедур. В лаборатории, где делались все анализы, у старшей лаборантки был шкаф с книгами, и уже Дёма туда был допущен и менял себе книги сам, не дожидаясь, пока обменят всей палате. Сейчас он читал журнал в синеватой обложке, но не новый, а потрёпанный и выгоревший на солнце — новых не было в шкафу лаборантки.

И Прошка, добросовестно, без морщин и ямок застлав свою койку, сидел чинно, терпеливо, спустив ноги на пол, как вполне здоровый человек. Он и был вполне здоров — в палате ни на что не жаловался, не имел никакого наружного поражения, щёки были налиты здоровою смуглостью, а по лбу — выложен гладкий чубчик. Парень он был хоть куда, хоть на танцы.

Рядом с ним Ахмаджан, не найдя с кем играть, положил на одеяло шашечную доску углом и играл сам с собой в уголки.

Ефрем в своей бинтовой, как броневой, обмотке, с некрутящейся головой, не топал по проходу, не нагонял тоски, а, подмостясь двумя подушками повыше, без отрыву читал книгу, навязанную ему вчера Костоглотовым. Правда, страницы он переворачивал так редко, что можно было подумать — дремлет с книгой.

А Азовкин всё так же мучился, как и вчера. Он, может быть, и совсем не спал. По подоконнику и тумбочке были разбросаны его вещи, постель вся сбита. Лоб и виски его пробивала испарина, по жёлтому лицу переходили все те искорчины болей, которые он ощущал внутри. То он становился на пол, локтями упирался в кровать и стоял так, согнутый. То брался обеими руками за живот и складывался в животе. Он уже много дней в комнате не отвечал на вопросы, ничего о себе не говорил. Речь он тратил только на выпрашивание лишних лекарств у сестёр и врачей. И когда приходили к нему на свидание домашние, он посылал их покупать ещё этих лекарств, какие видел здесь.

За окном был пасмурный, безветренный, бесцветный день. Костоглотов, вернувшись с утреннего рентгена и не спросясь Павла Николаевича, отворил над собой форточку, и оттуда тянуло сыроватым, правда не холодным.

Опасаясь простудить опухоль, Павел Николаевич обмотал шею и отсел к стене. Какие-то тупые все, покорные, полубрёвна! Кроме Азовкина, здесь, видимо, никто не страдает по-настоящему. Как сказал, кажется, Горький, только тот достоин свободы, кто за неё идёт на бой. Так — и выздоровления. Павел-то Николаевич уже предпринял утром решительные шаги. Едва открылась регистратура, он пошёл позвонил домой и сообщил жене ночное решение: через все каналы добиваться направления в Москву, а здесь не рисковать, себя не губить. Капа — пробивная, она уже действует. Конечно, это было малодушие: испугаться опухоли и лечь сюда. Ведь это только кому сказать — с трёх часов вчерашнего дня никто даже не пришёл пощупать — растёт ли его опухоль. Никто не дал лекарства. Повесили температурный листок для дураков. Не-ет, лечебные учреждения у нас ещё надо подтягивать и подтягивать.

Наконец появились врачи — но опять не вошли в комнату: остановились там, за дверью, и изрядно постояли около Сибгатова. Он открывал спину и показывал им. (Тем временем Костоглотов спрятал свою книгу под матрас.)

Но вот вошли и в палату — доктор Донцова, доктор Гангарт и осанистая седая сестра с блокнотом в руках и полотенцем на локте. Вход нескольких сразу белых халатов вызывает всегда прилив внимания, страха и надежды — и тем сильней все три чувства, чем белее халаты и шапочки, чем строже лица. Тут строже и торжественней всех держалась сестра, Олимпиада Владиславовна: для неё обход был как для дьякона богослужение. Это была та сестра, для которой врачи — выше простых людей, которая знает, что врачи всё понимают, никогда не ошибаются, не дают неверных назначений. И всякое назначение она вписывает в свой блокнот с ощущением почти счастья, как молодые сёстры уже не делают.

Однако, и войдя в палату, врачи не поспешили к койке Русанова! Людмила Афанасьевна — крупная женщина с простыми крупными чертами лица, с уже пепелистыми, но стрижеными и подвитыми волосами — сказала общее негромкое «здравствуйте» и у первой же койки, около Дёмы, остановилась, изучающе глядя на него.

— Что читаешь, Дёма?

(Не могла найти вопроса поумней! В служебное время!)

По привычке многих, Дёма не назвал, а вывернул и показал голубоватую поблекшую обложку журнала. Донцова сощурилась.

— Ой, старый какой, позапрошлого года. Зачем?

— Здесь — статья интересная, — значительно сказал Дёма.

— О чём же?

— Об искренности! — ещё выразительней ответил он. — О том, что литература без искренности...

Он спускал больную ногу на пол, но Людмила Афанасьевна быстро его предупредила:

— Не надо! Закати.

Он закатил штанину, она присела на его кровать и осторожно, издали, несколькими пальцами стала прощупывать ногу.

Вера Корнильевна, позади неё опершись о кроватную спинку и глядя ей через плечо, сказала негромко:

— Пятнадцать сеансов, три тысячи «эр».

— Здесь больно?

— Больно.

— А здесь?

— Ещё и дальше больно.

— А почему ж молчишь? Герой какой! Ты мне говори, откуда больно.

Она медленно выщупывала границы.

— А само болит? Ночью?

На чистом дёмином лице ещё не росло ни волоска. Но постоянно напряжённое выражение очень взрослило его.

— И день и ночь грызёт.

Людмила Афанасьевна переглянулась с Гангарт.

— Ну всё-таки, ка́к ты замечаешь — за это время стало сильней грызть или слабей?

— Не знаю. Может, немного полегче. А может — кажется.

— Кровь, — попросила Людмила Афанасьевна, и Гангарт уже протягивала ей историю болезни. Людмила Афанасьевна почитала, посмотрела на мальчика.

— Аппетит есть?

— Я всю жизнь ем с удовольствием, — ответил Дёма с важностью.

— Он стал у нас получать дополнительное, — голосом няни, нараспев, ласково вставила Вера Корнильевна и улыбнулась Дёме. И он ей. — Трансфузия? — тут же тихо, отрывисто спросила Гангарт у Донцовой, беря назад историю болезни.

— Да. Так что ж, Дёма? — Людмила Афанасьевна изучающе смотрела на него опять. — Рентген продолжим?

— Конечно, продолжим! — осветился мальчик.

И благодарно смотрел на неё.

Он так понимал, что это — вместо операции. И ему казалось, что Донцова тоже так понимает. (А Донцова-то понимала, что, прежде чем оперировать саркому кости, надо подавить её активность рентгеном и тем предотвратить метастазы.)

Егенбердиев уже давно приготовился, насторожился и, как только Людмила Афанасьевна встала с соседней койки, поднялся в рост в проходе, выпятил грудь и стоял по-солдатски.

Донцова улыбнулась ему, приблизилась к его губе и рассматривала струп. Гангарт тихо читала ей цифры.

— Ну! Очень хорошо! — громче, чем надо, как всегда говорят с иноязычными, ободряла Людмила Афанасьевна. — Всё идёт хорошо, Егенбердиев! Скоро домой пойдёшь!

Ахмаджан, уже зная свои обязанности, перевёл по-узбекски (они с Егенбердиевым понимали друг друга, хотя каждому язык другого казался искажённым).

Егенбердиев с надеждой, с доверием и даже восторженно уставился в Людмилу Афанасьевну, — с тем восторгом, с которым эти простые души относятся к подлинно образованным и подлинно полезным людям. Но всё же провёл рукой около своего струпа и спросил.

— А стало — больше? раздулось? — перевёл Ахмаджан.

— Это всё отвалится! Так быть должно! — усиленно громко вговаривала ему Донцова. — Всё отвалится! Отдохнёшь три месяца дома — и опять к нам!

Она перешла к старику Мурсалимову. Он уже сидел, спустив ноги, и сделал попытку встать навстречу ей, но она удержала его и села рядом. С той же верой в её всемогущество смотрел на неё и этот высохший бронзовый старик. Она через Ахмаджана спрашивала его о кашле и велела закатить рубашку, подавливала грудь, где ему больно, и выстукивала рукою через другую руку, тут же слушала Веру

Корнильевну о числе сеансов, крови, уколах и молча сама смотрела в историю болезни. Когда-то было всё нужное, всё на месте в здоровом теле, а сейчас всё было лишнее и выпирало — какие-то узлы, углы...

Донцова назначила ему ещё другие уколы и попросила показать из тумбочки таблетки, какие он пьёт.

Мурсалимов вынул пустой флакон из-под поливитаминов. «Когда купил?» — спрашивала Донцова. Ахмаджан перевёл: третьего дня. «А где же таблетки?» — Выпил.

— Как выпил?? — изумилась Донцова. — Сразу все?

— Нет, за два раза, — перевёл Ахмаджан.

Расхохотались врачи, сестра, русские больные, Ахмаджан, и сам Мурсалимов приоткрыл зубы, ещё не понимая.

И только Павла Николаевича их бессмысленный, несвоевременный смех наполнял негодованием. Ну, сейчас он их отрезвит! Он выбирал позу, как лучше встретить врачей, и решил, что полулёжа больше подчеркнёт.

— Ничего, ничего! — ободрила Донцова Мурсалимова. И, назначив ему ещё витамин «С», обтерев руки о полотенце, истово подставленное сестрой, с озабоченностью повернулась перейти к следующей койке. Теперь, обращённая к окну и близко к нему, она сама выказывала нездоровый сероватый цвет лица и глубоко-усталое, едва ли не больное выражение.

Лысый, в тюбетейке и в очках, строго сидящий в постели, Павел Николаевич почему-то напоминал учителя, да не какого-нибудь, а заслуженного, вырастившего сотни учеников. Он дождался, когда Людмила Афанасьевна подошла к его кровати, поправил очки и объявил:

— Так, товарищ Донцова. Я вынужден буду говорить в минздраве о порядках в этой клинике. И звонить товарищу Остапенко.

Она не вздрогнула, не побледнела, может быть землистее стал цвет её лица. Она сделала странное одновременное движение плечами — круговое, будто плечи устали от лямок и нельзя было дать им свободу.

— Если вы имеете лёгкий доступ в минздрав, — сразу согласилась она, — и даже можете звонить товарищу Остапенко, я добавлю вам материала, хотите?

— Да уж добавлять некуда! Такое равнодушие, как у вас, ни в какие ворота не лезет! Я восемнадцать часов здесь! — а меня никто не лечит! А между тем я...

(Не мог он ей больше высказать! Сама должна была понимать!)

Все в комнате молчали и смотрели на Русанова. Кто принял удар, так это не Донцова, а Гангарт — она сжала губы в ниточку и схмурилась, и лоб стянула, как будто непоправимое видела и не могла остановить.

А Донцова, нависая над сидящим Русановым, крупная, не дала себе воли даже нахмуриться, только плечами ещё раз кругоподобно провела и сказала уступчиво, тихо:

— Вот я пришла вас лечить.

— Нет, уж теперь поздно! — обрезал Павел Николаевич. — Я насмотрелся здешних порядков — и ухожу отсюда. Никто не интересуется, никто диагноза не ставит!

Его голос непредусмотренно дрогнул. Потому что действительно было обидно.

— Диагноз вам поставлен, — размеренно сказала Донцова, обеими руками держась за спинку его кровати. — И вам некуда идти больше, с этой болезнью в нашей республике вас нигде больше не возьмутся лечить.

— Но ведь вы сказали — у меня не рак?!.. Тогда объявите диагноз!

— Вообще мы не обязаны называть больным их болезнь. Но, если это облегчит ваше состояние, извольте: лимфогранулематоз.

— Так, значит, не рак!!

— Конечно, нет. — Даже естественного озлобления от спора не было в её лице и голосе. Ведь она видела его опухоль в кулак под челюстью. На кого ж было сердиться? — на опухоль? — Вас никто не неволил ложиться к нам. Вы можете выписаться хоть сейчас. Но помните... — Она поколебалась. Она примирительно предупредила его: — Умирают ведь не только от рака.

— Вы что — запугать меня хотите?! — вскрикнул Павел Николаевич. — Зачем вы меня пугаете? Это не методически! — ещё бойко резал он, но при слове «умирают» всё охолодело у него внутри. Уже мягче он спросил: — Вы что, хотите сказать, что со мной так опасно?

— Если вы будете переезжать из клиники в клинику — конечно. Снимите-ка шарфик. Встаньте, пожалуйста.

Он снял шарфик и стал на пол. Донцова начала бережно ощупывать его опухоль, потом и здоровую половину шеи, сравнивая. Попросила его сколько можно запрокинуть голову назад (не так-то далеко она и запрокинулась, сразу потянула опухоль), сколько можно наклонить вперёд, повернуть налево и направо.

Вот оно как! — голова его, оказывается, уже почти не имела свободы движения — той лёгкой изумительной свободы, которую мы не замечаем, обладая ею.

— Куртку снимите, пожалуйста.

Куртка его зелёно-коричневой пижамы расстёгивалась крупными пуговицами и не была тесна, и кажется бы нетрудно было её снять, но при вытягивании рук отдалось в шее, и Павел Николаевич простонал. О, как далеко зашло дело!

Седая осанистая сестра помогла ему выпутаться из рукавов.

— Под мышками вам не больно? — спрашивала Донцова. — Ничто не мешает?

— А что, и там может заболеть? — Голос Русанова совсем упал и был ещё тише теперь, чем у Людмилы Афанасьевны.

— Поднимите руки в стороны! — И сосредоточенно, остро давя, щупала у него под мышками.

— А в чём будет лечение? — спросил Павел Николаевич.

— Я вам говорила: в уколах.

— Куда? Прямо в опухоль?

— Нет, внутривенно.

— И часто?

— Три раза в неделю. Одевайтесь.

— А операция — невозможна?

(Он спрашивал — «невозможна?», но больше всего боялся именно лечь на стол. Как всякий больной, он предпочитал любое другое долгое лечение.)

— Операция бессмысленна. — Она вытирала руки о подставленное полотенце.

И хорошо, что бессмысленна! Павел Николаевич соображал. Всё-таки надо посоветоваться с Капой. Обходные хлопоты тоже не просты. Влияния-то нет у него такого, как хотелось бы, как он здесь держался. И позвонить товарищу Остапенко совсем не было просто.

— Ну хорошо, я подумаю. Тогда завтра решим?

— Нет, — неумолимо приговорила Донцова. — Только сегодня. Завтра мы укола делать не можем, завтра суббота.

Опять правила! Как будто не для того пишутся правила, чтоб их ломать!

— Почему это вдруг в субботу нельзя?

— А потому что за вашей реакцией надо хорошо следить — в день укола и в следующий. А в воскресенье это невозможно.

— Так что, такой серьёзный укол?..

Людмила Афанасьевна не отвечала. Она уже перешла к Костоглотову.

— Ну, а если до понедельника?..

— Товарищ Русанов! Вы упрекнули, что восемнадцать часов вас не лечат. Как же вы соглашаетесь на семьдесят два? — (Она уже победила, уже давила его колёсами, и он ничего не мог!..) — Мы или берём вас на лечение или не берём. Если да, то сегодня в одиннадцать часов дня вы получите первый укол. Если нет — вы распишетесь, что отказываетесь от нашего лечения, и сегодня же я вас выпишу. А три дня ждать в бездействии мы не имеем права. Пока я кончу обход в этой комнате — продумайте и скажите.

Русанов закрыл лицо руками.

Гангарт, глухо затянутая халатом почти под горло, беззвучно миновала его. И Олимпиада Владиславовна проплыла мимо, как корабль.

Донцова устала от спора и надеялась у следующей кровати порадоваться. И она и Гангарт уже заранее чуть улыбались.

— Ну, Костоглотов, а что скажете вы?

Костоглотов, немного пригладивший вихры, ответил громко, уверенно, голосом здорового человека:

— Великолепно, Людмила Афанасьевна! Лучше не надо!

Врачи переглянулись. У Веры Корнильевны губы лишь чуть улыбались, а зато глаза — просто смеялись от радости.

— Ну всё-таки, — Донцова присела на его кровать. — Опишите словами — что вы чувствуете? Что за это время изменилось?

— Пожалуйста! — охотно взялся Костоглотов. — Боли у меня ослабились после второго сеанса, совсем исчезли после четвёртого. Тогда же упала и температура. Сплю я сейчас великолепно, по десять часов, в любом положении, — и не болит. А раньше я такого положения найти не мог. На еду я смотреть не хотел, а сейчас всё подбираю и ещё добавки прошу. И не болит.

— И не болит? — рассмеялась Гангарт.

— А — дают? — смеялась Донцова.

— Иногда. Да вообще о чём говорить? — у меня просто изменилось мироощущение. Я приехал вполне мертвец, а сейчас я живой.

— И тошноты не бывает?

— Нет.

Донцова и Гангарт смотрели на Костоглотова и сияли — так, как смотрит учитель на выдающегося отличника: больше гордясь его великолепным ответом, чем собственными знаниями и опытом. Такой ученик вызывает к себе привязанность.

— А опухоль ощущаете?

— Она мне уже теперь не мешает.

— Но ощущаете?

— Ну, когда вот ложусь — чувствую лишнюю тяжесть, вроде бы даже перекатывается. Но не мешает! — настаивал Костоглотов.

— Ну, лягте.

Костоглотов привычным движением (его опухоль за последний месяц щупали в разных больницах многие врачи и даже практиканты, и звали из соседних кабинетов щупать, и все удивлялись) поднял ноги на койку, подтянул колени, лёг без подушки на спину и обнажил живот. Он сразу почувствовал, как эта внутренняя жаба, спутница его жизни, прилегла там где-то глубоко и подавливала.

Людмила Афанасьевна сидела рядом и мягкими круговыми приближениями подбиралась к опухоли.

— Не напрягайтесь, не напрягайтесь, — напоминала она, хотя и сам он знал, но непроизвольно напрягался в защиту и мешал щупать. Наконец, добившись мягкого доверчивого живота, она ясно ощутила в глубине, за желудком, край его опухоли и пошла по всему контуру сперва мягко, второй раз жёстче, третий — ещё жёстче.

Гангарт смотрела через её плечо. И Костоглотов смотрел на Гангарт. Она очень располагала. Она хотела быть строгой — и не могла: быстро привыкала к больным. Она хотела быть взрослой — и тоже не получалось: что-то было в ней девчёночье.

— Отчётливо пальпируется по-прежнему, — установила Людмила Афанасьевна. — Стала площе, это безусловно. Отошла вглубь, освободила желудок, и вот ему не больно. Помягчела. Но контур — почти тот же. Вы посмóтрите?

— Да нет, я каждый день, надо с перерывами. РОЭ — двадцать пять, лейкоцитов — пять восемьсот, сегментных... Ну, посмотрите сами...

Русанов поднял голову из рук и шёпотом спросил у сестры:

— А — уколы? Очень болезненно?

Костоглотов тоже дознавался:

— Людмила Афанасьевна! А сколько мне ещё сеансов?

— Этого сейчас нельзя посчитать.

— Ну, всё-таки. Когда примерно вы меня выпишете?

— Что??? — Она подняла голову от истории болезни. — О чём вы меня спросили??

— Когда вы меня выпишете? — так же уверенно повторил Костоглотов. Он обнял колени руками и имел независимый вид.

Никакого любования отличником не осталось во взгляде Донцовой. Был трудный пациент с закоренело-упрямым выражением лица.

— Я вас только начинаю лечить! — осадила она его. — Начинаю с завтрашнего дня. А это всё была лёгкая пристрелка.

Но Костоглотов не пригнулся.

— Людмила Афанасьевна, я хотел бы немного объясниться. Я понимаю, что я ещё не излечен, но я не претендую на полное излечение.

Ну, выдались больные! — один лучше другого. Людмила Афанасьевна насупилась, вот когда она сердилась:

— Что вообще вы говорите? Вы — нормальный человек или нет?

— Людмила Афанасьевна, — спокойно отвёл Костоглотов большой рукой, — дискуссия о нормальности и ненормальности современного человека завела бы нас очень далеко... Я сердечно вам благодарен, что вы меня привели в такое приятное состояние. Теперь я хочу в нём немножечко пожить. А что будет от дальнейшего лечения — я не знаю. — По мере того как он это говорил, у Людмилы Афанасьевны выворачивалась в нетерпении и возмущении нижняя губа. У Гангарт задёргались брови, глаза её переходили с одного на другую, ей хотелось вмешаться и смягчить. Олимпиада Владиславовна смотрела на бунтаря надменно. — Одним словом, я не хотел бы платить слишком большую цену сейчас за надежду пожить когда-нибудь. Я хочу положиться на защитные силы организма...

— Вы со своими защитными силами организма к нам в клинику на четвереньках приползли! — резко отповедала Донцова и поднялась с его кровати. — Вы даже не понимаете, чем вы играете! Я с вами и разговаривать не буду!

Она взмахнула рукой по-мужски и отвернулась к Азовкину, но Костоглотов с подтянутыми по одеялу коленями смотрел непримиримо, как чёрный пёс:

— А я, Людмила Афанасьевна, прошу вас поговорить! Вас, может быть, интересует эксперимент, чем это кончится, а мне хочется пожить покойно. Хоть годик. Вот и всё.

— Хорошо, — бросила Донцова через плечо. — Вас вызовут.

Раздосадованная, она смотрела на Азовкина, ещё никак не переключаясь на новый голос и новое лицо.

Азовкин не вставал. Он сидел, держась за живот. Он поднял только голову навстречу врачам. Его губы не были сведены в один рот, а каждая губа выражала своё отдельное страдание. В его глазах не было никакого чувства, кроме мольбы — мольбы к глухим о помощи.

— Ну, что, Коля? Ну как? — Людмила Афанасьевна обняла его с плеча на плечо.

— Пло-хо, — ответил он очень тихо, одним ртом, стараясь не выталкивать грудью воздух, потому что всякий толчок лёгкими сразу же отдавался к животу на опухоль.

Полгода назад он шёл с лопатой через плечо во главе комсомольского воскресника и пел во всю глотку — а сейчас даже о боли своей не мог рассказать громче шёпота.

— Ну, давай, Коля, вместе подумаем, — так же тихо говорила Донцова. — Может быть, ты устал от лечения? Может быть, тебе больничная обстановка надоела? Надоела?

— Да...

— Ты ведь здешний. Может, дома отдохнёшь? Хочешь?.. Выпишем тебя на месяц, на полтора?

— А потом... примете?..

— Ну, конечно, примем. Ты ж теперь наш. Отдохнёшь от уколов. Вместо этого купишь в аптеке лекарство и будешь класть под язык три раза в день.

— Синестрол?..

— Да.

Донцова и Гангарт не знали: все эти месяцы Азовкин фанатично вымаливал у каждой заступающей сестры, у каждого ночного дежурного врача лишнее снотворное, лишнее болеутоляющее, всякий лишний порошок и таблетку, кроме тех, которыми его кормили и кололи по назначению. Этим запасом лекарств, набитой матерчатой сумочкой, Азовкин готовил себе спасение вот на этот день, когда врачи откажутся от него.

— Отдохнуть тебе надо, Коленька... Отдохнуть...

Было очень тихо в палате, и тем слышней, как Русанов вздохнул, выдвинул голову из рук и объявил:

— Я уступаю, доктор. Колите!

5

Как это называется? — расстроена? угнетена? — какой-то невидимый, но плотный тяжёлый туман входит в грудь, а всё наше облегает и сдавливает к середине. И мы чувствуем только это сжатие, эту муть, не сразу даже понимаем, что именно нас так утеснило.

Вот это чувствовала Вера Корнильевна, кончая обход и спускаясь вместе с Донцовой по лестнице. Ей было очень нехорошо.

В таких случаях помогает вслушаться и разобраться: отчего это всё? И выставить что-то в заслон.

Вот что было: была боязнь за м а м у — так звали между собой Людмилу Афанасьевну три её ординатора-лучевика. Мамой она приходилась им и по возрасту — им всем близ тридцати, а ей под пятьдесят; и по тому особенному рвению, с которым натаскивала их на работу: она сама была старательна до въедливости и хотела, чтоб ту же старательность и въедливость усвоили все три «дочери»; она была из последних, ещё охватывающих и рентгенодиагностику и рентгенотерапию, и, вопреки направлению времени и дроблению знаний, добивалась, чтоб её ординаторы тоже удержали обе. Не было секрета, который она таила бы для себя и не поделилась. И когда Вера Гангарт то в одном, то в другом оказывалась живей и острей её, то «мама» только радовалась. Вера работала у неё уже восемь лет, от самого института, — и вся сила, которую она в себе теперь чувствовала, сила вытягивать умоляющих людей из запахнувшей их смерти, — вся произошла от Людмилы Афанасьевны.

Этот Русанов мог причинить «маме» тягучие неприятности. Мудрено голову приставить, а срубить не мудрено.

Да если бы только один Русанов! Это мог сделать любой больной с ожесточённым сердцем. Ведь всякая травля, однажды кликнутая, — она не лежит, она бежит. Это — не след по воде, это борозда по памяти. Можно её потом заглаживать, песочком засыпать, — но крикни опять кто-нибудь хоть спьяну: «бей врачей!» или «бей инженеров!» — и палки уже при руках.

Клочки подозрений остались там и сям, проносятся. Совсем недавно лежал в их клинике по поводу опухоли желудка шофёр МГБ. Он был хирургический, Вера Корнильевна не имела к нему никакого отношения, но как-то дежурила ночью и делала вечерний обход. Он жаловался на плохой сон. Она назначила ему бромурал, но, узнав от сестры, что мелка расфасовка, сказала: «Дайте ему два порошка сразу!» Больной взял, Вера Корнильевна даже не заметила особенного его взгляда. И так бы не узналось, но лаборантка их клиники была этому шофёру соседка по квартире и навещала его в палате. Она прибежала к Вере Корнильевне взволнованная: шофёр не выпил порошков (почему два сразу?), он не спал ночь, а теперь выспрашивал лаборантку: «Почему её фамилия Гангарт? Расскажи о ней поподробней. Она отравить меня хотела. Надо ею заняться.»

И несколько недель Вера Корнильевна ждала, что ею *займутся*. И все эти недели она должна была неуклонно, неошибочно и даже со вдохновением ставить диагнозы, безупречно отмерять дозы лечения и взглядом и улыбкой подбодрять больных, попавших в этот пресловутый раковый круг, и от каждого ожидать взгляда: «А ты не отравительница?»

Вот ещё что сегодня было особенно тяжело на обходе: что Костоглотов, один из самых успешливых больных и к которому Вера Корнильевна была особенно почему-то добра, — Костоглотов именно так и спросил «маму», подозревая какой-то злой эксперимент над собой.

Шла удручённая с обхода и Людмила Афанасьевна и тоже вспоминала неприятный случай — с Полиной Заводчиковой, скандальнейшей бабой. Не сама она была больна, но сын её, а она лежала с ним в клинике. Ему вырезали внутреннюю опухоль — и она напала в коридоре на хирурга, требуя выдать ей кусочек опухоли сына. И не будь это Лев Леонидович, пожалуй бы и получила. А дальше у неё была идея — отнести этот кусочек в другую клинику, там проверить диагноз, и если не сойдётся с первоначальным диагнозом Донцовой, то вымогать деньги или в суд подавать.

Не один такой случай был на памяти у каждой из них.

Теперь, после обхода, они шли договорить друг с другом то, чего нельзя было при больных, и принять решения.

С помещениями было скудно в Тринадцатом корпусе, и не находилось комнатки для врачей лучевого отделения. Они не помещались ни в операторской «гамма-пушки», ни в операторской длиннофокусных рентгеновских установок на сто двадцать и двести тысяч вольт. Было место в рентгенодиагностическом, но там постоянно темно. И поэтому свой стол, где они разбирались с текущими делами, писали истории болезни и другие бумаги, они держали в лечебном кабинете короткофокусных рентгеновских установок — как будто мало им было за годы и годы их работы тошнотного рентгеновского воздуха с его особенным запахом и разогревом.

Они пришли и сели рядом за большой этот стол без ящиков, грубо оструганный. Вера Корнильевна перекладывала карточки стационара — женские и мужские, разделяя, какие она сама обработает, а о каких надо решить вместе. Людмила Афанасьевна угрюмо смотрела перед собой в стол, чуть выкатив нижнюю губу и постукивая карандашиком.

Вера Корнильевна с участием взглядывала на неё, но не решалась сказать ни о Русанове, ни о Костоглотове, ни об общей врачебной судьбе — потому что понятное повторять ни к чему, а высказаться можно недостаточно тонко, недостаточно осторожно и только задеть, не утешить.

А Людмила Афанасьевна сказала:

— Как же это бесит, что мы бессильны, а?! — (Это могло быть о многих, осмотренных сегодня.) Ещё постучала карандашиком. — Но ведь нигде ошибки не было. — (Это могло быть об Азовкине, о Мурсалимове.) — Мы когда-то шатнулись в диагнозе, но лечили верно. И меньшей дозы мы дать не могли тоже. Нас погубила бочка.

Вот как! — она думала о Сибгатове! Бывают же такие неблагодарные болезни, что тратишь на них утроенную изобретательность, а спасти больного нет сил. Когда Сибгатова впервые принесли на носилках, рентгенограмма показала полное разрушение почти всего крестца. Шатание было в том, что даже с консультацией профессора признали саркому кости, и лишь потом постепенно выявили, что это была гигантоклеточная опухоль, когда в кости появляется жижа и вся кость заменяется желеподобной тканью. Однако лечение совпадало.

Крестец нельзя отнять, нельзя выпилить — это камень, положенный во главу угла. Оставалось — рентгенооблучение, и обязательно сразу большими дозами — меньшие не могли помочь. И Сибгатов выздоровел! — крестец укрепился. Он выздоровел, но от бычьих доз рентгена все окружающие ткани стали непомерно чувствительны и расположены к образованию новых злокачественных опухолей. И так от ушиба у него вспыхнула трофическая язва. И сейчас, когда уже кровь его и ткани его отказывались принять рентген, — сейчас бушевала новая опухоль, и нечем было её сбить, её только держали.

Для врача это было сознание бессилия, несовершенства методов, а для сердца — жалость, самая обыкновенная жалость: вот есть такой кроткий, вежливый, печальный татарин Сибгатов, так способный к благодарности, но всё, что можно для него сделать, это — продлить его страдания.

Сегодня утром Низамутдин Бахрамович вызывал Донцову по специальному этому поводу: ускорить оборачиваемость коек, а для того во всех неопределённых случаях, когда не обещается решительное улучшение, больных выписывать. И Донцова была согласна с этим: ведь в приёмном вестибюле у них постоянно сидели ожидающие, даже по несколько суток, а из районных онкопунктов шли просьбы разрешить прислать больного. Она была согласна в принципе, и никто, как Сибгатов, так ясно не подпадал под этот принцип, — а вот выписать его она не могла. Слишком долгая изнурительная борьба велась за этот один человеческий крестец, чтоб уступить теперь простому разумному рассуждению, чтоб отказаться даже от простого повторения ходов с ничтожной надеждой, что ошибётся всё-таки смерть, а не врач. Из-за Сибгатова у Донцовой даже изменилось направление научных интересов: она углубилась в патологию костей из одного порыва — спасти Сибгатова. Может быть, в приёмной сидели больные с неменьшей нуждой — а вот она не могла отпустить Сибгатова и будет хитрить перед главврачом, сколько сможет.

И ещё настаивал Низамутдин Бахрамович не задерживать обречённых. Смерть их должна происходить по возможности вне клиники — это тоже увеличит оборачиваемость коек, и меньше угнетения будет оставшимся, и улучшится статистика, потому что они будут выписаны не по причине смерти, а лишь «с ухудшением».

По этому разряду и выписывался сегодня Азовкин. Его история болезни, за месяцы превратившаяся уже в толстую тетрадочку из коричневатых склеенных листиков с грубой выделкой, со встрявшими белесоватыми кусочками древесины, задирающими перо, содержала много фиолетовых и синих цифр и строчек. И оба врача видели сквозь эту подклеенную тетрадочку вспотевшего от страданий городского мальчика, как он сиживал на койке, сложенный в погибель, но читаемые тихим мягким голосом цифры были неумолимее раскатов трибунала, и обжаловать их не мог никто. Тут было двадцать шесть тысяч «эр» облучения, из них двенадцать тысяч в последнюю серию, пятьдесят инъекций синестрола, семь трансфузий крови — и всё равно лейкоцитов только три тысячи четыреста, эритроцитов... Метастазы рвали оборону, как танки, они уже твердели в средостении, появились в лёгких, уже воспаляли узлы над ключицами, но организм не давал помощи, чем их остановить.

Врачи переглядывали и дописывали отложенные карточки, а сестра-рентгенолаборант тут же продолжала процедуры для амбулаторных. Вот она ввела четырёхлетнюю девочку в синем платьице, с матерью. У девочки на лице были красные сосудистые опухолёчки, они ещё были малы, они ещё не были злокачественны, но принято было облучать их, чтоб они не росли и не переродились. Сама же девочка мало заботилась, не знала о том, что, может быть, на крохотной губке своей несла уже тяжёлую гирю смерти. Она не первый раз была здесь, уже не боялась, щебетала, тянулась к никелированным деталям аппаратов и радовалась блестящему миру. Весь сеанс ей был три минуты, но эти три минуты она никак не хотела посидеть неподвижно под точно направленной на больное место узкой трубкой. Она тут же изворачивалась, отклонялась, и рентгенотехник, нервничая, выключала и снова и снова наводила на неё трубку. Мать держала игрушку, привлекая внимание девочки, и обещала ей ещё другие подарки, если будет сидеть спокойно. Потом вошла мрачная старуха и долго разматывала платок и снимала кофту. Потом пришла из стационара женщина в сером халате с шариком цветной опухоли на ступне — просто наколола гвоздём в туфле — и весело разговаривала с сестрой, никак не предполагая, что этот сантиметровый пустячный шарик, который ей не хотят почему-то отрезать, есть королева злокачественных опухолей — меланобластома.

Врачи невольно отвлекались и на этих больных, осматривая их и давая советы сестре, так уже перешло время, когда надо было Вере Корнильевне идти делать эмбихинный укол Русанову, — и тут она положила перед Людмилой Афанасьевной последнюю, нарочно ею так задержанную карточку Костоглотова.

— При таком запущенном исходном состоянии — такое блистательное начало, — сказала она. — Только очень уж упрямый. Как бы он правда не отказался.

— Да попробует он только! — пристукнула Людмила Афанасьевна. Болезнь Костоглотова была та самая, что у Азовкина, но так обнадёжливо поворачивалось лечение, и ещё б он смел отказаться!

— У вас — да, — согласилась сразу Гангарт. — А я не уверена, что его переупрямлю. Может, прислать его к вам? —

Она счищала с ногтя какую-то прилепившуюся соринку. — У меня с ним сложились довольно трудные отношения... Не удаётся категорично с ним говорить. Не знаю почему.

Их трудные отношения начались ещё с первого знакомства.

Был ненастный январский день, лил дождь. Гангарт заступила на ночь дежурным врачом по клинике. Часов около девяти вечера к ней вошла толстая здоровая санитарка первого этажа и пожаловалась:

— Доктор, там больной один безобразит. Я сама не отобьюсь. Что ж это, если меры не приймать, так нам на голову сядут.

Вера Корнильевна вышла и увидела, что прямо на полу около запертой каморки старшей сестры, близ большой лестницы, вытянулся долговязый мужчина в сапогах, изрыжевшей солдатской шинели, а в ушанке — гражданской, тесной ему, однако тоже натянутой на голову. Под голову он подмостил вещмешок, и по всему видно, что приготовился спать. Гангарт подошла к нему близко — тонконогая, на высоких каблучках (она никогда не одевалась небрежно), — посмотрела строго, желая пристыдить взглядом и заставить подняться, но он, хотя видел её, смотрел вполне равнодушно, не шевельнулся и даже, кажется, прикрыл глаза.

— Кто вы такой? — спросила она.

— Че-ло-век, — негромко, с безразличием ответил он.

— Вы имеете к нам направление?

— Да.

— Когда вы его получили?

— Сегодня.

По отпечаткам на полу под его боками видно было, что шинель его вся мокра, как, впрочем, и сапоги, и вещмешок.

— Но здесь нельзя. Мы... не разрешаем тут. Это и просто неудобно...

— У-добно, — вяло отозвался он. — Я — у себя на родине, кого мне стесняться?

Вера Корнильевна смешалась. Она почувствовала, что не может прикрикнуть на него, велеть ему встать, да он и не послушается.

Она оглянулась в сторону вестибюля, где днём всегда было полно посетителей и ожидающих, где на трёх садовых скамьях родственники виделись с больными, а по ночам, когда клиника запиралась, тут оставляли и тяжёлых приезжих, которым некуда было податься. Сейчас в вестибюле стояли только две скамьи, на одной из них уже лежала старуха, на второй молодая узбечка в цветастом платке положила ребёнка и сидела рядом.

В вестибюле-то можно было разрешить лечь на полу, но пол там нечистый, захоженный.

А сюда входили только в больничной одежде или в белых халатах.

Вера Корнильевна опять посмотрела на этого дикого больного с уже отходящим безразличием остро-исхудалого лица.

— И у вас никого нет в городе?

— Нет.

— А вы не пробовали — в гостиницы?

— Пробовал, — уже устал отвечать он.

— Здесь — пять гостиниц.

— И слушать не хотят, — он закрыл глаза, кончая аудиенцию.

— Если бы раньше! — соображала Гангарт. — Некоторые наши нянечки пускают к себе больных ночевать. Они недорого берут.

Он лежал с закрытыми глазами.

— Говорит: хоть неделю буду так лежать! — напала дежурная санитарка. — На дороге! Пока, мол, койку мне не предоставят! Ишь ты, озорник! Вставай, не балуй! Стерильно тут! — подступала санитарка.

— А почему только две скамейки? — удивлялась Гангарт. — Вроде ведь третья была.

— Ту, третью, вон перенесли, — показала санитарка через застеклённую дверь.

Верно, верно, за эту дверь, в коридор к аппаратным, перенесли одну скамейку для тех ожидающих больных, которые днём приходили принимать сеансы амбулаторно.

Вера Корнильевна велела санитарке отпереть тот коридор, а больному сказала:

— Я переложу вас удобнее, поднимитесь.

Он посмотрел на неё — не сразу доверчиво. Потом с мученьями и подёргиваньями боли стал подниматься. Видно, каждое движение и поворот туловища давались ему трудно. Поднимаясь, он не прихватил в руки вещмешка, а теперь ему было больно за ним наклониться.

Вера Корнильевна легко наклонилась, белыми пальцами взяла его промокший нечистый вещмешок и подала ему.

— Спасибо, — криво улыбнулся он. — До чего я дожил...

Влажное продолговатое пятно осталось на полу там, где он лежал.

— Вы были под дождём? — вглядывалась она в него со всё большим участием. — Там, в коридоре, тепло, снимите шинель. А вас не знобит? Температуры нет? — Лоб его весь был прикрыт этой нахлобученной чёрной дрянной шапчёнкой со свисающими меховыми ушами, и она приложила пальцы не ко лбу его, а к щеке.

И прикосновением можно было понять, что температура есть.

— Вы что-нибудь принимаете?

Он смотрел на неё уже как-то иначе, без этого крайнего отчуждения.

— Анальгин.

— Есть у вас?

— У-гм.

— А снотворное принести?

— Если можно.

— Да! — спохватилась она. — Направление-то ваше покажите!

Он не то усмехнулся, не то губы его двигались просто велениями боли.

— А без бумажки — под дождь?

Расстегнул верхние крючки шинели и из кармана открывшейся гимнастёрки вытащил ей направление, действительно выписанное в этот день утром в амбулатории. Она прочла и увидела, что это — её больной, лучевой. С направлением в руке она повернула за снотворным:

— Я сейчас принесу. Идите ложитесь.

— Подождите, подождите! — оживился он. — Бумажечку верните! Знаем мы эти приёмчики!

— Но чего вы можете бояться? — Она обернулась обиженная. — Неужели вы мне не верите?

Он посмотрел в колебании. Буркнул:

— А почему я должен вам верить? Мы с вами из одной миски щей не хлебали...

И пошёл ложиться.

Она рассердилась и сама уже к нему не вернулась, а через санитарку послала снотворное и направление, на котором сверху написала «cito», подчеркнула и поставила восклицательный знак.

Лишь ночью она прошла мимо него. Он спал. Скамья была удобна для этого, не свалишься: изгибистая спинка переходила в изгибистое же сидение полужёлобом. Мокрую шинель он снял, но всё равно ею же и накрылся: одну полу тянул на ноги, другую на плечи. Ступни сапог свешивались с краю скамьи. На подмётках сапог места живого не было — косячками чёрной и красной кожи латали их. На носках были металлические набойки, на каблуках подковки.

Утром Вера Корнильевна ещё сказала старшей сестре, и та положила его на верхней лестничной площадке.

Правда, с того первого дня Костоглотов ей больше не дерзил. Он вежливо разговаривал с ней обычным городским языком, первый здоровался и даже доброжелательно улыбался. Но всегда было ощущение, что он может выкинуть что-нибудь странное.

И действительно, позавчера, когда она вызвала его определить группу крови и приготовила пустой шприц взять у него из вены, он спустил откаченный уже рукав и твёрдо сказал:

— Вера Корнильевна, я очень сожалею, но найдите способ обойтись без этой пробы.

— Да почему ж, Костоглотов?

— Из меня уже попили кровушки, не хочу. Пусть даёт, в ком крови много.

— Но как вам не стыдно? Мужчина! — взглянула она с той природной женской насмешкой, которой мужчине перенести невозможно.

— А потом что?

— Будет случай — перельём вам крови.

— Мне? Переливать? Избавьте! Зачем мне чужая кровь? Чужой не хочу, своей ни капли не дам. Группу крови запишите, я по фронту знаю.

Как она его ни уговаривала — он не уступал, находя новые неожиданные соображения. Он уверен был, что это всё лишнее. Наконец она просто обиделась:

— Вы ставите меня в какое-то глупое, смешное положение. Я последний раз — прошу вас.

Конечно, это была ошибка и унижение с её стороны — о чём, собственно, просить?

Но он сразу оголил руку и протянул:

— Лично для вас — возьмите хоть три кубика, пожалуйста.

Из-за того, что она терялась с ним, однажды произошла нескладность. Костоглотов сказал:

— А вы не похожи на немку. У вас, наверно, фамилия по мужу?

— Да, — вырвалось у неё.

Почему она так ответила? В то мгновение показалось обидным сказать иначе.

Он больше ничего не спросил.

А Гангарт — её фамилия по отцу, по деду. Они обрусевшие немцы.

А как надо было сказать? — я не замужем? я замужем никогда не была?

Невозможно.

6

Прежде всего Людмила Афанасьевна повела Костоглотова в аппаратную, откуда только что вышла больная после сеанса. С восьми утра почти непрерывно работала здесь большая стовосьмидесятитысячевольтная рентгеновская трубка, свисающая со штатива на подвесах, а форточка была закрыта, и весь воздух был наполнен чуть сладковатым, чуть противным рентгеновским теплом.

Этот разогрев, как ощущали его лёгкие (а был он не просто разогрев), становился противен больным после полудюжины, после десятка сеансов, Людмила же Афанасьевна привыкла к нему. За двадцать лет работы здесь, когда трубки и совсем никакой защиты не имели (она попадала и под провод высокого напряжения, едва убита не была), Донцова каждый день дышала воздухом рентгеновских кабинетов и больше часов, чем допустимо, сидела на диагностике. И, несмотря на все экраны и перчатки, она получила на себя, наверно, больше «эр», чем самые терпеливые и тяжёлые больные, только никто этих «эр» не подсчитывал, не складывал.

Она спешила — но не только чтоб выйти скорей, а нельзя было лишних минут задерживать рентгеновскую установку. Показала Костоглотову лечь на твёрдый топчан под трубку и открыть живот. Какой-то щекочущей прохладной кисточкой водила ему по коже, что-то очерчивая и как будто выписывая цифры.

И тут же сестре-рентгенотехнику объяснила схему квадрантов и как подводить трубку на каждый квадрант. Потом велела ему перевернуться на живот и мазала ещё на спине. Объявила:

— После сеанса — зайдёте ко мне.

И ушла. А сестра опять велела ему животом вверх и обложила первый квадрант простынями, потом стала носить тяжёлые коврики из просвинцованной резины и закрывать ими все смежные места, которые не должны были сейчас получить прямого удара рентгена. Гибкие коврики приятно-тяжело облегали тело.

Ушла и сестра, затворила дверь и видела его теперь только через окошечко в толстой стене. Раздалось тихое гудение, засветились вспомогательные лампы, раскалилась главная трубка.

И через оставленную клетку кожи живота, а потом через прослойки и органы, которым названия не знал сам обладатель, через туловище жабы-опухоли, через желудок или кишки, через кровь, идущую по артериям и венам, через лимфу, через клетки, через позвоночник и малые кости, и ещё через прослойки, сосуды и кожу там, на спине, потом через настил топчана, четырёхсантиметровые доски пола, через лаги, через засыпку и дальше, дальше, уходя в самый каменный фундамент или в землю, — полились жёсткие рентгеновские лучи, непредставимые человеческому уму вздрагивающие векторы электрического и магнитного полей, или более понятные снаряды-кванты, разрывающие и решетящие всё, что попадалось им на пути.

И этот варварский расстрел крупными квантами, происходивший беззвучно и неощутимо для расстреливаемых тканей, за двенадцать сеансов вернул Костоглотову намерение жить, и вкус жизни, и аппетит, и даже весёлое настроение. Со второго и третьего прострела освободясь от болей, делавших ему невыносимым существование, он потянулся узнать и понять, как же эти пронизывающие снарядики могут бомбить опухоль и не трогать остального тела. Костоглотов не мог вполне поддаться лечению, пока для себя не понял его идеи и не поверил в неё.

И он постарался выведать идею рентгенотерапии от Веры Корнильевны, этой милой женщины, обезоружившей его предвзятость и настороженность с первой встречи под лестницей, когда он решил, что пусть хоть пожарниками и милицией его вытаскивают, а доброй волей он не уйдёт.

— Вы не бойтесь, объясните, — успокаивал её. — Я как тот сознательный боец, который должен понимать боевую задачу, иначе он не воюет. Как это может быть, чтобы рентген разрушал опухоль, а остальных тканей не трогал?

Все чувства Веры Корнильевны ещё прежде глаз выражались в её отзывчивых лёгких губах. И колебание выразилось в них же.

(Что она могла ему рассказать об этой слепой артиллерии, с тем же удовольствием лупцующей по своим, как и по чужим?)

— Ох, не полагается... Ну, хорошо. Рентген, конечно, разрушает всё подряд. Только нормальные ткани быстро восстанавливаются, а опухолевые нет.

Правду ли, неправду ли сказала, но Костоглотову это понравилось.

— О! На таких условиях я играю. Спасибо. Теперь буду выздоравливать!

И, действительно, выздоравливал. Охотно ложился под рентген и во время сеанса ещё особо внушал клеткам опухоли, что они — разрушаются, что им — ха на́.

А то и вовсе думал под рентгеном о чём попало, даже дремал.

Сейчас вот он обошёл глазами многие висящие шланги и провода и хотел для себя объяснить, зачем их столько, и если есть тут охлаждение, то водяное или масляное. Но мысль его на этом не задержалась, и ничего он себе не объяснил.

Он думал, оказывается, о Вере Гангарт. Он думал, что вот такая милая женщина никогда не появится у них в Уш-Тереке. И все такие женщины обязательно замужем. Впрочем, помня этого мужа в скобках, он думал о ней вне этого мужа. Он думал, как приятно было бы поболтать с ней не мельком, а долго-долго, хоть бы вот походить по двору клиники. Иногда напугать её резкостью суждения — она забавно теряется. Милость её всякий раз светит в улыбке как солнышко, когда она только попадётся в коридоре навстречу или войдёт в палату. Она не по профессии добра, она просто добра. И — губы...

Трубка зудела с лёгким призвоном.

Он думал о Вере Гангарт, но думал и о Зое. Оказалось, что самое сильное впечатление от вчерашнего вечера, выплывшее и с утра, было от её дружно подобранных грудей, составлявших как бы полочку, почти горизонтальную. Во время вчерашней болтовни лежала на столе около них большая и довольно тяжёлая линейка для расчерчивания ведомостей — не фанерная линейка, а из струганой досочки. И весь вечер у Костоглотова был соблазн — взять эту линейку и положить на полочку её грудей — проверить: соскользнёт или не соскользнёт. Ему казалось, что — не соскользнёт.

Ещё он с благодарностью думал о том тяжёлом просвинцованном коврике, который кладут ему ниже живота.

Этот коврик давил на него и радостно подтверждал: «Защищу, не бойся!»

А может быть, нет? А может, он недостаточно толст? А может, его не совсем аккуратно кладут?

Впрочем, за эти двенадцать дней Костоглотов не просто вернулся к жизни — к еде, движению и весёлому настроению. За эти двенадцать дней он вернулся и к ощущению, самому красному в жизни, но которое за последние месяцы в болях совсем потерял. И, значит, свинец держал оборону!

А всё-таки надо было выскакивать из клиники, пока цел.

Он и не заметил, как прекратилось жужжание и стали остывать розовые нити. Вошла сестра, стала снимать с него щитки и простыни. Он спустил ноги с топчана и тут хорошо увидел на своём животе фиолетовые клетки и цифры.

— А как же мыться?

— Только с разрешения врачей.

— Удобненькое устройство. Так это что мне — на месяц заготовили?

Он пошёл к Донцовой. Та сидела в комнате короткофокусных аппаратов и смотрела на просвет большие рентгеновские плёнки. Оба аппарата были выключены, обе форточки открыты, и больше не было никого.

— Садитесь, — сказала Донцова сухо.

Он сел.

Она ещё продолжала сравнивать две рентгенограммы.

Хотя Костоглотов с ней и спорил, но всё это была его оборона против излишеств медицины, разработанных в инструкции. А сама Людмила Афанасьевна вызывала у него доверие — не только мужской решительностью, чёткими командами в темноте у экрана, и возрастом, и безусловной преданностью работе одной, но больше всего тем, как она с первого дня уверенно щупала контур опухоли и шла точно-точно по нему. О правильности прощупа ему говорила сама опухоль, которая тоже что-то чувствовала. Только больной может оценить, верно ли врач понимает опухоль пальцами. Донцова так щупала его опухоль, что ей и рентген был не нужен.

Отложив рентгенограммы и сняв очки, она сказала:

— Костоглотов. В вашей истории болезни существенный пробел. Нам нужна точная уверенность в природе вашей первичной опухоли. — Когда Донцова переходила на медицинскую речь, её манера говорить очень убыстрялась: длинные фразы и термины проскакивали одним дыханием. — То, что вы рассказываете об операции в позапрошлом году, и положение нынешнего метастаза сходятся к нашему диагнозу. Но всё-таки не исключаются и другие возможности. А это нам затрудняет лечение. Взять пробу сейчас из вашего метастаза, как вы понимаете, невозможно.

— Слава Богу. Я бы и не дал.

— Я всё-таки не понимаю — почему мы не можем получить стёкол с первичным препаратом. Вы-то сами вполне уверены, что гистологический анализ был?

— Да, уверен.

— Но почему в таком случае вам не объявили результата? — строчила она скороговоркой делового человека. О некоторых словах надо было догадываться.

А вот Костоглотов торопиться отвык:

— Результата? Такие у нас были бурные события, Людмила Афанасьевна, такая обстановочка, что, честное слово... Просто стыдно было о моей биопсии спрашивать. Тут головы летели. Да я и не понимал, зачем биопсия. — Костоглотов любил, разговаривая с врачами, употреблять их термины.

— *Вы* не понимали, конечно. Но врачи-то должны были понять, что этим не играют.

— Вра-чи?

Он посмотрел на сединку, которую она не прятала и не закрашивала, охватил собранное деловое выражение её несколько скуластого лица.

Как идёт жизнь, что вот сидит перед ним его соотечественница, современница и доброжелатель — и на общем их родном русском языке он не может объяснить ей самых простых вещей. Слишком издалека начинать надо, что ли. Или слишком рано оборвать.

— И врачи, Людмила Афанасьевна, ничего поделать не могли. Первый хирург, украинец, который назначил мне операцию и подготовил меня к ней, был взят на этап в самую ночь под операцию.

— И что же?

— Как что? Увезли.

— Но позвольте, когда его предупредили, он мог...

Костоглотов рассмеялся откровеннее.

— Об этапе никто не предупреждает, Людмила Афанасьевна. В том-то и смысл, чтобы выдернуть человека внезапно.

Донцова нахмурилась крупным лбом. Костоглотов говорил какую-то несообразицу.

— Но если у него был операционный больной?..

— Ха! Там принесли ещё почище меня. Один литовец проглотил алюминиевую ложку, столовую.

— Как это может быть?!

— Нарочно. Чтоб уйти из одиночки. Он же не знал, что хирурга увозят.

— Ну, а... потом? Ведь ваша опухоль быстро росла?

— Да, прямо-таки от утра до вечера, серьёзно... Потом дней через пять привезли с другого лагпункта другого хирурга, немца, Карла Фёдоровича. Во-от... Ну, он осмотрелся на новом месте и ещё через денёк сделал мне операцию. Но никаких этих слов: «злокачественная опухоль», «метастазы» — никто мне не говорил. Я их и не знал.

— Но биопсию он послал?

— Я тогда ничего не знал, никакой биопсии. Я лежал после операции, на мне — мешочки с песком. К концу недели стал учиться спускать ногу с кровати, стоять — вдруг собирают из лагеря ещё этап, человек семьсот, называется «бунтарей». И в этот этап попадает мой смирнейший Карл Фёдорович. Его взяли из жилого барака, не дали обойти больных последний раз.

— Дикость какая!

— Да это ещё не дикость. — Костоглотов оживился больше обычного. — Прибежал мой дружок, шепнул, что я тоже в списке на тот этап, начальница санчасти мадам Дубинская дала согласие. Дала согласие, зная, что я ходить не могу, что у меня швы не сняты, вот сволочь!.. Простите...

Ну, я твёрдо решил: ехать в телячьих вагонах с неснятыми швами — загноится, это смерть. Сейчас за мной придут, скажу: стреляйте тут, на койке, никуда не поеду. Твёрдо! Но за мной не пришли. Не потому, что смиловалась мадам Дубинская, она ещё удивлялась, что меня не отправили. А разобрались в учётно-распределительной части: сроку мне оставалось меньше года. Но я отвлёкся... Так вот я подошёл к окну и смотрю. За штакетником больницы — линейка, метров двадцать от меня, и на неё уже готовых с вещами сгоняют на этап. Оттуда Карл Фёдорыч меня в окне увидал и кричит: «Костоглотов! Откройте форточку!» Ему надзор: «Замолчи, падло!» А он: «Костоглотов! Запомните! Это очень важно! Срез вашей опухоли я направил на гистологический анализ в Омск, на кафедру патанатомии, запомните!» Ну и... угнали их. Вот мои врачи, ваши предшественники. В чём они виноваты?

Костоглотов откинулся в стуле. Он разволновался. Его охватило воздухом т о й больницы, не этой.

Отбирая нужное от лишнего (в рассказах больных всегда много лишнего), Донцова вела своё:

— Ну и что ж ответ из Омска? Был? Вам объявили?

Костоглотов пожал остроуглыми плечами:

— Никто ничего не объявлял. Я и не понимал, зачем мне это Карл Фёдорович крикнул. Только вот прошлой осенью, в ссылке, когда меня уж очень забрало, один старичок-гинеколог, мой друг, стал настаивать, чтоб я запросил. Я написал в свой лагерь. Ответа не было. Тогда написал жалобу в лагерное управление. Месяца через два ответ пришёл такой: «При тщательной проверке вашего архивного дела установить анализа не представляется возможности.» Мне так тошно уже становилось от опухоли, что переписку эту я бы бросил, но, поскольку всё равно и лечиться меня комендатура не выпускала, — я написал наугад и в Омск, на кафедру патанатомии. И оттуда быстро, за несколько дней, пришёл ответ — вот уже в январе, перед тем, как меня выпустили сюда.

— Ну вот, вот! Этот ответ! Где он?!

— Людмила Афанасьевна, я сюда уезжал — у меня... Безразлично всё. Да и бумажка без печати, без штампа, это просто письмо от лаборанта кафедры. Она любезно пишет, что именно от той даты, которую я называю, именно из того посёлка поступил препарат и анализ был сделан и подтвердил вот... подозреваемый вами вид опухоли. И что тогда же ответ был послан запрашивающей больнице, то есть нашей лагерной. И вот это очень похоже на тамошние порядки, я вполне верю: ответ пришёл, никому не был нужен, и мадам Дубинская...

Нет, Донцова решительно не понимала такой логики! Руки её были скрещены, и она нетерпеливо прихлопнула горстями повыше локтей.

— Да ведь из такого ответа следовало, что вам немедленно нужна рентгенотерапия!

— Ко-го? — Костоглотов шутливо прижмурился и посмотрел на Людмилу Афанасьевну. — Рентгенотерапия?

Ну вот, он четверть часа рассказывал ей — и что же рассказал? Она снова ничего не понимала.

— Людмила Афанасьевна! — воззвал он. — Нет, чтоб тамошний мир вообразить... Ну, о нём совсем не распространено представление! Какая рентгенотерапия! Ещё боль у меня не прошла на месте операции, вот как сейчас у Ахмаджана, а я уже был на общих работах и бетон заливал. И не думал, что могу быть чем-то недоволен. Вы не знаете, сколько весит глубокий ящик с жидким бетоном, если его вдвоём поднимать?

Она опустила голову.

— Ну пусть. Но вот теперь этот ответ с кафедры патанатомии — почему же он без печати? Почему он — частное письмо?

— Ещё спасибо, что хоть частное письмо! — уговаривал Костоглотов. — Попался добрый человек. Всё-таки добрых людей среди женщин больше, чем среди мужчин, я замечаю... А частное письмо — из-за нашей треклятой секретности! Она и пишет дальше: однако препарат опухоли был прислан к нам безымянно, без указания фамилии больного. Поэтому мы не можем дать вам официальной справки и стёкла препарата тоже не можем выслать. — Костоглотов начал раздражаться. Это выражение быстрее других завладевало его лицом. — Великая государственная тайна! Идиоты! Трясутся, что на какой-то там кафедре узнают, что в каком-то лагере томится некий узник Костоглотов. Брат Людовика! Теперь анонимка будет там лежать, а вы будете голову ломать, как меня лечить. Зато тайна!

Донцова смотрела твёрдо и ясно. Она не уходила от своего.

— Что ж, и это письмо я должна включить в историю болезни.

— Хорошо. Вернусь в свой аул — и сейчас же вам его вышлю.

— Нет, надо быстрей. Этот ваш гинеколог не найдёт, не вышлет?

— Да найти-то найдёт... А сам я когда поеду? — Костоглотов смотрел исподлобья.

— Вы поедете тогда, — с большим значением отвесила Донцова, — когда я сочту нужным прервать ваше лечение. И то на время.

Этого мига и ждал Костоглотов в разговоре! Его-то и нельзя было пропускать без боя!

— Людмила Афанасьевна! Как бы нам установить не этот тон взрослого с ребёнком, а — взрослого со взрослым? Серьёзно. Я вам сегодня на обходе...

— Вы мне сегодня на обходе, — погрознело крупное лицо Донцовой, — устроили позорную сцену. Что вы хотите? — будоражить больных? Что́ вы им в голову вколачиваете?

— Что я хотел? — Он говорил не горячась, тоже со значением, и стул занимал прочно, спиной о спинку. — Я хотел только напомнить вам о своём праве распоряжаться своей жизнью. Человек — может распоряжаться своей жизнью, нет? Вы признаёте за мной такое право?

Донцова смотрела на его бесцветный извилистый шрам и молчала. Костоглотов развивал:

— Вы сразу исходите из неверного положения: раз больной к вам поступил, дальше за него думаете вы. Дальше за него думают ваши инструкции, ваши пятиминутки, программа, план и честь вашего лечебного учреждения. И опять я — песчинка, как в лагере, опять от меня ничего не зависит.

— Клиника берёт с больных письменное согласие перед операцией, — напомнила Донцова.

(К чему это она об операции?.. Вот уж на операцию он ни за что!)

— Спасибо! За это — спасибо, хотя она так делает для собственной безопасности. Но кроме операции — ведь вы ни в чём не спрашиваете больного, ничего ему не поясняете! Ведь чего стоит один рентген!

— О рентгене — где это вы набрались слухов? — догадывалась Донцова. — Не от Рабиновича ли?

— Никакого Рабиновича я не знаю! — уверенно мотнул головой Костоглотов. — Я говорю о принципе.

(Да, именно от Рабиновича он слышал эти мрачные рассказы о последствиях рентгена, но обещал его не выдавать. Рабинович был амбулаторный больной, уже получивший двести с чем-то сеансов, тяжело переносивший их и с каждым десятком приближавшийся, как он ощущал, не к выздоровлению, а к смерти. Там, где жил он, — в квартире, в доме, в городе, — никто его не понимал: здоровые люди, они с утра до вечера бегали и думали о каких-то удачах и неудачах, казавшихся им очень значительными. Даже своя семья уже устала от него. Только тут, на крылечке противоракового диспансера, больные часами слушали его и сочувствовали. Они понимали, что это значит, когда окостенел подвижный треугольник «дужки» и сгустились рентгеновские рубцы по всем местам облучения.)

Скажите, он говорил о принципе!.. Только и не хватало Донцовой и её ординаторам проводить дни в собеседованиях с больными о принципах лечения! Когда б тогда и лечить!

Но такой дотошный любознательный упрямец, как этот, или как Рабинович, изводивший её выяснениями о ходе болезни, попадались на пятьдесят больных один, и не миновать было тяжкого жребия иногда с ними объясниться. Случай же с Костоглотовым был особый и медицински: особый в том небрежном, как будто заговорно-злобном ведении болезни до неё, когда он был допущен, дотолкнут до самой смертной черты, — и особый же в том крутом, исключительно быстром оживлении, которое под рентгеном у него началось.

— Костоглотов! За двенадцать сеансов рентген сделал вас живым человеком из мертвеца — и как же вы смеете руку заносить на рентген? Вы жалуетесь, что вас в лагере и ссылке не лечили, вами пренебрегали, — и тут же вы жалуетесь, что вас лечат и о вас беспокоятся. Где логика?

— Получается, логики нет, — потряс чёрными кудлами Костоглотов. — Но, может быть, её и не должно быть, Людмила Афанасьевна? Ведь человек же — очень сложное существо, почему он должен быть объяснён логикой? или там экономикой? или физиологией? Да, я приехал к вам мертвецом, и просился к вам, и лежал на полу около лестницы — и вот вы делаете логический вывод, что я приехал к вам спасаться любой ценой. А я не хочу — любой ценой!! Такого и на свете нет ничего, за что б я согласился платить любую цену! — Он стал спешить, как не любил, но Донцова клонилась его перебить, а ещё тут много было высказать. — Я приехал к вам за облегчением страданий! Я говорил: мне очень больно, помогите! И вы помогли! И вот мне не больно. Спасибо! Спасибо! Я — ваш благодарный должник. Только теперь — отпустите меня! Дайте мне, как собаке, убраться к себе в конуру и там отлежаться и отлизаться.

— А когда вас снова подопрёт — вы опять приползёте к нам?

— Может быть. Может быть, опять приползу.

— И мы должны будем вас принять?

— Да!! И в этом я вижу ваше милосердие! А вас беспокоит что? — процент выздоровления? отчётность? Как вы запишете, что отпустили меня после пятнадцати сеансов, если Академия Медицинских Наук рекомендует не меньше шестидесяти?

Такой сбивчивой ерунды она ещё никогда не слышала. Как раз с точки зрения отчётности очень выгодно было сейчас его выписать с «резким улучшением», а через пятьдесят сеансов этого не будет.

А он всё толок своё:

— С меня довольно, что вы опухоль попятили. И остановили. Она — в обороне. И я в обороне. Прекрасно. Солдату лучше всего живётся в обороне. А вылечить «до конца» вы всё равно не сможете, потому что никакого конца у ракового лечения не бывает. Да и вообще все процессы природы характеризуются асимптотическим насыщением, когда большие усилия приводят уже к малым результатам. В начале моя опухоль разрушалась быстро, теперь пойдёт медленно — так отпустите меня с остатками моей крови.

— Где вы этих сведений набрались, интересно? — сощурилась Донцова.

— А я, знаете, с детства любил подчитывать медицинские книги.

— Но чего именно вы боитесь в нашем лечении?

— Чего мне бояться — я не знаю, Людмила Афанасьевна, я не врач. Это, может быть, знаете вы, да не хотите мне объяснить. Вот, например, Вера Корнильевна хочет назначить мне колоть глюкозу...

— Обязательно.

— А я — не хочу.

— Да почему же?

— Во-первых, это неестественно. Если мне уж очень нужен виноградный сахар — так давайте мне его в рот! Что это придумали в двадцатом веке: каждое лекарство — уколом? Где это видано в природе? у животных? Пройдёт сто лет — над нами, как над дикарями, будут смеяться. А потом — как колют? Одна сестра попадёт сразу, а другая истычет весь этот вот... локтевой сгиб. Не хочу! Потом я вижу, что вы подбираетесь к переливанию мне крови...

— Вы радоваться должны! Кто-то отдаёт вам свою кровь! Это — здоровье, это — жизнь!

— А я не хочу! Одному чечену тут при мне перелили, его потом на койке подбрасывало три часа, говорят: «неполное совмещение». А кому-то ввели кровь мимо вены, у него шишка на руке вскочила. Теперь компрессы, и парят целый месяц. А я не хочу.

— Но без переливания крови нельзя давать много рентгена.

— Так не давайте!! Почему вообще вы берёте себе право решать за другого человека? Ведь это — страшное право, оно редко ведёт к добру. Бойтесь его! Оно не дано и врачу.

— Оно именно дано врачу! В первую очередь — ему! — убеждённо вскрикнула Донцова, уже сильно рассерженная. — А без этого права не было б и медицины никакой!

— А к чему это ведёт? Вот скоро вы будете делать доклад о лучевой болезни, так?

— Откуда вы знаете? — изумилась Людмила Афанасьевна.

— Да это легко предположить...

(Просто лежала на столе толстая папка с машинописными листами. Надпись на папке приходилась Костоглотову вверх ногами, но за время разговора он прочел её и обдумал.)

— ...легко догадаться. Потому что появилось новое название и, значит, надо делать доклады. Но ведь и двадцать лет назад вы облучали какого-нибудь такого Костоглотова, который отбивался, что боится лечения, а вы уверяли, что всё в порядке, потому что ещё не знали лучевой болезни. Так и я теперь: ещё не знаю, чего мне надо бояться, но — отпустите меня! Я хочу выздоравливать собственными силами. Вдруг да мне станет лучше, а?

Есть истина у врачей: больного надо не пугать, больного надо подбодрять. Но такого назойливого больного, как Костоглотов, надо было, напротив, ошеломить.

— Лучше? Не станет! Могу вас заверить, — она прихлопнула четырьмя пальцами по столу, как хлопушкой муху, — не станет! Вы, — она ещё соразмеряла удар, — умрёте!

Посмотрела, как он вздрогнет. Но он только затих.

— У вас будет судьба Азовкина. Видели, да? Ведь у вас с ним одна болезнь и запущенность почти одинаковая. Ахмаджана мы спасаем — потому что его стали облучать сразу после операции. А у вас потеряно два года, вы думайте об этом! И нужно было сразу делать вторую операцию — ближнего по ходу следования лимфоузла, а вам пропустили, учтите. И метастазы потекли! Ваша опухоль — из самых опасных видов рака! Она опасна тем, что скоротечна и резко-злокачественна, то есть очень быстро даёт метастазы. Её смертность совсем недавно составляла девяносто пять процентов, вас устраивает? Вот, я вам покажу...

Она вытащила папку из груды и начала рыться в ней.

Костоглотов молчал. Потом заговорил, но тихо, совсем не так уверенно, как раньше:

— Откровенно говоря, я за жизнь не очень-то держусь. Не только впереди у меня её нет, но и сзади не было. И если проглянуло мне пожить полгодика — надо их и прожить. А на десять-двадцать лет планировать не хочу. Лишнее лечение — лишнее мучение. Начнётся рентгеновская тошнота, рвоты — зачем?..

— Нашла! Вот! Это наша статистика. — И она повернула к нему двойной тетрадный листик. Через весь развёрнутый лист шло название его опухоли, а потом над левой стороной: «Уже умерли», над правой: «Ещё живы». И в три колонки писались фамилии — в разное время, карандашами, чернилами. В левой стороне помарок не было, а в правой — вычёркивания, вычёркивания, вычёркивания... — Так вот. При выписке мы записываем каждого в правый список, а потом переносим в левый... Но всё-таки есть счастливцы, которые остаются в правом, видите?

Она дала ему ещё посмотреть список и подумать.

— Вам *кажется*, что вы выздоровели! — опять приступила энергично. — Вы — больны, как и были. Каким пришли к нам, такой и остались. Единственное, что выяснилось, — что с вашей опухолью *можно* бороться! Что не всё ещё погибло. И в этот момент вы заявляете, что уйдёте? Ну, уходите! Уходите! Выписывайтесь хоть сегодня! Я сейчас дам распоряжение... А сама занесу вас вот в этот список. Ещё не умерших.

Он молчал.

— А? Решайте!

— Людмила Афанасьевна, — примирительно выдвинул Костоглотов. — Ну, если нужно какое-то разумное количество сеансов — пять, десять...

— Не пять и не десять! Ни одного! Или — столько, сколько нужно! Например, с сегодняшнего дня — по два сеанса, а не по одному. И все виды лечения, какие понадобятся! И курить бросите! И ещё обязательное условие: переносить лечение не только с верой, но с *радостью*! С радостью! Вот только тогда вы вылечитесь!

Он опустил голову. Отчасти-то сегодня он торговался с запросом. Он опасался, как бы ему не предложили операцию, — но вот и не предлагали. А облучиться ещё можно, ничего. В запасе у Костоглотова было секретное лекарство — иссык-кульский корень, и он рассчитывал уехать к себе в глушь не просто, а полечиться корнем. Имея корень, он вообще-то приезжал в этот раковый диспансер только для пробы.

А доктор Донцова, видя, что победила, сказала великодушно:

— Хорошо, глюкозы давать вам не буду. Вместо неё — другой укол, внутримышечный.

Костоглотов улыбнулся:

— Ну, это я вам уступаю.

— И пожалуйста: ускорьте пересылку омского письма.

Он шёл от неё и думал, что идёт между двумя вечностями. С одной стороны — список обречённых умереть. С другой стороны в е ч н а я ссылка. Вечная, как звёзды. Как галактики.

7

А вот начни б он допытываться, что́ это за укол, какая цель его, и нужен ли он действительно, и оправдан ли морально; если б Людмиле Афанасьевне пришлось объяснять Костоглотову смысл и возможные последствия этого нового лечения, — очень может быть, что он бы и окончательно взбунтовался.

Но именно тут, исчерпав свои блестящие доводы, он сдал.

А она нарочно схитрила, сказала, как о пустяке, потому что устала уже от этих объяснений, а знала твёрдо, что именно теперь, когда проверено было на больном воздействие рентгена в чистом виде, пришла пора нанести опухоли ещё новый удар, очень рекомендуемый для данного вида рака современными руководствами. Прозревая нерядовую удачу в лечении Костоглотова, она не могла послабить его упрямству и не обрушить на него всех средств, в которые верила. Правда, не было стёкол с первичным препаратом, но вся интуиция её, наблюдательность и память подсказывали, что опухоль — та самая, именно та, не тератома и не саркома.

По этому самому типу опухолей, с этим именно движением метастазов, доктор Донцова писала кандидатскую диссертацию. То есть не то чтобы писала постоянно, а когда-то начинала, бросала, опять писала, и друзья убеждали, что всё отлично получится, но, заставленная и задавленная обстоятельствами, она уже не предвидела когда-нибудь её защитить. Не потому, что у неё не хватало опыта или материала, но слишком много было того и другого, и повседневно они звали её то к экрану, то в лабораторию, то к койке, а заниматься подбором и описанием рентгеноснимков, и формулировками, и систематизацией, да ещё сдачей кандидатского минимума, — не было сил человеческих. Можно было получить научный отпуск на полгода, — но никогда не было в клинике таких благополучных больных и того первого дня, с которого можно было прекратить консультации трёх молодых ординаторов и уйти на полгода.

Людмила Афанасьевна слышала, будто бы Лев Толстой сказал про своего брата: он имел все способности писателя, но не имел недостатков, делающих писателем. Наверное, и она не имела тех недостатков, которые делают людей кандидатами наук. Ей, в общем, не было надо слышать шёпот позади: «она не просто врач, она кандидат медицинских наук». Или чтобы перед статьёй её (второй десяток их уже печатался, маленьких, но всё по делу) шли эти дополнительные, мелкие, но такие весомые буквочки. Правда, деньги лишние — никогда не лишние. Но уж раз не получилось, так не получилось.

Того, что называется научно-общественная работа, полно было и без диссертации. В их диспансере бывали клинико-анатомические конференции с разбором ошибок в диагностике и лечении, с докладами о новых методах — обязательно было их посещать и обязательно активно участвовать (правда, лучевики и хирурги и без того каждый день советовались, и разбирались в ошибках, и применяли новые методы, — но конференции были сами собой). А ещё было городское научное общество рентгенологов — с докладами и демонстрациями. А ещё недавно образовалось и научное общество онкологов, где Донцова была не только участник, но и секретарь, и где, как со всяким новым делом, суета была повышенная. А ещё был Институт усовершенствования врачей. А ещё была переписка с рентгенологическим Вестником, и онкологическим Вестником, и Академией меднаук, и информационным центром, — и получалось, что хотя Большая Наука была как будто вся в Москве и в Ленинграде, а они тут как будто просто лечили, но дня не проходило, чтоб досталось только лечить, а о науке не хлопотать.

Так и сегодня. Ей надо было звонить председателю общества рентгенологов насчёт своего близкого доклада. И надо было срочно просмотреть две маленькие журнальные статьи. И ответить на одно письмо в Москву. И на одно письмо в глухой онкопункт, откуда спрашивали разъяснения.

А скоро старший хирург, закончив операционный день, должна была, по уговору, показать Донцовой для консультации одну свою гинекологическую больную. А ещё надо было к концу амбулаторного приёма пойти посмотреть с одной из своих ординаторов этого больного из Ташауза с подозрением на опухоль тонкого кишечника. И сама же она на сегодня назначила разобраться с рентгенолаборантами, как им уплотнить работу установок, чтобы больше пропускать больных. И эмбихинный укол Русанову не надо было упустить из памяти, подняться проведать; таких больных они лишь недавно стали лечить сами, до сих пор отсылали в Москву.

А она потеряла время на вздорное препирательство с упрямцем Костоглотовым! — методическое баловство. Ещё во время их разговора два раза заглядывали в дверь мастера, которые вели дополнительный монтаж на гамма-установке. Они хотели доказать Донцовой необходимость каких-то работ, не предусмотренных сметой, и чтоб она подписала им на эти работы акт и убедила главврача. Теперь они её потащили туда, но прежде в коридоре сестра передала ей телеграмму. Телеграмма была из Новочеркасска — от Анны Зацырко. Пятнадцать лет они уже не виделись и не переписывались, но это была её хорошая старая подруга, с которой они вместе были в акушерской школе в Саратове, ещё до мединститута, в 1924 году. Анна телеграфировала, что старший сын её Вадим поступит сегодня или завтра в клинику к Люсе из геологической экспедиции, и просит она о дружеском внимании к нему, и ей честно написать, что́ с ним. Людмила Афанасьевна взволновалась, покинула мастеров и пошла просить старшую сестру задержать до конца дня место Азовкина для Вадима Зацырко. Старшая сестра Мита, как всегда, бегала по клинике, и не так легко её было найти. Когда же она нашлась и обещала место для Вадима, она озадачила Людмилу Афанасьевну тем, что лучшую сестру их лучевого отделения Олимпиаду Владиславовну требуют на десять дней на городской семинар профказначеев — и десять дней её надо кем-то заменять. Это было настолько недопустимо и невозможно, что вместе с Митой Донцова тут же решительным шагом пошла через много комнат в регистратуру — звонить в райком союза и отбивать. Но был занят телефон сперва с этой стороны, потом с той, потом перешвырнули их звонить в обком союза, а оттуда удивлялись их политической беспечности и неужели они предполагают, что профсоюзная касса может быть оставлена на произвол. Ни райкомовцев, ни обкомовцев, ни самих, ни родных, — никого ещё, видно, не укусила опухоль и, как думали они, не укусит. Заодно позвонив в общество рентгенологов, Людмила Афанасьевна рванулась просить о заступничестве главврача, но тот сидел с какими-то посторонними людьми и обсуждал намеченный ремонт одного крыла их здания. Так всё осталось неопределённо, и она пошла к себе через рентгенодиагностический, где сегодня не работала. Тут был перерыв, записывались при красном фонаре результаты, и тут же доложили Людмиле Афанасьевне, что подсчитали запасы плёнки и при нынешнем расходе её хватит не больше как на три недели, а это значит — уже авария, потому что меньше месяца заявки на плёнку не выполняют. Отсюда ясно стало Донцовой, что надо сегодня же или завтра свести аптекаря и главврача, а это нелегко, и заставить их послать заявку.

Затем ей путь перегородили мастера гамма-установки, и она подписала им акт. Кстати было зайти и к рентгенолаборантам. Тут она села, и стали подсчитывать. По исконным техническим условиям аппарат должен работать один час, а полчаса отдыхать, но это давно было забыто и заброшено, а работали все аппараты девять часов без перерыва, то есть полторы рентгеновские смены. Однако и при такой загрузке и при том, что проворные лаборанты быстро сменяли больных под аппаратами, всё равно не умещались дать столько сеансов, сколько хотели. Надо было успевать пропускать амбулаторных по разу в день, а клинических некоторых — и по два (как с сегодняшнего дня назначено было Костоглотову) — чтоб усилить удар по опухоли, да и ускорить оборачиваемость коек. Для этого тайком от технического надзора перешли на ток в двадцать миллиампер вместо десяти: получалось вдвое быстрее, хотя трубки, очевидно, изнашивались тоже быстрей. А всё равно не умещались! И сегодня Людмила Афанасьевна пришла разметить в списках, каким больным и на сколько сеансов она разрешает не ставить (это тоже укорачивало сеанс вдвое) миллиметрового медного фильтра, оберегающего кожу, а каким ставить фильтр полумиллиметровый.

Тут она поднялась на второй этаж посмотреть, как ведёт себя после укола Русанов. Затем пошла в кабинет короткофокусных аппаратов, где снова уже шло облучение больных, и хотела приняться за свои статьи и письма, как постучала вежливо Елизавета Анатольевна и попросила разрешения обратиться.

Елизавета Анатольевна была просто «нянечкой» лучевого отделения, однако ни у кого язык не поворачивался звать её на «ты», Лизой или тётей Лизой, как зовут даже старых санитарок даже молодые врачи. Это была хорошо воспитанная женщина, в свободные часы ночных дежурств она сидела с книжками на французском языке, — а вот почему-то работала санитаркой в онкодиспансере, и очень исполнительно.

Правда, она имела тут полторы ставки, и некоторое время здесь платили ещё пятьдесят процентов за рентгеновскую вредность, но вот надбавку нянечкам свели до пятнадцати процентов, а Елизавета Анатольевна не уходила.

— Людмила Афанасьевна! — сказала она, чуть изгибаясь в извинение, как это бывает у повышенно вежливых людей. — Мне очень неловко беспокоить вас по мелкому поводу, но ведь просто берёт отчаяние! — ведь нет же тряпок, совсем нет! Чем убирать?

Да, вот это ещё была забота! Министерство предусматривало снабжение онкодиспансера радиевыми иголками, гамма-пушкой, аппаратами «Стабиливольт», новейшими приборами для переливания крови, последними синтетическими лекарствами, — но для простых тряпок и простых щёток в таком высоком списке не могло быть места. Низамутдин же Бахрамович отвечал: если министерство не предусмотрело — неужели я вам буду на свои деньги покупать? Одно время рвали на тряпки изветшавшее бельё — но хозорганы спохватились и запретили это, заподозрив тут расхищение нового белья. Теперь требовали изветшавшее свозить и сдавать в определённое место, где авторитетная комиссия актировала его и потом рвала.

— Я думаю, — говорила Елизавета Анатольевна, — может быть, мы все, сотрудники лучевого отделения, обяжемся принести из дому по одной тряпке и так выйдем из положения, а?

— Да что ж, — вздохнула Донцова, — наверно, ничего и не остаётся. Я согласна. Вы это, пожалуйста, предложите Олимпиаде Владиславовне...

Да! Саму-то Олимпиаду Владиславовну надо было идти выручать. Ведь просто же нелепость — лучшую опытную сестру выключить из работы на десять дней.

И она пошла звонить. И ничего не добилась опять. Тут сразу же пошла она смотреть больного из Ташауза. Сперва сидела в темноте, приучая глаза. Потом смотрела бариевую взвесь в тонком кишечнике больного — то стоя, то опуская защитный экран как стол и кладя больного на один бок и на другой для фотографирования. Проминая в резиновых перчатках живот больного и совмещая с его криками «больно» слепые расплывчатые зашифрованные оттенки пятен и теней, Людмила Афанасьевна перевела их в диагноз.

Где-то за всеми этими делами миновал и её обеденный перерыв, только она никогда его не отмечала, не выходила с бутербродиком в сквер даже летом.

Сразу же пришли её звать на консультацию в перевязочную. Там старший хирург сперва предварила Людмилу Афанасьевну об истории болезни, затем вызвали больную и смотрели её. Донцова пришла к выводу: спасение возможно только одно — путём кастрации. Больная, всего лишь лет сорока, заплакала. Дали ей поплакать несколько минут. «Да ведь это конец жизни!.. Да ведь меня муж бросит...»

— А вы мужу и не говорите, что за операция! — втолковывала ей Людмила Афанасьевна. — Как он узнает? Он никогда и не узнает. В ваших силах это скрыть.

Поставленная спасать *жизнь*, именно жизнь, — в их клинике почти всегда шло о жизни, о меньшем не шло, — Людмила Афанасьевна непреклонно считала, что всякий ущерб оправдан, если спасается жизнь.

Но сегодня, как ни кружилась она по клинике, что-то мешало весь день её уверенности, ответственности и властности.

Была ли это ясно ощущаемая боль в области желудка у неё самой? Некоторые дни она не чувствовала её, некоторые дни слабей, сегодня — сильней. Если б она не была онкологом, она бы не придала значения этой боли или, напротив, бесстрашно пошла бы на исследования. Но слишком хорошо она знала эту ниточку, чтобы отмотать первый виток: сказать родным, сказать товарищам по работе. Самато для себя она пробавлялась русским авосем: а может обойдётся? а может только нервное ощущение?

Нет, не это, ещё другое мешало ей весь день, как будто она занозилась. Это было смутно, но настойчиво. Наконец теперь, придя в свой уголок к столу и коснувшись этой папки «Лучевая болезнь», подмеченной доглядчивым Костоглотовым, она поняла, что весь день не только взволнована, но уязвлена спором с ним о праве лечить.

Она ещё слышала его фразу: лет двадцать назад вы облучали какого-нибудь Костоглотова, который умолял вас не облучать, но вы же не знали о лучевой болезни!

Она действительно должна была скоро делать сообщение в обществе рентгенологов на тему: «О поздних лучевых изменениях». Почти то самое, в чём упрекал её Костоглотов.

Лишь совсем недавно, год-два, как у неё и у других рентгенологов — здесь, и в Москве, и в Баку — стали появляться эти случаи, не сразу понятые. Возникло подозрение. Потом догадка. Об этом стали писать друг другу письма, говорили — пока не в докладах, а в перерывах между докладами. Тут кто-то прочёл реферат по американским журналам — назревало что-то похожее и у американцев. А случаи нарастали, ещё и ещё приходили больные с жалобами — и вдруг это всё получило одно название: «Поздние лучевые изменения», и настало время говорить о них с кафедр и что-то решать.

Смысл был тот, что рентгеновские лечения, благополучно, успешно или даже блистательно закончившиеся десять и пятнадцать лет тому назад дачею крупных доз облучения, — выявлялись теперь в облучённых местах неожиданными разрушениями и искажениями.

Не обидно было, или во всяком случае оправдано, если те давние облучения проводились по поводу злокачественных опухолей. Тут не было выхода даже и с сегодняшней точки зрения: больного спасали единственным образом от неминуемой смерти, и только большими дозами, потому что малые помочь не могли. И, приходя теперь с увечьем, он должен был понять, что это плата за уже прожитые добавленные ему годы и ещё за те, которые оставались впереди.

Но тогда, десять, и пятнадцать, и восемнадцать лет назад, когда не было и названия «лучевая болезнь», рентгеновское облучение представлялось способом таким прямым, надёжным и абсолютным, таким великолепным достижением современной медицинской техники, что считалось отсталостью мышления и чуть ли не саботажем в лечении трудящихся — отказываться от него и искать другие, параллельные или окольные, пути. Боялись только острых ранних поражений тканей и костей, но их тогда же научились и избегать. И — облучали!

облучали с увлечением! Даже доброкачественные опухоли. Даже у маленьких детей.

А теперь эти дети, ставшие взрослыми, юноши и девушки, иногда и замужние, приходили с необратимыми увечьями в тех местах, которые так ретиво облучались.

Минувшей осенью пришёл — не сюда, не в раковый корпус, а в хирургический, но Людмила Афанасьевна узнала и тоже добилась его посмотреть — пятнадцатилетний мальчик, у которого рука и нога одной стороны отставали в росте от другой, и так же — кости черепа, отчего он снизу и доверху казался дугообразно искажённым, как карикатура. И, сравнив архивы, Людмила Афанасьевна отождествила с ним того двух-с-половиной-летнего мальчика, которого мать принесла в клинику медгородка со множественным поражением костей не известного никому происхождения, но совсем не опухолевой природы, с глубоким поражением обмена веществ, — и тогда же хирурги послали его к Донцовой — наудачу, авось да поможет рентген. И Донцова взялась, и рентген помог! — да как хорошо, мать плакала от радости, говорила, что никогда не забудет спасительницы.

А теперь он пришёл один — матери не было уже в живых, и никто ничем не мог ему помочь, никто не мог взять назад из его костей прежнего облучения.

А совсем недавно, вот уже в конце января, пришла молодая мать с жалобой, что грудь не даёт молока. Она пришла не сюда, но её слали из корпуса в корпус, и она достигла онкологического. Донцова не помнила её, но, так как в их клинике карточки на больных хранятся вечно, пошли в сарайчик, рылись там и нашли её карточку девятьсот сорок первого года, откуда подтвердилось, что девочкой она приходила и доверчиво ложилась под рентгеновские трубки — с доброкачественной опухолью, от которой теперь никто б её рентгеном лечить не стал.

Оставалось Донцовой лишь продолжить старую карточку, записать, что стали атрофичны мягкие ткани и что, по всей видимости, это есть позднее лучевое изменение.

Ни этому перекособоченному юноше, ни этой обделённой матери никто не объяснил, конечно, что их лечили в детстве не так: объяснять это было бы в личном отношении бесполезно, а в общем отношении — вредило бы санитарной пропаганде среди населения.

Но у самой Людмилы Афанасьевны эти случаи вызвали потрясение, ноющее чувство неискупимой и неисправимой вины — и туда-то, в эту точку, попал сегодня Костоглотов.

Она сложила руки накрест и прошлась по комнате от двери к окну, от окна к двери, по свободной полоске пола между двумя уже выключенными аппаратами.

Но можно ли так? — ставить вопрос о праве врача лечить? Если думать так, если сомневаться в каждом научно принятом сегодня методе, не будет ли он позже опорочен или отвергнут, — тогда можно чёрт знает до чего дойти! Ведь смертные случаи описаны даже от аспирина: принял человек свой первый в жизни аспирин и умер!.. Тогда лечить вообще нельзя! Тогда вообще нельзя приносить повседневных благ.

Этот закон, вероятно, имеет и всеобщий характер: всякий делающий всегда порождает и то, и другое — и благо, и зло. Один только — больше блага, другой — больше зла.

Но как бы она себя ни успокаивала и как бы ни знала она отлично, что эти несчастные случаи вместе со случаями неверных диагнозов, поздно принятых или неверно принятых мер, может быть не составят и двух процентов всей её деятельности, — а излеченные ею, а возвращённые к жизни, а спасённые, а исцелённые ею молодые и старые, женщины и мужчины, ходят по пашне, по траве, по асфальту, летают по воздуху, лазят по столбам, убирают хлопок, метут улицы, стоят за прилавками, сидят в кабинетах или в чайханах, служат в армии и во флоте, и их сотни, и не все они забыли её, и не все забудут, — она знала также, что сама она скорее забудет их всех, свои лучшие случаи, свои труднейшие победы, а до могилы будет помнить тех нескольких, тех немногих горемык, которые попали под колёса.

Такова была особенность её памяти.

Нет, готовиться к сообщению сегодня она уже не сможет, да и день к концу. (Разве взять папку домой? Наверняка провозишь зря, хоть сотни раз она так брала и возила.)

А что надо успеть сделать — вот «Медицинскую радиологию» освободить, статейки дочесть. И ответить этому фельдшеру в Тахта-Купыр на его вопрос.

Плохой становился свет из пасмурного окна, она зажгла настольную лампу и уселась. Заглянула одна из ординаторок, уже без халата: «Вы не идёте, Людмила Афанасьевна?» И Вера Гангарт зашла: «Вы не идёте?»

— А как Русанов?

— Спит. Рвоты не было. Температурка есть. — Вера Корнильевна сняла глухой халат и осталась в серо-зеленоватом тафтяном платьи, слишком хорошем для работы.

— Не жалеете таскать? — кивнула Донцова.

— А зачем беречь?.. Для чего беречь?.. — хотела улыбнуться Гангарт, но получилось жалостно.

— Ладно, Верочка, если так, следующий раз введём ему полную, десять миллиграмм, — в своей убыстрённой манере, когда слова только время отнимают, протолкнула Людмила Афанасьевна и писала письмо фельдшеру.

— А Костоглотов? — тихо спросила Гангарт уже от двери.

— Был бой, но он разбит и покорился! — усмехнулась Людмила Афанасьевна и опять почувствовала от выпыха усмешки, как резнуло её около желудка. Она даже захотела сейчас и пожаловаться Вере, ей первой, подняла на неё прищуренные глаза, но в полутёмной глубине комнаты увидела её как собравшуюся в театр — в выходном платьи, на высоких каблуках.

И решила — до другого раза.

Все ушли, а она сидела. Совсем было ей неполезно и полчаса лишних проводить в этих помещениях, ежедневно облучаемых, но вот так всё цеплялось. Всякий раз к отпуску она была бледно-сера, а лейкоциты её, монотонно падающие весь год, снижались до двух тысяч, как преступно было бы довести какого-нибудь больного. Три желудка в день полагалось смотреть рентгенологу по нормам, а она ведь смотрела по десять в день, а в войну и по двадцать пять. И перед отпуском ей самой было впору переливать кровь. И за отпуск не восстанавливалось утерянное за год.

Но повелительная инерция работы нелегко отпускала её. К концу каждого дня она с досадой видела, что опять не успела. И сейчас между делами она снова задумалась о жестоком случае Сибгатова и записала, о чём посоветоваться при встрече на обществе с доктором Орещенковым. Как она ввела в работу своих ординаторов, так и её когда-то до войны вводил за руку, осторожно направлял и передал ей вкус кругозора доктор Орещенков. «Никогда, Людочка, не специализируйтесь до сушёной воблы! — предупреждал он. — Пусть весь мир течёт к специализации, а вы держитесь за своё — одной рукой за рентгенодиагностику, другой за рентгенотерапию! Будьте хоть последней такой — но такой!» И он всё ещё был жив, и тут же, в городе.

Уже лампу потушив, она от двери вернулась и записала дело на завтра. Уже надев своё синее неновое пальто, она ещё свернула к кабинету главврача — но он был заперт.

Наконец она сошла со ступенек между тополями, шла по аллейкам медицинского городка, но в мыслях оставалась вся в работе и даже не пыталась и не хотела выйти из них. Погода была никакая — она не заметила, какая. А ещё не сумерки. На аллейках встречались многие незнакомые лица, но в Людмиле Афанасьевне и здесь не пробудилось естественное женское внимание — кто из встречных во что одет, что на голове, что на ногах. Она шла с присобранными бровями и на всех этих людей остро поглядывала, как бы прозревая локализацию тех возможных опухолей, которые в людях этих ещё сегодня не дают себя знать, но могут выявиться завтра.

Так она шла, и миновала внутреннюю чайхану медгородка и мальчика-узбечонка, постоянно торгующего здесь газетными фунтиками миндаля, — и достигла главных ворот.

Кажется, проходя эти главные ворота, из которых неусыпная бранчивая толстуха-сторожиха выпускала только здоровых свободных людей, а больных заворачивала громкими окриками, — кажется, ворота эти проходя, должна ж была она перейти из рабочей части своей жизни в домашнюю, семейную. Но нет, не равно делились время и силы её между работой и домом. Внутри медицинского городка она проводила свежую и лучшую половину своего бодрствования, и рабочие мысли ещё вились вокруг её головы, как пчёлы, долго спустя ворота, а утром — задолго до них.

Она опустила письмо в Тахта-Купыр. Перешла улицу к трамвайному кругу. Позванивая, развернулся нужный номер. Стали густо садиться и в передние и в задние двери. Людмила Афанасьевна поспешила захватить место — и это была первая внешняя мелкая мысль, начинавшая превращать её из оракула человеческих судеб в простого трамвайного пассажира, которого толкали запросто.

Но ещё и под дребезжание трамвая по старой однопутной колее и на долгих разминных остановках Людмила Афанасьевна смотрела в окно неосмысленно, всё додумывая то о лёгочных метастазах у Мурсалимова, то о возможном влиянии уколов на Русанова. Его обидная наставительность и угрозы, с которыми он выступил сегодня на обходе, затёртые с утра другими впечатлениями, сейчас, после конца дня, проступили угнетающим осадком: на вечер и на ночь.

Многие женщины в трамвае, как и Людмила Афанасьевна, были не с малоёмкими дамскими сумочками, а с сумками-баулами, куда можно затолкать живого поросёнка или четыре буханки хлеба. С каждой пройденной остановкой и с каждым магазином, промелькнувшим за окном, Людмилой Афанасьевной завладевали мысли о хозяйстве и о доме. Всё это было — на ней, и только на ней, потому что какой спрос с мужчин? И муж и сын у неё были такие, что, когда она уезжала на конференцию в Москву, — они и посуды не мыли неделю: не потому, что хотели приберечь это для неё, а — не видели в этой повторительной, вечно возобновляемой работе смысла.

Была и дочь у Людмилы Афанасьевны — уже замужняя, с маленьким на руках, и даже уже почти не замужняя, потому что шло к разводу. В первый раз за день вспомнив сейчас о дочери, Людмила Афанасьевна не повеселела.

Сегодня была пятница. В это воскресенье Людмила Афанасьевна непременно должна была совершить большую стирку, уж набралось. Значит, обед на первую половину недели (она готовила его дважды в неделю) надо было во что бы то ни стало варить в субботу вечером. А замочить бельё — сегодня бы тоже, когда б ни лечь. И в общем сейчас, и только сейчас, хоть и поздно, ехать на главный рынок — там и до вечера кого-нибудь застанешь.

Она сошла, где надо было пересаживаться на другой трамвай, но посмотрела на соседний зеркальный «Гастроном» и решила в него заглянуть. В мясном отделе было пусто, и продавец даже ушёл. В рыбном нечего было брать — селёдка, солёная камбала, консервы. Пройдя живописные многоцветные пирамиды винных бутылок и коричневые — совсем под колбасу — сырные круглые стержни, она наметила в бакалейном взять две бутылки подсолнечного масла (перед тем было только хлопковое) и ячневый концентрат. Так она и сделала — пересекла мирный магазин, заплатила в кассу, вернулась в бакалейный.

Но пока она тут стояла за двумя человеками — какой-то оживлённый шум поднялся в магазине, повалил с улицы народ и все выстраивались в гастрономический и в кассу. Людмила Афанасьевна дрогнула и, не дождавшись получить в бакалейном, ускоренным шагом пошла тоже занимать и к продавцу и в кассу. Ещё ничего не было за изогнутым оргстеклом прилавка, но теснившиеся женщины точно сказали, что будут давать ветчинно-рубленую по килограмму в руки.

Так удачно она попала, что был смысл чуть позже занять и вторую очередь.

8

Если б не этот охват рака по шее, Ефрем Поддуев был бы мужчина в расцвете. Ему ещё не сравнялось полуста, и был он крепок в плечах, твёрд в ногах и здрав умом. Он не то что был двужильный, но двухребетный, и после восьми часов мог ещё восемь отработать как первую смену. В молодости на Каме таскал он шестипудовые мешки, и из силы той не много убыло, он и сейчас не отрекался выкатить с рабочими бетономешалку на помост. Перебывал он во многих краях, переделал пропасть разной работы, там ломал, там копал, там снабжал, а здесь строил, не унижался считать ниже червонца, от полулитра не шатался, за вторым литром не тянулся — и так он чувствовал себя и вокруг себя, что ни предела, ни рубежа не поставлено Ефрему Поддуеву, а всегда он будет такой. Несмотря на силищу, на фронте он не бывал — бронировали его спецстроительства, не отведал он ни ран, ни госпиталей. И ничем никогда не болел — ни тяжёлым, ни гриппом, ни в эпидемию, ни даже зубами.

И только в запрошлом году первый раз заболел — и сразу вот этим.

Раком.

Это сейчас он так с ро́змаху лепил: «раком», а долго-долго перед собой притворялся, что нет ничего, пустяки, и сколько терпежу было — оттягивал, не шёл к врачам. И когда уже пошёл, и от диспансера к диспансеру дослали его в раковый, а здесь всем до одного больным говорили, что у них — не рак, — Ефрем не захотел смекнуть, что́ у него, не поверил своему природному уму, а поверил своему хотению: не рак у него, и обойдётся.

А заболел у Ефрема — язык, поворотливый, ладный, незаметный, в глаза никогда не видный и такой полезный в жизни язык. За полста лет много он этим языком поупражнялся. Этим языком он себе выговаривал плату там, где не заработал. Клялся в том, чего не делал. Распинался, чему не верил. И кричал на начальство. И обкладывал рабочих. И укрючливо матюгался, подцепляя, что там святей да дороже, и наслаждался коленами многими, как соловей. И анекдоты выкладывал жирнозадые, только всегда без политики. И волжские песни пел. И многим бабам, рассеянным по всей земле, врал, что не женат, что детей нет, что вернётся через неделю и будут дом строить. «Ах, чтоб твой язык отсох!» — проклинала одна такая временная тёща. Но язык только в шибко пьяном виде отказывал Ефрему.

И вдруг — стал наращиваться. Цепляться о зубы. Не помещаться в сочном мягком зеве.

А Ефрем всё отряхивался, всё скалился перед товарищами:

— Поддуев? Ничего на свете не боится!

И те говорили:

— Да-а, вот у Поддуева — сила воли.

А это была не сила воли, а — упятерённый страх. Не из силы воли — из страха он держался и держался за работу, как только мог откладывая операцию. Всей жизнью своей Поддуев был подготовлен к жизни, а не к умиранию. Этот переход был ему свыше сил, он не знал путей этого перехода — и отгонял его от себя тем, что был на ногах и каждый день, как ни в чём не бывало, шёл на работу и слышал похвалы своей воле.

Не дался он операции, и лечение начали иголками: впускали в язык иголки, как грешнику в аду, и по нескольку суток держали. Так хотелось Ефрему этим и обойтись, так он надеялся! — нет. Распухал язык. И уже не найдя в себе той силы воли, быковатую голову опустив на белый амбулаторный стол, Ефрем согласился.

Операцию делал Лев Леонидович — и замечательно сделал! Как обещал: укоротился язык, сузился, но быстро привыкал обращаться снова и всё то же говорить, что и раньше, только может не так чисто. Ещё покололи иголками, отпустили, вызвали, и Лев Леонидович сказал: «А теперь через три месяца приезжай, и ещё одну операцию сделаем — на шее. Эта — лёгкая будет.»

Но таких «лёгких» на шее Поддуев тут уже насмотрелся и не явился в срок. Ему присылали по почте вызовы — он на них не отвечал. Он вообще привык на одном месте долго не жить и шутя мог сейчас завеяться хоть на Колыму, хоть в Хакасию. Нигде его не держало ни имущество, ни квартира, ни семья — только любил он вольную жизнь да деньги в кармане. А из клиники писали: сами не явитесь, приведём через милицию. Вот какая власть была у ракового диспансера даже над теми, у кого вовсе не рак.

Он поехал. Он мог, конечно, ещё не дать согласия, но Лев Леонидович щупал его шею и крепко ругал за задержку. И Ефрема порезали справа и слева по шее, как режутся ножами блатари, и долго он тут лежал в обмоте, а выпустили, качая головами.

Но уже в вольной жизни не нашёл он прежнего вкуса: разонравились ему и работа и гулянки, и питьё и курьё. На шее у него не мягчело, а брякло, и потягивало, и покалывало, и постреливало, даже и в голову. Болезнь поднималась по шее едва не к ушам.

И когда месячишко назад он вернулся опять всё к тому же старому зданию из серого кирпича с добротной открытой расшивкой швов, и взошёл на то же полированное тысячами ног крылечко меж тополей, и хирурги тотчас за него схватились, как за родного, и опять он был в полосатом больничном и в той же палате близ операционной с окнами, упёртыми в задний забор, и ожидал операцию, по бедной шее вторую, а общим счётом третью, — Ефрем Поддуев больше не мог себе врать и не врал. Он сознался, что у него — рак.

И теперь, порываясь к равенству, он стал и всех соседей убеждать, что рак и у них. Что никому отсюда не вырваться. Что всем сюда вернуться. Не то чтоб он находил удовольствие давить и слушать, как похрущивают, а пусть не врут, пусть правду думают.

Ему сделали третью операцию, больней и глубже. Но после неё на перевязках доктора что-то не веселели, а буркали друг другу не по-русски и обматывали всё плотней и выше, сращивая бинтами голову с туловищем. И в голову ему стреляло всё сильней, всё чаще, почти уже и подряд.

Итак, что ж было прикидываться? За раком надо было принять и дальше — то, от чего он жмурился и отворачивался два года: что пора Ефрему подыхать. Так, со злорадством, оно даже легче получалось: не умирать — подыхать.

Но это можно было только выговорить, а ни умом вообразить, ни сердцем представить: как же так может с ним, с Ефремом? Как же это будет? И что надо делать?

От чего он прятался за работой и между людей — то подошло теперь один на один и душило повязкой по шее.

И ничего он не мог услышать в помощь от соседей — ни в палатах, ни в коридорах, ни на нижнем этаже, ни на верхнем. Всё было переговорено — а всё не то.

Вот тут его и замотало от окна к двери и обратно, по пять часов в день и по шесть. Это он бежал искать помощи.

Сколько жил Ефрем и где ни бывал (а не бывал он только в главных городах, окраины все прочесал) — и ему и другим всегда было ясно, что́ от человека требуется. От человека требуется или хорошая специальность, или хорошая хватка в жизни. От того и другого идут деньги. И когда люди знакомятся, то за как зовут сразу идёт: кем работаешь, сколько получаешь. И если человек не успел в заработках, значит — или глупо́й, или несчастный, а в общем так себе человечишко.

И такую вполне понятную жизнь видел Поддуев все эти годы и на Воркуте, и на Енисее, и на Дальнем Востоке, и в Средней Азии. Люди зарабатывали большие деньги, а потом их тратили — хоть по субботам, хоть в отпуск — разом все.

И было это складно, это годилось, пока не заболевали люди раком или другим смертельным. Когда ж заболевали, то становилось ничто и их специальность, и хватка, и должность, и зарплата. И по оказавшейся их тут беспомощности и по желанию врать себе до последнего, что у них не рак, выходило, что все они — слабаки и что-то в жизни упустили.

Но что же?

Смолоду слышал Ефрем да и знал про себя и про товарищей, что они, молодые, росли умней своих стариков. (Старики и до города за весь век не доезжали, боялись, а Ефрем в тринадцать лет уже скакал, из нагана стрелял, а к пятидесяти всю страну как бабу перещупал. Но вот сейчас, ходя по палате, он вспоминал, как умирали те старые в их местности на Каме — хоть русские, хоть татары, хоть вотяки. Не пыжились они, не отбивались, не хвастали, что не умрут, — все они принимали смерть *спокойно*. Не только не оттягивали расчёт, а готовились потихоньку и загодя, назначали, кому кобыла, кому жеребёнок, кому зипун, кому сапоги. И отходили облегчённо, будто просто перебирались в другую избу. И никого из них нельзя было бы напугать раком. Да и рака-то ни у кого не было.

А здесь, в клинике, уж кислородную подушку сосёт, уж глазами еле ворочает, а языком всё доказывает: не умру! у меня не рак!

Будто куры. Ведь каждую ждёт нож по глотке, а они всё кудахчут, всё за кормом роются. Унесут одну резать, а остальные роются.

Так день за днём вышагивал Поддуев по старому полу, качая половицами, но ничуть ему не становилось ясней, чем же надо встречать смерть. Придумать этого было — нельзя. Услышать было — не от кого. И уж меньше всего ожидал бы он найти это в какой-нибудь книге.

Когда-то он четыре класса кончил, когда-то и строительные курсы, но собственной тяги читать у него не было: заместо газет шло радио, а книги представлялись ему совсем лишними в обиходе, да в тех диковатых дальних местах, где протаскался он жизнь за то, что там платили много, он и не густо видал книгочеев. Поддуев читал по нужде — брошюры по обмену опытом, описания подъёмных механизмов, служебные инструкции, приказы и «Краткий Курс» до Четвёртой главы. Тратить деньги на книги или в библиотеку за ними переться — находил он просто смешным. Когда же в дальней дороге или в ожидании ему попадалась какая — прочитывал он страниц двадцать-тридцать, но всегда бросал, ничего не найдя в ней по умному направлению жизни.

И здесь, в больнице, лежали на тумбочках и на окнах — он до них не дотрагивался. И эту синенькую с золотой росписью тоже бы не стал читать, да всучил её Костоглотов в самый пустой тошный вечер. Подложил Ефрем две подушки под спину и стал просматривать. И тут ещё он бы не стал читать, если б это был ро́ман. Но это были рассказики маленькие, которых суть выяснялась в пяти-шести страницах, а иногда в одной. В оглавлении их было насыпано, как гравия. Стал читать Поддуев названия, и повеяло на него сразу, что идёт как бы о деле. «Труд, смерть и болезнь». «Главный закон». «Источник». «Упустишь огонь — не потушишь». «Три старца». «Ходите в свете, пока есть свет».

Ефрем раскрыл, какой поменьше. Прочёл его. Захотелось подумать. Он подумал. Захотелось этот же рассказик ещё раз перечесть. Перечёл. Опять захотелось подумать. Опять подумал.

Так же вышло и со вторым.

Тут погасили свет. Чтобы книгу не упёрли и утром не искать, Ефрем сунул её к себе под матрас. В темноте он ещё рассказывал Ахмаджану старую басню, как делил Аллах лета жизни и что много ненужных лет досталось человеку (впрочем, сам он не верил в это, никакие лета не представились бы ему ненужными, если бы здоровье). А перед сном ещё думал о прочтённом.

Только в голову шибко стреляло и мешало думать.

Утро в пятницу было пасмурное и, как всякое больничное утро, — тяжёлое. Каждое утро в этой палате начиналось с мрачных речей Ефрема. Если кто высказывал какую надежду или желание, Ефрем тут же его охолаживал и давил. Но сегодня ему была нехоть смертная открывать рот, а приудобился он читать эту тихую спокойную книгу. Умываться ему было почти лишнее, потому что даже защёчья его были подбинтованы; завтрак можно было съесть в постели; а обхода хирургических сегодня не было. И, медленно переворачивая шершавую толстоватую бумагу этой книги, Ефрем помалкивал, почитывал да подумывал.

Прошёл обход лучевых, погавкал на врача этот золотоочкастый, потом струсил, его укололи; качал права Костоглотов, уходил, приходил; выписался Азовкин, попрощался, ушёл согнутый, держась за живот; вызывали других — на рентген, на вливания. А Поддуев так и не вылез топтать дорожку меж кроватей, читал себе и молчал. С ним разговаривала книга, не похожая ни на кого, занятно.

Целую жизнь он прожил, а такая серьёзная книга ему не попадалась.

Хотя вряд ли бы он стал её читать не на этой койке и не с этой шеей, стреляющей в голову. Рассказиками этими едва ли можно было прошибить здорового.

Ещё вчера заметил Ефрем такое название: «Чем люди живы?» До того это название было вылеплено, будто сам же Ефрем его и составил. Топча больничные полы и думая, не назвав, — об этом самом он ведь и думал последние недели: чем люди живы?

Рассказ был немаленький, но с первых же слов читался легко, ложился на сердце мягко и просто:

«Жил сапожник с женой и детьми у мужика на квартере. Ни дома своего, ни земли у него не было, и кормился он с семьёю сапожной работой. Хлеб был дорогой, а работа дешёвая, и что заработает, то и проест. Была у сапожника одна шуба с женой, да и та износилась в лохмотья.»

Понятно это было всё, и дальше очень понятно: сам Семён поджарый и подмастерье Михайла худощавый, а барин:

«как с другого света человек: морда красная, налитая, шея как у быка, весь как из чугуна вылит... С житья такого ка́к им гладким не быть, этакого заклепа и смерть не возьмёт».

Повидал таких и Ефрем довольно: Каращук, начальник углетреста, такой был, и Антонов такой, и Чечев, и Кухтиков. Да и сам Ефрем не начинал ли на такого вытягивать?

Медленно, как по слогам разбирая, Поддуев прочёл весь рассказ до конца.

Это уж было к обеду.

Не хотелось Ефрему ни ходить, ни говорить. Как будто что в него вошло и повернуло там. И где раньше были глаза — теперь глаз не было. И где раньше рот приходился — теперь не стало рта.

Первую-то, грубую, стружку с Ефрема сняла больница. А теперь — только строгай.

Всё так же, подмостясь подушками и подтянув колена, а при коленах держа закрытую книгу, Ефрем смотрел на пустую белую стенку. День наружный был без просвета.

На койке против Ефрема с самого укола спал этот белорылый курортник. Накрыли его потяжелей от озноба.

На соседней койке Ахмаджан играл с Сибгатовым в шашки. Языки их мало сходились, и разговаривали они друг с другом по-русски. Сибгатов сидел так, чтоб не кривить и не гнуть больную спину. Он ещё был молодой, но на темени волосы прореженные-прореженные.

А у Ефрема ни волосинки ещё не упало, буйных бурых — чаща, не продерёшься. И до сих была при нём вся сила на баб. А как бы уже — ни к чему.

Сколько Ефрем этих баб охобачивал — представить себе нельзя. Ещё вначале вёл им счёт, жёнам — особо, потом не утруждался. Первая его жена была — Аминá, белолицая татарка из Елабуги, чувствительная очень: кожа на лице такая тонкая, едва костяшками её тронь — и кровь. И ещё непокорчивая — сама ж с девчёнкой и ушла. С тех пор Ефрем позора не допускал и покидал баб всегда первый. Жизнь он вёл перелётную, свободную, то вербовка, то договор, и семью за собой таскать было б ему несручно. Хозяйку он на всяком новом месте находил. А у других, встречных-поперечных, вольных и невольных, и имена не всегда спрашивал, а только расплачивался по уговору. И смешались теперь в его памяти лица, повадки и обстоятельства, и запоминалось только, если как-нибудь особенно. Так запомнил он Евдошку, инженерову жену, как во время войны на перроне станции Алма-Ата-1 стояла она под его окном, задом виляла и просилась. Их ехал целый штат в Или́, открывать новый участок, и провожали их многие из треста. Тут же и муж Евдошки, затруханный, невдалеке стоял, кому-то что-то доказывал. А паровоз первый раз дёрнул. «Ну! — крикнул Ефрем и вытянул руки. — Если любишь — полезай сюда, поехали!» И она уцепилась, вскарабкалась к нему в окно вагона на виду у треста и у мужа — и поехала пожить с ним две недельки. Вот это он запомнил — как втаскивал Евдошку в вагон.

И так, что увидел Ефрем в бабах за всю жизнь, это привязчивость. Добыть бабу — легко, а вот с рук скачать — трудно. Хоть везде говорилось «равенство», и Ефрем не возражал, но нутром никогда он женщин за полных людей не считал — кроме первой своей жёнки Амины. И удивился бы он, если б другой мужик стал ему серьёзно доказывать, что плохо он поступает с бабами.

А вот по этой чудно́й книге так получалось, что Ефрем же во всём и виноват.

Зажгли прежде времени свет.

Проснулся этот чистюля с желвью под челюстью, вылез лысой головёнкой из-под одеяла и поскорей напялил очки, в которых выглядел профессором. Сразу всем объявил о радости: что укол перенёс он ничего, думал хуже будет. И нырнул в тумбочку за курятиной.

Этим хилякам, Ефрем замечал, только курятину подавай. На барашку и ту они говорят: «тяжёлое мясо».

На кого-нибудь другого хотел бы смотреть Ефрем, но для того надо было всем корпусом поворачивать. А прямо смотреть — он видел только этого поносника, как тот гложет курячью косточку.

Поддуев закряхтел и осторожно повернул себя направо.

— Вот, — объявил и он громко. — Тут рассказ есть. Называется: «Чем люди живы». — И усмехнулся. — Такой вопрос, кто ответит? — чем люди живы?

Сибгатов и Ахмаджан подняли головы от шашек. Ахмаджан ответил уверенно, весело, он выздоравливал:

— Довольствием. Продуктовым и вещевым.

До армии он жил только в ауле и говорил по-узбекски. Все русские слова и понятия, всю дисциплину и всю развязность он принёс из армии.

— Ну, ещё кто? — хрипло спрашивал Поддуев. Загадка книги, неожиданная для него, была-таки и для всех нелёгкая. — Кто ещё? Чем люди живы?

Старый Мурсалимов по-русски не понимал, хоть, может, ответил бы тут лучше всех. Но пришёл делать ему укол медбрат Тургун, студент, и ответил:

— Зарплатой, чем!

Прошка чернявый из угла навострился, как в магазинную витрину, даже рот приоткрыл, а ничего не высказывал.

— Ну, ну! — требовал Ефрем.

Дёмка отложил свою книгу и хмурился над вопросом. Ту, что была у Ефрема, тоже в палату Дёмка принёс, но читать её у него не получилось: она говорила совсем не о том, как глухой собеседник отвечает тебе не на вопрос.

Она расслабляла и всё запутывала, когда нужен был совет к действию. Поэтому он не прочёл «Чем люди живы» и не знал ответа, ожидаемого Ефремом. Он готовил свой.

— Ну, пацан! — подбодрял Ефрем.

— Так, по-моему, — медленно выговаривал Дёмка, как учителю у доски, чтоб не ошибиться, и ещё между словами додумывая. — Раньше всего — воздухом. Потом — водой. Потом — едой.

Так бы и Ефрем ответил прежде, если б его спросили. Ещё б только добавил — спиртом. Но книга совсем не в ту сторону тянула.

Он чмокнул.

— Ну, ещё кто?

Прошка решился:

— Квалификацией.

Опять-таки верно, всю жизнь так думал и Ефрем.

А Сибгатов вздохнул и сказал, стесняясь:

— Родиной.

— Как это? — удивился Ефрем.

— Ну, родными местами... Чтоб жить, где родился.

— А-а-а... Ну, это не обязательно. Я с Камы молодым уехал, и нипочём мне, есть она там, нет. Река и река, не всё ль равно?

— В родных местах, — тихо упорствовал Сибгатов, — и болезнь не привяжется. В родных местах всё легче.

— Ладно. Ещё кто?

— А что? А что? — отозвался приободренный Русанов. — Какой там вопрос?

Ефрем, кряхтя, повернул себя налево. У окон были койки пусты и оставался один только курортник. Он объедал куриную ножку, двумя руками держа её за концы.

Так и сидели они друг против друга, будто чёрт их назло посадил. Прищурился Ефрем.

— Вот так, профессор: чем люди живы?

Ничуть не затруднился Павел Николаевич, даже и от курицы почти не оторвался:

— А в этом и сомнения быть не может. Запомните. Люди живут: идейностью и общественным благом.

И выкусил самый тот сладкий хрящик в суставе. После чего, кроме грубой кожи у лапы и висящих жилок, ничего на костях не осталось. И он положил их поверх бумажки на тумбочку.

Ефрем не ответил. Ему досадно стало, что хиляк вывернулся ловко. Уж где идейность — тут заткнись.

И, раскрыв книгу, уставился опять. Сам для себя он хотел понять — как же ответить правильно.

— А про что книга? Что пишут? — спросил Сибгатов, останавливаясь в шашках.

— Да вот... — Поддуев прочёл первые строки. — «Жил сапожник с женой и детьми у мужика на квартере. Ни дома своего, ни земли у него не было...»

Но читать вслух было трудно и длинно, и, подмощённый подушками, он стал перелагать Сибгатову своими словами, сам стараясь ещё раз охватить:

— В общем, сапожник запивал. Вот шёл он пьяненький и подобрал замерзающего, Михайлу. Жена ругалась — куда, мол, ещё дармоеда. А Михайла стал работать без разгиба и научился шить лучше сапожника. Раз, по зиме, приезжает к ним барин, дорогую кожу привозит и такой заказ: чтоб сапоги носились, не кривились, не поролись. А если кожу сапожник загубит — с себя отдаст. А Михайла странно както улыбался: там, за барином, в углу видел что-то. Не успел барин уехать, Михайла эту кожу раскроил и испортил: уже не сапоги вытяжные на ранту могли получиться, а только вроде тапочек. Сапожник за голову схватился: ты ж, мол, зарезал меня, что ты делаешь? А Михайла говорит: припасает себе человек на год, а не знает, что не будет жив до вечера. И верно: ещё в дороге барин окочурился. И барыня дослала к сапожнику пацана: мол, сапог шить не надо, а поскорей давайте тапочки. На мёртвого.

— Ч-чёрт его знает, чушь какая! — отозвался Русанов, с шипением и возмущением выговаривая «ч». — Неужели другую пластинку завести нельзя? За километр несёт, что мораль не наша. И чем же там — люди живы?

Ефрем перестал рассказывать и перевёл набрякшие глаза на лысого. Ему то́ и досаждало, что лысый едва ли не угадал. В книге написано было, что живы люди не заботой о себе, а любовью к другим. Хиляк же сказал: общественным благом.

Оно как-то сходилось.

— Живы чем? — Даже и вслух это не выговаривалось. Неприлично вроде. — Мол, любовью...

— Лю-бо-вью!?.. Не-ет, это не наша мораль! — потешались золотые очки. — Слушай, а кто это всё написал?

— Чего? — промычал Поддуев. Угибали его куда-то от сути в сторону.

— Ну, написал это всё — кто? Автор?.. Ну, там, вверху на первой странице посмотри.

А что было в фамилии? Что она имела к сути — к их болезням? к их жизни или смерти? Ефрем не имел привычки читать на книгах эту верхнюю фамилию, а если читал, то забывал тут же.

Теперь он всё же отлистнул первую страницу и прочёл вслух:

— Толс-той.

— Н-не может быть! — запротестовал Русанов. — Учтите: Толстой писал только оптимистические и патриотические вещи, иначе б его не печатали. «Хлеб». «Пётр Первый». Он — трижды лауреат Сталинской премии, да будет вам известно!

— Так это — не тот Толстой! — отозвался Дёмка из угла. — Это у нас — Лев Толстой.

— Ах, не то-от? — растянул Русанов с облегчением отчасти, а отчасти кривясь. — Ах, это другой... Это который — зеркало русской революции, рисовые котлетки?.. Так сю-сюкалка ваш Толстой! Он во многом, оч-чень во многом не разбирался. А злу надо противиться, паренёк, со злом надо бороться!

— И я так думаю, — глухо ответил Дёмка.

9

У Евгении Устиновны, старшего хирурга, не было почти ни одного обязательного хирургического признака — ни того волевого взгляда, ни той решительной складки лба, ни того железного зажима челюстей, которые столько описаны. На шестом десятке лет, если волосы она все убирала во врачебную шапочку, видевшие её в спину часто окликали: «Девушка, скажите, а... ?» Однако она оборачивала лицо усталое, с негладкой излишней кожей, с подглазными мешками. Она выравнивала это постоянно яркими окрашенными губами, но краску приходилось накладывать в день не раз, потому что всю её она истирала о папиросы.

Всякую минуту, когда она была не в операционной, не в перевязочной и не в палате, — она курила. Оттуда же она улучала выбежать и набрасывалась на папиросу так, будто хотела её съесть. Во время обхода она иногда поднимала указательный и средний пальцы к губам, и потом можно было спорить, не курила ли она и на обходе.

Вместе с главным хирургом Львом Леонидовичем, действительно рослым мужчиной с длинными руками, эта узенькая постаревшая женщина делала все операции, за какие бралась их клиника, — пилила конечности, вставляла трахеотомические трубки в стенку горла, удаляла желудки, добиралась до всякого места кишечника, разбойничала в лоне тазового пояса, а к концу операционного дня ей доставалось, как работа уже несложная и виртуозно освоенная, удалить одну-две молочные железы, поражённые раком. Не было такого вторника и не было такой пятницы, чтобы Евгения Устиновна не вырезала женских грудей, и санитарке, убиравшей операционную, она говорила както, куря ослабевшими губами, что, если бы все эти груди, удалённые ею, собрать вместе, получился бы холм.

Евгения Устиновна была всю жизнь только хирург, никто вне хирургии, а всё же помнила и понимала слова толстовского казака Ерошки о европейских врачах: «Только резать и умеют. Стало, дураки. А вот в горах дохтура настоящие. Травы знают.»

«Только резать»? Нет, не так понимала Евгения Устиновна хирургию! Когда-то им, ещё студентикам, с кафедры объявил прославленный хирург: «Хирургия должна быть благодеянием, а не жестокостью! Не причинять боль, а освобождать от боли! Латинская пословица говорит: успокаивать боли — удел божественный!»

Но даже первый шаг против боли — обезболивание — тоже есть боль.

Не радикальность, не дерзость, не новизна привлекали Евгению Устиновну в операциях, а наоборот — как можно бо́льшая незаметность, даже нежность, как можно большая внутренняя разумность — и только. И счастливыми считала она те свои предоперационные ночи, когда в полусонный мозг её вдруг подавался, как на лифте, откуда-то неожиданный новый план операции, не тот, который она записала на карточке, а мягче. С прояснevшей головой она вскакивала, записывала — а утром рисковала в последний час сменить. И часто это бывали лучшие её операции.

И если бы завтра лучевая, химическая, травная терапия или какая-нибудь световая, цветовая, телепатическая смогли бы спасать её больных помимо ножа и хирургии грозило бы исчезнуть из практики человечества, — Евгения Устиновна не защищала б её ни дня.

Потому что самые-то, самые-то лучшие операции были те, от которых она вообще сумела отказаться! самые-то благодеянные для больного — те, которые она догадалась и сумела заменить, обойти, отсрочить. И в этом был прав Ерошка! И этот поиск в себе она больше всего хотела бы не потерять.

Но теряла... За тридцать пять лет работы с ножом она привыкла к страданиям. И грубела. И уставала. Уже не вспыхивало этих ночей со сменой планов. Всё меньше виделась особенность каждой операции, всё больше — их конвейерная однообразность.

Одна из утомительных необходимостей человечества — та, что люди не могут освежить себя в середине жизни, круто сменив род занятий.

На обход они приходили обычно втроём-вчетвером: Лев Леонидович, она и ординаторы. Но несколько дней назад Лев Леонидович уехал в Москву на семинар по операциям грудной клетки. Она же в эту субботу вошла в мужскую верхнюю палату почему-то совсем одна — без лечащего и даже без сестры.

Даже не вошла, а тихо стала в дверном проёме и прикачнулась к косяку. Это было движение девичье. Совсем молодая девушка может так прислониться, зная, что это мило выглядит, что это лучше, чем стоять с ровной спиной, ровными плечами, прямой головой.

Она стала так и задумчиво наблюдала за дёминой игрой. Дёма, вытянув по кровати больную ногу, а здоровую калачиком подвернув, — на неё, как на столик, положил книгу, а над книгой строил что-то из четырёх длинных карандашей, держа их обеими руками. Он рассматривал эту фигуру и долго б так, но его окликнули. Он поднял голову и свёл растопыренные карандаши.

— Что это ты, Дёма, строишь? — печально спросила Евгения Устиновна.

— Теорему! — бодро ответил он, громче нужного.

Так они сказали, но внимательно смотрели друг на друга, и ясно было, что не в этих словах дело.

— Ведь время уходит, — пояснил Дёма, но не так бодро и не так громко.

Она кивнула.

Помолчала, всё так же прислонённая к косяку — нет, не по-девичьи, а от усталости.

— А дай-ка я тебя посмотрю.

Всегда рассудительный, Дёма возразил оживлённей обычного:

— Вчера Людмила Афанасьевна смотрела! Сказала — ещё будем облучать!

Евгения Устиновна кивала. Какое-то печальное изящество было в ней.

— Вот и хорошо. А я всё-таки посмотрю.

Дёма нахмурился. Он отложил стереометрию, подтянулся по кровати, давая место, и оголил больную ногу до колена.

Евгения Устиновна присела рядом. Она без усилия вскинула рукава халата и платья почти до локтей. Тонкие гибкие руки её стали двигаться по дёминой ноге как два живых существа.

— Больно? Больно? — только спрашивала она.

— Есть. Есть, — подтверждал он, всё сильнее хмурясь.

— Ночью чувствуешь ногу?

— Да... Но Людмила Афанасьевна...

Евгения Устиновна ещё покивала понимающей головой и потрепала по плечу.

— Хорошо, дружок. Облучайся.

И ещё они посмотрели в глаза друг другу.

В палате стало совсем тихо, и каждое их слово слышно.

А Евгения Устиновна поднялась и обернулась. Там, у печи, должен был лежать Прошка, но он вчера вечером перелёг к окну (хотя и была примета, что не надо ложиться на койку того, кто ушёл умирать). А кровать у печи теперь занимал невысокий тихий белобрысый Генрих Федерау, не совсем новичок для палаты, потому что уже три дня он лежал на лестнице. Сейчас он встал, опустил руки по швам и смотрел на Евгению Устиновну приветливо и почтительно. Ростом он был ниже её.

Он был совсем здоров! У него нигде ничего не болело! Первой операцией его вполне излечили. И если он явился опять в раковый корпус, то не с жалобой, а из аккуратности: написано было в справке — прибыть на проверку 1 февраля 1955 года. И издалека, с трудными дорогами и пересадками, он явился не 31 января и не 2 февраля, а с той точностью, с какой луна является на назначенные ей затмения.

Его же опять положили зачем-то в стационар.

Сегодня он очень надеялся, что его отпустят.

Подошла высокая сухая Мария с изгасшими глазами. Она несла полотенце. Евгения Устиновна протёрла руки, подняла их, всё так же открытые до локтей, и в такой же полной тишине долго делала накатывающие движения пальцами на шее у Федерау, и, велев расстегнуться, ещё во впадинах у ключиц, и ещё под мышками. Наконец сказала:

— Всё хорошо, Федерау. Всё у вас очень хорошо.

Он осветился, как награждённый.

— Всё хорошо, — тянула она ласково и опять накатывала у него под нижней челюстью. — Ещё маленькую операцию сделаем — и всё.

— Как? — осунулся Федерау. — Зачем же, если всё хорошо, Евгения Устиновна?

— А чтоб ещё было лучше, — бледно улыбнулась она.

— Здесь? — показал он режущим движением ладони по шее наискосок. Выражение его мягкого лица стало просительное. У него были бледно-белесые реденькие волосы, белесые брови.

— Здесь. Да не беспокойтесь, у вас ничего не запущено. Давайте готовить вас на этот вторник. — (Мария записала.) — А к концу февраля поедете домой, и чтоб уж к нам не возвращаться.

— И опять будет «проверка»? — пробовал улыбнуться Федерау, но не получилось.

— Ну, разве что проверка, — улыбнулась в извинение она. Чем она могла подкрепить его, кроме своей утомлённой улыбки?

И, оставив его стоять, а потом сесть и думать, она пошла дальше по комнате. По пути ещё чуть улыбнулась Ахмаджану (она его резала в паху три недели назад) — и остановилась у Ефрема.

Он уже ждал её, книжку синюю сбросив рядом. С широкой головой, с непомерно утолщённой, обинтованной шеей и в плечах широкий, а с ногами поджатыми, он полусидел в кровати каким-то неправдоподобным коротышкой. Он смотрел на неё исподлобья, ожидая удара.

Она облокотилась о спинку его кровати и два пальца держала у губ, как бы курила.

— Ну, как настроение, Поддуев?

Только и было болтать что о настроении! Ей поговорить и уйти, ей номер отбыть.

— Резать — надоело, — высказал Ефрем.

Она подняла бровь, будто удивилась, что резать может надоесть.

Ничего не говорила.

И он уже сказал довольно.

Они молчали, как в размолвке. Как перед разлукой.

— Ведь опять же по тому месту? — даже не спросил, а сам сказал Ефрем.

(Он хотел выразить: как же вы раньше резали? Что ж вы думали? Но, никогда не щадивший никаких начальников, всем лепивший в лицо, Евгению Устиновну он поберёг. Пусть сама догадается.)

— Рядышком, — отличила она.

(Что ж говорить тебе, горемыка, что рак языка — это не рак нижней губы? Подчелюстные узлы уберёшь, а вдруг оказывается, что затронуты глубинные лимфопути. Этого нельзя было резать раньше.)

Крякнул Ефрем, как потянувши не в силу.

— Не надо. Ничего не надо.

Да она что-то и не уговаривала.

— Не хочу резать. Ничего больше не хочу.

Она смотрела и молчала.

— Выписывайте!

Смотрела она в его рыжие глаза, после многого страха перешагнувшие в бесстрашие, и тоже думала: зачем? Зачем его мучить, если нож не успевал за метастазами?

— В понедельник, Поддуев, размотаем — посмотрим. Хорошо?

(Он требовал выписывать, но как ещё надеялся, что она скажет: «Ты с ума сошёл, Поддуев? Что значит выписывать? Мы тебя лечить будем! Мы вылечим тебя!..» А она — соглашалась. Значит, мертвяк.)

Он сделал движение всем туловищем, означавшее кивок. Ведь головой отдельно он не мог кивнуть.

И она прошла к Прошке. Тот встал ей навстречу и улыбался. Ничуть его не осматривая, она спросила:

— Ну, как вы себя чувствуете?

— Та гарно, — ещё шире улыбнулся Прошка. — О ци таблетки мэни допомóглы.

Он показал флакончик с поливитаминами. Он уж не знал, как её лучше удобрить. Как уговорить её, чтоб она не задумала резать!

Она кивнула таблеткам. Протянула руку к левой стороне его груди:

— А тут? Покалывает?

— Та трохи é.

Она ещё кивнула:

— Сегодня выписываем вас.

Вот когда обрадовался Прошка! Так и полезли в гору чёрные брови:

— Та шо вы?! А операции — нэ будэ, ни?

Она качала головой, бледно улыбаясь.

Неделю его щупали, загоняли в рентген четыре раза, то сажали, то клали, то поднимали, водили к каким-то старикам в белых халатах — уж он ожидал себе лихой хворобы — и вдруг отпускали без операции!

— Так я здоров?!

— Не совсем.

— О ци таблетки дуже гарны, га? — Чёрные глаза его сверкали пониманием и благодарностью. Ему приятно было, что своим лёгким исходом он радует и её.

— Такие таблетки будете сами в аптеках покупать. А я вам ещё пропишу, тоже попьёте. — И повернула голову к сестре: — Аскорбиновую.

Мария строго наклонила голову и записала в тетрадь.

— Только точно три раза в день, точно! Это важно! — внушала Евгения Устиновна. (Внушение было важней самого лекарства.) — И придётся вам поберечься! Вам не надо быстро ходить. Не надо поднимать тяжёлого. Если наклоняться — то осторожно.

Прошка рассмеялся, довольный, что и она не всё на свете понимает.

— Як то — важкóго нэ подымать? Я — тракторист.

— А вы сейчас пока работать не будете.

— А чого ж? По бюлетню́?

— Нет. Вы сейчас по нашей справке получите инвалидность.

— Инвалидность? — Прошка диковато на неё посмотрел. — Та на якэ мини лыхо инвалидность? Як я на ии жить буду? Я ще молодый, я робыть хочу.

Он выставил свои здоровые с грубоватыми пальцами руки, просящиеся в работу.

Но это не убедило Евгению Устиновну.

— Вы в перевязочную спусти́тесь через полчаса. Будет готова справка, и я вам объясню.

Она вышла, и негнущаяся худая Мария вышла за ней.

И сразу в палате заговорили в несколько глоток. Прошка — об этой инвалидности, на кой она, обговорить с хлопцами, но другие толковали о Федерау. Это разительно было для всех: вот чистая, белая, ровная шея, ничего не болит — и операция!

Поддуев в кровати повернулся на руках корпусом с поджатыми ногами (это вышло — как поворачивается безногий) и закричал сердито, даже покраснел:

— Не давайся, Генрих! Не будь дурак! Начнут резать — зарежут, как меня.

Но и Ахмаджан мог судить:

— Надо резать, Федерау! Они даром не скажут.

— Зачем же резать, если не болит? — возмущался Дёма.

— Да ты что, браток? — басил Костоглотов. — С ума сойти, здоровую шею резать.

Русанов морщился от этих криков, но не стал никому делать замечаний. Вчера после укола он очень повеселел, что легко его перенёс. Однако по-прежнему опухоль под шеей всю ночь и утро, и мешала ему двигать головой, и сегодня он чувствовал себя вполне несчастным, что ведь она не уменьшается.

Правда, приходила доктор Гангарт. Она очень подробно расспросила Павла Николаевича о каждом оттенке его самочувствия вчера, и ночью, и сегодня, и о степени слабости, и объясняла, что опухоль не обязательно должна податься после первого укола, даже это вполне нормально, что не подалась. Отчасти она его успокоила. Он присмотрелся к Гангарт — у неё неглупое лицо. В конце концов, в этой клинике тоже не самые последние врачи, опыт у них есть, надо уметь с них потребовать.

Но успокоения его хватило ненадолго. Врач ушла, а опухоль торчала под челюстью и давила, а больные несли своё, а вот предлагали человеку резать совсем здоровую шею. У Русанова же какая бубуля — и не режут! и не предлагают. Неужели так плохо?

Позавчера, войдя в палату, Павел Николаевич не мог бы себе представить, что так быстро почувствует себя в чём-то соединённым с этими людьми.

Ведь о шее шла речь. У троих у них — о шее.

Генрих Якобович очень расстроился. Слушал всё, что ему советовали, и улыбался растерянно. Все уверенно говорили, как ему поступить, только сам он своё дело видел смутно. (Как они смутно видели своё собственное.) И резать было опасно, и не резать было опасно. Он уже насмотрелся и повыспрашивал здесь, в клинике, ещё прошлый раз, когда ему лечили рентгеном нижнюю губу, как вот сейчас Егенбердиеву. С тех пор струп на губе и раздулся, и высох, и отвалился, но он понимал, зачем режут шейные железы: чтоб не дать продвигаться раку дальше.

Однако вот Поддуеву два раза резали — и что, помогло?..

А если рак никуда и не думает ползти? Если его уже нет?

Во всяком случае надо было посоветоваться с женой, а особенно с дочерью Генриеттой, самой образованной и решительной у них в семье. Но он занимает здесь койку, и клиника не станет ждать оборота писем (а ещё от станции к ним, в глубь степи, почту возят два раза в неделю, и то лишь по хорошей дороге). Выписываться же и ехать на совет домой — очень трудно, трудней, чем это понимают врачи и те больные, которые ему так легко советуют. Для этого надо закрыть в здешней городской комендатуре отпускное свидетельство, только что выхлопотанное с трудом, сняться с временного учёта и ехать; сперва в лёгком пальтеце и полуботинках, как он сейчас, ехать поездом до маленькой станции, там надевать полушубок и валенки, оставленные на хранение у незнакомых добрых людей, — потому что там погода не здешняя, там ещё лютые ветры и зима, — и сто пятьдесят километров трястись-качаться до своей МТС, может быть не в кабине, а в кузове; и тотчас же, приехав домой, писать заявление в областную комендатуру и две-три-четыре недели ждать разрешения на новый выезд; и когда оно придёт — опять отпрашиваться с работы, а как раз потает снег, развезёт дорогу и машины станут; и потом на маленькой станции, где останавливаются два поезда в сутки, каждый по минуте, мотаться отчаянно от кондуктора к кондуктору, который бы посадил; и, приехав сюда, в здешней комендатуре опять становиться на временный учёт и потом ещё сколько-то дней ждать очереди на место в клинике.

Тем временем обсуждали дела Прошки. Вот и верь дурным приметам! — лёг на плохую койку! Его поздравляли и советовали подчиниться инвалидности, пока дают. Дают — бери! Дают — значит, надо. Дают, а потом отнимут. Но

Прошка возражал, что хочет работать. Да ещё, мол, наработаешься, дурак, жизнь длинная!

Пошёл Прошка за справками. Стало в палате стихать.

Ефрем опять открыл свою книгу, но читал строки, не понимая, и скоро заметил это.

Он не понимал их, потому что дёргался, волновался, смотрел, что делается в комнате и в коридоре. Чтоб их понимать, надо было ему вспомнить, что сам он уже никуда не успеет. Ничего не изменит. Никого не убедит. Что самому ему остались считанные дни разобраться в себе самом.

И только тогда открывались строки этой книги. Они были напечатаны обычными чёрными буквочками по белой бумаге. Но мало было простой грамоты, чтоб их прочесть.

Когда Прошка уже со справками радостно поднялся по лестнице, в верхнем вестибюле он встретил Костоглотова и показал ему:

— И печати круглэньки, ось воно!

Одна справка была на вокзал с просьбой без очереди дать билет больному такому-то, перенесшему операцию. (Если не написать об операции, на вокзале больных слали в общий хвост, и они могли не уехать два дня и три.)

А в другой справке — для медицинского учреждения по месту жительства было написано:

tumor cordis, casus inoperabilis.

— Нэ зрозумию, — тыкал туда Прошка пальцем. — Що такэ написано, га?

— Сейчас подумаю, — щурился Костоглотов с недовольным лицом.

Прошка пошёл собираться.

А Костоглотов облёгся о перила и свесил чуб над пролётом.

Никакой латыни он путём не знал, как и вообще никакого иностранного языка, как и вообще ни одной науки полностью, кроме топографии, да и то военной, в объёме сержантских курсов. Но хотя всегда и везде он зло высмеивал образование, он ни глазом, ни ухом не пропускал нигде ни крохи, чтоб своё образование расширить. Ему достался один курс геофизического в 1938 году да неполный один курс геодезического с 46-го на 47-й год, между ними была армия и война, мало приспособленные для успеха в науках. Но всегда Костоглотов помнил пословицу своего любимого деда: дурак любит учить, а умный любит учиться — и даже в армейские годы всегда вбирал, что было полезно знать, и приклонял ухо к разумной речи, рассказывал ли что офицер из чужого полка или солдат его взвода. Правда, он так ухо приклонял, чтобы гордости не ущербнуть, — слушал вбирчиво, а вроде не очень ему это и нужно. Но зато при знакомстве с человеком никогда не спешил Костоглотов представить себя и порисоваться, а сразу доведывался, кто его знакомец, чей, откуда и каков. Это много помогало ему услышать и узнать. А уж где пришлось набраться вдосыть — это в переполненных послевоенных бутырских камерах. Там каждый вечер читались у них лекции профессорами, кандидатами и просто знающими людьми — по атомной физике, западной архитектуре, по генетике, поэтике, пчеловодству — и Костоглотов был первый слушатель всех этих лекций. Ещё под нарами Красной Пресни и на нетёсаных нарах теплушек, и когда в этапах сажали задницей на землю, и в лагерном строю — всюду он по той же дедушкиной пословице старался добрать, чего не удалось ему в институтских аудиториях.

Так и в лагере он расспросил медстатистика — пожилого робкого человечка, который в санчасти писал бумажки, а то и слали его за кипятком сбегать, и оказался тот преподавателем классической филологии и античных литератур Ленинградского университета. Костоглотов придумал брать у него уроки латинского языка. Для этого пришлось ходить в мороз по зоне туда-сюда, ни карандаша, ни бумаги при том не было, а медстатистик иногда снимал рукавичку и пальцем по снегу что-нибудь писал. (Медстатистик давал те уроки совершенно бескорыстно: он просто чувствовал себя на короткий час человеком. Да Костоглотову и платить было бы нечем. Но едва они не поплатились у опера: он порознь вызывал их и допрашивал, подозревая, что готовят побег и на снегу чертят план местности. В латынь он так и не поверил. Уроки прекратились.)

От тех уроков и сохранилось у Костоглотова, что *casus* — это «случай», *in* — приставка отрицательная. И *cor, cordis* он оттуда знал, а если б и не знал, то не было большой догадкой сообразить, что кардиограмма — от того же корня. А слово *tumor* встречалось ему на каждой странице «Патологической анатомии», взятой у Зои.

Так без труда он понял сейчас диагноз Прошки:

опухоль сердца, случай, не поддающийся операции.

Не только операции, но и никакому лечению, если ему прописывали аскорбинку.

Так что, наклонясь над лестницей, Костоглотов думал не о переводе с латыни, а о принципе своём, который он вчера выставлял Людмиле Афанасьевне, — что больной должен всё знать.

Но то был принцип для таких видалых, как он.

А — Прошке?

Прошка ничего почти и в руках не нёс — не было у него имущества. Его провожали Сибгатов, Дёмка, Ахмаджан. Все трое шли осторожно: один берёг спину, другой — ногу, третий всё-таки с костыльком. А Прошка шёл весело, и белые зубы его сверкали.

Вот так вот, когда приходилось изредка, провожали и на волю.

И — сказать, что сейчас, за воротами, его арестуют опять?..

— Так шо там написано? — беспечно спросил Прошка, забирая справку.

— Ч-чёрт его знает, — скривил рот Костоглотов, и шрам его скривился тоже. — Такие хитрые врачи стали, не прочтёшь.

— Ну, выздоравливайтэ! И вы уси выздоравливайтэ, хлопцы! Та до хаты! Та до жинки! — Прошка всем им пожал руки и ещё с лестницы весело оборачиваясь, весело оборачиваясь, помахивал им.

И уверенно спускался.

К смерти.

10

Только обошла она пальцами дёмкину опухоль да приобняла за плечи — и пошла дальше. Но тем случилось что-то роковое, Дёмка почувствовал.

Он не сразу это почувствовал — сперва были в палате обсуждения и проводы Прошки, потом он примерялся перебраться на его уже теперь счастливую койку к окну — там светлей читать и близко с Костоглотовым заниматься стереометрией, а тут вошёл новенький.

Это был тёмно-загоревший молодой человек со смоляными опрятными волосами, чуть завойчатыми. Лет ему было, наверно, уже двадцать со многим. Он тащил под левой мышкой три книги и под правой мышкой три книги.

— Привет, друзья! — объявил он с порога, и очень понравился Дёмке, так просто держался и смотрел искренно. — Куда мне?

А сам почему-то оглядел не койки, а стены.

— Вы — много читать будете? — спросил Дёмка.

— Всё время!

Подумал Дёмка.

— По делу или так?

— По делу!

— Ну, ложитесь вон около окна, ладно. Сейчас вам постелят. А книги у вас о чём?

— Геология, браток, — ответил новенький.

И Дёмка прочёл на одной: «Геохимические поиски рудных месторождений».

— Ложитесь к окну, ладно. А болит что?

— Нога.

— И у меня нога.

Да, ногу одну новичок бережно переставлял, а фигура была — хоть на льду танцевать.

Новенькому постелили, и он, верно, как будто за тем и приехал: тут же разложил пять книг по подоконнику, а в шестую уткнулся. Почитал часок, ничего не спрашивая, никому не рассказывая, и его вызвали к врачам.

Дёмка тоже старался читать. Сперва стереометрию и строить фигуры из карандашей. Но теоремы ему в голову не шли. А чертежи — отсечённые отрезки прямых, зазубристо обломанные плоскости — напоминали и намекали Дёмке всё на то же.

Тогда он взял книжку полегче, «Живая вода», получила Сталинскую премию. Книг очень много издавалось, прочесть их все никто не мог бы успеть. А какую прочтёшь — так вроде мог бы и не читать. Но, по крайней мере, положил Дёмка прочитывать все книги, получившие Сталинскую премию. Таких было в год до сорока, их тоже Дёмка не успевал. В дёмкиной голове путались даже названия. И понятия тоже путались. Только-только он усвоил, что разбирать объективно — значит видеть вещи, как они есть в жизни, и тут же читал, как ругали писательницу, что она «стала на зыбкую засасывающую почву объективизма». Читал Дёмка «Живую воду» и не мог разобрать, чего у него на душе такая нудь и муть.

В нём нарастало давление ущерба, тоска. Хотелось ему то ли посоветоваться? то ли пожаловаться? А то просто человечески поговорить, чтоб даже его немножко пожалели.

Конечно, он читал и слышал, что жалость — чувство унижающее: и того унижающее, кто жалеет, и того, кого жалеют.

А всё-таки хотелось, чтобы пожалели.

Здесь, в палате, было интересно послушать и поговорить, но не о том и не так, как хотелось сейчас. С мужчинами надо держать себя как мужчина.

Женщин в клинике было много, очень много, но Дёма не решился бы переступить порог их большой шумной палаты. Если бы столько было собрано там здоровых женщин — занятно было бы, идя мимо, ненароком туда заглянуть и что-нибудь увидеть. Но перед таким гнездилищем больных женщин он отводил глаза, боясь увидеть что-нибудь. Болезнь их была завесой запрета, более сильного, чем простой стыд. Некоторые из этих женщин, встречавшиеся Дёме на лестнице и в вестибюлях, были так опущены, подавлены, что плохо запахивали халаты, и ему приходилось видеть их нижние сорочки то на груди, то ниже пояса. Однако эти случаи вызывали в нём ощущение боли.

И так всегда он опускал глаза перед ними. И вовсе не просто было здесь познакомиться.

Только тётя Стёфа сама его заметила, стала расспрашивать, и он с ней подружился. Тётя Стёфа была уже и мать, и бабушка, и с этими общими чертами бабушек — морщинками и улыбкой, снисходящей к слабостям, только голос мужской. Становились они с тётей Стёфой где-нибудь около верха лестницы и говорили подолгу. Никто никогда не слушал Дёму с таким участием, будто ей и ближе не было никого, как он. И ему легко было рассказывать ей о себе и даже о матери такое, чего б он не открыл никому.

Двух лет был Дёмка, когда убили отца на войне. Потом был отчим, хоть не ласковый, однако справедливый, с ним вполне можно было бы жить, но мать — тёте Стёфе он этого слова не выговаривал, а для себя давно и твёрдо заключил — скурвилась. Отчим бросил её, и правильно сделал. С тех пор мать приводила мужиков в единственную с Дёмой комнату, тут они выпивали обязательно (и Дёме навязывали пить, да он не принимал), и мужики оставались у неё разно: кто до полуночи, кто до утра. И разгородки в комнате не было никакой, и темноты не было, потому что засвечивали с улицы фонари. И так это Дёмке опостыло, что пойлом свиным казалось ему то, о чём его сверстники думали с задрогом.

Прошёл так пятый класс и шестой, а в седьмом Дёмка ушёл жить к школьному сторожу, старику. Два раза в день школа кормила Дёмку. Мать и не старалась его вернуть — сдыхалась и рада была.

Дёма говорил о матери зло, не мог спокойно. Тётя Стёфа выслушивала, головой кивала, а заключала странно:

— На белом свете все живут. Белый свет всем один.

С прошлого года Дёма переехал в заводской посёлок, где была вечерняя школа, ему дали общежитие. Работал Дёма учеником токаря, потом получил второй разряд. Не очень хорошо у него работа шла, но наперекор материному шалопутству он водки не пил, песен не орал, а занимался. Хорошо кончил восьмой класс и одно полугодие девятого.

И только в футбол — в футбол он изредка бегал с ребятами. И за это одно маленькое удовольствие судьба его наказала: кто-то в суматохе с мячом не нарочно стукнул Дёмку бутсой по голени, Дёмка и внимания не придал, похромал, потом прошло. А осенью нога разбаливалась и разбаливалась, он ещё долго не показывал врачам, потом ногу грели, стало хуже, послали по врачебной эстафете, в областной город и потом сюда.

И почему же, спрашивал теперь Дёмка тётю Стёфу, почему такая несправедливость и в самой судьбе? Ведь есть же люди, которым так и выстилает гладенько всю жизнь, а другим — всё перекромсано. И говорят — от человека самого зависит его судьба. Ничего не от него.

— От Бога зависит, — знала тётя Стёфа. — Богу всё видно. Надо покориться, Дёмуша.

— Так тем более, если от Бога, если ему всё видно — зачем же тогда на одного валить? Ведь надо ж распределять как-то...

Но что покориться надо — против этого спорить не приходилось. А если не покориться — так что другое делать?

Тётя Стёфа была здешняя, её дочери, сыновья и невестки часто приходили проведать её и передать гостинца. Гостинцы эти у тёти Стёфы не задерживались, она угощала соседок и санитарок, а вызвав Дёму из палаты, и ему совала яичко или пирожок.

Дёма был всегда не сыт, он недоедал всю жизнь. Из-за постоянных настороженных мыслей о еде голод казался ему больше, чем был на самом деле. Но всё же обирать тётю Стёфу он стеснялся, и если яичко брал, то пирожок пытался отвергнуть.

— Бери, бери! — махала она. — Пирожок-то с мясом. Пота́ и есть его, пока мясоед.

— А что, потом не будет?

— Конечно, неужли не знаешь?

— И что ж после мясоеда?

— Масленица, что!

— Так ещё лучше, тётя Стёфа! Масленица-то ещё лучше?!

— Каждое своим хорошо. Лучше, хуже, — а мяса нельзя.

— Ну а масленица-то хоть не кончится?

— Как не кончится! В неделю пролетит.

— И что ж потом будем делать? — весело спрашивал Дёма, уже уминая домашний пахучий пирожок, каких в его доме никогда не пекли.

— Вот нехристи растут, ничего не знают. А потом — великий пост.

— А зачем он сдался, великий пост? Пост, да ещё великий!

— А потому, Дёмуша, что брюхо натолочишь — сильно к земле клонит. Не всегда так, просветы тоже нужны.

— На кой они, просветы? — Дёма одни только просветы и знал.

— На то и просветы, чтобы просветляться. Натощак-то свежей, не замечал разве?

— Нет, тётя Стёфа, никогда не замечал.

С самого первого класса, ещё и читать-писать не умел, а уже научен был Дёма, и знал твёрдо и понимал ясно, что религия есть дурман, трижды реакционное учение, выгодное только мошенникам. Из-за религии кое-где трудящиеся и не могут ещё освободиться от эксплуатации. А как с религией рассчитаются — так и оружие в руки, так и свобода.

И сама тётя Стёфа с её смешным календарём, с её Богом на каждом слове, с её незаботной улыбкой даже в этой мрачной клинике и вот с этим пирожком была фигурой как бы не реакционной.

И тем не менее сейчас, в субботу после обеда, когда разошлись врачи, оставив каждому больному свою думку, когда хмурый денёк ещё давал кой-какой свет в палаты, а в вестибюлях и коридорах уже горели лампы, Дёма ходил, прихрамывая, и всюду искал именно тётю Стёфу, которая и посоветовать-то ему ничего дельно не могла, кроме как смириться.

А как бы не отняли. Как бы не отрезали. Как бы не пришлось отдать.

Отдать? — не отдать? Отдать? — не отдать?..

Хотя от этой грызучей боли, пожалуй, и отдать легче.

Но тёти Стёфы нигде на обычных местах не было. Зато в нижнем коридоре, где он расширялся, образуя маленький вестибюльчик, который считался в клинике красным уголком, хотя там же стоял и стол нижней дежурной медсестры и её шкаф с медикаментами, Дёма увидел девушку, даже девчёнку, — в таком же застиранном сером халате, а сама — как из кинофильма: с жёлтыми волосами, каких не бывает, и ещё из этих волос было что-то состроено лёгкое шевелящееся.

Дёма ещё вчера её видел мельком первый раз и от этой жёлтой клумбы волос даже моргнул. Девушка показалась ему такой красивой, что задержаться на ней взглядом он не посмел — отвёл и прошёл. Хотя по возрасту изо всей клиники она была ему ближе всех (ещё — Сурхан с отрезанной ногой), — но такие девушки вообще были ему недостижимы.

А сегодня утром он её ещё разок видел в спину. Даже в больничном халате она была как осочка, сразу узнаешь. И подрагивал снопик жёлтых волос.

Наверняка Дёма её сейчас не искал, потому что не мог бы решиться с ней знакомиться: он знал, что рот ему свяжет как тестом, будет мычать что-нибудь неразборчивое и глупое. Но он увидел её — и в груди ёкнуло. И, стараясь не хромать, стараясь ровней пройти, он свернул в красный уголок и стал перелистывать подшивку республиканской «Правды», прореженную больными на обёртку и другие нужды.

Половину того стола, застеленного кумачом, занимал бронзированный бюст Сталина — крупней головой и плечами, чем обычный человек. А рядом со Сталиным стояла нянечка, тоже дородная, широкогубая. По-субботнему не ожидая себе никакой гонки, она перед собой на столе расстелила газету, высыпала туда семячек и сочно лускала их на ту же газету, сплёвывая без помощи рук. Она, может, и подошла-то на минуту, но никак не могла отстать от семячек.

Репродуктор со стены хрипленько давал танцевальную музыку. Ещё за столиком двое больных играли в шашки.

А девушка, как Дёма видел уголком глаза, сидела на стуле у стенки просто так, ничего не делая, но сидела пряменькая и одной рукой стягивала халат у шеи, где никогда не бывало застёжек, если женщины сами не пришивали.

Сидел желтоволосый тающий ангел, руками нельзя прикоснуться. А как славно было бы потолковать о чём-нибудь!.. Да и о ноге.

Сам на себя сердясь, Дёмка просматривал газеты. Ещё спохватился он сейчас, что, бережа время, никакого не делал зачёса на лбу, просто стригся под машинку сплошь. И теперь выглядел перед ней как болван.

И вдруг ангел сам сказал:

— Что ты робкий такой? Второй день ходишь — не подойдёшь.

Дёма вздрогнул, окинулся. Да! — кому ж ещё? Это ему говорили!

Хохолок или султанчик, как на цветке, качался на голове.

— Ты что — пуганый, да? Бери стул, волоки сюда, познакомимся.

— Я — не пуганый. — Но в голосе подвернулось что-то и помешало ему сказать звонко.

— Ну так тащи, мостись.

Он взял стул и, вдвое стараясь не хромать, понёс его к ней в одной руке, поставил у стенки рядом. И руку протянул:

— Дёма.

— Ася, — вложила та свою мягонькую и вынула.

Он сел, и оказалось совсем смешно — ровно рядышком сидят, как жених и невеста. Да и смотреть на неё плохо. Приподнялся, переставил стул вольней.

— Ты что ж сидишь, ничего не делаешь? — спросил Дёма.

— А зачем делать? Я делаю.

— А что ты делаешь?

— Музыку слушаю. Танцую мысленно. А ты небось не умеешь?

— Мысленно?

— Да хоть ногами!

Дёмка чмокнул отрицательно.

— Я сразу вижу, не протёртый. Мы б с тобой тут покрутились, — огляделась Ася, — да негде. Да и что это за танцы? Просто так слушаю, потому что молчание меня всегда угнетает.

— А какие танцы хорошие? — с удовольствием разговаривал Дёмка. — Танго́?

Ася вздохнула:

— Какое танго, это бабушки танцевали! Настоящий танец сейчас рок-н-ролл. У нас его ещё не танцуют. В Москве, и то мастера.

Дёма не все слова её улавливал, а просто приятно было разговаривать и прямо на неё иметь право смотреть. Глаза у неё были странные — с призеленью. Но ведь глаза не покрасишь, какие есть. А всё равно приятные.

— Тот ещё танец! — прищёлкнула Ася. — Только точно не могу показать, сама не видела. А как же ты время проводишь? Песни поёшь?

— Да не. Песен не пою.

— Отчего, мы — поём. Когда молчание угнетает. Что ж ты делаешь? На аккордеоне?

— Не... — застыживался Дёмка. Никуда он против неё не годился.

Не мог же он ей так прямо ляпнуть, что его разжигает общественная жизнь!..

Ася просто-таки недоумевала: вот интересный попался тип!

— Ты, может, в атлетике работаешь? Я, между прочим, в пятиборьи неплохо работаю. Я сто сорок сантиметров делаю и тринадцать две десятых делаю.

— Я — не... — Горько было Дёмке сознавать, какой он перед ней ничтожный. Вот умеют же люди создавать себе развязную жизнь! А Дёмка никогда не сумеет... — В футбол немножко...

И то доигрался.

— Ну хоть куришь? Пьёшь? — ещё с надеждой спрашивала Ася. — Или пиво одно?

— Пиво, — вздохнул Дёмка. (Он и пива в рот не брал, но нельзя ж было до конца позориться.)

— О-о-ох! — простонала Ася, будто ей в подвздошье ударили. — Какие вы все ещё, ядрёна палка, маменькины сынки! Никакой спортивной чести! Вот и в школе у нас такие. Нас в сентябре в мужскую перевели — так директор себе одних прибитых оставил да отличников. А всех лучших ребят в женскую спихнул.

Она не унизить его хотела, а жалела, но всё ж он за прибитых обиделся.

— А ты в каком классе? — спросил он.

— В десятом.

— И кто ж вам такие причёски разрешает?

— Где разрешают! Бо-о-орются!.. Ну, и мы боремся!

Нет, она простодушно говорила. Да хоть бы зубоскалила, хоть бы она Дёмку кулаками колоти, а хорошо, что разговорились.

Танцевальная музыка кончилась, и стал диктор выступать о борьбе народов против позорных парижских соглашений, опасных для Франции тем, что отдавали её во власть Германии, но и для Германии невыносимых тем, что отдавали её во власть Франции.

— А что ты вообще делаешь? — допытывалась Ася своё.

— Вообще — токарем работаю, — небрежно-достойно сказал Дёмка.

Но и токарь не поразил Асю.

— А сколько получаешь?

Дёмка очень уважал свою зарплату, потому что она была кровная и первая. Но сейчас почувствовал, что — не выговорит *сколько*.

— Да чепуху, конечно, — выдавил он.

— Это всё ерунда! — заявила Ася с твёрдым знанием. — Ты бы спортсменом лучше стал! Данные у тебя есть.

— Это уметь надо...

— Чего уметь?! Да каждый может стать спортсменом! Только тренироваться много! А спорт как высоко оплачивается! — везут бесплатно, кормят на тридцать рублей в день, гостиницы! А ещё премии! А сколько городов повидаешь!

— Ну, ты где была?

— В Ленинграде была, в Воронеже...

— Ленинград понравился?

— Ой, что ты! Пассаж! Гостиный двор! А специализированные — по чулкам отдельно! по сумочкам отдельно!..

Ничего этого Дёмка не представлял, и стало ему завидно. Потому что, правда, может быть, всё именно и было хорошо, о чём так смело судила эта девчёнка, а захолустно было — во что так упирался он.

Нянечка, как монумент, всё так же стояла над столом, рядом со Сталиным, и сплёвывала семячки на газету, не наклоняясь.

— Как же ты — спортсменка, а сюда попала?

Он не решился бы спросить, где именно у неё болит. Это могло быть стыдно.

— Да я — на три дня, только на исследование, — отмахнулась Ася. Одной рукой ей приходилось постоянно придерживать или поправлять расходившийся ворот. — Халат напялили чёрт-те какой, стыдно надеть! Тут если неделю лежать — так с ума сойдёшь... Ну, а ты за что попал?

— Я?.. — Дёмка чмокнул. О ноге-то он и хотел поговорить, да рассудительно, а наскок его смущал. — У меня — на ноге...

До сих пор «у меня — на ноге» были для него слова с большим и горьким значением. Но при асиной лёгкости он уж начал сомневаться, так ли уж всё это весит. Уже и о ноге он сказал почти как о зарплате, стесняясь.

— И что говорят?

— Да вот видишь... Говорить — не говорят... А хотят — отрезать...

Сказал — и с отемнённым лицом смотрел на светлое асино.

— Да ты что!! — Ася хлопнула его по плечу, как старого товарища. — Как это — ногу отрезать? Да они с ума сошли? Лечить не хотят! Ни за что не давайся! Лучше умереть, чем без ноги жить, что ты? Какая жизнь у калеки, что ты! Жизнь дана для счастья!

Да, конечно, она опять была права! Какая жизнь с костылём? Вот сейчас бы он сидел рядом с ней — а где б костыль держал? А как бы — культю?.. Да он и стула бы сам не поднёс, это б она ему подносила. Нет, без ноги — не жизнь.

Жизнь дана для счастья.

— И давно ты здесь?

— Да уж сколько? — Дёма соображал. — Недели три.

— Ужас какой! — Ася перевела плечами. — Вот скучища! Ни радио, ни аккордеона! И что там за разговорчики в палате, воображаю!

И опять не захотелось Дёмке признаться, что он целыми днями занимается, учится. Все его ценности не выстаивали против быстрого воздуха из асиных губ, казались сейчас преувеличенными и даже картонными.

Усмехнувшись (а про себя он над этим ничуть не усмехался), Дёмка сказал:

— Вот обсуждали, например, — чем люди живы?

— Как это?

— Ну, — зачем живут, что ли?

— Хо! — У Аси на всё был ответ. — Нам тоже такое сочинение давали: «Для чего живёт человек?» И план даёт: о хлопкоробах, о доярках, о героях гражданской войны, подвиг Павла Корчагина и как ты к нему относишься, подвиг Матросова и как ты к нему относишься...

— А как относишься?

— Ну — как? Значит: повторил бы сам или нет. Обязательно требует. Мы пишем все — повторил бы, зачем портить отношения перед экзаменами? А Сашка Громов спрашивает: а можно, я напишу всё не так, а как я думаю? Я тебе дам, говорит, «как я думаю»! Я тебе такой кол закачу!.. Одна девчёнка написала, вот потеха: «Я ещё не знаю, люблю ли я свою родину или нет.» Та как заквакает: «Это — страшная мысль! Как ты можешь не любить?» — «Да, наверно, и люблю, но не знаю. Проверить надо.» — «Нечего и проверять! Ты с молоком матери должна была всосать и любовь к Родине! К следующему уроку всё заново перепиши!» Вообще, мы её Жабой зовём. Входит в класс — никогда не улыбнётся. Ну, да понятно: старая дева, личная жизнь не удалась, на нас вымещает. Особенно не любит хорошеньких.

Ася обронила это, уверенно зная, какая мордочка чего стоит. Она, видно, не прошла никакой стадии болезни, болей, вымучивания, потери аппетита и сна, она ещё не потеряла свежести, румянца, она просто прибежала из своих спортивных залов, со своих танцевальных площадок на три дня на исследование.

— А хорошие преподаватели — есть? — спросил Дёмка, чтоб только она не замолкала, говорила что-нибудь, а ему на неё посматривать.

— Не, нету! Индюки надутые! Да вообще — школа!.. говорить не хочется!

Её весёлое здоровье перехлёстывалось и к Дёмке. Он сидел, благодарный ей за болтовню, уже совсем нестеснённый, разнятый. Ему ни в чём не хотелось с ней спорить, во всём хотелось соглашаться, вопреки своим убеждениям: и что жизнь — для счастья, и что ноги́ — не отдавать. Если б нога не грызла и не напоминала, что он увязил её и ещё сколько вытащит — полголени? по колено? или полбедра? А из-за ноги и вопрос «чем люди живы?» оставался для него из главных. И он спросил:

— Ну а правда, как ты думаешь? Для чего... человек живёт?

Нет, этой девчёнке всё было ясно! Она посмотрела на Дёмку зеленоватыми глазами, как бы не веря, что это он не разыгрывает, это он серьёзно спрашивает.

— Как для чего? Для любви, конечно!

Для любви!.. «Для любви» и Толстой говорил, да в каком смысле? И учительница вон от них требовала «для любви» — да в каком смысле? Дёмка всё-таки привык до точности доходить и своей головой обрабатывать.

— Но ведь... — с захрипом сказал он (просто-то стало просто, а выговорить всё же неудобно), — любовь — это ж... Это ж не вся жизнь. Это ж... иногда. С какого-то возраста. И до какого-то...

— А с какого? А с какого? — сердито допрашивала Ася, будто он её оскорбил. — В нашем возрасте вся и сладость, а когда ж ещё? А что в жизни ещё есть, кроме любви?

В поднятых бровках так была она уверена, что ничего возразить нельзя, — Дёмка ничего и не возражал. Да ему послушать-то надо было, а не возражать.

Она довернулась к нему, наклонилась и, ни одной руки не протянув, будто обе протягивала через развалины всех стен на земле:

— Это — н а ш е всегда! и это — с е г о д н я! А кто что языками мелет — этого не наслушаешься, то ли будет, то ли нет. Любовь!! — и всё!!

Она с ним до того была проста, будто они уже сто вечеров толковали, толковали, толковали... И кажется, если б не было тут этой санитарки с семячками, медсестры, двух шашистов да шаркающих по коридору больных — то хоть сейчас, тут, в этом закоулке, в их самом лучшем возрасте она готова была помочь ему понять, чем люди живы.

И постоянно, даже во сне грызущая, только что грызшая дёмкина нога забылась, и не было у него больной ноги. Дёмка смотрел в распахнувшийся асин ворот, и рот его приоткрылся. То, что вызывало такое отвращение, когда делала мать, — в первый раз представилось ему ни перед кем на свете не виноватым, ничем не испачканным — достойным перевесом всего дурного на земле.

— А ты — что?.. — полушёпотом спросила Ася, готовая рассмеяться, но с сочувствием. — А ты до сих пор не... ? Лопушок, ты ещё не... ?

Ударило Дёмку горячим в уши, в лицо, в лоб, будто его захватили на краже. За двадцать минут этой девчёнкой сбитый со всего, в чём он укреплялся годами, с пересохшим горлом он, как пощаду выпрашивая, спросил:

— А ты?..

Как под халатом была у неё только сорочка, да грудь, да душа, так и под словами она ничего от него не скрывала, она не видела, зачем прятать:

— Фу, да у нас — половина девчёнок!.. А одна ещё в восьмом забеременела! А одну на квартире поймали, где... за деньги, понимаешь? У неё уже своя сберкнижка была! А как открылось? — в дневнике забыла, а учительница нашла. Да чем раньше, чем интересней!.. И чего откладывать? — атомный век!..

11

Всё-таки субботний вечер с его незримым облегчением как-то чувствовался и в палатах ракового корпуса, хотя неизвестно почему: ведь от болезней своих больные не освобождались на воскресенье, ни тем более от размышлений о них. Освобождались они от разговоров с врачами и от главной части лечения — и вот этому-то, очевидно, и рада была какая-то вечно-детская струнка в человеке.

Когда после разговора с Асей Дёмка, осторожно ступая на ногу, занывающую всё сильней, одолел лестницу и вошёл в свою палату, тут было оживлённо как никогда.

Не только свои все и Сибгатов были в сборе, но ещё и гости с первого этажа, среди них знакомые, как старый кореец Ни, отпущенный из радиологической палаты (пока в языке у него стояли радиевые иголки, его держали под замком, как банковскую ценность), и совсем новенькие. Один новичок — русский, очень представительный мужчина с высоким серым зачёсом, с поражённым горлом — только шёпотом он говорил, сидел как раз на дёмкиной койке. И все слушали — даже Мурсалимов и Егенбердиев, кто и по-русски не понимал.

А речь держал Костоглотов. Он сидел не на койке, а выше, на своём подоконнике, и этим тоже выражал значительность момента. (При строгих сёстрах ему б так не дали рассиживаться, но дежурил медбрат Тургун, свойский парень, который правильно понимал, что от этого медицина не перевернётся.) Одну ногу в носке Костоглотов поставил на свою койку, а вторую, согнув в колене, положил на колено первой, как гитару, и, чуть покачиваясь, возбуждённый, громко на всю палату рассуждал:

— Вот был такой философ Декарт. Он говорил: всё подвергай сомнению!

— Но это не относится к нашей действительности! — напомнил Русанов, поднимая палец.

— Нет, конечно, нет, — даже удивился возражению Костоглотов. — Я только хочу сказать, что мы не должны, как кролики, доверяться врачам. Вот, пожалуйста, я читаю книгу, — он приподнял с подоконника раскрытую книгу большого формата, — Абрикосов и Струков, патологическая анатомия, учебник для вузов. И тут говорится, что связь хода опухоли с центральной нервной деятельностью ещё очень слабо изучена. А связь удивительная! Даже прямо написано, — он нашёл строчку, — редко, но бывают случаи самопроизвольного исцеления! Вы чувствуете, как написано? Не излечения, а исцеления! А?

Движение прошло по палате. Как будто из распахнутой большой книги выпорхнуло осязаемой радужной бабочкой самопроизвольное исцеление, и каждый подставлял лоб и щёки, чтоб оно благодетельно коснулось его на лету.

— Самопроизвольное! — отложив книгу, тряс Костоглотов растопыренными руками, а ногу по-прежнему держал, как гитару. — Это значит: вот вдруг по необъяснимой причине опухоль трогается в обратном направлении! Она уменьшается, рассасывается — и наконец её нет! А?

Все молчали, рты приоткрывши сказке. Чтобы опухоль, *его* опухоль, вот эта губительная, всю его жизнь перековеркавшая опухоль, — и вдруг бы сама изошла, истекла, иссякла, кончилась?..

Все молчали, подставляя бабочке лицо, только угрюмый Поддуев заскрипел кроватью и, безнадёжно набычившись, прохрипел:

— Для этого надо, наверно... чистую совесть.

Не все даже поняли: это он — сюда, к разговору, или своё что-то.

Павел Николаевич, который на этот раз не только со вниманием, а даже отчасти с симпатией слушал соседа-Оглоеда, отмахнулся:

— При чём тут совесть? Стыдитесь, товарищ Поддуев!

Но Костоглотов принял на ходу:

— Это ты здóрово рубанул, Ефрем! Здорово! Всё может быть, ни хрена мы не знаем. Вот, например, после войны читал я журнал, так там интереснейшую вещь... Оказывается, у человека на переходе к голове есть какой-то кровемозговой барьер, и те вещества, или там микробы, которые убивают человека, пока они не пройдут через этот барьер в мозг — человек жив. Так от чего ж это зависит?..

Молодой геолог, который, придя в палату, не покидал книг и сейчас сидел с книгой на койке, у другого окна, близ Костоглотова, иногда поднимал голову на спор. Поднял и сейчас. Слушали гости, слушали и свои. А Федерау у печки, с ещё чистой, белой, но уже обречённой шеей, комочком лежал на боку и слушал с подушки.

— ...А зависит, оказывается, в этом барьере от соотношения солей калия и натрия. Какие-то из этих солей, не помню, допустим натрия, если перевешивают, то ничто человека не берёт, через барьер не проходит, и он не умирает. А перевешивают, наоборот, соли калия — барьер уже не защищает, и человек умирает. А от чего зависят натрий и калий? Вот это — самое интересное! Их соотношение зависит — от настроения человека!! Понимаете? Значит, если человек бодр, если он духовно стоек — в барьере перевешивает натрий, и никакая болезнь не доведёт его до смерти! Но достаточно ему упасть духом — и сразу перевесит калий, и можно заказывать гроб.

Геолог слушал со спокойным оценивающим выражением, как сильный студент, который примерно догадывается, что будет на доске в следующей строчке. Он одобрил:

— Физиология оптимизма. По идее хорошо.

И, будто упуская время, окунулся опять в книгу.

Тут и Павел Николаевич ничего не возразил. Оглоед рассуждал вполне научно.

— Так я не удивлюсь, — развивал Костоглотов, — что лет через сто откроют, что ещё какая-нибудь цезиевая соль выделяется по нашему организму при спокойной совести и не выделяется при отягощённой. И от этой цезиевой соли зависит, будут ли клетки расти в опухоль или опухоль рассосётся.

Ефрем хрипло вздохнул:

— Я — баб много разорил. С детьми бросал... Плакали... У меня не рассосётся.

— Да при чём тут?! — вышел из себя Павел Николаевич. — Да это же махровая поповщина, так думать! Начитались вы всякой слякоти, товарищ Поддуев, и разоружились идеологически! И будете нам тут про всякое моральное усовершенствование талдыкать...

— А что вы так прицепились к нравственному усовершенствованию? — огрызнулся Костоглотов. — Почему нравственное усовершенствование вызывает у вас такую изжогу? Кого оно может обижать? Только нравственных уродов!

— Вы... не забывайтесь! — блеснул очками и оправою Павел Николаевич и в этот момент так строго, так ровно держал голову, будто никакая опухоль не подпирала её справа под челюсть. — Есть вопросы, по которым установилось определённое мнение! И вы уже не можете рассуждать!

— А почему это не могу? — тёмными глазищами упёрся Костоглотов в Русанова.

— Да ладно! — зашумели больные, примиряя их.

— Слушайте, товарищ, — шептал безголосый с дёмкиной кровати, — вы начали насчёт берёзового гриба...

Но ни Русанов, ни Костоглотов не хотели уступить. Ничего они друг о друге не знали, а смотрели взаимно с ожесточением.

— А если хотите высказаться, так будьте же хоть грамотны! — вылепливая каждое слово по звукам, осадил своего оппонента Павел Николаевич. — О нравственном усовершенствовании Льва Толстого и компании раз и навсегда написал Ленин! И товарищ Сталин! И Горький!

— Простите! — напряжённо сдерживаясь и вытягивая руку навстречу, ответил Костоглотов. — Раз и навсегда никто на земле ничего сказать не может. Потому что тогда остановилась бы жизнь. И всем последующим поколениям нечего было бы говорить.

Павел Николаевич опешил. У него покраснели верхние кончики его чутких белых ушей и на щеках кое-где выступили красные круглые пятна.

(Тут не возражать, не спорить надо было по-субботнему, а надо было *проверить*, что это за человек, откуда он, из чьих, — и его вопиюще неверные взгляды не вредят ли занимаемой им должности.)

— Я не говорю, — спешил высказать Костоглотов, — что я грамотен в социальных науках, мне мало пришлось их изучать. Но своим умишком я понимаю так, что Ленин упрекал Льва Толстого за нравственное усовершенствование тогда, когда оно отводило общество от борьбы с произволом, от зреющей революции. Так. Но зачем же вы затыкаете рот человеку, — он обеими крупными кистями указал на Поддуева, — который задумался о смысле жизни, находясь на грани её со смертью? Почему вас так раздражает, что он при этом читает Толстого? Кому от этого худо? Или, может быть, Толстого надо сжечь на костре? Может быть, правительствующий Синод не довёл дело до конца? — Не изучав социальных наук, спутал святейший с правительствующим.

Теперь оба уха Павла Николаевича налились в полный красный налив. Этот уже прямой выпад против правительственного учреждения (он не расслышал, правда, — какого именно), да ещё при случайной аудитории, усугублял ситуацию настолько, что надо было тактично прекратить спор, а Костоглотова при первом же случае *проверить.* И поэтому, не поднимая пока дела на принципиальную высоту, Павел Николаевич сказал в сторону Поддуева:

— Пусть Островского читает. Больше будет пользы.

Но Костоглотов не оценил тактичности Павла Николаевича, а нёс своё перед неподготовленной аудиторией:

— Почему мешать человеку задуматься? В конце концов, к чему сводится наша философия жизни? — «Ах, как хороша жизнь!.. Люблю тебя, жизнь! Жизнь дана для счастья!» Что за глубина! Но это может и без нас сказать любое животное — курица, кошка, собака.

— Я прошу вас! Я прошу вас! — уже не по гражданской обязанности, а по-человечески предостерёг Павел Николаевич. — Не будем говорить о смерти! Не будем о ней даже вспоминать!

— И просить меня нечего! — отмахивался Костоглотов рукой-лопатой. — Если *здесь* о смерти не поговорить, где ж о ней поговорить? «Ах, мы будем жить вечно!»

— Так что? Что? — взывал Павел Николаевич. — Что вы предлагаете? Говорить и думать всё время о смерти! Чтоб эта калиевая соль брала верх?

— Не всё время, — немного стих Костоглотов, поняв, что попадает в противоречие. — Не всё время, но хотя бы иногда. Это полезно. А то ведь, что́ мы всю жизнь твердим человеку? — ты член коллектива! ты член коллектива! Но это — пока он жив. А когда придёт час умирать — мы отпустим его из коллектива. Член-то он член, а умирать ему одному. А опухоль сядет на него одного, не на весь коллектив. Вот вы́! — грубо совал он палец в сторону Русанова. — Ну-ка, скажите, чего вы сейчас больше всего боитесь на свете? Умереть!! А о чём больше всего боитесь говорить? О смерти! Как это называется?

Павел Николаевич перестал слушать, потерял интерес спорить с ним. Он забылся, сделал неосторожное движение, и так больно отдалось ему от опухоли в шею и в голову, что померк весь интерес просвещать этих балбесов и рассеивать их бредни. В конце концов, он попал в эту клинику случайно, и такие важные минуты болезни не с ними он должен был переживать. А главное и страшное было то, что опухоль ничуть не опала и ничуть не размягчилась от вчерашнего укола. И при мысли об этом холодело в животе. Оглоеду хорошо рассуждать о смерти, когда он выздоравливает.

Дёмкин гость, безголосый дородный мужчина, придерживая гортань от боли, несколько раз пытался вступить, сказать что-то своё, то прервать неприятный спор, напоминал им, что они сейчас все — не субъекты истории, а её объекты, но шёпота его не слышали, а сказать громче он был бессилен и только накладывал два пальца на гортань, чтобы ослабить боль и помочь звуку. Болезни языка и горла, неспособность к речи как-то особенно угнетают нас, всё лицо становится лишь отпечатком этой угнетённости. Он пробовал остановить спорящих широкими взмахами рук, а теперь и по проходу выдвинулся.

— Товарищи! Товарищи! — сипел он, и вчуже становилось больно за его горло. — Не надо этой мрачности! Мы и так убиты нашими болезнями! Вот вы, товарищ! — он шёл по проходу и почти умоляюще протягивал одну руку (вторая была на горле) к возвышенно сидевшему растрёпанному Костоглотову, как к божеству. — Вы так интересно начали о берёзовом грибе. Продолжайте, пожалуйста!

— Давай, Олег, о берёзовом! Что ты начал? — просил Сибгатов.

И бронзовый Ни, с тяжестью ворочая языком, от которого часть отвалилась в прежнем лечении, а остальное теперь распухло, неразборчиво просил о том же.

И другие просили.

Костоглотов ощущал недобрую лёгкость. Столько лет он привык перед *вольными* помалкивать, руки держать назад, а голову опущенной, что это вошло в него как природный признак, как сутулость от рождения, от чего он не вовсе отстал и за год жизни в ссылке. А руки его на прогулке по аллеям медгородка и сейчас легче и проще всего складывались позади. Но вот вольные, которым столько лет запрещалось разговаривать с ним как с равным, вообще всерьёз обсуждать с ним что-нибудь как с человеческим существом, а горше того — пожать ему руку или принять от него письмо, — эти вольные теперь, ничего не подозревая, сидели перед ним, развязно умостившимся на подоконнике, — и ждали опоры своим надеждам. И за собой замечал теперь Олег, что тоже не противопоставлял себя им, как привык, а в общей беде соединял себя с ними.

Особенно он отвык от выступления сразу перед многими, как вообще от всяких собраний, заседаний, митингов. И вдруг стал оратором. Это было Костоглотову дико, в забавном сне. Но, как по льду с разгону уже нельзя остановиться, а летишь — что будет, так и он с весёлого разгона своего выздоровления, нечаянного, но, кажется, выздоровления, продолжал нестись.

— Друзья! Это удивительная история. Мне рассказал её один больной, приходивший на проверку, когда я ещё ждал приёма сюда. И я тогда же, ничем не рискуя, написал открытку с обратным адресом диспансера. И вот сегодня уже пришёл ответ! Двенадцать дней прошло — и ответ. И доктор Масленников ещё извиняется передо мной за задержку, потому что, оказывается, отвечает в среднем на десять писем в день. А меньше чем за полчаса толкового письма ведь не напишешь. Так он пять часов в день одни письма пишет! И ничего за это не получает!

— Наоборот, на марки четыре рубля в день тратит, — вставил Дёма.

— Да. Это в день — четыре рубля. А в месяц, значит, сто двадцать! И это не его обязанность, не служба его, это просто его доброе дело. Или как надо сказать? — Костоглотов обернулся к Русанову. — *Гуманное*, да?

Но Павел Николаевич дочитывал бюджетный доклад в газете и притворился, что не слышит.

— И штатов у него никаких, помощников, секретарей. Это всё — во внеслужебное время. И славы — тоже ему за это никакой! Ведь нам, больным, врач — как паромщик: нужен на час, а там не знай нас. И кого он вылечит — тот письмо выбросит. В конце письма он жалуется, что больные, особенно кому помогло, перестают ему писать. Не пишут о принятых дозах, о результатах. И ещё он же меня *просит* — просит, чтоб я ему ответил аккуратно! Когда мы должны ему в ноги поклониться!

— Но ты по порядку, Олег! — просил Сибгатов со слабой улыбкой надежды.

Как ему хотелось вылечиться! — вопреки удручающему, многомесячному, многолетнему и уже явно безнадёжному лечению — вдруг вылечиться внезапно и окончательно! Заживить спину, выпрямиться, пойти твёрдым шагом, чувствуя себя мужчиной-молодцом! Здравствуйте, Людмила Афанасьевна! А я — здоров!

Как всем им хотелось узнать о таком враче-чудодее, о таком лекарстве, неизвестном здешним врачам! Они могли признаваться, что верят, или отрицать, но все они до одного в глубине души верили, что такой врач, или такой травник, или такая старуха-бабка где-то живёт, и только надо узнать — где, получить это лекарство — и они спасены.

Да не могла же, не могла же их жизнь быть уже обречённой!

Как ни смеялись бы мы над чудесами, пока сильны, здоровы и благоденствуем, но, если жизнь так заклинится, так сплющится, что только чудо может нас спасти, мы в это единственное, исключительное чудо — верим!

И Костоглотов, сливаясь с жадной настороженностью, с которой товарищи слушали его, стал говорить распалённо, даже более веря своим словам сейчас, чем верил письму, когда читал его про себя.

— Если с самого начала, Шараф, то вот. Про доктора Масленникова тот прежний больной рассказал мне, что это старый земский врач Александровского уезда, под Москвой. Что он десятки лет — так раньше это было принято — лечил в одной и той же больнице. И вот заметил, что, хотя в медицинской литературе всё больше пишут о раке, у него среди больных крестьян рака не бывает. Отчего б это?..

(Да, отчего б это?! Кто из нас с детства не вздрагивал от Таинственного? — от прикосновения к этой непроницаемой, но податливой стене, через которую всё же нет-нет да проступит то как будто чьё-то плечо, то как будто чьё-то бедро. И в нашей каждодневной, открытой, рассудочной жизни, где нет ничему таинственному места, оно вдруг да блеснёт нам: я здесь! не забывай!)

— ...Стал он исследовать, стал он исследовать, — повторял Костоглотов с удовольствием, — и обнаружил такую вещь: что, экономя деньги на чай, мужики во всей этой местности заваривали не чай, а *чагу*, иначе называется берёзовый гриб...

— Так подберёзовик? — перебил Поддуев. Даже сквозь то отчаяние, с которым он себя согласил и в котором замкнулся последние дни, просветило ему такое простое доступное средство.

Тут все кругом были люди южные и не то что подберёзовика, но и берёзы самой иные в жизни не видали, тем более вообразить не могли, о чём толковал Костоглотов.

— Нет, Ефрем, не подберёзовик. Вообще это даже не берёзовый гриб, а берёзовый рак. Если ты помнишь, бывают на старых берёзах такие... уродливые такие наросты — хребтовидные, сверху чёрные, а внутри — тёмно-коричневые.

— Так тру́товица? — добивался Ефрем. — На неё огонь высекали раньше?

— Ну, может быть. Так вот Сергею Никитичу Масленникову и пришло в голову: не этой ли самой чагой русские мужики уже несколько веков лечатся от рака, сами того не зная?

— То есть совершают профилактику? — кивнул молодой геолог. Не давали ему весь вечер читать, однако разговор того стоил.

— Но догадаться было мало, вы понимаете? Надо было всё проверить. Надо было многие-многие годы ещё наблюдать за теми, кто этот самодельный чай пьёт и кто не пьёт. И ещё — поить тех, у кого появляются опухоли, а ведь это — взять на себя не лечить их другими средствами. И угадать, при какой температуре заваривать, и в какой дозе, кипятить или не кипятить, и по скольку стаканов пить, и не будет ли вредных последствий, и какой опухоли помогает больше, а какой меньше. На всё это ушли...

— Ну, а теперь? Теперь? — волновался Сибгатов.

А Дёма думал: неужели и от ноги может помочь? Ногу — неужели спасёт?

— А теперь? — вот он на письма отвечает. Вот пишет мне, как лечиться.

— И у вас есть адрес? — жадно спросил безголосый, всё придерживая рукой сипящее горло, и уже вытягивал из кармана курточки блокнот с авторучкой. — И написан способ употребления? А от опухоли гортани помогает, он не пишет?

Как ни хотел Павел Николаевич выдержать характер и наказать соседа полным презрением, но упустить такой рассказ было нельзя. Уже не мог он вникать дальше в смысл и цифры проекта государственного бюджета на 1955 год, представленный сессии Верховного Совета, уже явно опустил газету и постепенно повернулся к Оглоеду лицом, не скрывая и своей надежды, что это простое народное средство вылечит и его. Безо всякой уже враждебности, чтобы не раздражать Оглоеда, но и напоминая всё же, Павел Николаевич спросил:

— А — официально этот способ признан? Он — апробирован в какой-нибудь инстанции?

Костоглотов сверху, со своего подоконника, усмехнулся.

— Вот насчёт инстанции не знаю. Письмо, — он потрепал в воздухе маленьким желтоватым листиком, исписанным зелёными чернилами, — письмо деловое: как толочь, как разводить. Но думаю, что если б это прошло инстанции, так нам бы уже сёстры разносили такой напиток. На лестнице бы бочка стояла. Не надо было бы и писать в Александров.

— Александров, — уже записал безголосый. — А какое почтовое отделение? Улица? — Он быстро управлялся.

Ахмаджан тоже слушал с интересом, ещё успевая тихо переводить самое главное Мурсалимову и Егенбердиеву. Самому-то Ахмаджану этот берёзовый гриб не был нужен, потому что он выздоравливал. Но вот чего он не понимал:

— Если такой гриб хороший — почему врачи на вооружение не берут? Почему не вносят в свой устав?

— Это долгий путь, Ахмаджан. Одни люди не верят, другие не хотят переучиваться и поэтому мешают, третьи мешают, чтоб своё средство продвинуть. А нам — выбирать не приходится.

Костоглотов ответил Русанову, ответил Ахмаджану, а безголосому не ответил — не дал ему адреса. Он это сделал незаметно, будто недослышал, не успел, а на самом деле не хотел. Привязчивое было что-то в этом безголосом, хотя и очень почтенном — с фигурой и головой директора банка, а для маленькой южно-американской страны даже и премьер-министра. И было жаль Олегу честного старого Масленникова, недосыпающего над письмами незнакомых людей, — закидает его безголосый вопросами. А с другой стороны, нельзя было не сжалиться над этим сипящим горлом, потерявшим человеческую звонкость, которою совсем мы не дорожим, имея. А ещё с третьей стороны, сумел же Костоглотов болеть как специалист, быть больным как преданный своей болезни, и вот уже патологическую анатомию почитал, и на всякий вопрос добился разъяснений от Гангарт и Донцовой, и вот уже от Масленникова получил ответ. Почему же он, столько лет лишённый всяких прав, должен был учить этих свободных людей изворачиваться под навалившейся глыбой? Там, где складывался его характер, закон был: нашёл — не сказывай, облупишь — не показывай. Если все кинутся Масленникову писать, то уж Костоглотову второй раз ответа не дождаться.

А всё это было — не размышление, лишь один поворот подбородка со шрамом от Русанова к Ахмаджану мимо безголосого.

— А способ употребления он пишет? — спросил геолог. Карандаш и бумага без того были перед ним, так читал он книгу.

— Способ употребления — пожалуйста, запасайтесь карандашами, диктую, — объявил Костоглотов.

Засуетились, спрашивали друг у друга карандаш и листик бумажки. У Павла Николаевича не оказалось ничего (да дома-то у него была авторучка со скрытым пером, нового фасона), и ему дал карандаш Дёмка. И Сибгатов, и Федерау, и Ефрем, и Ни захотели писать. И когда собрались, Костоглотов медленно стал диктовать из письма, ещё разъясняя: как чагу высушивать не до конца, как тереть, какой водой заваривать, как настаивать, отцеживать и по скольку пить.

Выводили строчки, кто быстрые, кто неумелые, просили повторить — и стало особенно тепло и дружно в палате. С такой нелюбовью они иногда отвечали друг другу — а что было им делить? Один у них был враг — смерть, и что может разделить на земле человеческие существа, если против всех них единожды уставлена смерть?

Окончив записывать, Дёма сказал грубоватым голосом и медленно, как, не по возрасту, он говорил:

— Да... Но откуда ж берёзу брать, когда её нет?..

Вздохнули. Перед ними, давно уехавшими из России (кто — и добровольно) или даже никогда не бывавшими там, прошло видение этой непритязательной, умеренной, не прожаренной солнцем страны, то в завеси лёгкого грибного дождика, то в весенних половодьях и увязистых полевых и лесных дорогах, тихой стороны, где простое лесное дерево так служит и так нужно человеку. Люди, живущие в той стороне, не всегда понимают свою родину, им хочется ярко-синего моря и бананов, а вон оно, что нужно человеку: чёрный уродливый нарост на беленькой берёзе, её болезнь, её опухоль.

Только Мурсалимов с Егенбердиевым понимали про себя так, что и здесь — в степи и в горах — обязательно есть то, что нужно им, потому что в каждом месте земли всё предусмотрено для человека, лишь надо знать и уметь.

— Кого-то надо просить — собрать, прислать, — ответил Дёмке геолог. Кажется, ему приглянулась эта чага.

Самому Костоглотову, который им всё это нашёл и расписал, — однако некого было просить в России искать гриб. Одни уже умерли, другие рассеяны, к третьим неловко обратиться, четвёртые — горожане куцые, ни той берёзы не найдут, ни тем более чаги на ней. Он сам не знал бы сейчас радости большей: как собака уходит спасаться, искать неведомую траву, так пойти на целые месяцы в леса, ломать эту чагу, крошить, у костров заваривать, пить и выздороветь подобно животному. Целые месяцы ходить по лесу и не знать другой заботы, как выздоравливать.

Но запрещён ему был путь в Россию.

А другие тут, кому он был доступен, не научены были мудрости жизненных жертв — уменью всё стряхнуть с себя, кроме главного. Им виделись препятствия, где их не было: как получить бюллетень или отпуск для таких поисков? как нарушить уклад жизни и расстаться с семьёй? где денег достать? как одеться для такого путешествия и что взять с собой? на какой станции сойти и где потом дальше узнать всё?

Прихлопывая письмом, Костоглотов ещё сказал:

— Он упоминает здесь, что есть так называемые *заготовители*, просто предприимчивые люди, которые собирают чагу, подсушивают и высылают наложенным платежом. Но только дорого берут — пятнадцать рублей за килограмм, а в месяц надо шесть килограмм.

— Да какое ж они имеют право?! — возмутился Павел Николаевич, и лицо его стало таким начальственно-строгим, что любой заготовитель струхнул бы. — Какую ж они имеют совесть драть такие деньги за то, что от природы достаётся даром?

— Не кирчи! — шикнул на него Ефрем. (Он особенно противно коверкал слова — не то нарочно, не то язык так выговаривал.) — Думаешь — подошёл да взял? Это по лесу с мешком да с топором надо ходить. Зимой — на лыжах.

— Но не пятнадцать же рублей килограмм, спекулянты проклятые! — никак не мог уступить Русанов, и снова проявились на его лице красные пятна.

Вопрос был слишком принципиальный. С годами у Русанова всё определённей и неколебимей складывалось, что все наши недочёты, недоработки, недоделки, недоборы — все они проистекают от спекуляции. От мелкой спекуляции, как продажа какими-то непроверенными личностями на улицах зелёного лука и цветов, какими-то бабами на базаре молока и яиц, на станциях — ряженки, шерстяных носков и даже жареной рыбы. И от крупной спекуляции, когда с государственных складов гнали куда-то «по левой» целые грузовики. И если обе эти спекуляции вырвать с корнем — всё быстро у нас выправится и успехи будут ещё более поразительными. Не было ничего дурного, если человек укреплял своё материальное положение при помощи высокой государственной зарплаты и высокой пенсии (Павел Николаевич и сам-то мечтал о персональной). В этом случае и автомобиль, и дача были трудовыми. Но той же самой заводской марки автомобиль и того же стандартного проекта дача приобретали совсем другое, преступное содержание, если были куплены за счёт спекуляции. И Павел Николаевич мечтал, именно м е ч т а л о введении публичных казней для спекулянтов. Публичные казни могли бы быстро и уже до конца оздоровить наше общество.

— Ну, хорошо, — рассердился и Ефрем. — Не кирчи, а сам поезжай и организуй там заготовку. Хочешь, государственную. Хочешь, кооперативную. А дорого пятнадцать рублей — не заказывай.

Это-то слабое место Русанов понимал. Он ненавидел спекулянтов, но сейчас, пока это новое лекарство будет апробировано Академией Медицинских Наук и пока кооперация среднерусских областей организует бесперебойную заготовку, — опухоль Павла Николаевича не ждала.

Безголосый новичок с блокнотом, как корреспондент влиятельной газеты, почти лез на койку Костоглотова и сиплым шёпотом добивался:

— А адресов заготовителей?.. Адресов заготовителей в письме нет?

И Павел Николаевич тоже приготовился записать адреса.

Но Костоглотов почему-то не отвечал. Был в письме хоть один адрес или не было, — только он не отвечал, а слез с подоконника и стал шарить под кроватью за сапогами. Вопреки всем больничным запретам он утаил их и держал для прогулок.

А Дёма спрятал в тумбочку рецепт и, ничего больше не добиваясь, укладывал свою ногу на койку поосторожнее. Таких больших денег у него не было и быть не могло.

Помогала берёза, да не всем.

Русанову было просто неудобно, что после стычки с Оглоедом — уже не первой стычки за три дня — он теперь так явно заинтересован рассказом и вот зависел от адреса. И чтоб как-то умаслить Оглоеда, что ли, не умышленно, а невольно выдвигая то, что объединяло их, Павел Николаевич сказал вполне искренне:

— Да! Что может быть на свете хуже... — (рака? но у него был не рак), — этих... онкологических... и вообще рака!

Но Костоглотова ничуть не тронула эта доверительность старшего и по возрасту, и по положению, и по опыту человека. Обматывая ногу рыжей портянкой, сохнувшей у него в обвой голенища, и натягивая отвратительный истрёпанный кирзовый сапог с грубыми латками на сгибах, он ляпнул:

— Что хуже рака? Проказа!

Тяжёлое грозное слово своими сильными звуками прозвучало в комнате как залп.

Павел Николаевич миролюбиво поморщился:

— Ну, как сказать? А почему, собственно, хуже? Процесс идёт медленней.

Костоглотов уставился тёмным недоброжелательным взглядом в светлые очки и светлые глаза Павла Николаевича.

— Хуже тем, что вас ещё живого исключают из мира. Отрывают от родных, сажают за проволоку. Вы думаете, это легче, чем опухоль?

Павлу Николаевичу не по себе стало в такой незащищённой близости от тёмно-горящего взгляда этого неотёсанного неприличного человека.

— Ну, я хочу сказать — вообще эти проклятые болезни...

Любой культурный человек тут понял бы, что надо же сделать шаг навстречу. Но Оглоед ничего этого понять не мог. Он не оценил тактичности Павла Николаевича. Уже вставши во всю свою долговязость и надев грязно-серый бумазеевый просторный бабий халат, который почти спускался до сапог и был ему пальто для прогулок, он с самодовольством объявил, думая, что у него получается учёно:

— Один философ сказал: если бы человек не болел, он не знал бы себе границ.

Из кармана халата он вынул свёрнутый армейский пояс в четыре пальца толщиной с пятиконечной звездой-пряжкой, опоясал им запахнутый халат, остерегаясь только перетянуть место опухоли. И, разминая жалкую дешёвую папироску-гвоздик из тех, что гаснут, не догорев, пошёл к выходу.

Безголосый отступал перед Костоглотовым по проходу между койками и, несмотря на всю свою банковско-министерскую наружность, так умоляюще спрашивал, будто Костоглотов был прославленное светило онкологии, но навсегда уходил из этого здания:

— А скажите, примерно в скольких случаях из ста опухоль горла оказывается раком?

— В тридцати четырёх, — улыбнулся ему Костоглотов, посторонясь.

На крыльце за дверью не было никого.

Олег счастливо вздохнул сырым холодным неподвижным воздухом и, не успевая им прочиститься, тут же зажёг и папироску, без которой всё равно не хватало до полного счастья (хотя теперь уже не только Донцова, но и Масленников нашёл в письме место упомянуть, что курить надо бросить).

Было совсем безветренно и неморозно. В одном оконном отсвете видна была близкая лужа, вода в ней чернела безо льда. Было только пятое февраля — а уже весна, непривычно. Туман не туман, лёгкая мглица висела в воздухе — настолько лёгкая, что не застилала, а лишь смягчала, делала не такими резкими дальние светы фонарей и окон.

Слева от Олега тесно уходили в высоту, выше крыши, четыре пирамидальных тополя, как четыре брата. С другой стороны стоял тополь одинокий, но раскидистый и в рост этим четырём. За ним сразу густели другие деревья, шёл клин парка.

Неограждённое каменное крыльцо Тринадцатого корпуса спускалось несколькими ступеньками к покатой асфальтовой аллее, отграниченной с боков кустами живой изгороди невпродёр. Всё это было без листьев сейчас, но густотой заявляющее о жизни.

Олег вышел гулять — ходить по аллеям парка, ощущая с каждым наступом и размином ноги её радость твёрдо идти, её радость быть живой ногой неумершего человека. Но вид с крыльца остановил его, и он докуривал тут.

Мягко светились нечастые фонари и окна противоположных корпусов. Уже никто почти не ходил по аллеям. И когда не было грохота сзади от близкой тут железной дороги, сюда достигал ровный шумок реки, быстрой горной реки, которая билась и пенилась внизу, за следующими корпусами, под обрывом.

А ещё дальше, через обрыв, через реку, был другой парк, городской, и из того ли парка (хотя ведь холодно) или из открытых окон клуба доносилась танцевальная музыка духового оркестра. Была суббота — и вот танцевали... Кто-то с кем-то танцевал...

Олег был возбуждён — тем, что так много говорил и его слушали. Его перехватило и обвило ощущение внезапно вернувшейся жизни, — жизни, с которой ещё две недели назад он считал себя разочтённым навсегда. Правда, жизнь эта не обещала ему ничего того, что называли хорошим и о чём колотились люди этого большого города: ни квартиры, ни имущества, ни общественного успеха, ни денег, но — другие самосущие радости, которых он не разучился ценить: право переступать по земле, не ожидая команды; право побыть одному; право смотреть на звёзды, не заслеплённые фонарями зоны; право тушить на ночь свет и спать в темноте; право бросать письма в почтовый ящик; право отдыхать в воскресенье; право купаться в реке. Да много, много ещё было таких прав.

Право разговаривать с женщинами.

Все эти чудесные неисчислимые права возвращало ему выздоровление!

И он стоял, курил и наслаждался.

Доносилась эта музыка из парка, Олег слышал её — но и не её, а как будто Четвёртую симфонию Чайковского, звучавшую в нём самом, — неспокойное трудное начало этой симфонии, одну удивительную мелодию из этого начала. Ту мелодию (Олег истолковывал её так), где герой, то ли вернувшись к жизни, то ли быв слепым и вот прозревающий, — как будто нащупывает, скользит рукою по предметам или по дорогому лицу — ощупывает и боится верить своему счастью: что предметы эти вправду есть, что глаза его начинают видеть.

12

Утром в воскресенье, торопливо одеваясь на работу, Зоя вспомнила, что Костоглотов просил непременно на следующее дежурство надеть то же самое серо-золотенькое платье, ворот которого за халатом он видел вечером, а хотел «взглянуть при дневном свете». Бескорыстные просьбы бывает приятно исполнить. Это платье подходило ей сегодня, потому что было полупраздничное, а она днём надеялась побездельничать, да и ждала, что Костоглотов придёт её развлекать.

И, на спеху переменив, она надела заказанное платье, несколькими ударами ладони надушила его, начесала чёлку, но время уже было последнее, она натягивала пальто в дверях, и бабушка еле успела сунуть ей завтрак в карман.

Было прохладное, но совсем уже не зимнее, сыроватое утро. В России в такую погоду выходят в плащах. Здесь же, на юге, другие представления о том, что́ холодно и жарко: в жару ещё ходят в шерстяных костюмах, пальто стараются раньше надеть и позже снять, а у кого есть шуба — ждут не дождутся хоть нескольких морозных дней.

Из ворот Зоя сразу увидела свой трамвай, квартал бежала за ним, вскочила последняя и, с задышкою, красная, осталась на задней площадке, где обвевало. Трамваи в городе все были медленные, громкие, на поворотах надрывно визжали о рельсы.

И задышка и даже колотьё в груди были приятны в молодом теле, потому что они проходили сразу — и ещё полней чувствовалось здоровье и праздничное настроение.

Пока в институте каникулы, одна клиника — три с половиной дежурства в неделю — совсем ей казалось легко, отдых. Конечно, ещё легче было бы без дежурств, но Зоя уже привыкла к двойной тяжести: второй год она и училась, и работала. Практика в клинике была небогатая, работала Зоя не из-за практики, а из-за денег: бабушкиной пенсии и на один хлеб не хватало, зоина стипендия пролетала враз, отец не присылал никогда ничего, и Зоя не просила. У такого отца она не хотела одолжаться.

Эти первые два дня каникул, после прошлого ночного дежурства, Зоя не лежебочила, она с детства не привыкла. Прежде всего она села шить себе к весне блузку из крепжоржета, купленного ещё в декабрьскую получку (бабушка всегда говорила: готовь сани летом, а телегу зимой, — и по той же пословице в магазинах лучшие летние товары можно было купить только зимой). Шила она на старом бабушкином «Зингере» (дотащили из Смоленска), а приёмы шитья шли первые тоже от бабушки, но они были старомодны, и Зоя, что могла, быстрым глазом перехватывала у соседок, у знакомых, у тех, кто учился на курсах кройки и шитья, на которые у самой Зои времени не было никак. Блузку она в эти два дня не дошила, но зато обошла несколько мастерских химчистки и пристроила своё старое летнее пальто. Ещё она ездила на рынок за картофелем и овощами, торговалась там, как жмот, и привезла в двух руках две тяжёлые сумки (очереди в магазинах выстаивала бабушка, но тяжёлого носить она не могла). И ещё сходила в баню. И только просто полежать-почитать у неё времени не осталось. А вчера вечером с однокурсницей Ритой они ходили в дом культуры на танцы.

Зое хотелось бы чего-нибудь поздоровей и посвежей, чем эти клубы. Но не было таких обычаев, домов, вечеров, где можно было б ещё знакомиться с молодыми людьми, кроме клубов. На их курсе и на факультете девчёнок было много русских, а мальчики почти одни узбеки. И потому на институтские вечера не тянуло.

Этот дом культуры, куда они пошли с Ритой, был просторный, чистый, хорошо натопленный, мраморные колонны и лестница, высоченные зеркала с бронзовыми обкладками — видишь себя издали-издали, когда идёшь или танцуешь, и очень дорогие удобные кресла (только их держали под чехлами и запрещали в них садиться). Однако с новогоднего вечера Зоя там не была, её обидели там очень. Был бал-маскарад с премиями за лучшие костюмы, и Зоя сама себе сшила костюм обезьяны с великолепным хвостом. Всё у неё было продумано — и причёска, и лёгкий грим, и соотношение цветов, всё это было и смешно, и красиво, и почти верная была первая премия, хотя много конкуренток. Но перед самой раздачей призов какие-то грубые парни ножом отсекли её хвост и из рук в руки передали и спрятали. И Зоя заплакала — не от тупости этих парней, а оттого, что все вокруг стали смеяться, найдя выходку остроумной. Без хвоста костюм много потерял, да Зоя ещё и раскисла, — и никакой премии не получила.

И вчера, ещё сердясь на клуб, она вошла в него с оскорблённым чувством. Но никто и ничто не напомнили ей случая с обезьяной. Народ был сборный — и студенты разных институтов, и заводские. Зое и Рите не дали ни танца протанцевать друг с другом, разбили сейчас же, и три часа подряд они славно вертелись, качались и топтались под духовой оркестр. Тело просило этой разрядки, этих поворотов и движений, телу было хорошо. А говорили все кавалеры очень мало; если шутили, то, на зоин вкус, глуповато. Потом Коля, конструктор-техник, пошёл её провожать. По дороге разговаривали об индийских кинофильмах, о плаваньи; о чём-нибудь серьёзном показалось бы смешно. Добрались до парадного, где потемней, и там целовались, а больше всего досталось зоиным грудям, никому никогда не дающим покоя. Уж как он их обминал! и пробовал другие пути подобраться, Зое было томно, но вместе с тем возникло холодноватое ощущение, что она немножко теряет время, что в воскресенье рано вставать, — и она отправила его и быстренько по старой лестнице взбежала наверх.

Среди зоиных подруг, а медичек особенно, была распространена та точка зрения, что от жизни надо спешить *брать*, и как можно раньше, и как можно полней. При таком общем потоке убеждённости оставаться на первом, на втором, наконец, на третьем курсе чем-то вроде старой девы, с отличным знанием одной лишь теории, было совершенно невозможно. И Зоя — прошла, прошла несколько раз с разными ребятами все эти степени приближения, когда разрешаешь больше и больше, и захват, и власть, и те пронозливые минуты, когда, хоть дом бомби, нельзя было бы изменить положения; и те успокоенные, вялые, когда подбираются с пола и со стульев разбросанные вещи одежды, которые никак нельзя было бы видеть им обоим вместе, а сейчас ничуть не удивительно, и ты деловито одеваешься при нём.

К третьему курсу Зоя миновала разряд старых дев, — а всё-таки оказалось это *не тем*. Не хватало во всём этом какого-то существенного продолжения, дающего устояние в жизни и саму жизнь.

Зое было только двадцать три года, однако она уже порядочно видела и запомнила: долгую умоисступлённую эвакуацию из Смоленска сперва теплушками, потом баржей, потом опять теплушками; и почему-то особенно соседа по теплушке, который верёвочкой отмерял полоску каждому на нарах и доказывал, что зоина семья заняла два лишних сантиметра; голодную напряжённую жизнь здесь в годы войны, когда только и было разговоров что о карточках и о ценах на чёрном рынке; когда дядя Федя тайком воровал из тумбочки её, зоину, дольку хлеба; а теперь, в клинике, — эти злонавязчивые раковые страдания, гиблые жизни, унылые рассказы больных и слёзы.

И перед всем этим прижимания, обнимания и дальше — были только сладкими капельками в солёном море жизни. До конца напиться ими было нельзя.

Значило ли это, что надо непременно выходить замуж? что счастье — в замужестве? Молодые люди, с которыми она знакомилась, танцевала и гуляла, все как один выявляли намерение погреться и унести ноги. Между собой они так говорили: «Я бы женился, да за один, за два вечера всегда могу найти. Зачем жениться?»

Как при большом привозе на базар невозможно просить втрое — невозможно становилось быть неприступной, когда все вокруг уступали.

Не помогала тут и регистрация, этому учил опыт зоиной сменщицы-медсестры украинки Марии: Мария доверилась регистрации, но через неделю муж всё равно её бросил, уехал и канул. И она семь лет воспитывала ребёнка одна, да ещё считалась замужней.

Потому на вечеринках с вином, если дни у неё подходили опасные, Зоя держалась с оглядкой, как сапёр между зарытых мин.

И ближе был у Зои пример, чем Мария: Зоя видела дурную жизнь собственных отца и матери, как они то ссорились, то мирились, то разъезжались в разные города, то опять съезжались — и так всю жизнь мучили друг друга. Повторить ошибку матери было для Зои всё равно что выпить серной кислоты.

Это тоже был тот случай, когда не помогала никакая регистрация.

В своём теле, в соотношении его частей, и в своём характере тоже, и в своём понимании всей жизни целиком Зоя ощущала равновесие и гармонию. И только в духе этой гармонии могло состояться всякое расширение её жизни.

И тот, кто в паузах между проползанием рук по её телу говорил ей неумные, пошлые вещи или почти повторял из кинофильмов, как вчерашний Коля, уже сразу разрушал гармонию и не мог ей по-настоящему нравиться.

Так, потряхиваемая трамваем, на задней площадке, где кондукторша громко обличала какого-то молодого человека, не купившего билет (а он слушал и не покупал), Зоя достояла до конца. Трамвай начал делать круг, по другую сторону круга уже толпились, его ожидая. Соскочил на ходу стыдимый молодой человек. Соскочил пацанёнок. И Зоя тоже ловко соскочила на ходу, потому что отсюда было короче.

И была уже одна минута девятого, и Зоя припустила бежать по извилистой асфальтовой дорожке медгородка. Как сестре, бежать ей было нельзя, но как студентке — вполне простительно.

Пока она добежала до ракового корпуса, пальто сняла, халат надела и поднялась наверх — было уже десять минут девятого, и несдобровать бы ей, если б дежурство сдавала Олимпиада Владиславовна; Мария б тоже ей с недобрым выражением выговорила за десять минут, как за полсмены. Но, к счастью, дежурил перед ней студент же Тургун, каракалпак, который и вообще был снисходителен, а к ней особенно. Он хотел в наказание хлопнуть её пониже спины, но она не далась, оба смеялись, и она же ещё сама подтолкнула его по лестнице.

Студент-студент, но, как национальный кадр, он уже получил назначение главврачом сельской больницы и так несолидно мог вести себя только последние вольные месяцы.

Осталась Зое от Тургуна тетрадь назначений да ещё особое задание от старшей сестры Миты. В воскресенье не было обходов, сокращались процедуры, не было больных после трансфузии, добавлялась, правда, забота, чтобы родственники не лезли в палаты без разрешения дежурного врача, — и вот Мита перекладывала на дежурящих днём в воскресенье часть своей бесконечной статистической работы, которую она не могла успеть сделать.

Сегодня это была обработка толстой пачки больничных карт за декабрь минувшего 1954 года. Вытянув кругло губы, как бы для свиста, Зоя со щёлком пропускала пальцем по углам этих карточек, соображая, сколько ж их тут штук и останется ли время ей повышивать, — как почувствовала рядом высокую тень. Зоя неудивлённо повернула голову и увидела Костоглотова. Он был чисто выбрит, почти причёсан, и только шрам на подбородке, как всегда, напоминал о разбойном происхождении.

— Доброе утро, Зоенька, — сказал он совсем по-джентльменски.

— Доброе утро, — качнула она головой, будто чем-то недовольная или в чём-то сомневаясь, а на самом деле — просто так.

Он смотрел на неё тёмно-карими глазищами.

— Но я не вижу — выполнили вы мою просьбу или нет?

— Какую просьбу? — с удивлением нахмурилась Зоя (это у неё всегда хорошо получалось).

— Вы не помните? А я на эту просьбу загадал.

— Вы брали у меня патанатомию — вот это я хорошо помню.

— И я вам её сейчас верну. Спасибо.

— Разобрались?

— Мне кажется, что́ нужно — всё понял.

— Я принесла вам вред? — без игры спросила Зоя. — Я раскаивалась.

— Нет-нет, Зоенька! — В виде возражения он чуть коснулся её руки. — Наоборот, эта книга меня подбодрила. Вы просто золотце, что дали. Но... — он смотрел на её шею, — верхнюю пуговичку халата — расстегните, пожалуйста.

— За-чем?? — сильно удивилась Зоя (это у неё тоже очень хорошо получалось). — Мне не жарко!

— Наоборот, вы — вся красная.

— Да, в самом деле, — рассмеялась она добродушно, ей и действительно хотелось отложить халат, она ещё не отпыхалась от бега и возни с Тургуном. И она отложила.

Засветились золотинки в сером.

Костоглотов посмотрел увеличенными глазами и сказал почти без голоса:

— Вот хорошо. Спасибо. Потом покажете больше?

— Смотря что вы загадали.

— Я скажу, только позже, ладно? Мы же сегодня побудем вместе?

Зоя обвела глазами кругообразно, как кукла.

— Только если вы придёте мне помогать. Я потому и запарилась, что у меня сегодня много работы.

— Если колоть живых людей иглами — я не помощник.

— А если заниматься медстатистикой? Наводить тень на плетень?

— Статистику я уважаю. Когда она не засекречена.

— Так приходите после завтрака, — улыбнулась ему Зоя авансом за помощь.

Уже разносили по палатам завтрак.

Ещё в пятницу утром, сменяясь с дежурства, заинтересованная ночным разговором, Зоя пошла и посмотрела карточку Костоглотова в регистратуре.

Оказалось, что звали его Олег Филимонович (тяжеловесное отчество было под стать неприятной фамилии, а имя смягчало). Он был рождения 1920 года и при своих полных тридцати четырёх годах действительно не женат, что довольно-таки невероятно, и действительно жил в каком-то Уш-Тереке. Родственников у него не было никаких (в онкодиспансере обязательно записывали адреса родственников). По специальности он был топограф, а работал землеустроителем.

От всего этого не яснее стало, а только темней.

Сегодня же в тетради назначений она прочла, что с пятницы ему стали делать ежедневно инъекции синестрола по два кубика внутримышечно.

Это должен был делать вечерний дежурный, значит, сегодня — не она. Но Зоя покрутила вытянутыми круглыми губами, как рыльцем.

После завтрака Костоглотов принёс учебник патанатомии и пришёл помогать, но теперь Зоя бегала по палатам и разносила лекарства, которые надо было пить и глотать три и четыре раза в день.

Наконец они сели за её столик. Зоя достала большой лист для черновой разграфки, куда надо было палочками переносить все сведения, стала объяснять (она и сама уже подзабыла, как тут надо) и графить, прикладывая большую тяжеловатую линейку.

Вообще-то Зоя знала цену таким «помощникам» — молодым людям и холостым мужчинам (да и женатым тоже): всякая такая помощь превращалась в зубоскальство, шуточки, ухаживание и ошибки в ведомости. Но Зоя шла на эти ошибки, потому что самое неизобретательное ухаживание всё-таки интереснее самой глубокомысленной ведомости. Зоя не против была продолжить сегодня игру, украшающую часы дежурства.

Тем более её изумило, что Костоглотов сразу оставил всякие особые поглядывания и особый тон, быстро понял, что и как надо, и даже ей возвратно объяснил, — и углубился в карточки, стал вычитывать нужное, а она ставила палочки в графы большой ведомости. «Невробластома... — диктовал он, — гипернефрома... саркома полости носа... опухоль спинного мозга...» И что ему было непонятно — спрашивал.

Надо было подсчитать, сколько за это время прошло каждого типа опухоли — отдельно у мужчин, отдельно у женщин, отдельно по возрастным десятилетиям. Так же надо было обработать типы применённых лечений и объёмы их. И опять-таки по всем разделам надо было провести пять возможных исходов: выздоровление, улучшение, без изменения, ухудшение и смерть. За этими пятью исходами зоин помощник стал следить особенно внимательно. Сразу замечалось, что почти нет полных выздоровлений, но и смертей тоже немного.

— Я вижу, здесь умирать не дают, выписывают вовремя, — сказал Костоглотов.

— Ну а как же быть, Олег, посудите сами. — («Олегом» она звала его в награду за работу. Он заметил, сразу взглянул.) — Если видно, что помочь ему нельзя и ему осталось только дожить последние недели или месяцы, — зачем держать за ним койку? На койки очередь, ждут те, кого можно вылечить. И потом инкурабельные больные...

— Ин-какие?

— Неизлечимые... Очень плохо действуют своим видом и разговорами на тех, кого можно вылечить.

Вот Олег сел за столик сестры — и как бы шагнул в общественном положении и в осознании мира. Уже тот «он», которому нельзя помочь, тот «он», за которым не следует держать койку, те инкурабельные больные — всё это был не о н, Костоглотов. А с ним, Костоглотовым, уже так разговаривали, будто он не мог умереть, будто он был вполне курабельный. Этот прыжок из состояния в состояние, совершаемый так незаслуженно, по капризу внезапных обстоятельств, смутно напомнил ему что-то, но он сейчас не додумывал.

— Да, это всё логично. Но вот списали Азовкина. А вчера при мне выписали *tumor cordis*, ничего ему не объяснив, ничего не сказав, — и было ощущение, что я тоже участвую в обмане.

Он сидел к Зое сейчас не той стороной, где шрам, и лицо его выглядело совсем не жестоким.

Слаженно, в тех же дружеских отношениях, они работали дальше и прежде обеда кончили всё.

Ещё, правда, оставила Мита и вторую работу: переписывать лабораторные анализы на температурные листы больных, чтоб меньше было листов и легче подклеивать к истории болезни. Но жирно было бы ей это всё в одно воскресенье. И Зоя сказала:

— Ну, большое вам, большое спасибо, Олег Филимонович.

— Нет уж! Как начали, пожалуйста: Олег!

— Теперь после обеда вы отдохнёте...

— Я никогда не отдыхаю.

— Но ведь вы же больной.

— Вот странно, Зоенька, вы только по лестнице поднимаетесь на дежурство, и я уже совершенно здоров!

— Ну хорошо, — уступила Зоя без труда. — На этот раз приму вас в гостиной.

И кивнула на комнату врачебных заседаний.

Однако после обеда она опять разносила лекарства, и были срочные дела в большой женской. По противоположности с ущербностью и болезнями, окружавшими здесь её, Зоя вслушивалась в себя, как сама она была чиста и здорова до последнего ноготочка и кожной клеточки. С особенной радостью она ощущала свои дружные тугоподхваченные груди, и как они наливались тяжестью, когда она наклонялась над койками больных, и как они подрагивали, когда она быстро шла.

Наконец дела поредились. Зоя велела санитарке сидеть тут у стола, не пускать посещающих в палаты и позвать её, если что. Она прихватила вышиванье, и Олег пошёл за ней в комнату врачей.

Это была светлая угловая комната с тремя окнами. Не то чтоб она была обставлена со свободным вкусом — и рука бухгалтера и рука главного врача ясно чувствовались: два стоявших тут дивана были не какие-нибудь откидные, а совершенно официальные — с высокими отвесными спинками, ломавшими шею, и зеркалами в спинках, куда можно было посмотреться разве только жирафу. И столы стояли по удручающему учрежденческому уставу: председательский массивный письменный стол, покрытый толстым органическим стеклом, и поперёк ему, обязательной буквой Т, — длинный стол для заседающих. Но этот последний был застелен, как бы на самаркандский вкус, небесно-голубой плюшевой скатертью — и небесный цвет этой скатерти сразу овеселял комнату. И ещё удобные креслица, не попавшие к столу, стояли прихотливой группкой, и это тоже делало комнату приятной.

Ничто не напоминало тут больницу, кроме стенной газеты «Онколог», выпущенной к седьмому ноября.

Зоя и Олег сели в удобные мягкие кресла в самой светлой части комнаты, где на подставках стояли вазоны с агавами, а за цельным большим стеклом главного окна ветвился и тянулся ещё выше дуб.

Олег не просто сел — он всем телом испытывал удобство этого кресла, как хорошо выгибается в нём спина и как плавно шея и голова ещё могут быть откинуты дальше.

— Что за роскошь! — сказал он. — Я не попирал такой роскоши... наверно, лет пятнадцать.

(Если уж ему так нравится кресло, почему он себе такого не купил?)

— Итак — что вы загадали? — спросила Зоя с тем поворотом головы и тем выражением глаз, которые для этого подходили.

Сейчас, когда они уединились в этой комнате и сели в эти кресла с единственной целью разговаривать, — от одного слова, от тона, от взгляда зависело, пойдёт ли разговор порхающий или тот, который взрезывает суть. Зоя вполне была готова к первому, но пришла она сюда, предчувствуя второй.

И Олег не обманул. Со спинки кресла, не отрывая головы, он сказал торжественно — в окно, выше её:

— Я загадал... Поедет ли одна девушка с золотой чёлкой... к нам на целину.

И лишь теперь посмотрел на неё.

Зоя выдержала взгляд:

— Но что там ждёт эту девушку?

Олег вздохнул:

— Да я вам уже рассказывал. Весёлого мало. Водопровода нет. Утюг на древесном угле. Лампа керосиновая. Пока мокро — грязь, как подсохнет — пыль. Хорошего никогда ничего не наденешь.

Он не упускал перечислить дурного — будто для того, чтоб не дать ей возможности пообещать! Если нельзя никогда хорошо одеться, то действительно — что это за жизнь? Но, как ни удобно жить в большом городе, знала Зоя, что жить — не с городом. И хотелось ей прежде не тот посёлок представить, а этого человека понять.

— Я не пойму — что вас там держит?

Олег рассмеялся:

— Министерство внутренних дел! — что!

Он всё так же лежал головой на спинке, наслаждаясь.

Зоя насторожилась.

— Я — так и заподозрила. Но, позвольте, вы же... русский?

— Да стопроцентный русак! Могу я иметь чёрные волосы?

И поправил их.

Зоя пожала плечами:

— Но тогда — почему ж вас?..

Олег вздохнул:

— Эх, до чего ж несведущая растёт молодёжь! Мы росли — понятия не имели об уголовном кодексе, и что там есть за статьи, пункты, и как их можно толковать *расширительно.* А вы живёте здесь, в центре этого всего края, и даже не знаете элементарного различия между ссыльнопоселенцем и административно-ссыльным.

— А какая же?..

— Я — административно-ссыльный. Я сослан не по национальному признаку, а — лично, как Олег Филимонович Костоглотов, понимаете? — Он рассмеялся. — «Личный почётный гражданин», которому не место среди честных граждан.

И блеснул на неё тёмными глазами.

Но она не испугалась. То есть испугалась, но как-то поправимо.

— И... на сколько же вы сосланы? — тихо спросила она.

— Навечно! — громыхнул он.

У неё даже в ушах зазвенело.

— Пожизненно? — переспросила она полушёпотом.

— Нет, именно навечно! — настаивал Костоглотов. — В бумаге было написано навечно. Если пожизненно — так хоть гроб можно оттуда потом вывезти, а уж навечно — наверно, и гроба нельзя. Солнце потухнет — всё равно нельзя, вечность-то — длинней.

Вот теперь действительно сердце её сжалось. Всё неспроста — и шрам этот, и вид у него бывает жестокий. Он может быть убийца, страшный человек, он может быть тут её и задушит, недорого возьмёт...

Но Зоя не повернула кресла, чтобы легче бежать. Она только отложила вышиванье (ещё к нему и не притронулась). И, глядя смело на Костоглотова, который не напрягся, не разволновался, а по-прежнему удобно устроен был в кресле, спросила, волнуясь сама:

— Если вам тяжело — то вы не говорите мне. А если можете — скажите: такой ужасный приговор — за что?..

Но Костоглотов не только не был удручён сознанием преступления, а с совершенно беззаботной улыбкой ответил:

— Никакого приговора, Зоенька, не было. Вечную ссылку я получил — по наряду.

— По... наряду??

— Да, так называется. Что-то вроде фактуры. Как с базы на склад выписывают: мешков столько-то, бочонков столько-то... Использованная тара...

Зоя взялась за голову:

— Подождите... Не понимаю. Это — может быть?.. Это — вас так?.. Это — всех так?..

— Нет, нельзя сказать, чтобы всех. Чистый десятый пункт — не посылают, а десятый с одиннадцатым — уже посылают.

— А что такое одиннадцатый?

— Одиннадцатый? — Костоглотов подумал. — Зоенька, я вам что-то много рассказываю, вы с этим матерьяльцем дальше поосторожней, а то можете подзаработать тоже. У меня был основной приговор — по десятому пункту, семь лет. Уж кому давали меньше восьми лет — поверьте, это значит — совсем ничего не было, просто из воздуха дело сплетено. Но был и одиннадцатый, а одиннадцатый значит — *групповое* дело. Сам по себе одиннадцатый пункт срока как бы не увеличивает — но раз была нас группа, вот и разослали по вечным ссылкам. Чтобы мы на старом месте никогда опять не собрались. Теперь — понятно?

Нет, ей было ещё непонятно.

— Так это была... — она смягчила, — ну, как говорится — шайка?

И вдруг Костоглотов звонко расхохотался. И оборвал и насупился также вдруг.

— А здорово получилось. Как и моего следователя, вас не удовлетворило слово «группа». Он тоже любил называть нас — шайка. Да, нас была шайка — шайка студентов и студенток первого курса. — Он грозно посмотрел. — Я понимаю, что здесь курить нельзя, преступно, но всё-таки закурю, ладно? Мы собирались, ухаживали за девочками, танцевали, а мальчики ещё разговаривали о политике. И о... Самóм. Нас, понимаете ли, кое-что не устраивало. Мы, так сказать, не были в восторге. Двое из нас воевали и как-то ожидали после войны кое-чего другого. В мае перед экзаменами — всех нас загребли, и девчёнок тоже.

Зоя ощущала смятение... Она опять взяла в руки вышиванье. С одной стороны, он говорил опасные вещи, которые не только не следовало никому повторять, но даже слушать, но даже держать открытыми ушные раковины. А с другой стороны, было огромное облегчение, что они никого не заманивали в тёмные переулки, не убивали.

Она глотнула.

— Я не понимаю... вы всё-таки — делали-то что?

— Как что? — он затягивался и выпускал дым. Какой он был большой, такая маленькая была папироска. — Я ж вам говорю: учились. Пили вино, если позволяла стипендия. Ходили на вечеринки. И вот девчёнок замели вместе с нами. И дали им по пять лет... — Он посмотрел на неё пристально. — Вы — на себе это вообразите. Вот вас берут перед экзаменами второго семестра — и в мешок.

Зоя отложила вышиванье.

Всё страшное, что она предчувствовала услышать от него, — оказалось каким-то детским.

— Ну, а вам, мальчикам, — зачем это всё нужно было?

— Что? — не понял Олег.

— Ну вот это... быть недовольными... Чего-то там ожидать...

— Ах, в самом деле! Ну да, в самом деле! — покорно рассмеялся Олег. — Мне это в голову не приходило. Вы опять сошлись с моим следователем, Зоенька. Он говорил то же самое. Креслице вот хорошее! На койке так не посидишь.

Олег опять устроился со всем удобством и, покуривая, смотрел, прищурившись, в большое окно с цельным стеклом.

Хотя шло к вечеру, но пасмурный ровный денёк не темнел, а светлел. Всё растягивался и редел облачный слой на западе, куда и выходила как раз эта комната углом.

Вот только теперь Зоя по-серьёзному взялась вышивать — и с удовольствием делала стежки. И они молчали. Олег не хвалил её за вышивание, как прошлый раз.

— И что ж... ваша девушка? Тоже была там? — спросила Зоя, не поднимая головы от работы.

— Д-да... — сказал Олег, не сразу пройдя это «д», нето думая о другом.

— А где ж она теперь?

— Теперь? На Енисее.

— Так вы просто не можете с ней соединиться?

— И не пытаюсь, — безучастно говорил он.

Зоя смотрела на него, а он в окно. Но почему ж он тогда не женится здесь, у себя?

— А что, это очень трудно — соединиться? — придумала она спросить.

— Для нерегистрированных — почти невозможно, — рассеянно сказал он. — Но дело в том, что — незачем.

— А у вас карточки её нет с собой?

— Карточки? — удивился он. — Заключённым карточек иметь не положено. Рвут.

— Ну, а какая она была из себя?

Олег улыбнулся, прижмурился:

— Спускались волосы до плеч, а на концах — р-раз, и заворачивались кверху. В глазах, вот как в ваших всегда насмешечка, а у неё всегда — немножко грусть. Неужели уж человек так предчувствует свою судьбу, а?

— Вы в лагере вместе были?

— Не-ет.

— Так когда же вы с ней расстались?

— За пять минут до моего ареста... Ну, то есть май ведь был, мы долго у неё сидели в садике. Уже во втором часу ночи я с ней простился и вышел — и через квартал меня взяли. Прямо, машина на углу стояла.

— А её?!

— Через ночь.

— И больше никогда не виделись?

— Ещё один раз виделись. На очной ставке. Я уже острижен был. Ждали, что мы будем давать друг на друга показания. Мы — не дали.

Он вертел окурок, не зная, куда его деть.

— Да вон туда, — показала она на сверкающую чистую пепельницу председательского места.

А облачка на западе всё растягивало, и уже нежно-жёлтое солнышко почти распеленилось. И даже закоренело-упрямое лицо Олега смягчилось в нём.

— Но почему же вы теперь-то?!.. — сочувствовала Зоя.

— Зоя! — сказал Олег твёрдо, но остановился подумать. — Вы сколько-нибудь представляете — что ждёт в лагере девушку, если она хороша собой? Если её где-нибудь по дороге в воронке не изнасилуют блатные, — впрочем, они всегда успеют это сделать и в лагере, — в первый же вечер лагерные дармоеды, какие-нибудь кобели нарядчики, пайкодатчики подстроят так, что её поведут голую в баню мимо них. И тут же она будет назначена — кому. И уже со следующего утра ей будет предложено: жить с таким-то и иметь работу в чистом тёплом месте. Ну, а если откажется — её постараются так загнать и припечь, чтоб она сама приползла проситься. — Он закрыл глаза. — Она осталась в живых, благополучно кончила срок. Я её не виню, я понимаю. Но и... всё. И она понимает.

Молчали. Солнце проступило в полную ясность, и весь мир сразу повеселел и осветился. Чёрными и ясными проступили деревья сквера, а здесь, в комнате, вспыхнула голубая скатерть и зазолотились волосы Зои.

— ...Одна из наших девушек кончила с собой... Ещё одна жива... Трёх ребят уже нет... Про двоих не знаю...

Он свесился с кресла на бок, покачался и прочёл:

> Тот ураган прошёл... Нас мало уцелело...
> На перекличке дружбы многих нет...

И сидел так, вывернутый, глядя в пол. В какую только сторону не торчали и не закручивались волосы у него на темени! их надо было два раза в день мочить и приглаживать, мочить и приглаживать.

Он молчал, но всё, что Зоя хотела слышать, — она уже слышала. Он был прикован к своей ссылке — но не за убийство; он не был женат — но не из-за пороков; через столько лет он нежно говорил о своей бывшей невесте — и, видимо, был способен к настоящему чувству.

Он молчал, и она молчала, поглядывая то на вышиванье, то на него. Ничего в нём не было хоть сколько-нибудь красивого, но и безобразного сейчас она не находила. К шраму можно привыкнуть. Как говорит бабушка: «тебе не красивого надо, тебе хорошего надо». Устойчивость и силу после всего перенесенного — вот это Зоя ясно ощущала в нём, силу проверенную, которую она не встречала в своих мальчишках.

Она делала стежки и почувствовала его рассматривающий взгляд.

Исподлобья глянула навстречу.

Он стал говорить очень выразительно, всё время втягивая её взглядом:

> Кого позвать мне?.. С кем мне поделиться
> Той грустной радостью, что я остался жив?

— Но вот вы уже поделились! — шёпотом сказала она, улыбаясь ему глазами и губами.

Губы у неё были не розовые, но как будто и не накрашенные. Они были между алым и оранжевым — огневатые, цвета светлого огня.

Нежное жёлтое предвечернее солнце оживляло нездоровый цвет и его худого больного лица. В этом тёплом свете казалось, что он не умрёт, он выживет.

Олег тряхнул головой, как после печальной песни гитарист переходит на весёлую:

— Эх, Зоенька! Устройте уж мне праздник до конца! Надоели мне эти белые халаты. Покажите мне не медсестру, а городскую красивую девушку! Ведь в Уш-Тереке мне такой не повидать.

— Но откуда же я вам возьму красивую девушку? — плутовала Зоя.

— Только снимите халат на минутку. И — пройдитесь!

И он отъехал на кресле, показывая, где ей пройтись.

— Но я же на работе, — ещё возражала она. — Я же не имею пра...

То ли они слишком долго проговорили о мрачном, то ли закатное солнце так весело трещало лучами в комнате, — но Зоя почувствовала тот толчок, тот прилив, что это сделать можно и выйдет хорошо.

Она откинула вышиванье, вспрыгнула с кресла, как девчёнка, и уже расстёгивала пуговицы, чуть наклонясь вперёд, торопясь, будто собираясь не пройтись, а пробежаться.

— Да тяни-те же! — бросила она ему одну руку, как не свою. Он потянул — и рукав стащился. — Вторую! — танцевальным движением через спину обернулась она, и он стащил второй рукав, халат остался у него на коленях, а она — пошла по комнате. Она пошла как манекенщица — в меру изгибаясь и в меру прямо, то поводя руками на ходу, то приподнимая их.

Так она прошла несколько шагов, оттуда обернулась и замерла — с отведенными руками.

Олег держал халат Зои у груди, как обнял, смотрел же на неё распяленными глазами.

— Браво! — прогудел он. — Великолепно.

Что-то было даже в свечении голубой скатерти — этой узбекской невычерпаемой голубизны, вспыхнувшей от солнца, — что продолжало в нём вчерашнюю мелодию узнавания, прозревания. К нему возвращались все непутёвые, запутанные, невозвышенные желания. И радость мягкой мебели, и радость уютной комнаты — после тысячи лет неустроенного, ободранного, бесприклонного житья. И радость смотреть на Зою, не просто любоваться ею, но умноженная радость, что он любуется не безучастно, а посягательно. Он, умиравший полмесяца назад!

Зоя победно шевельнула огневатыми губами и с лукаво-важным выражением, будто зная ещё какую-то тайну, — прошла ту же дорожку в обратную сторону — до окна. И ещё раз обернувшись к нему, стала так.

Он не поднялся, сидел, но снизу вверх чёрною метёлкою головы тянулся к ней.

По каким-то признакам, — их воспринимаешь, а не назовёшь, — в Зое чувствовалась сила — не та, которая нужна, чтобы перетаскивать шкафы, но другая, требующая встречной силы же. И Олег радовался, что, кажется, он может этот вызов принять, кажется, он способен померяться с ней.

Все страсти жизни возвращались в выздоравливающее тело! Все!

— Зо-я! — нараспев сказал Олег. — Зо-я! А как вы понимаете своё имя?

— Зоя — это жизнь! — ответила она чётко, как лозунг. Она любила это объяснять. Она стояла, заложив руки к подоконнику, за спину, — и вся чуть набок, перенеся тяжесть на одну ногу. Он улыбался счастливо. Он вомлел в неё глазами.

— А к *зоо*? К *зоо*-предкам вы не чувствуете иногда своей близости?

Она рассмеялась в тон ему:

— Все мы немножечко им близки. Добываем пищу, кормим детёнышей. Разве это так плохо?

И тут бы, наверно, ей остановиться! Она же, возбуждённая таким неотрывным, таким поглощающим восхищением, какого не встречала от городских молодых людей, каждую субботу без труда обнимающих девушек хоть на танцах, — она ещё выбросила обе руки и, прищёлкивая обеими, всем корпусом завиляла, как это полагалось при исполнении модной песенки из индийского фильма:

— А-ва-рай-я-á-а! А-ва-рай-я-á-а!

Но Олег вдруг помрачнел и попросил:

— Не надо! Этой песни — не надо, Зоя.

Мгновенно она приняла благопристойный вид, будто не пела и не извивалась только что.

— Это — из «Бродяги», — сказала она. — Вы не видели?

— Видел.

— Замечательный фильм! Я два раза была! — (Она была четыре раза, но постеснялась почему-то выговорить.) — А вам не нравится? Ведь у Бродяги — ваша судьба.

— Только не моя, — морщился Олег. Он не возвратился к прежнему светлому выражению, и уже жёлтое солнце не теплило его, и видно было, как же он всё-таки болен.

— Но он тоже вернулся из тюрьмы. И вся жизнь разрушена.

— Это всё — фокусы. Он — типичный блатарь. Урка.

Зоя протянула руку за халатом.

Олег встал, расправил халат и подал ей надеть.

— А вы их не любите? — Она поблагодарила кивком и теперь застёгивалась.

— Я их ненавижу. — Он смотрел мимо неё, жестоко, и челюсть у него чуть-чуть сдвинулась в каком-то неприятном движении. — Это хищные твари, паразиты, живущие только за счёт других. У нас тридцать лет звонили, что они перековываются, что они «социально-близкие», а у них принцип: тебя не... тут у них ругательные слова, и очень хлёстко звучит, примерно: тебя не бьют — сиди смирно, жди очереди; раздевают соседей, не тебя — сиди смирно, жди очереди. Они охотно топчут того, кто уже лежит, и тут же нагло рядятся в романтические плащи, а мы помогаем им создавать легенды, а песни их даже вот на экране.

— Какие ж легенды? — смотрела, будто провинилась в чём-то.

— Это — сто лет рассказывать. Ну, одну легенду, если хотите. — Они рядом теперь стояли у окна. Олег без всякой связи со своими словами повелительно взял её за локти и говорил как младшенькой. — Выдавая себя за благородных разбойников, блатные всегда гордятся, что не грабят нищих, не трогают у арестантов *святого костыля* — то есть не отбирают последней тюремной пайки, а воруют лишь всё остальное. Но в сорок седьмом году на красноярской пересылке в нашей камере не было ни одного *бобра* — то есть не у кого было ничего отнять. Блатных было чуть не полкамеры. Они проголодались — и весь сахар, и весь хлеб стали забирать себе. А состав камеры был довольно оригинальный: полкамеры урок, полкамеры японцев, а русских нас двое политических, я и ещё один полярный лётчик известный, его именем так и продолжал называться остров в Ледовитом океане, а сам он сидел. Так урки бессовестно брали у японцев и у нас всё дочиста дня три. И вот японцы, ведь их не поймёшь, договорились, ночью бесшумно поднялись, сорвали доски с нар и с криком «банзай!» бросились гвоздить урок! Как они их замечательно били! Это надо было посмотреть!

— И вас?

— Нас-то за что? Мы ж у них хлеба не отбирали. Мы в ту ночь были нейтральны, но переживали во славу японского оружия. И наутро восстановился порядок: и хлеб, и сахар мы стали получать сполна. Но вот что сделала администрация тюрьмы: она половину японцев от нас забрала, а в нашу камеру к битым уркам подсадила ещё не битых. И теперь урки бросились бить японцев — с перевесом в числе, да ведь ещё у них и ножи, у них всё есть. Били они их бесчеловечно, насмерть — и вот тут мы с лётчиком не выдержали и ввязались за японцев.

— Против русских?

Олег отпустил её локти и стал выпрямленный. Чуть повёл челюстью с боку на бок:

— Блатарей — я не считаю за русских.

Он поднял руку и провёл пальцем по шраму, будто протирая его, — от подбородка по низу щеки и на шею:

— Вот там меня и резанули.

13

Нисколько не опала и не размягчилась опухоль Павла Николаевича и с субботы на воскресенье. Он понял это, ещё не поднявшись из постели. Разбудил его рано старый узбек, под утро и всё утро противно кашлявший над ухом.

За окном пробелился пасмурный неподвижный день, как вчера, как позавчера, ещё больше нагнетая тоску. Казах-чабан с утра пораньше сел с подкрещенными ногами на кровати и бессмысленно сидел, как пень. Сегодня не ожидались врачи, никого не должны были звать на рентген или на перевязки, и он, пожалуй, до вечера мог так высидеть. Зловещий Ефрем опять упёрся в заупокойного своего Толстого; иногда он поднимался топтать проход, тряся кровати, но уже хорошо, что к Павлу Николаевичу больше не цеплялся, и ни к кому вообще.

Оглоед как ушёл, так целый день его в палате и не было. Геолог, приятный, воспитанный молодой человек, читал свою геологию, никому не мешал. И остальные в палате держали себя тихо.

Подбадривало Павла Николаевича, что приедет жена. Конечно, ничем реальным она не могла ему помочь, но сколько значило излиться ей: как ему плохо; как ничуть не помог укол; какие противные люди в палате. Посочувствует — и то легче. И попросить её принести какую-нибудь книжку — бодрую, современную. И авторучку — чтобы не попадать так смешно, как вчера, у пацана карандаш одолжал записывать рецепт. Да, и главное же — наказать о грибе, о берёзовом грибе.

В конце концов — не всё потеряно: лекарства не помогут — есть вот разные средства. Самое главное — быть оптимистом.

Понемногу-понемногу, а приживался Павел Николаевич и здесь. После завтрака он дочитывал во вчерашней газете бюджетный доклад Зверева. А тут без задержки принесли и сегодняшнюю. Принял её Дёмка, но Павел Николаевич велел передать себе и сразу же с удовлетворением прочёл о падении правительства Мендес-Франса (не строй козней! не навязывай парижских соглашений!), в запасе заметил себе большую статью Эренбурга и погрузился в статью о претворении в жизнь решения январского Пленума о крутом увеличении производства продуктов животноводства.

Так Павел Николаевич коротал день, пока объявила санитарка, что к Русанову пришла жена. Вообще к лежачим больным родственников допускали в палату, но у Павла Николаевича не было сейчас сил идти доказывать, что он — лежачий, да и самому вольготнее было уйти в вестибюль от этих унылых, упавших духом людей. И, обмотав тёплым шарфиком шею, Русанов пошёл вниз.

Не всякому за год до серебряной свадьбы остаётся так мила жена, как была Капа Павлу Николаевичу. Ему действительно за всю жизнь не было человека ближе, ни с кем ему не было так хорошо порадоваться успехам и обдумать беду. Капа была верный друг, очень энергичная женщина и умная («у неё *сельсовет* работает!» — всегда хвастался Павел Николаевич друзьям). Павел Николаевич никогда не испытывал потребности ей изменять, и она ему не изменяла. Это неправда, что, переходя выше в общественном положении, муж начинает стыдиться подруги своей молодости. Далеко они поднялись с того уровня, на котором женились (она была работница на той самой макаронной фабрике, где в тестомесильном цехе сперва работал и он, но ещё до женитьбы поднялся в фабзавком, и работал по технике безопасности, и по комсомольской линии был брошен на укрепление аппарата совторгслужащих, и ещё год был директором фабрично-заводской девятилетки), — но не расщепились за это время интересы супругов, и от заносчивости не раздуло их. И на праздниках, немного выпив, если публика за столом была простая, Русановы любили вспомнить своё фабричное прошлое, любили громко попеть «Волочаевские дни» и «Мы красная кава́лерия — и — про — нас».

Сейчас в вестибюле Капа своей широкой фигурой, со сдвоенной чернобуркой, ридикюлем величиной с портфель и хозяйственной сумкой с продуктами, заняла добрых три места на скамье в самом тёплом углу. Она встала поцеловать мужа тёплыми мягкими губами и посадила его на отвёрнутую полу своей шубы, чтоб ему было теплей.

— Тут письмо есть, — сказала она, подёргивая углом губы, и по этому знакомому подёргиванию Павел Николаевич сразу заключил, что письмо неприятное. Во всём человек хладнокровный и рассудительный, вот с этой только бабьей манерой Капа никогда не могла расстаться: если что новое — хорошее ли, плохое — обязательно ляпнуть с порога.

— Ну хорошо, — обиделся Павел Николаевич, — добивай меня, добивай! Если это важней — добивай.

Но, ляпнув, Капа уже разрядилась и могла теперь разговаривать как человек.

— Да нет же, нет, ерунда! — раскаивалась она. — Ну, как ты? Ну, как ты, Пасик? Об уколе я всё знаю, я ведь и в пятницу звонила старшей сестре, и вчера утром. Если б что было плохое — я б сразу примчалась. Но мне сказали — очень хорошо прошёл, да?

— Укол прошёл очень хорошо, — довольный своей стойкостью, подтвердил Павел Николаевич. — Но обстановочка, Капелька... Обстановочка! — И сразу всё здешнее, обидное и горькое, начиная с Ефрема и Оглоеда, представилось ему разом, и, не умея выбрать первую жалобу, он сказал с болью: — Хоть бы уборной пользоваться отдельной от людей! Какая здесь уборная! Кабины не отгорожены! Всё на виду.

(По месту службы Русанов ходил на другой этаж, но в уборную не общего доступа.)

Понимая, как тяжело он попал и что ему надо выговориться, Капа не прерывала его жалоб, а наводила на новые, и так постепенно он их все высказывал до самой безответной и безвыходной — «за что врачам деньги платят?». Она подробно расспросила его о самочувствии во время укола и после укола, об ощущении опухоли и, раскрыв шарфик, смотрела на опухоль и даже сказала, что, по её мнению, опухоль чуть-чуть-чуть стала меньше.

Она не стала меньше, Павел Николаевич знал, но всё же отрадно ему было услышать, что, может быть, — и меньше.

— Во всяком случае, не больше, а?

— Нет, только не больше! Конечно, не больше! — уверена была Капа.

— Хоть расти бы перестала! — сказал, как попросил, Павел Николаевич, и голос его был на слезе. — Хоть бы расти перестала! А то если б неделю ещё так поросла — и что же?.. и...

Нет, выговорить это слово, заглянуть туда, в чёрную пропасть, он не мог. Но до чего ж он был несчастен и до чего это было всё опасно!

— Теперь укол завтра. Потом в среду. Ну, а если не поможет? Что ж делать?

— Тогда в Москву! — решительно говорила Капа. — Давай так: если ещё два укола не помогут, то — на самолёт и в Москву. Ты ведь в пятницу позвонил, а потом сам отменил, а я уже звонила Шендяпиным и ездила к Алымовым, и Алымов сам звонил в Москву, и, оказывается, до недавнего времени твою болезнь только в Москве и лечили, всех отправляли туда, а это они, видишь ли, в порядке роста местных кадров взялись лечить тут. Вообще всё-таки врачи — отвратительная публика! Какое они имеют право рассуждать о производственных достижениях, когда у них в обработке находится живой человек? Ненавижу я врачей, как хочешь!

— Да, да! — с горечью согласился Павел Николаевич. — Да! Я уж это им тут высказал!

— И учителей ещё ненавижу! Сколько я с ними намучилась из-за Майки! А из-за Лаврика?

Павел Николаевич протёр очки:

— Ещё понятно было в моё время, когда я был директором. Тогда педагоги были все враждебны, все не наши, и прямая задача стояла — обуздать их. Но сейчас-то, сейчас мы можем с них потребовать?

— Да, так слушай! Поэтому большой сложности отправить тебя в Москву нет, дорожка ещё не забыта, можно найти основания. К тому же Алымов договорился, что там договорятся — и тебя поместят в очень неплохое место. А?.. Подождём третьего укола?

Так определённо они спланировали — и Павлу Николаевичу полегчало на сердце. Только не покорное ожидание гибели в этой затхлой дыре! Русановы были всю жизнь — люди действия, люди инициативы, и только в инициативе наступало их душевное равновесие.

Торопиться сегодня им было некуда, и счастье Павла Николаевича состояло в том, чтобы дольше сидеть здесь с женой, а не идти в палату. Он зяб немного, потому что часто отворялась наружная дверь, и Капитолина Матвеевна вытянула с плеч своих из-под пальто шаль и окутала его. И соседи по скамье у них попались тоже культурные чистые люди. И так можно было посидеть подольше.

Медленным перебором они обсуждали разные вопросы жизни, прерванные болезнью Павла Николаевича. Лишь того главного избегали они, что над ними висело: худого исхода болезни. Против этого исхода они не могли выдвинуть никаких планов, никаких действий, никаких объяснений. К этому исходу они никак не были готовы — и уж по тому одному невозможен был такой исход. (Правда, у жены мелькали иногда кое-какие мысли, имущественные и квартирные предположения на случай смерти мужа, но оба они настолько были воспитаны в духе оптимизма, что лучше было все эти дела оставить в запутанном состоянии, чем угнетать себя предварительным их разбором или каким-нибудь упадочническим завещанием.)

Они говорили о звонках, вопросах и пожеланиях сотрудников из Промышленного Управления, куда Павел Николаевич перешёл из заводской спецчасти в позапрошлом году. (Не сам он, конечно, вёл промышленные вопросы, потому что у него не было такого узкого уклона, их согласовывали инженера́ и экономисты, а уже за ними самими осуществлял спецконтроль Русанов.) Работники все его любили, и теперь лестно было узнать, как о нём беспокоятся.

Говорили и о его расчётах на пенсию. Как-то получалось, что, несмотря на долгую безупречную службу на довольно ответственных местах, он, очевидно, не мог получить мечту своей жизни — персональную пенсию. И даже выгодной ведомственной пенсии — льготной по сумме и по начальным срокам — он тоже мог не получить, — из-за того, что в 1939 не решился, хотя его звали, надеть чекистскую форму. Жаль, а может быть, по неустойчивой обстановке двух последних лет, и не жаль. Может быть, покой дороже.

Они коснулись и общего желания людей жить лучше, всё ясней проявляющегося в последние годы — и в одежде, и в обстановке, и в отделке квартир. И тут Капитолина Матвеевна высказала, что если лечение мужа будет успешное, но растянется, как их предупредили, месяца на полтора-два, то было бы удобно за это время произвести в их квартире некоторый ремонт. Одну трубу в ванной давно нужно было передвинуть, а в кухне перенести раковину, а в уборной надо стены обложить плиткой, в столовой же и в комнате Павла Николаевича необходимо освежить покраской стены: колер сменить (уж она смотрела колерá) и обязательно сделать золотой накат, это теперь модно. Против всего этого Павел Николаевич не возражал, но сразу же встал досадный вопрос о том, что хотя рабочие будут присланы по государственному наряду и по нему получат зарплату, но обязательно будут вымогать — не просить, а именно вымогать — доплату от «хозяев». Не то что денег было жалко (впрочем, было жалко и их!), но гораздо важней и обидней высилась перед Павлом Николаевичем принципиальная сторона: з а ч т о? Почему сам он получал законную зарплату и премии и никаких больше чаевых и добавочных не просил? А эти бессовестные хотели получить деньги сверх денег? Уступка здесь была принципиальная, недопустимая уступка всему миру стихийного и мелкобуржуазного. Павел Николаевич волновался всякий раз, когда заходило об этом:

— Скажи, Капа, но почему они так небрежны к рабочей чести? Почему мы, когда работали на макаронной фабрике, не выставляли никаких условий и никакой «лапы» не требовали с мастера? Да могло ли нам это в голову прийти?.. Так ни за что мы не должны их развращать! Чем это не взятка?

Капа вполне была с ним согласна, но тут же привела соображение, что если им не заплатить, не «выставить» в начале и в середине, то они обязательно отомстят, сделают что-нибудь плохо, и потом сам раскаешься.

— Один полковник в отставке, мне рассказывали, твёрдо стоял, сказал — не доплачу ни копейки! Так рабочие заложили ему в сток ванной дохлую крысу — и вода плохо сходила, и вонью несло.

Так ничего они с ремонтом и не договорились. Сложна жизнь, очень уж сложна, до чего ни тронься.

Говорили о Юре. Он вырос слишком тиховат, нет в нём русановской жизненной хватки. Ведь вот хорошая юридическая специальность, и хорошо устроили после института, но надо признаться, он не для этой работы. Ни положения своего утвердить, ни завести хороших знакомств — ничего он этого не умеет. Вероятно, сейчас, в командировке, наделает ошибок. Павел Николаевич очень беспокоился. А Капитолина Матвеевна беспокоилась насчёт его женитьбы. Машину водить навязал ему папа, квартиру отдельную добиваться тоже будет папа — но как доглядеть и подправить с его женитьбой, чтоб он не ошибся? Ведь он такой бесхитростный, его охмурит какая-нибудь ткачиха с комбината, ну, положим, с ткачихой ему негде встретиться, в таких местах он не бывает, но вот теперь в командировке? А этот лёгкий шаг безрассудного регистрирования — ведь он губит жизнь не одного молодого человека, но усилия всей семьи! Как Шендяпиных дочка в пединституте чуть не вышла за своего однокурсника, а он — из деревни, мать его — простая колхозница, и надо себе представить квартиру Шендяпиных, их обстановку, и какие ответственные люди у них бывают в гостях, — и вдруг бы за столом эта старушка в белом платочке — свекровь! Чёрт его знает... Спасибо, удалось опорочить жениха по общественной линии, спасли дочь.

Другое дело — Авиета, Алла. Авиета — жемчужина русановской семьи. Отец и мать не припоминают, когда она доставляла им огорчения или заботы, ну, кроме школьного озорничанья. И красавица, и разумница, и энергичная, очень правильно понимает и берёт жизнь. Можно не проверять её, не беспокоиться — она не сделает ошибочного шага ни в малом, ни в большом. Только вот за имя обижается на родителей: не надо, мол, было фокусничать, называйте теперь просто Аллой. Но в паспорте — Авиета Павловна. Да ведь и красиво. Каникулы кончаются, в среду она прилетает из Москвы и примчится в больницу обязательно.

С именами — горе: требования жизни меняются, а имена остаются навсегда. Вот уже и Лаврик обижается на имя. Сейчас-то в школе Лаврик и Лаврик, никто над ним не зубоскалит, но в этом году получать паспорт, и что ж там будет написано? Лаврентий Павлович. Когда-то с умыслом так и рассчитали родители: пусть носит имя министра, несгибаемого сталинского соратника, и во всём походит на него. Но вот уже второй год, как сказать «Лаврентий Павлыч» вслух, пожалуй, поостережёшься. Одно выручает — что Лаврик рвётся в военное училище, а в армии по имени-отчеству звать не будут.

А так, если шепотком спросить: зачем это всё делалось? Среди Шендяпиных тоже думают, но чужим не высказывают: даже если предположить, что Берия оказался двурушник и буржуазный националист и стремился к власти, — ну хорошо, ну судите его, ну расстреляйте закрытым порядком, но зачем же объявлять об этом простому народу? Зачем колебать его веру? Зачем вызывать сомнения? В конце концов, можно было бы спустить до определённого уровня закрытое письмо, там всё объяснить, а по газетам пусть считается, что умер от инфаркта. И похоронить с почётом.

И о Майке, самой младшей, говорили. В этом году полиняли все майкины пятёрки, и не только она уже не отличница, и с доски почёта сняли, но даже и четвёрок у неё немного. А всё из-за перехода в пятый класс. В начальных классах была у неё всё время одна учительница, знала её, и родителей знала, — и Майя училась великолепно. А в этом году у неё двадцать учителей-предметников, придёт на один урок в неделю, он их и в лицо не знает, жмёт свой учебный план, а о том, какая травма наносится ребёнку, как калечится его характер, — разве об этом он думает? Но Капитолина Матвеевна не пожалеет сил, а через родительский комитет наведёт в этой школе порядок.

Так говорили они обо всём—обо всём, не один час, но — вяло шли их языки, и разговоры эти, скрывая от другого, каждый ощущал как не деловое. Всё опущено было в Павле Николаевиче внутри, не верилось в реальность людей и событий, которые они обсуждали, и делать ничего не хотелось, и даже лучше всего сейчас было бы лечь, опухоль приложить к подушке и укрыться.

А Капитолина Матвеевна весь разговор вела через силу потому, что ридикюль прожигало ей письмо, полученное сегодня утром из К* от брата Миная. В К* Русановы жили до войны, там прошла их молодость, там они женились, и все дети родились там. Но во время войны они эвакуировались сюда, в К* не вернулись, квартиру же сумели передать брату Капы.

Она понимала, что мужу сейчас не до таких известий, но и известие-то было такое, что им не поделишься просто с хорошей знакомой. Во всём городе у них не было ни одного человека, кому б это можно было рассказать с объяснением всего смысла. Наконец, во всём утешая мужа, и сама ж она нуждалась в поддержке! Она не могла жить дома одна с этим неразделённым известием. Из детей только, может быть, Авиете можно было всё рассказать и объяснить. Юре — ни за что. Но и для этого надо было посоветоваться с мужем.

А он, чем больше сидел с нею здесь, тем больше томел, и всё невозможнее казалось поговорить с ним именно о главном.

Подходило время ей так и так уезжать, и из хозяйственной сумки она стала вынимать и показывать мужу, что привезла ему кушать. Рукава её шубы так уширены были манжетами из чернобурки, что едва входили в раззявленную пасть сумки.

И тут-то, увидев продукты (которых и в тумбочке у него ещё оставалось довольно), Павел Николаевич вспомнил другое, что было ему важнее всякой еды и питья, и с чего сегодня и надо было начинать, — вспомнил чагу, берёзовый гриб! И, оживясь, он стал рассказывать жене об этом чуде, об этом письме, об этом докторе (может — и шарлатане) и о том, что надо сейчас придумать, кому написать, кто наберёт им в России этого гриба.

— Ведь там у нас, вокруг К*, — берёзы сколько угодно. Что стоит Минаю мне это организовать?! Напиши Минаю сейчас же! Да и ещё кому-нибудь, есть же старые друзья, пусть позаботятся! Пусть все знают, в каком я положении!

Ну, он сам заговорил о Минае и о К*! И теперь, лишь письма самого не доставая, потому что брат писал в каких-то мрачных выражениях, а только отгибая и отпуская щёлкающий капканом замок ридикюля, Капа сказала:

— Ты знаешь, Паша, трезвонить ли о себе в К* — это надо подумать... Минька пишет... Ну, может, это ещё неправда... Что появился у них в городе... Родичев... И будто бы ре-а-би-ли-тирован... Может это быть, а?

Пока она выговаривала это мерзкое длинное слово «ре-а-би-ли-ти-рован» и смотрела на замок ридикюля, уже склоняясь достать и письмо, — она пропустила то мгновение, что Паша стал белей белья.

— Что ты?? — вскрикнула она, пугаясь больше, чем была напугана этим письмом сама. — Что ты?!

Он был откинут к спинке и женским движением стягивал на себе её шаль.

— Да ещё, может, нет! — она подхватилась сильными руками взять его за плечи, в одной руке так и держа ридикюль, будто стараясь навесить ему на плечо. — Ещё, может, нет! Минька сам его не видел. Но — люди говорят...

Бледность Павла Николаевича постепенно сходила, но он весь ослабел — в поясе, в плечах, и ослабели его руки, а голову так и выворачивала набок опухоль.

— Зачем ты мне сказала? — несчастным, очень слабым голосом произнёс он. — Неужели у меня мало горя? Неужели у меня мало горя?.. — И он дважды произвёл без слёз плачущее вздрагивание грудью и головой.

— Ну, прости меня, Пашенька! Ну, прости меня, Пасик! — она держала его за плечи, а сама тоже трясла и трясла своей завитой львиной причёской медного цвета. — Но ведь и я теряю голову! И неужели он теперь может отнять у Миная комнату? Нет, вообще, к чему это идёт? Ты помнишь, мы уже слышали два таких случая?

— Да при чём тут комната, будь она проклята, пусть забирает, — плачущим шёпотом ответил он ей.

— Ну как проклята? А каково сейчас Минаю стесниться?

— Да ты о муже думай! Ты думай — я как?.. А про Гузуна он не пишет?

— Про Гузуна нет... А если они все теперь начнут возвращаться — что ж это будет?

— Откуда я знаю! — придушенным голосом отвечал муж. — Какое ж они *право* имеют теперь их выпускать?.. Как же можно так безжалостно травмировать людей?..

14

Так ждал Русанов хоть на этом свидании приободриться, а получилось во много тошней, лучше бы Капа совсем и не приезжала. Он поднимался по лестнице, шатаясь, вцепясь в перила, чувствуя, как всё больше его разбирает озноб. Капа не могла провожать его наверх одетая — бездельница-санитарка специально стояла и не пускала, так её Капа и погнала проводить Павла Николаевича до палаты и отнести сумку с продуктами. За дежурным столиком лупоглазая эта сестра Зоя, которая почему-то понравилась Русанову в первый вечер, теперь, загородясь ведомостями, сидела и кокетничала с неотёсанным Оглоедом, мало думая о больных. Русанов попросил у неё аспирин, она тут же заученно-бойко ответила, что аспирин только вечером. Но всё ж дала померить температуру. И потом что-то ему принесла.

Сами собой поменялись продукты. Павел Николаевич лёг, как мечтал: опухоль — в подушку (ещё удивительно, что здесь были мягкие подушки, не пришлось везти из дому свою), и накрылся с головой.

В нём так замотались, заколотились, огнём налились мысли, что всё остальное тело стало бесчувственным, как от наркоза, и он уже не слышал глупых комнатных разговоров и, потрясываясь вместе с половицами от ходьбы Ефрема, не чувствовал этой ходьбы. И не видел он, что день разгулялся, перед заходом где-то проглянуло солнце, только не с их стороны здания. И полёта часов он не замечал. Он засыпал, может быть от лекарства, и просыпался. Как-то проснулся уже при электрическом свете, и опять заснул. И опять проснулся среди ночи, в темноте и тишине.

И почувствовал, что сна больше нет, отпала его благодетельная пелена. А страх — весь тут, вцепился в нижнюю середину груди и сжимал.

И разные-разные-разные мысли стали напирать и раскручиваться: в голове Русанова, в комнате и дальше, во всей просторной темноте.

Даже никакие не мысли, а просто — он боялся. Просто — боялся. Боялся, что Родичев вдруг вот завтра утром прорвётся через сестёр, через санитарок, бросится сюда и начнёт его бить. Не правосудия, не суда общественности, не позора боялся Русанов, а просто, что его будут бить. Его били всего один раз в жизни — в школе, в его последнем шестом классе: поджидали вечером у выхода, и ножей ни у кого не было, но на всю жизнь осталось это ужасное ощущение со всех сторон тебя встречающих костистых жестоких кулаков.

Как покойник представляется нам потом долгие годы таким, каким мы последний раз видели его юношей, если даже за это время он должен был стать стариком, так и Родичев, который через восемнадцать лет должен бы был вернуться инвалидом, может быть глухим, может быть скрюченным, — сейчас виделся Русанову тем прежним загорелым здоровяком, с гантелями и гирей, на их общем длинном балконе в его последнее перед арестом воскресенье. Голый до пояса, он подозвал:

— Пашка! Иди сюда! На-ка пощупай бицепсы. Да не брезгуй, жми! Понял теперь, что значит инженер новой формации? Мы не рахитики, какие-нибудь там Эдуарды Христофоровичи, мы — люди гармонические. А ты вот хиловатый стал, засыхаешь за кожаной дверью. Иди к нам на завод, в цех устрою, а? Не хочешь?.. Ха-га!..

Захохотал и пошёл мыться, напевая:

Мы — кузнецы, и дух наш молод.

Вот этого-то здоровяка Русанов и представил сейчас врывающимся сюда, в палату, с кулаками. И не мог стряхнуть с себя ложный образ.

С Родичевым они были когда-то друзья, в одной комсомольской ячейке, эту квартиру получали вместе от фабрики. Потом Родичев пошёл по линии рабфака и института, а Русанов — по линии профсоюза и по анкетному хозяйству. Сперва начали не ладить жёны, потом и сами они, Родичев часто разговаривал с Русановым в оскорбительном тоне, да и вообще держался слишком безответственно, противопоставлял себя коллективу. Бок о бок с ним жить стало невыносимо и тесно. Ну, да всё сошлось, и погорячились, конечно, и дал на него Павел Николаевич такой материал: что в частном разговоре с ним Родичев одобрительно высказывался о деятельности разгромленной Промпартии и намеревался у себя на заводе сколотить группу вредителей. (Прямо так он не говорил, но по своему поведению мог говорить и мог намереваться.)

Только Русанов очень просил, чтоб имя его нигде не фигурировало в деле и чтобы не было очной ставки. Но следователь гарантировал, что по закону и не требуется открывать Русанова, и не обязательна очная ставка — достаточно будет признания самого обвиняемого. Даже первоначальное русановское заявление можно не подшивать в том следственного дела, так что обвиняемый, подписывая 206-ю статью, нигде не встретит фамилию своего соседа по квартире.

И так бы всё гладко прошло, если б не Гузун — секретарь заводского парткома. Ему из органов пришла выписка, что Родичев — враг народа, на предмет исключения его из партии первичной ячейкой. Но Гузун упёрся и стал шуметь, что Родичев — наш парень, и пусть ему дадут подробные материалы. На свою голову и нашумел, через два дня в ночь арестовали и его, а на третье утро благополучно исключили и Родичева, и Гузуна — как членов одной контрреволюционной подпольной организации.

Но Русанова теперь прокололо то, что за эти два дня, пока Гузуна уламывали, ему всё-таки вынуждены были сказать, что материал поступил от Русанова. Значит, встретившись с Родичевым т а м (а раз они пошли по одному делу, так могли в конце концов и встретиться), Гузун скажет Родичеву — и вот почему Русанов так опасался теперь этого зловещего возврата, этого воскрешения из мёртвых, которого никогда нельзя было вообразить.

Хотя, конечно, и жена Родичева могла догадаться, только жива ли она? Капа так намечала: как только Родичева арестуют, так Катьку Родичеву сейчас же выселить, и захватить всю квартиру, и балкон тогда будет весь их. (Теперь смешно, что комната в четырнадцать метров в квартире без газа могла иметь такое значение. Ну, да ведь и дети росли.) Операция эта с комнатой была уже вся согласована, и пришли Катьку выселять, но она выкинула номер — заявила, что беременна. Настояли проверить — принесла справку. А по закону беременную выселять нельзя. И только к следующей зиме её выселили, а длинные месяцы пришлось терпеть и жить с ней о́бок — пока она носила, пока родила и ещё до конца декретного. Ну, правда, теперь ей Капа пикнуть не давала на кухне, и Аве уже шёл пятый год, она очень смешно её дразнила.

Сейчас, лёжа на спине, в темноте посапывающей и похрапывающей палаты (лишь лёгкий отсвет настольной лампы сестры из вестибюля достигал сюда через стеклянную матовую дверь) Русанов бессонным ясным умом пытался разобраться, почему его так взбалмошили тени Родичева и Гузуна и испугался ли бы он, если б вернулся кто-то из других, чью виновность он тоже мог установить: тот же Эдуард Христофорович, инженер буржуазного воспитания, назвавший Павла при рабочих дураком (а сам потом признался, что мечтал реставрировать капитализм); та стенографистка, которая оказалась виновна в искажении речи важного начальника, покровителя Павла Николаевича, а начальник в речи эти слова совсем не так говорил; тот неподатливый бухгалтер (ещё к тому ж оказался и сыном священника, и скрутили его в одну минуту); жена и муж Ельчанские; да мало ли?..

Ведь никого ж из них Павел Николаевич не боялся, он всё смелее и открытее помогал устанавливать вину, даже два раза ходил на очные ставки, там повышал голос и изобличал. Да тогда и не считалось вовсе, что идейной непримиримости надо стыдиться! В то прекрасное честное время, в тридцать седьмом — тридцать восьмом году, заметно очищалась общественная атмосфера, так легко стало дышаться! Все лгуны, клеветники, слишком смелые любители самокритики или слишком заумные интеллигентики — исчезли, заткнулись, притаились, а люди принципиальные, устойчивые, преданные, друзья Русанова и сам он, ходили с достойно поднятой головой.

И вот теперь какое-то новое, мутное, нездоровое время, что этих прежних своих лучших гражданских поступков надо стыдиться? Или даже за себя бояться?

Какая чушь. Да всю свою жизнь перебирая, Русанов не мог упрекнуть себя в трусости. Ему не приходилось бояться! Может быть, он не был какой-нибудь особо храбрый человек, но и случая такого не припоминалось, чтобы проявил трусость. Нет оснований предполагать, что он испугался бы на фронте, — просто на фронт его не взяли как ценного, опытного работника. Нельзя утверждать, что он растерялся бы под бомбёжкой или в пожаре — но из К* они уехали до бомбёжек, и в пожар он не попадал никогда. Также никогда он не боялся правосудия и закона, потому что закона он не нарушал и правосудие всегда защищало его и поддерживало. И не боялся он разоблачений общественности — потому что общественность тоже была всегда за него. И в областной газете не могла бы появиться неприличная заметка против Русанова, потому что или Александр Михалыч или Нил Прокофьич всегда б её остановили. А центральная газета не могла бы до Русанова опуститься. Так и прессы он тоже никогда не боялся.

И, пересекая Чёрное море на пароходе, он нисколько не боялся морской глубины. А боялся ли он высоты — нельзя сказать, потому что не был он так пустоголов, чтобы лазить на горы или на скалы, а по роду своей работы не монтировал мостов.

Род работы Русанова в течение уже многих лет, едва ли не двадцати, был — анкетное хозяйство. Должность эта в разных учреждениях называлась по-разному, но суть была всегда одна. Только неучи да несведущие посторонние люди не знают, какая это ажурная тонкая работа. Каждый человек на жизненном пути заполняет немалое число анкет, и в каждой анкете — известное число вопросов. Ответ одного человека на один вопрос одной анкеты — это уже ниточка, навсегда протянувшаяся от человека в местный центр анкетного хозяйства. От каждого человека протянуты, таким образом, сотни ниточек, а всего их сходятся многие миллионы, и если б ниточки эти стали видимы, то всё небо оказалось бы в паутине, а если б они стали материально-упруги, то и автобусы, и трамваи, и сами люди потеряли бы возможность двигаться и ветер не мог бы вдоль улицы пронести клочков газеты или осенних листьев. Но они невидимы и нематериальны, а, однако, чувствуются человеком постоянно. Дело в том, что так называемые кристальные анкеты — это как абсолютная истина, как идеал, они почти недостижимы. На каждого живого человека всегда можно записать что-нибудь отрицательное или подозрительное, каждый человек в чём-нибудь виноват или что-нибудь утаивает, если разобраться дотошно.

Из этого постоянного ощущения незримых ниточек естественно рождается у людей и уважение к тем лицам, кто эти ниточки вытягивает, кто ведёт это сложнейшее анкетное хозяйство. Авторитет таких лиц.

Пользуясь ещё одним сравнением, уже музыкальным, Русанов, благодаря своему особому положению, обладал как бы набором дощечек ксилофона и мог по выбору, по желанию, по соображениям необходимости ударять по любой из дощечек. Хотя все они были равно деревянные, но голос был у каждой свой.

Были дощечки, то есть приёмы, самого нежного, осторожного действия. Например, желая какому-нибудь товарищу передать, что он им недоволен, или просто предупредить, немного поставить на место, Русанов умел особыми ладами здороваться. Когда тот человек здоровался (разумеется, первый), Павел Николаевич мог ответить деловито, но не улыбнуться; а мог, сдвинув брови (это он отрабатывал в рабочем кабинете перед зеркалом), чуть-чуть замедлить ответ — как будто он сомневался, надо ли, собственно, с этим человеком здороваться, достоин ли тот, — и уж после этого поздороваться (опять же: или с полным поворотом головы, или с неполным, или вовсе не поворачивая). Такая маленькая задержка всегда имеет, однако, значительный эффект. В голове работника, который был приветствован с такой заминкой или холодком, начинались деятельные поиски тех грехов, в которых этот работник мог быть виноват. И, поселив сомнение, заминка удерживала его, может быть, от неверного поступка, на грани которого работник уже был, но Павел Николаевич лишь с опозданием получил бы об этом сведения.

Более сильным средством было, встретив человека (или позвонив ему по телефону, или даже специально вызвав его), сказать: «Зайдите, пожалуйста, ко мне завтра в десять часов утра.» — «А сейчас нельзя?» — обязательно спросит человек, потому что ему хочется скорее выяснить, зачем его вызывают, и скорее исчерпать разговор. «Нет, сейчас нельзя», — мягко, но строго скажет Русанов. Он не скажет, что занят другим делом или идёт на совещание, нет, он ни за что не даст ясной простой причины, чтоб успокоить вызванного (в том-то и состоит приём), он так выговорит это «сейчас нельзя», чтобы сюда поместилось много серьёзных значений — и не все из них благоприятные. «А по какому вопросу?» — может быть, осмелится спросить или, по крайней неопытности, спросит работник. «Завтра и узнаете», — бархатисто обойдёт этот нетактичный вопрос Павел Николаевич. Но до десяти часов завтрашнего дня — сколько времени! сколько событий! Работнику надо ещё кончить рабочий день, ехать домой, разговаривать с семьёй, может быть идти в кино или на родительское собрание в школу, и ещё потом спать (кто заснёт, а кто и нет), и ещё потом утром давиться завтраком, — и всё время будет сверлить и грызть работника этот вопрос: «А зачем он меня вызывает?» За эти долгие часы работник во многом раскается, во многом опасётся и даст себе зарок не задирать на собраниях начальство. А уж когда он придёт — может и дела никакого не окажется, надо проверить дату рождения или номер диплома.

Так, подобно дощечкам ксилофона, способы нарастали по своему деревянному голосу, и наконец самым сухим и резким было: «Сергей Сергеич, — (это директор всего предприятия, местный Хозяин), — просил вас к такому-то числу заполнить вот эту анкету.» И работнику протягивалась анкета, — но не просто анкета, а из всех анкет и форм, хранящихся в шкафу Русанова, самая полная и самая неприятная — ну, например, та, которая для засекречивания. Работник-то, может быть, совсем и не засекречивается, и Сергей Сергеич вовсе о том не знает, но кто ж пойдёт проверять, когда Сергея Сергеевича самого боятся как огня? Работник берёт анкету и ещё делает бодрый вид, а на самом деле, если что-нибудь он только скрывал от анкетного центра, — уже всё внутри у него скребёт. Потому что в этой анкете ничего не укрыть. Это — отличная анкета. Это — лучшая из анкет.

Именно с помощью такой анкеты Русанову удалось добиться разводов нескольких женщин, мужья которых находились в заключении по 58-й статье. Уж как эти женщины заметали следы, посылали посылки не от своего имени, не из этого города или вовсе не посылали — в этой анкете слишком строго стоял частокол вопросов, и лгать дальше было нельзя. И один только был пропуск в частоколе: окончательный развод перед законом. К тому же его процедура была облегчена: суд не спрашивал от заключённых согласия на развод и даже не извещал их о совершённом разводе. Русанову важно было, чтобы развод совершился, чтобы грязные лапы преступника не стягивали ещё не погибшую женщину с общей гражданской дороги. А анкеты эти никуда и не шли. И Сергею Сергеевичу показывались только разве в виде анекдота.

Обособленное, загадочное, полупотустороннее положение Русанова в общем ходе производства давало ему и удовлетворяло его глубоким знанием истинных процессов жизни. Жизнь, которая была видна всем, — производство, совещания, многотиражка, месткомовские объявления на вахте, заявления на получение, столовая, клуб, — не была настоящая, а только казалась такой непосвящённым. Истинное же направление жизни решалось без крикливости, спокойно, в тихих кабинетах между двумя-тремя понимающими друг друга людьми или телефонным ласковым звонком. Ещё струилась истинная жизнь в тайных бумагах, в глуби портфелей Русанова и его сотрудников, и долго молча могла ходить за человеком — и только внезапно на мгновение обнажалась, высовывала пасть, рыгала в жертву огнём — и опять скрывалась, неизвестно куда. И на поверхности оставалось всё то же: клуб, столовая, заявления на получение, многотиражка, производство. И только не хватало среди проходивших вахту — уволенного, отчисленного, изъятого.

Соответственно роду работы бывало оборудовано и рабочее место Русанова. Это всегда была уединённая комната с дверью, сперва обитой кожей и блестящими обойными гвоздями, а потом, по мере того как богатело общество, ещё и ограждённая входным предохранительным ящиком, тёмным тамбуром. Этот тамбур — как будто и простое изобретение, совсем нехитрая штука: не больше метра в глубину, и лишь секунду-две мешкает посетитель, закрывая за собой первую дверь и ещё не открыв вторую. Но в эти секунды перед решающим разговором он как бы попадает в короткое заключение: нет ему света, и воздуха нет, и он чувствует всё своё ничтожество перед тем, к кому сейчас входит. И если была у него дерзость, своемудрие — то здесь, в тамбуре, он расстанется с ними.

Естественно, что и по нескольку человек сразу к Павлу Николаевичу не вваливались, а только впускались поодиночке, кто был вызван или получил по телефону разрешение прийти.

Такое оборудование рабочего места и такой порядок допуска очень способствовали вдумчивому и регулярному выполнению обязанностей в русановском отделе. Без предохранительного тамбура Павел Николаевич бы страдал.

Разумеется, по диалектической взаимосвязи всех явлений действительности, образ поведения Павла Николаевича на работе не мог остаться без влияния на его образ жизни вообще. Постепенно, с годами, ему и Капитолине Матвеевне стали несносны на железных дорогах не только общие, но и плацкартные вагоны, куда пёрлись и в полушубках, и с вёдрами, и с мешками. Русановы стали ездить только в купированных и в мягких. Разумеется, и в гостиницах для Русанова всегда бронировался номер, чтоб ему не очутиться в общей комнате. Разумеется, и в санатории Русановы ездили не во всякие, а в такие, где человека знают, уважают и создают ему условия, где и пляж и аллеи отдыха отгорожены от общей публики. И когда Капитолине Матвеевне врачи назначили больше ходить, то ей абсолютно негде было ходить, кроме как в таком санатории среди равных.

Русановы любили народ — свой великий народ, и служили этому народу, и готовы были жизнь отдать за народ.

Но с годами они всё больше терпеть не могли — населения. Этого строптивого, вечно уклоняющегося, упирающегося да ещё чего-то требующего себе населения.

У Русановых стал вызывать отвращение трамвай, троллейбус, автобус, где всегда толкали, особенно при посадке, куда лезли строительные и другие рабочие в грязных спецовках и могли обтереть о твоё пальто этот мазут или эту извёстку, а главное — укоренилась противная панибратская манера хлопать по плечу — просить передать на билет или сдачу, и нужно было услуживать и передавать без конца. Ходить же по городу пешком было и далеко, и слишком простецки, не по занимаемой должности. И если служебные автомобили бывали в разгоне или в ремонте, Павел Николаевич часами не мог попасть домой обедать, а сидел на работе и ждал, пока подадут машину. А что оставалось делать? С пешеходами всегда можно напороться на неожиданность, среди них бывают дерзкие, плохо одетые, а иногда и подвыпившие люди. Плохо одетый человек всегда опасен, потому что он плохо чувствует свою ответственность, да, вероятно, ему и мало что терять, иначе он был бы одет хорошо. Конечно, милиция и закон защищают Русанова от плохо одетого человека, но эта защита придёт неизбежно с опозданием, она придёт, чтобы наказать негодяя уже потом.

И вот, ничего на свете не боясь, Русанов стал испытывать вполне нормальную оправданную боязнь перед распущенными полупьяными людьми, а точнее — перед прямым ударом кулака в лицо.

Потому так взволновало его сперва и известие о возврате Родичева. Не то чтобы он или Гузун стали бы действовать по закону: по закону они к Русанову никаких претензий иметь не должны. Но что, если они сохранились здоровыми мужиками и захотят избить?

Однако, если трезво разобраться, — конечно, зряшен был первый невольный испуг Павла Николаевича. Ещё, может быть, никакого Родичева нет, и дай бог, чтоб он не вернулся. Все эти разговорчики о возвратах вполне могут быть легендами, потому что в ходе своей работы Павел Николаевич пока не ощущал тех признаков, которые могли бы предвещать новый характер жизни.

Потом, если даже Родичев действительно вернулся, то в К*, а не сюда. И ему сейчас не до того, чтобы искать Русанова, а самому надо оглядываться, как бы его из К* не выперли снова.

А если он и начнёт искать, то не сразу же найдёт ниточку сюда. И сюда поезд идёт трое суток через восемь областей. И, даже доехав сюда, он во всяком случае явится домой, а не в больницу. А в больнице Павел Николаевич как раз в полной безопасности.

В безопасности!.. Смешно... С этой опухолью — и в безопасности...

Да уж если такое неустойчивое время наступит — так лучше и умереть. Лучше умереть, чем бояться каждого возврата. Какое это безумие! — возвращать их! Зачем? Они там привыкли, они там смирились — зачем же пускать их сюда, баламутить людям жизнь?..

Кажется, всё-таки Павел Николаевич перегорел и готов был ко сну. Надо было постараться заснуть.

Но ему требовалось выйти — самая неприятная процедура в клинике.

Осторожно поворачиваясь, осторожно двигаясь, — а опухоль железным кулаком сидела у него на шее и давила, — он выбрался из закатистой кровати, надел пижаму, шлёпанцы, очки и пошёл, тихо шаркая.

За столом бодрствовала строгая чёрная Мария и чутко повернулась на его шарканье.

У начала лестницы в кровати какой-то новичок, дюжий длиннорукий, длинноногий грек, терзался и стонал. Лежать он не мог, сидел, как бы не помещаясь в постели, и бессонными глазами ужаса проводил Павла Николаевича.

На средней площадке маленький, ещё причёсанный, жёлтый-прежёлтый, полусидел, высоко подмощенный, и дышал из кислородной подушки плащ-палаточного материала. У него на тумбочке лежали апельсины, печенье, рахат-лукум, стоял кефир, но всё это было ему безразлично — простой бесплатный чистый воздух не входил в его лёгкие, сколько нужно.

В нижнем коридоре стояли ещё койки с больными. Одни спали. Старуха восточного вида, с растрепавшимися космами, раскидалась в му́ке по подушке.

Потом он миновал маленькую каморку, где на один и тот же короткий нечистый диванчик клали всех, не разбирая, для клизм.

И наконец, набрав воздуха и стараясь его удерживать, Павел Николаевич вступил в уборную. В этой уборной, без кабин и даже без унитазов, он особенно чувствовал себя неотгороженным, приниженным к праху. Санитарки убирали здесь много раз в день, но не успевали, и всегда были свежие следы или рвоты, или крови, или пакости. Ведь этой уборной пользовались дикари, не привыкшие к удобствам, и больные, доведенные до края. Надо бы попасть к главному врачу и добиться для себя разрешения ходить во врачебную уборную.

Но эту деловую мысль Павел Николаевич сформулировал как-то вяло.

Он опять пошёл мимо клизменной кабинки, мимо растрёпанной казашки, мимо спящих в коридоре.

Мимо обречённого с кислородной подушкой.

А наверху грек прохрипел ему страшным шёпотом:

— Слушай, браток! А тут — всех вылечивают? Или умирают тоже?

Русанов дико посмотрел на него — и при этом движении остро почувствовал, что уже не может отдельно поворачивать головой, что должен, как Ефрем, поворачиваться всем корпусом. Страшная прилепина на шее давила ему вверх на челюсть и вниз на ключицу.

Он поспешил к себе.

О чём он ещё думал?!.. Кого он ещё боялся!.. На кого надеялся?..

Тут, между челюстью и ключицей, была судьба его.

Его правосудие.

И перед этим правосудием он не знал знакомств, заслуг, защиты.

15

— А тебе сколько лет?

— Двадцать шесть.

— Ох, порядочно!

— А тебе?

— Мне шестнадцать... Ну как в шестнадцать лет ногу отдавать, ты подумай?

— А по какое место хотят?

— Да по колено — точно, они меньше не берут, уж я тут видел. А чаще — с запасом. Вот так... Будет культя болтаться...

— Протез сделаешь. Ты чем вообще заниматься собираешься?

— Да я мечтаю в Университет.

— На какой факультет?

— Да или филологический, или исторический.

— А конкурс пройдёшь?

— Думаю, что да. Я — никогда не волнуюсь. Спокойный очень.

— Ну и хорошо. И чем же тебе протез будет мешать? И учиться будешь, и работать. Даже ещё усидчивей. В науке больше сделаешь.

— А вообще жизнь?

— А кроме науки — что вообще?

— Ну, там...

— Жениться?

— Да хотя бы...

— Найдё-ошь! На всякое дерево птичка садится. ...А какая альтернатива?

— Что?

— Или нога или жизнь?

— Да на авось. А может само пройдёт!

— Нет, Дёма, на авось мостов не строят. От авося только авоська осталась. Рассчитывать на такую удачу в рамках разумного нельзя. Тебе опухоль называют как-нибудь?

— Да вроде — «Э́с-а́».

— Эс-а? Тогда надо оперировать.

— А что, знаешь?

— Знаю. Мне бы вот сейчас сказали отдать ногу — и то б я отдал. Хотя моей жизни весь смысл — только в движении, пешком и на коне, а автомобили там не ходят.

— А что? Уже не предлагают?

— Нет.

— Пропустил?

— Да как тебе сказать... Не то чтобы пропустил. Ну, отчасти и пропустил. В поле завертелся. Надо было месяца три назад приехать, а я работы бросить не хотел. А от ходьбы, от езды хуже натиралось, мокло, гной прорывался. А прорвётся — легче, опять работать хочется. Думаю — ещё подожду. Мне и сейчас так трёт, что лучше бы брючину одну отрезать или голым сидеть.

— А не перевязывают?

— Нет.

— А покажи, можно?

— Посмотри.

. . . .

— У-у-у-у-у, какая... Да тёмная...

— Она от природы тёмная. Здесь у меня от рождения было большое родимое пятно. Вот оно и переродилось.

— А это что... такие?

— А это вот три свища остались от трёх прорывов... В общем, Дёмка, у меня опухоль совсем другая, чем у тебя. У меня — меланобластома. Эта сволочь не щадит. Как правило, восемь месяцев — и с копыт.

— А откуда ты знаешь?

— Ещё досюда книжку прочёл. Прочёл — тогда и схватился. Но дело в том, что если б я и раньше приехал — всё равно б они оперировать не взялись. Меланобластома — такая гадина, что только тронь ножом — и сейчас же даёт метастазы. Она тоже жить хочет, по-своему, понимаешь? Что я за эти месяцы пропустил — в паху появилось.

— А что Людмила Афанасьевна говорит?

— А вот она говорит, что надо попробовать достать такое коллоидное золото. Если его достать, то в паху, может быть, остановят, а на ноге приглушат рентгеном — и так оттянут...

— Вылечат?

— Нет, Дёмка, вылечить меня уже нельзя. От меланобластомы вообще не вылечиваются. Таких выздоровевших нет. А мне? Отнять ногу — мало, а выше — где ж резать? Сейчас идёт вопрос — как оттянуть? И сколько я выиграю: месяцы или годы?

— То есть... что же? Ты, значит... ?

— Да. Я — значит. Я уже, Дёмка, это принял. Но не тот живёт больше, кто живёт дольше. Для меня весь вопрос сейчас — что́ я успею сделать. Надо же что-то успеть сделать на земле! Мне нужно три года! Если бы мне дали три года, ничего больше не прошу! Но эти три года мне не в клинике надо лежать, а быть в поле.

Они тихо совсем разговаривали на койке Вадима Зацырко у окна. Весь разговор их слышать мог бы по соседству только Ефрем, но он с утра лежал бесчувственным чурбаном и глаз не сводил с одного потолка. Ещё Русанов, наверно, слышал, он несколько раз с симпатией взглянул на Зацырко.

— А что ж ты можешь успеть сделать? — хмурился Дёмка.

— Ну, попробуй понять. Я проверяю сейчас новую очень спорную идею — большие учёные в центре в неё почти не верят: что залежи полиметаллических руд можно обнаружить по радиоактивным водам. «Радиоактивные» — знаешь, что такое?.. Тут тысяча аргументов, но на бумаге можно всё что угодно и защитить и отвергнуть. А я — чувствую, вот чувствую, что могу доказать это всё на деле. Но для этого надо всё время быть в поле и конкретно найти руды по водам, больше ни по чему. И желательно — с повторением. А работа есть работа, на что силы не уходят? Вот, например, вакуумнасоса нет, а центробежный, чтоб запустить, надо воздух вытянуть. Чем? Ртом! И нахлебался радиоактивной воды. Да и запросто мы её пьём. Киргизы-рабочие говорят: наши отцы тут не пили, и мы пить не будем. А мы, русские, пьём. Да имея меланобластому — что мне бояться радиоактивности? Как раз мне-то и работать.

— Ну и дурак! — приговорил Ефрем, не поворачиваясь, невыразительным скрипучим голосом. Он, значит, всё слышал. — Умирать будешь — зачем тебе геология? Она тебе не поможет. Задумался бы лучше — чем люди живы?

У Вадима неподвижно хранилась нога, но свободная голова его легко повернулась на гибкой свободной шее. Он готовно блеснул чёрными живыми глазами, чуть дрогнули его мягкие губы, и он ответил, не обидевшись нисколько:

— А я как раз знаю. Творчеством! И очень помогает. Ни пить, ни есть не надо.

И мелко постучал гранёным пластмассовым автокарандашом между зубами, следя, насколько он понят.

— Ты вот эту книжицу прочти, удивишься! — всё так же не ворочая корпуса и не видя Зацырко, постучал Поддуев корявым ногтем по синенькой.

— А я уже смотрел, — с большой быстротой успевал отвечать Вадим. — Не для нашего века. Слишком бесформенно, неэнергично. А по-нашему: работайте больше! И не в свой карман. Вот и всё.

Русанов встрепенулся, приветливо сверкнул очками и громко спросил:

— Скажите, молодой человек, вы — коммунист?

С той же готовностью и простотой Вадим перевёл глаза на Русанова.

— Да, — мягко сказал он.

— Я был уверен! — торжествующе воскликнул Русанов и поднял палец.

Он очень был похож на преподавателя.

Вадим шлёпнул Дёмку по плечу:

— Ну, иди к себе. Работать надо.

И наклонился над «Геохимическими методами», где лежал у него небольшой листик с мелкими выписками и крупными восклицательными и вопросительными знаками.

Он читал, а гранёный чёрный автокарандаш в его пальцах чуть двигался.

Он весь читал, и уже как бы его здесь не было, но, ободренный его поддержкой, Павел Николаевич хотел ещё больше подбодриться перед вторым уколом и решил теперь доломать Ефрема, чтоб тот не нагонял здесь и дальше тоски. И, от стены к стене глядя на него прямо, он стал ему договаривать:

— Товарищ даёт вам хороший урок, товарищ Поддуев. Нельзя так поддаваться болезни. И нельзя поддаваться первой поповской книжечке. Вы практически играете на руку... — Он хотел сказать «врагам», в обычной жизни всегда можно было указать врагов, но здесь, на больничных койках, кто ж был их враг?.. — Надо уметь видеть глубину жизни. И прежде всего природу подвига. А что движет людьми в производственном подвиге? Или в подвигах Отечественной войны? Или, например, Гражданской? Голодные, необутые, неодетые, безоружные...

Странно неподвижен был сегодня Ефрем: он не только не вылезал топать по проходу, но он как бы совсем утратил многие из своих обычных движений. Прежде он берёг только шею и неохотно поворачивал туловищем при голове, сегодня же он ни ногой не пошевельнул, ни рукой, лишь вот по книжке постучал пальцем. Его уговаривали позавтракать, он ответил: «Не наелся — не налижешься.» Он до завтрака и после завтрака лежал так неподвижно, что, если б иногда не моргал, можно было подумать, что его взяло окостенение.

А глаза были открыты.

Глаза были открыты, и как раз, чтобы видеть Русанова, ему не надо было ничуть поворачиваться. Его-то, белорылого, одного он и видел кроме потолка и стены.

И он слышал, что разъяснял ему Русанов. И губы его шевельнулись, раздался всё тот же недоброжелательный голос, только ещё менее внятно разделяя слова:

— А что — Гражданская? Ты воевал, что ль, в Гражданскую?

Павел Николаевич вздохнул:

— Мы с вами, товарищ Поддуев, ещё по возрасту не могли тогда воевать.

Ефрем потянул носом.

— Не знаю, чего ты не воевал. Я воевал.

— Как же это могло быть?

— Очень просто, — медленно говорил Ефрем, отдыхая между фразами. — Наган взял и воевал. Забавно. Не я один.

— Где ж это вы так воевали?

— Под Ижевском. Учредилку били. Я ижевских сам семерых застрелил. И сейчас помню.

Да, он, кажется, всех семерых, взростных, мог вспомнить сейчас, где и кого уложил, пацан, на улицах мятежного города.

Что-то ещё ему очкарик объяснял, но у Ефрема сегодня будто уши залегали, и он ненадолго выныривал что-нибудь слышать.

Как он открыл по рассвету глаза и увидел над собой кусок голого белого потолка, так вступил в него толчком, вошёл с неприкрытостью, а без всякого повода, один давний ничтожный и совсем забытый случай.

Был день в ноябре, уже после войны. Шёл снег и тут же подтаивал, а на выброшенной из траншеи более тёплой земле таял начисто. Копали под газопровод, и проектная глубина была метр восемьдесят. Поддуев прошёл там мимо и видел, что глубины нужной ещё нет. Но явился бригадир и нагло уверял, что по всей длине уже полный профиль. «Что, мерить пойдём? Тебе ж хуже будет!» Поддуев взял мерный шест, где у него через каждые десять сантиметров была выжжена поперечная чёрная полоска, каждая пятая длинней, и они пошли мерить, увязая в размокшей, раскисшей глине, он — сапогами, бригадир — ботинками. В одном месте померили — метр семьдесят. Пошли дальше. Тут копали трое: один длинный тощий мужик, черно заросший по лицу; один — бывший военный, ещё в фуражке, хоть и звёздочка была с неё давно содрана, и лакированный ободок, и лакированный козырёк, а околыш был весь в извёстке и глине; третий же, молоденький, был в кепочке и городском пальтишке (в те годы с обмундированием было трудно, и им казённого не выдали), да ещё сшитом на него, наверно, когда он был школьником, коротком, тесном, изношенном. (Это его пальтишко Ефрем, кажется, только сейчас в первый раз так ясно увидел.) Первые два ещё ковырялись, взмахивали наверх лопатами, хотя размокшая глина не отлипала от железа, а этот третий, птенец, стоял, грудью опершись о лопату, как будто проткнутый ею, свисая с неё как чучело, белое от снега, и руки собрав в рукавишки. На руки им ничего не выдали, на ногах же у военного были сапоги, а те двое — в чунях из автомобильных покрышек. «Чего стоишь, раззепай? — крикнул на малóго бригадир. — За штрафным пайком? Будет!» Малóй только вздохнул и опал, и ещё будто глубже вошёл ему черенок в грудь. Бригадир тогда съездил его по шее, тот отряхнулся, взялся тыкать лопатой.

Стали мерить. Земля была набросана с двух сторон вплоть к траншее, и чтоб верхнюю зарубку верно заметить на глаз, надо было наклониться туда сильно. Военный стал будто помогать, а на самом деле клонил рейку вбок, выгадывая лишних десять сантиметров. Поддуев матюгнулся на него, поставил рейку ровно, и явно получилось метр шестьдесят пять.

«Слушай, гражданин начальник, — попросил тогда военный тихо. — Эти последние сантиметры ты нам прости. Нам их не взять. Курсак пустой, сил нет. И погода — видишь...»

«А я за вас на скамью, да? Ещё чего придумали! Есть проект. И чтоб откосы ровные были, а не желобком дно».

Пока Поддуев разогнулся, выбрал наверх рейку и вытянул ноги из глины, они все трое задрали к нему лица — одно чернобородое, другое как у загнанной борзой, третье в пушке, никогда не бритое, и падал снег на их лица как неживые, а они смотрели на него вверх. И малой разорвал губы, сказал:

«Ничего. И ты будешь умирать, десятник!»

А Поддуев не писал записку посадить их в карцер — только оформил точно, чтó они заработали, чтоб не брать себе на шею их лихо. И уж если вспоминать, так были случаи покрутей. И с тех пор прошло десять лет, Поддуев уже не работал в лагерях, бригадир тот освободился, тот газопровод клали временно, и, может, он уже газу не подаёт, и трубы пошли на другое, — а вот осталось, вынырнуло сегодня и первым звуком дня вступило в ухо:

«И ты будешь умирать, десятник!»

И ничем таким, что весит, Ефрем не мог от этого загородиться. Что он ещё жить хочет? И малой хотел. Что у

Ефрема сильная воля? Что он понял новое что-то и хотел бы иначе жить? Болезнь этого не слушает, у болезни свой *проект.*

Вот эта книжечка синяя с золотым росчерком, четвёртую ночь ночевавшая у Ефрема под матрасом, напевала что-то про индусов, как они верят, что умираем мы не целиком, а душа наша переселяется в животных или других людей. Такой проект нравился сейчас Поддуеву: хоть что-нибудь своё бы вынести, не дать ему накрыться. Хоть что-нибудь своё пронести бы через смерть.

Только не верил он в это переселение душ ни на поросячий нос.

Стреляло ему от шеи в голову, стреляло не переставая, да как-то ровно стало бить, на четыре удара. И четыре удара втолакивали ему: Умер. — Ефрем. — Поддуев. — Точка. Умер — Ефрем — Поддуев — Точка.

И так без конца. И сам про себя он стал эти слова повторять. И чем больше повторял, тем как будто сам отделялся от Ефрема Поддуева, обречённого умереть. И привыкал к его смерти, как к смерти соседа. А то, что́ в нём размышляло о смерти Ефрема Поддуева, соседа, — вот это вроде умереть бы было не должно.

А Поддуеву, соседу? Ему спасенья как будто и не оставалось. Разве только если бы берёзовую трутовицу пить? Но написано в письме, что пить её надо год, не прерываясь. Для этого надо высушенной трутовицы пуда два, а мокрой — четыре. А посылок это будет, значит, восемь. И ещё, чтоб трутовица не залёживалась, была бы недавно с дерева. Так не чохом все посылки, а в разрядочку, в месяц раз. Кто ж эти посылки будет ему собирать ко времени да присылать? Оттуда, из России?

Это надо, чтоб свой человек, родной.

Много-много людей перешло через Ефрема за жизнь, и ни один из них не зацепился как родной.

Это бы первая жёнка его Амина́ могла бы собирать-присылать. Туда, за Урал, некому и написать, кроме как только ей. А она напишет: «Подыхай под забором, старый кобель!» И будет права.

Права по тому, как это принято. А вот по этой синей книжечке не права. По книжечке выходит, что Амина должна его пожалеть, и даже любить, — не как мужа, но как просто страдающего человека. И посылки с трутовицей — слать.

Книга-то получалась очень правильная, если б все сразу стали по ней жить...

Тут наплыло Ефрему в отлеглые уши, как геолог говорил, что живёт для работы. Ефрем ему по книжечке ногтем и постукал.

А потом опять, не видя и не слыша, он погрузился в своё. И опять ему стрелило в голову.

И только донимала его эта стрельба, а то легче и приятней всего ему было бы сейчас не двигаться, не лечиться, не есть, не разговаривать, не слышать, не видеть.

Просто — перестать быть.

Но трясли его за ногу и за локоть, это Ахмаджан помогал, а девка из хирургической, оказывается, давно над ним стояла и звала на перевязку.

И вот Ефрему надо было за чем-то ненужным подниматься. Шести пудам своего тела надо было передать эту волю — встать: напрячься ногам, рукам, спине, и из покоя, куда стали погружаться кости, обро́шенные мясом, заставить их сочленения работать, их тяжесть — подняться, составить столб, облачить его в курточку и понести столб коридорами и лестницей для бесполезного мучения — для размотки и потом замотки десятков метров бинтов.

Это было всё долго, больно и в каком-то сером шумке. Кроме Евгении Устиновны были ещё два хирурга, которые сами операций никогда не делали, и она им что-то толковала, показывала, и Ефрему говорила, а он ей не отвечал.

Он чувствовал так, что говорить им уже не о чем. Безразличный серый шумок обволакивал все речи.

Его обмотали белым обручем мощнее прежнего, и так он вернулся в палату. То, что его обматывало, уже было больше его головы — и только верх настоящей головы высовывался из обруча.

Тут ему встретился Костоглотов. Он шёл, достав кисет с махоркой.

— Ну, что решили?

Ефрем подумал: а что, правда, решили? И хотя в перевязочной он как будто ни во что не вникал, но сейчас понял и ответил ясно:

— Удавись где хочешь, только не в нашем дворе.

Федерау со страхом смотрел на чудовищную шею, которая, может, ждала и его, и спросил:

— Выписывают?

И только этот вопрос объяснил Ефрему, что нельзя ему опять ложиться в постель, как он хотел, а надо собираться к выписке.

А потом, когда и наклониться нельзя, — переодеваться в свои обычные вещи.

А потом через силу передвигать столб тела по улицам города.

И ему нестерпимо представилось, что ещё это всё он должен напрягаться делать, неизвестно зачем и для кого.

Костоглотов смотрел на него не с жалостью, нет, а — с солдатским сочувствием: эта пуля твоя оказалась, а следующая, может, моя. Он не знал прошлой жизни Ефрема, не дружил с ним и в палате, а прямота его ему нравилась, и это был далеко не самый плохой человек из встречавшихся Олегу в жизни.

— Ну, держи, Ефрем! — размахнулся он рукой.

Ефрем, приняв пожатие, оскалился:

— Родится — вертится, растёт — бесится, помрёт — туда дорога.

Олег повернулся идти курить, но в дверь вошла лаборантка, разносившая газеты, и по близости протянула ему. Костоглотов принял, развернул, но доглядел Русанов и громко, с обидой, выговорил лаборантке, ещё не успевшей ушмыгнуть:

— Послушайте! Послушайте! Но ведь я же ясно просил давать газету первому мне!

Настоящая боль была в его голосе, но Костоглотов не пожалел его, а только отгавкнулся:

— А почему это вам первому?

— Ну, как почему? Как почему? — вслух страдал Павел Николаевич, страдал от неоспоримости, ясной видимости своего права, но невозможности защитить его словами.

Он испытывал не что иное, как ревность, если кто-нибудь другой до него непосвящёнными пальцами разворачивал свежую газету. Никто из них тут не мог бы понять в газете того, что понимал Павел Николаевич. Он понимал газету как открыто распространяемую, а на самом деле зашифрованную инструкцию, где нельзя было высказать всего прямо, но где знающему умелому человеку можно было по разным мелким признакам, по расположению статей, по тому, что *не* указано и опущено, — составить верное понятие о новейшем направлении. И именно поэтому Русанов должен был читать газету первый.

Но высказать-то это здесь было нельзя! И Павел Николаевич только пожаловался:

— Мне ведь укол сейчас будут делать. Я до укола хочу посмотреть.

— Укол? — Оглоед смягчился. — Се-час...

Он досматривал газету впробежь, материалы сессии и оттеснённые ими другие сообщения. Он и шёл-то курить. Он уже зашуршал было газетой, чтоб её отдать, – и вдруг заметил что-то, влез в газету — и почти сразу стал настороженным голосом выговаривать одно и то же длинное слово, будто протирая его между языком и нёбом:

— Ин-те-рес-нень-ко... Ин-те-рес-нень-ко...

Четыре глухих бетховенских удара судьбы громыхнули у него над головой — но никто не слышал в палате, может и не услышит, — и что другое он мог выразить вслух?

— Да что такое? — взволновался Русанов вовсе. — Да дайте же сюда газету!

Костоглотов не потянулся никому ничего показывать. И Русанову ничего не ответил. Он соединил газетные листы, ещё сложил газету вдвое и вчетверо, как она была, но со своими шестью страницами она не легла точно в прежние сгибы, а пузырилась. И, сделав шаг к Русанову (а тот к нему), передал газету. И тут же, не выходя, растянул свой шёлковый кисет и стал дрожащими руками сворачивать махорочную газетную цыгарку.

И дрожащими руками разворачивал газету Павел Николаевич. Это «интересненько» Костоглотова пришлось ему как нож между рёбрами. Что это могло быть Оглоеду «интересненько»?

Умело и делово, он быстро проходил глазами по заголовкам, по материалам сессии и вдруг, и вдруг... Как? Как?..

Совсем не крупно набранный, совсем незначительный для тех, кто не понимает, со страницы кричал! кричал! небывалый! невозможный указ! — о полной смене Верховного Суда! Верховного Суда Союза!

Как?! Матулевич, заместитель Ульриха?! Детистов? Павленко? Клопов? И Клопов!! — сколько стоит Верховный Суд, столько был в нём и Клопов! И Клопова — сняли!.. Да кто же будет беречь кадры?.. Совершенно новые какие-то имена... Всех, кто вершил правосудие четверть столетия, — одним ударом! — всех!?

Это не могла быть случайность!

Это был шаг истории...

Испарина выступила у Павла Николаевича. Только сегодня к утру он успокоил себя, что все страхи — пусты, и вот...

— Вам укол.

— Что?? — безумно вскинулся он.

Доктор Гангарт стояла перед ним со шприцем.

— Обнажите руку, Русанов. Вам укол.

16

Он полз. Он полз какой-то бетонной трубой не трубой, а тоннелем, что ли, где из боков торчала незаделанная арматура, и за неё он цеплялся иногда, и как раз правой стороной шеи, больной. Он полз на груди и больше всего ощущал тяжесть тела, прижимающего его к земле. Эта тяжесть была гораздо больше, чем вес его тела, он не привык к такой тяжести, его просто плющило. Он думал сперва, что это бетон сверху придавливает, — нет, это такое тяжёлое было его тело. Он ощущал его и тащил его, как мешок железного лома. Он подумал, что с такой тяжестью и на ноги, пожалуй, не встанет, но главное бы — выползти из этого прохода, хоть вздохнуть, хоть на свет посмотреть. А проход не кончался, не кончался, не кончался.

Тут чей-то голос — но без голоса, а передавая одни мысли — командовал ему ползти вбок. Как же я туда поползу, если там стена? — подумал он. Но с той тяжестью, с какой плющилось его тело, ему была и неотвратимая команда ползти влево. Он закряхтел и пополз — и правда, так же и полз, как и раньше прямо. Всё было одинаково тяжело, а ни света, ни конца не проглядывало. Только он приноровился сюда — тот же внятный голос велел ему заворачивать вправо, да побыстрей. Он заработал локтями и ступнями, и хотя справа была непроницаемая стена — а полз, и как будто получалось. Всё время он цеплялся шеей, а в голову отдавалось. Так тяжело он ещё никогда не попадал в жизни, и обидней всего будет, если он так и умрёт тут, не доползя.

Но вдруг полегчали его ноги — стали лёгкие, как будто их воздухом надули, и стали ноги подниматься, а грудью и головой он был по-прежнему прижат к земле. Он прислушался — команды ему никакой не было. И тогда он придумал, что вот так можно и выбраться: пусть ноги поднимутся из трубы, а он за ними назад поползёт, и вылезет. И действительно, он стал пятиться и, выжимаясь на руках, — откуда сила взялась? — стал лезть вслед за ногами назад, через дыру. Дыра была узкая, но главное — вся кровь прилила в голову, и он думал, что тут и умрёт, голова разорвётся. Но ещё немножко руками оттолкнулся от стенок — обдирало его со всех сторон — и вылез.

И оказался на трубе, среди какого-то строительства, только безлюдного, очевидно, рабочий день кончился. Вокруг была грязная топкая земля. Он сел на трубе передохнуть — и увидел, что рядом сидит девушка в рабочей испачканной одежде, а с головой непокрытой, соломенные волосы распущены, и ни одного гребня, ни шпильки. Девушка не смотрела на него, просто так сидела, но ждала от него вопроса, он знал. Он сперва испугался, а потом понял, что она его боится ещё больше. Ему совсем было не до разговоров, но она так ждала вопроса, что он спросил:

«Девушка, а где твоя мать?»

«Не знаю», — ответила девушка, смотрела себе под ноги и ногти кусала.

«Ну, как не знаешь? — он начинал сердиться. — Ты должна знать. И ты должна откровенно сказать. И написать всё как есть... Что ты молчишь? Я ещё раз спрашиваю — где твоя мать?»

«А я у вас хочу спросить», — взглянула девушка.

Она взглянула — и глаза её были водянистые. И его сразу пробрало, и он несколько раз догадался, но не одно за другим, а сразу все несколько раз. Он догадался, что это — дочь прессовщицы Груши, посаженной за болтовню против Вождя Народов. И что эта дочь принесла ему неправильную анкету, скрыла, а он вызывал её и грозил судить за неправильную анкету, и тогда она отравилась. Она отравилась, но сейчас-то по волосам и глазам он догадался, что она утопилась. И ещё он догадался, что она догадалась, кто он. И ещё догадался, что если она утопилась, а он сидит с ней рядом — так он тоже умер. И его всего пробило потом. Он вытер пот, а ей сказал:

«Ну и жарища! А где б воды выпить, ты не знаешь?»

«Вон», — кивнула девушка.

Она показала ему на какое-то корыто или ящик, наполненный застоявшейся дождевой водой вперемешку с зеленоватой глиной. И тут он ещё раз догадался, что вот этой-то воды она тогда и наглоталась, а теперь хочет, чтоб и он захлебнулся. Но если так она хочет, значит, он ещё жив?

«Вот что, — схитрил он, чтоб от неё отделаться. — Ты сходи и позови мне сюда прораба. И пусть он для меня сапоги захватит, а то как же я пойду?»

Девушка кивнула, соскочила с трубы и похлюпала по лужам такой же простоволосой неряхой, а в комбинезоне и в сапогах, как ходят девушки на строительствах.

Ему же так пить хотелось, что он решил выпить и из этого корыта. Если немножко выпить, так ничего. Он слез и с удивлением заметил, что по грязи ничуть не скользит. Земля под ногами была какая-то неопределённая. И всё вокруг было неопределённое, не было ничего видно вдаль.

Он мог бы так и идти, но вдруг испугался, что потерял важную бумагу. Проверил карманы — все сразу карманы — и ещё быстрей, чем управлялись руки, понял, что — да, потерял.

Он испугался сразу, очень испугался, потому что по теперешним временам таких бумаг людям читать не надо. Могут быть большие для него неприятности. И сразу он понял, где потерял, — когда вылезал из трубы. И он быстро пошёл назад. Но не находил этого места. Совсем он не узнавал места. И трубы никакой не было. Зато ходили туда-сюда рабочие. И это было хуже всего: они могли найти!

Рабочие были все незнакомые, молодые. Какой-то парень в брезентовой куртке сварщика, с крылышками на плечах, остановился и смотрел на него. Зачем он так смотрел? Может, он нашёл?

«Слушай, парень, у тебя спичек нет?» — спросил Русанов.

«Ты ж не куришь», — ответил сварщик.

(Всё знают! Откуда знают?)

«Мне для другого спички нужны.»

«А для чего для другого?» — присматривался сварщик.

И действительно, как глупо он ответил! Это же типичный ответ диверсанта. Могут его задержать — а тем временем найдётся бумага. А спички ему вот для чего — чтобы сжечь ту бумагу.

А парень ближе, ближе к нему подходил — Русанов очень перепугался, предчувствуя. Парень заглянул глазами в глаза и сказал чётко, раздельно:

«Судя по тому, что Ельчанская как бы завещала мне свою дочь, я заключаю, что она чувствует себя виноватой и ждёт ареста».

Русанов задрожал в перезнобе:

«А вы откуда знаете?»

(Это он так спросил, а понятно было, что парень только что прочёл его бумагу: слово в слово было оттуда!)

Но сварщик ничего не ответил и пошёл своей дорогой. И Русанов заметался! Ясно было, что где-то тут близко лежит его заявление, и надо найти скорей, скорей!

И он кидался между какими-то стенами, заворачивал за углы, сердце выскакивало вперёд, а ноги не успевали, ноги совсем медленно двигались, отчаяние! Но вот уже он увидел бумажку! Он так сразу и подумал, что это она. Он хотел бежать к ней, но ноги совсем не шли. Тогда он опустился на четвереньки и, главные толчки давая руками, пошёл к бумаге. Только бы кто-нибудь не захватил раньше! Только б не опередили, не выхватили! Ближе, ближе... И наконец он схватил бумагу! Она!! Но даже в пальцах уже не было сил рвать, и он лёг ничком отдохнуть, а её поджал под себя.

И тут кто-то тронул его за плечо. Он решил не оборачиваться и не выпускать из-под себя бумаги. Но его трогали мягко, это женская была рука, и Русанов догадался, что это была сама Ельчанская.

«Друг мой! — мягко спросила она, наверно, наклоняясь к самому его уху. — А, друг мой! Скажите, где моя дочь? Куда вы её дели?»

«Она в хорошем месте, Елена Фёдоровна, не беспокойтесь!» — ответил Русанов, но головы к ней не повернул.

«А в каком месте?»

«В детприёмнике.»

«А в каком детприёмнике?» — Она не допрашивала, её голос звучал печально.

«Вот не скажу, право.» — Уж он искренно хотел ей ответить, но сам не знал: не он сдавал, а из того места могли переслать.

«А — под моей фамилией?» — почти нежно звучали её вопросы за плечом.

«Нет, — посочувствовал Русанов. — Такой уж порядок: фамилию меняют. Я ни при чём, такой порядок.»

Он лежал и вспоминал, что Ельчанских обоих он почти даже любил. Он никакого не имел против них зла. И если пришлось написать на старика, то лишь потому, что просил Чухненко, которому Ельчанский мешал работать. И после посадки мужа Русанов искренне заботился о жене и дочери, и тогда, ожидая ареста, она поручила ему дочь. Но как вышло, что он и на неё написал, — он не мог вспомнить.

Теперь он обернулся с земли посмотреть на неё, но её не было, совсем не было (да ведь она же и умерла, как она могла быть?), а вместо этого сильно кольнуло в шее, в правой стороне. И он выровнял голову и продолжал лежать. Ему надо было отдохнуть — он так устал, как никогда не уставал! Всё тело ему ломало.

Это был какой-то шахтный проход, где он лежал, штольня, но глаза его привыкли к темноте, и он заметил рядом с собой, на земле, засыпанной мелким антрацитом, телефонный аппарат. Вот это его очень удивило — откуда здесь мог взяться городской аппарат? и неужели он подключён? Тогда можно позвонить, чтобы принесли ему попить. И вообще бы взяли его в больницу.

Он снял трубку, но вместо гудка услышал бодрый деловой голос:

«Товарищ Русанов?»

«Да, да», — живо подобрался Русанов (как-то сразу чувствовалось, что этот голос — *сверху*, а не снизу).

«Зайдите в Верховный Суд.»

«В Верховный Суд? Есть! Сейчас! Хорошо! — И уже клал трубку, но опомнился: — Да, простите, а какой Верховный Суд — старый или новый?»

«Новый, — ответили ему холодно. — Поторопитесь.» — И положили трубку.

И он всё вспомнил о смене Суда! — и проклял себя, что сам первый взял трубку. Матулевича не было... Клопова не было... Да, и Берии ж не было! — ну, времена!

Однако надо было идти. Сам бы он не имел сил встать, но потому что вызывали — надо было подняться. Он напрягался четырьмя конечностями, привставал и падал, как телёнок, ещё не научившийся ходить. Правда, ему не назначили точного времени, но сказали: «Поторопитесь!» Наконец, держась за стенку, он встал на ноги. И так побрёл на расслабленных, неуверенных ногах, всё время держась за стенку. Почему-то и шея болела справа.

Он шёл и думал: неужели его будут судить? Неужели возможна такая жестокость: по прошествии стольких лет его судить? Ах, эта смена Суда! Ах, не к добру!

Ну что ж, при всём его уважении к Высшей Судебной Инстанции ему ничего не остаётся, как защищаться и там. Он осмелится защищаться!

Вот что он им скажет: не я осуждал! и следствия вёл тоже не я! Я только сигнализировал о подозрениях. Если в коммунальной уборной я нахожу клочок газеты с разорванным портретом Вождя — моя обязанность этот клочок принести и сигнализировать. А следствие на то и поставлено, чтобы проверить! Может быть это случайность, может быть это не так. Следствие для того и поставлено, чтобы выяснить истину! А я только исполнял простой гражданский долг.

Вот что он им скажет: все эти годы важно было оздоровить общество! морально оздоровить! А это невозможно без чистки общества. А чистка невозможна без тех, кто не брезгует совком.

Чем больше в нём разворачивались аргументы, тем больше он накалялся, как он им сейчас выскажет. Он даже хотел теперь скорей дойти, чтоб его скорей вызвали, и он им просто выкрикнет:

«Не я один это делал! Почему вы судите именно меня? А кто этого не делал? А как бы он на посту удержался, если бы не помогал?!.. Гузун? Так и сам сел!»

Он напрягся, будто уже кричал, — но заметил, что не кричит совсем, а только надулось горло. И болело.

Он шёл уже будто не по штольне, а просто по коридору, а сзади его окликнули:

«Пашка! Ты что — больной? Чего это еле тащишься?»

Он подбодрился и, кажется, пошёл как здоровый. Обернулся, кто ж его окликал, — это был Звейнек, в юнгштурмовке, с портупеей.

«А ты куда, Ян?» — спросил Павел и удивился, почему тот такой молодой. То есть он и был молодой, но сколько ж с тех пор прошло?

«Как куда? Куда и ты, на комиссию.»

На какую ж комиссию? — стал соображать Павел. Ведь он был вызван в какое-то другое место, но уже не мог вспомнить — в какое.

И он подтянулся к шагу Звейнека и пошёл с ним бодро, быстро, молодо. И почувствовал, что ему ещё нет двадцати, что он холостой парень.

Они стали проходить большое служебное помещение, где за многими канцелярскими столами сидела интеллигенция — старые бухгалтеры с бородами, как у попов, и с галстуками; инженеры с молоточками в петлицах; пожилые дамы, как барыни; и машинистки молоденькие накрашенные, в юбках выше колен. Как только они со Звейнеком вошли, чётко выстукивая в четыре сапога, так все эти человек тридцать обернулись к ним, некоторые привставали, другие кланялись сидя, — и все вращали головами за ними, пока они шли, и на лицах у всех был испуг, а Павлу с Яном это льстило.

Они зашли в следующую комнату и здоровались с другими членами комиссии и рассаживались за столом, папки на красную скатерть.

«Ну, запускайте!» — распорядился Венька, председатель.

Запустили. Первая вошла тётя Груша из прессового цеха.

«Тётя Груша, а ты чего? — удивился Венька. — Ведь мы — *аппарат* чистим, а ты чего? Ты в аппарат, что ли, пролезла?»

И все рассмеялись.

«Да нет, видишь, — не робела тётя Груша. — У меня дочка подрастает, надо бы дочку в садик устроить, а?»

«Хорошо, тётя Груша! — крикнул Павел. — Пиши заявление, устроим. Дочку — устроим! А сейчас не мешай, мы интеллигенцию чистить будем!»

И потянулся налить себе воды из графина — но графин оказался пустой. Тогда он кивнул соседу, чтобы передали ему графин с того конца стола. Передали, но и он был пустой.

А пить хотелось так, что всё горло жгло.

— Пить! — попросил он. — Пить!

— Сейчас, — сказала доктор Гангарт, — сейчас принесут воды.

Русанов открыл глаза. Она сидела около него на постели.

— У меня в тумбочке — компот, — слабо произнёс Павел Николаевич. Его знобило, ломало, а в голове стукало тяжело.

— Ну, компота вам нальём, — улыбнулась Гангарт тоненькими губами. Она сама открыла тумбочку, доставая бутылку компота и стакан.

В окнах угадывался вечерний солнечный свет.

Павел Николаевич покосился, как Гангарт наливает ему компот. Чтоб чего-нибудь не подсыпала.

Кисло-сладкий компот был пронизывающе-приятный. Павел Николаевич с подушки из рук Гангарт выцедил весь стакан.

— Сегодня плохо мне было, — пожаловался он.

— Нет, вы ничего перенесли, — не согласилась Гангарт. — Просто сегодня мы увеличили вам дозу.

Новое подозрение кольнуло Русанова.

— И что, каждый раз будете увеличивать?

— Теперь всё время будет такая. Вы привыкнете, вам будет легче.

А опухоль-жаба сидела под челюстью, как и сидела.

— А Верховный... ? — начал он и подрезался.

Он уже путал, о чём в бреду, о чём наяву.

17

Вера Корнильевна беспокоилась, как Русанов перенесёт полную дозу, за день наведывалась несколько раз и задержалась после конца работы. Она могла бы так часто не приходить, если бы дежурила Олимпиада Владиславовна, как было по графику, но её таки взяли на курсы профказначеев, вместо неё сегодня днём дежурил Тургун, а он был слишком беспечен.

Русанов перенёс укол тяжеловато, однако в допустимых пределах. Вслед за уколом он получил снотворное и не просыпался, но беспокойно ворочался, дёргался, стонал. Всякий раз Вера Корнильевна оставалась понаблюдать за ним и слушала его пульс. Он корчился и снова вытягивал ноги. Лицо его покраснело, взмокло. Без очков, да ещё на подушке, голова его не имела начальственного вида. Редкие белые волосики, уцелевшие от облысения, были разлизаны по темени.

Но, столько раз ходя в палату, Вера Корнильевна заодно делала и другие дела. Выписывался Поддуев, который считался старостой палаты, и хотя должность эта существовала ни для чего, однако полагалась. И, от койки Русанова перейдя по соседству к следующей, Вера Корнильевна объявила:

— Костоглотов. С сегодняшнего дня вы назначаетесь старостой палаты.

Костоглотов лежал поверх одеяла одетый и читал газету (уж второй раз Гангарт приходила, а он всё читал газету). Всегда ожидая от него какого-нибудь выпада, Гангарт сопроводила свою фразу лёгкой улыбкой, как бы объясняя, что и сама понимает, что всё это ни к чему. Костоглотов поднял от газеты весёлое лицо и, не зная, как лучше выразить уважение к врачу, подтянул к себе слишком вытянутые по кровати длинные ноги. Вид его был очень благожелательный, а сказал он:

— Вера Корнильевна! Вы хотите нанести мне непоправимый моральный урон. Никакой администратор не свободен от ошибок, а иногда и впадает в соблазн власти. Поэтому я после многолетних размышлений дал себе обет никогда больше не занимать административных должностей.

— А вы занимали? И высокие? — Она входила в забаву разговора с ним.

— Самая высокая была — помкомвзвода. Но фактически даже ещё выше. Моего командира взвода за полную тупость и неспособность отправили на курсы усовершенствования, откуда он должен был выйти не ниже как командиром батареи — но уже не к нам в дивизион. А другого офицера, которого вместо него прислали, сразу пристегнули к политотделу сверх штата. Комдив мой не возражал, потому что я приличный был топограф, и ребята меня слушались. И так я в звании старшего сержанта два года был и. о. комвзвода — от Ельца до Франкфурта-на-Одере. И кстати, это были лучшие годы всей моей жизни, как ни смешно.

Всё-таки и с поджатыми ногами получалось невежливо, он спустил их на пол.

— Ну, вот видите, — улыбка расположения не сходила с лица Гангарт и когда она слушала его и когда сама говорила. — Зачем же вы отказываетесь? Вам опять будет хорошо.

— Славненькая логика! — мне хорошо! А демократия? Вы же попираете принципы демократии: палата меня не выбирала, избиратели не знают даже моей биографии... Кстати, и вы не знаете...

— Ну что ж, расскажите.

Она вообще негромко говорила, и он снизил голос для неё одной. Русанов спал, Зацырко читал, койка Поддуева была уже пуста, — их почти и не слышали.

— Это очень долго. И потом, я смущён, что я сижу, а вы стоите. Так не разговаривают с женщинами. Но если я, как солдат, стану сейчас в проходе, будет ещё глупей. Вы присядьте на мою койку, пожалуйста.

— Вообще-то мне идти надо, — сказала она. И села на краешек.

— Видите, Вера Корнильевна, за приверженность демократии я больше всего в жизни пострадал. Я пытался насаждать демократию в армии — то есть много рассуждал. За это меня в 39-м не послали в училище, оставили рядовым. А в 40-м уже доехал до училища, так сдерзил начальству там, и оттуда отчислили. И только в 41-м кой-как кончил курсы младших командиров на Дальнем Востоке. Честно говоря, очень досадно было мне, что я не офицер, все мои друзья пошли в офицеры. В молодости это как-то переживаешь. Но справедливость я ценил выше.

— У меня один близкий человек, — сказала Гангарт, глядя в одеяло, — тоже имел такую судьбу: очень развитой — и рядовой. — Полпаузы, миг молчания пролетел меж их головами, и она подняла глаза. — Но вы и сегодня таким остались.

— То есть: рядовым или развитым?

— Дерзким. Как, например, вы всегда разговариваете с врачами? Со мной особенно.

Она строго это спросила, но странная была у неё строгость, вся пропитанная мелодичностью, как все слова и движения Веры Гангарт.

— Я — с вами? Я с вами разговариваю исключительно почтительно. Это у меня высшая форма разговора, вы ещё не знаете. А если вы имеете в виду первый день, так вы не представляете, в каких же я был клещах. Еле-еле меня, умирающего, выпустили из области. Приехал сюда — тут вместо зимы дождь-проливняк, а у меня — валенки под мышкой, у нас же там морозяра. Шинель намокла, хоть отжимай. Валенки сдал в камеру хранения, сел в трамвай ехать в старый город, там у меня ещё с фронта адрес моего солдата. А уже темно, весь трамвай отговаривает: не идите, зарежут! После амнистии 53-го года, когда всю шпану выпустили, никак её опять не выловят. А я ещё не был уверен, тут ли мой солдат, и улица такая, что никто её не знает. Пошёл по гостиницам. Такие красивые вестибюли в гостиницах, просто стыдно моими ногами входить, и кое-где даже места были, но вместо паспорта протяну своё ссыльное удостоверение — «нельзя!», «нельзя!» Ну, что делать? Умирать я был готов, но почему же под забором? Иду прямо в милицию: «Слушайте, я — ваш. Устраивайте меня ночевать.» Перемялись, говорят: «Идите в чайхану и ночуйте, мы там документов не проверяем.» Но не нашёл я чайханы, поехал опять на вокзал. Спать нельзя, милиционер ходит-гоняет. Утром — к вам в амбулаторию. Очередь. Посмотрели — сейчас же ложиться. Теперь двумя трамваями через весь город — в комендатуру. Так рабочий день по всему Советскому Союзу — а комендант ушёл и наплевать. И никакой запиской он ссыльных не удостаивает: может придёт, может нет. Тут я сообразил: если я ему удостоверение отдам — мне, пожалуй, валенок на вокзале не выдадут. Значит, двумя трамваями опять на вокзал. Каждая поездка — полтора часа.

— Что-то я у вас валенок не помню. Разве были?

— Не помните, потому что я тут же, на вокзале, эти валенки продал какому-то дядьке. Рассчитал, что эту зиму долежу в клинике, а до следующей не доживу. Теперь опять в комендатуру! — на одних трамваях червонец проездил. Там ещё километр грязюкой переться, а ведь у меня боли, я еле иду. И всюду мешок свой тащу. Слава тебе, пришёл комендант. Отдаю ему в залог разрешение моей областной комендатуры, показываю направление вашей амбулатории, отмечает: можно лечь. Теперь еду... не к вам ещё, в центр. По афишам вижу, что идёт «Спящая красавица».

— Ах вот как! Так вы ещё — по балетам? Ну, знала б — не положила б! Не-ет!

— Вера Корнильевна, это — чудо! Перед смертью последний раз посмотреть балет! Да и без смерти я его в своей вечной ссылке никогда не увижу. Так нет же, чёрт! — заменён спектакль! Вместо «Спящей красавицы» пойдёт «Агу-Балы».

Беззвучно смеясь, Гангарт качала головой. Вся эта затея умирающего с балетом ей, конечно, нравилась, очень нравилась.

— Что делать? В консерватории — фортепьянный концерт аспирантки. Но — далеко от вокзала, и угла лавки не захвачу. А дождь всё лупит, всё лупит! Один выход: ехать сдаваться к вам. Приезжаю — «мест нет, придётся несколько дней подождать». А больные говорят: тут и по неделе ждут. Где ждать? Что мне оставалось? Без лагерной хватки пропадёшь. А тут вы ещё бумажку у меня из рук уносите?.. Как же я должен был с вами разговаривать?

Теперь весело вспоминалось, обоим было смешно.

Он это всё рассказывал без усилия мысли, а думал вот о чём: если мединститут она кончила в 46-м году, то ей сейчас не меньше тридцати одного года, она ему почти ровесница. Почему же Вера Корнильевна кажется ему моложе двадцатитрёхлетней Зои? Не по лицу, а по повадке: по несмелости, по застыдчивости. В таких случаях бывает можно предположить, что она... Внимательный взгляд умеет выделить таких женщин по мелочам поведения. Но Гангарт — замужем. Так почему же... ?

А она смотрела на него и удивлялась, почему он вначале показался ей таким недоброжелательным и грубым. У него, правда, тёмный взгляд и жёсткие складки, но он умеет смотреть и говорить очень дружественно и весело, вот как сейчас. Вернее, у него всегда наготове и та, и другая манера, и не знаешь, какую ждать.

— О балеринах и о валенках я теперь всё усвоила, — улыбалась она. — Но — сапоги? Вы знаете, что ваши сапоги — это небывалое нарушение нашего режима?

И она сузила глаза.

— Опять режим, — скривился Костоглотов, и шрам его скривился. — Но ведь прогулка даже в тюрьме положена. Я без прогулки не могу, я тогда не вылечусь. Вы ж не хотите лишить меня свежего воздуха?

Да, Гангарт видела, как подолгу он гулял сторонними одинокими аллейками медгородка: у кастелянши выпросил женский халат, которых мужчинам не давали, не хватало; морщь халата сгонял под армейским поясом с живота на бока, а полы халата всё равно раздёргивались. В сапогах, без шапки, с косматой чёрной головой, он гулял крупными твёрдыми шагами, глядя в камни под собой, а дойдя до намеченного рубежа, на нём поворачивался. И всегда он держал руки сложенными за спиной. И всегда один, ни с кем.

— Вот на днях ожидается обход Низамутдина Бахрамовича, и знаете, что́ будет, если он увидит ваши сапоги? Мне будет выговор в приказе.

Опять она не требовала, а просила, даже как бы жаловалась ему. Она сама удивлялась тому тону, даже не равенства, а немного и подчинения, который установился между ними и которого у неё с больными вообще никогда не бывало.

Костоглотов, убеждая, тронул своей лапой её руку:

— Вера Корнильевна! Стопроцентная гарантия, что он у меня их не найдёт. И даже в вестибюле никогда в них не встретит.

— А на аллейке?

— А там он не узнает, что я — из его корпуса! Даже вот хотите, давайте для смеху напишем анонимный донос на меня, что у меня сапоги, и он с двумя санитарками придёт здесь шарить — и никогда не найдут.

— А разве это хорошо — писать доносы? — Она опять сузила глаза.

Ещё вот: зачем она губы красила? Это было грубовато для неё, это нарушало её тонкость. Он вздохнул:

— Да ведь пишут, Вера Корнильевна, как пишут! И получается. Римляне говорили: *testis unus — testis nullus*, один свидетель — никакой не свидетель. А в двадцатом веке и один — лишний стал, и одного-то не надо.

Она увела глаза. Об этом трудно ведь было говорить.

— И куда ж вы их тогда спрячете?

— Сапоги? Да десятки способов, сколько будет времени. Может быть, в холодную печку кину, может быть, на верёвочке за окно подвешу. Не беспокойтесь!

Нельзя было не засмеяться и не поверить, что он действительно вывернется.

— Но как вы умудрились не сдать их в первый день?

— Ну, это уж совсем просто. В той конуре, где переодевался, поставил за створку двери. Санитарка всё остальное сгребла в мешок с биркой и унесла на центральный склад. Я из бани вышел, в газетку их обернул и понёс.

Разговаривали уже о какой-то ерунде. Шёл рабочий день, и почему она тут сидела? Русанов беспокойно спал, потный, но спал, и рвоты не было. Гангарт ещё раз подержала его пульс и уж было пошла, но тут же вспомнила, опять обернулась к Костоглотову:

— Да, вы дополнительного ещё не получаете?

— Никак нет, — навострился Костоглотов.

— Значит, с завтрашнего дня. В день два яйца, два стакана молока и пятьдесят грамм масла.

— Что-что? Могу ли я верить своим ушам? Да ведь меня никогда в жизни так не кормили!.. Впрочем, знаете, это справедливо. Ведь я за эту болезнь даже по бюллетеню не получу.

— Как это?

— Очень просто. Оказывается, я в профсоюзе ещё не состою шести месяцев. И мне ничего не положено.

— Ай-я-яй! Как же это получилось?

— Да отвык я просто от этой жизни. Приехал в ссылку — как я должен был догадаться, что надо скорей вступать в профсоюз?

С одной стороны, такой ловкий, а с другой — такой неприспособленный. Этого дополнительного именно Гангарт ему добивалась, очень настойчиво, было не так легко... Но надо идти, идти, так можно проговорить целый день.

Она подходила уже к двери, когда он с насмешкой крикнул:

— Подождите, да вы меня не как старосту подкупаете? Теперь я буду мучиться, что впал в коррупцию с первого дня!..

Гангарт ушла.

Но после обеда больных ей было неизбежно снова навещать Русанова. К этому времени она узнала, что ожидаемый обход главного врача будет именно завтра. Так появилось и новое дело в палатах — идти проверять тумбочки, потому что Низамутдин Бахрамович ревнивее всего следил, чтобы в тумбочках не было крошек, лишних продуктов, а в идеале и ничего, кроме казённого хлеба и сахара. И ещё он проверял чистоту, да с такой находчивостью, что и женщина бы не догадалась.

Поднявшись на второй этаж, Вера Корнильевна запрокинула голову и зорко смотрела по самым верхним местам их высоких помещений. И в углу над Сибгатовым ей повиделась паутина (стало больше света, на улице проглянуло солнце). Гангарт подозвала санитарку — это была Елизавета Анатольевна, почему-то именно на неё выпадали все авралы, объяснила, как надо сейчас всё мыть к завтрашнему дню, и показала на паутину.

Елизавета Анатольевна достала из халата очки, надела их, сказала:

— Представьте, вы совершенно правы. Какой ужас! — Сняла очки и пошла за лестницей и щёткой. Убирала она всегда без очков.

Дальше Гангарт вошла в мужскую палату. Русанов был в том же положении, распаренный, но пульс снизился, а Костоглотов как раз надел сапоги и халат и собирался гулять. Вера Корнильевна объявила всей палате о завтрашнем важном обходе и просила самим просмотреть тумбочки прежде, чем она их тоже проверит.

— А вот мы начнём со старосты, — сказала.

Начинать можно было и не со старосты, она не знала, почему опять пошла именно в этот угол.

Вся Вера Корнильевна была — два треугольника, поставленных вершина на вершину: снизу треугольник пошире, а сверху узкий. Перехват её стана был до того узенький, что просто руки тянулись наложить пальцы и подкинуть её. Но ничего подобного Костоглотов не сделал, а охотно растворил перед ней свою тумбочку:

— Пожалуйста.

— Ну-ка, разрешите, разрешите, — добиралась она. Он посторонился. Она села на его кровать у самой тумбочки и стала проверять.

Она сидела, а он стоял над ней сзади и хорошо видел теперь её шею — беззащитные тонкие линии, и волосы средней тёмности, положенные просто в узелок на затылке без всякой претензии на моду.

Нет, надо было как-то освобождаться от этого наплыва. Невозможно, чтобы каждая милая женщина вызывала полное замутнение головы. Вот посидела с ним, поболтала, ушла — а он все эти часы думал о ней. А ей что? — она придёт вечером домой, её обнимет муж.

Надо было освобождаться! — но невозможно было и освободиться иначе как через женщину же.

И он стоял и смотрел ей в затылок, в затылок. Сзади воротник халата поднялся колпачком, и открылась кругленькая косточка — самая верхняя косточка спины. Пальцем бы её обвести.

— Тумбочка, конечно, из самых безобразных в клинике, — комментировала тем временем Гангарт. — Крошки, промасленная бумага, тут же и махорка, и книга, и перчатки. Как вам не стыдно? Это вы всё-всё сегодня уберёте.

А он смотрел ей в шею и молчал.

Она вытянула верхний выдвижной ящичек и тут, между мелочью, заметила небольшой флакон с бурой жидкостью, миллилитров на сорок. Флакон был туго заткнут, при нём была пластмассовая рюмочка, как в дорожных наборах, и пипетка.

— А это что? Лекарство?

Костоглотов чуть свистнул.

— Так, пустяки.

— Что за лекарство? Мы вам такого не давали.

— Ну что ж, я не могу иметь своего?

— Пока вы лежите в нашей клинике и без нашего ведома — конечно, нет!

— Ну, мне неудобно вам сказать... От мозолей.

Однако она вертела в пальцах безымянный ненадписанный флакон, пытаясь его открыть, чтобы понюхать, — и Костоглотов вмешался. Обе жёсткие горсти сразу он наложил на её руки и отвёл ту, которая хотела вытянуть пробку.

Вечное это сочетание рук, неизбежное продолжение разговора...

— Осторожно, — очень тихо предупредил он. — Это нужно умеючи. Нельзя пролить на пальцы. И нюхать нельзя.

И мягко отобрал флакон.

В конце концов, это выходило за границы всяких шуток!

— Что это? — нахмурилась Гангарт. — Сильное вещество?

Костоглотов опустился, сел рядом с ней и сказал деловито, совсем тихо:

— Очень. Это — иссык-кульский корень. Его нельзя нюхать — ни в настойке, ни в сухом виде. Поэтому он так и заткнут. Если корень перекладывать руками, а потом рук не помыть и забывши лизнуть — можно умереть.

Вера Корнильевна была испугана:

— И зачем он вам?

— Вот беда, — ворчал Костоглотов, — откопали вы на мою голову. Надо было мне его спрятать... Затем, что я им лечился и сейчас подлечиваюсь.

— Только для этого? — испытывала она его глазами. Сейчас она ничуть их не сужала, сейчас она была врач и врач.

Она-то смотрела как врач, но глаза-то были светло-кофейные.

— Только, — честно сказал он.

— Или это вы... про запас? — всё ещё не верила.

— Ну, если хотите, когда я ехал сюда — такая мысль у меня была. Чтоб лишнего не мучиться... Но боли прошли — это отпало. А лечиться я им продолжал.

— Тайком? Когда никто не видит?

— А что человеку делать, если не дают вольно жить? Если везде режим?

— И по скольку капали?

— По ступенчатой схеме. От одной капли до десяти, от десяти до одной — и десять дней перерыв. Сейчас как раз перерыв. А честно говоря, я не уверен, что боли упали у меня от одного рентгена. Может, и от корня тоже.

Они оба говорили приглушённо.

— Это на чём настойка?

— На водке.

— Вы сами делали?

— У-гм.

— И какая ж концентрация?

— Да какая... Дал мне охапку, говорит: вот это — на три пол-литра. Я и разделил.

— Но весит-то сколько?

— А он не взвешивал. Он так, на глазок принёс.

— На глазок? Такой ядище! Это — аконитум! Подумайте сами!

— А что мне думать? — начал сердиться Костоглотов. — Вы бы попробовали умирать одна во всей вселенной, да когда комендатура вас за черту посёлка не выпускает, вот тогда б и думали — аконитум! да сколько весит! Мне эта пригоршня корня, знаете, сколько могла потянуть? Двадцать лет каторжных работ! За самовольную отлучку с места ссылки. А я поехал. За полтораста километров. В горы. Живёт такой старик, Кременцов, борода академика Павлова. Из поселенцев начала века. Чистый знахарь! — сам корешок собирает, сам дозы назначает. В собственной деревне над ним смеются, в своём ведь отечестве нет пророка. А из Москвы и Ленинграда приезжают. Корреспондент «Правды» приезжал. Говорят, убедился. А сейчас слухи, что старика посадили. Потому что дураки какие-то развели на пол-литре и открыто в кухне держали, а позвали на ноябрьские гостей, тем водки не хватило, они без хозяев и выпили. Трое насмерть. А ещё в одном доме дети отравились. А старик при чём? Он предупреждал...

Но, заметив, что уже говорит против себя, Костоглотов замолк.

Гангарт волновалась:

— Так вот именно! Содержание сильнодействующих веществ в общих палатах — запрещено! Это исключается — абсолютно! Возможен несчастный случай. Дайте-ка сюда флакончик!

— Нет, — уверенно отказался он.

— Дайте! — Она соединила брови и протянула руку к его сжатой руке.

Крепкие, большие, много работавшие пальцы Костоглотова закрылись так, что и пузырька в них видно не было. Он улыбнулся:

— Так у вас не выйдет.

Она расслабила брови:

— В конце концов, я знаю, когда вы гуляете, и могу взять флакончик без вас.

— Хорошо, что предупредили, теперь запрячу.

— На верёвочке за окно? Что ж мне остаётся, пойти и заявить?

— Не верю. Вы же сами сегодня осудили доносы!

— Но вы мне не оставляете никакого средства!

— И значит, нужно доносить? Недостойно. Вы боитесь, что настойку выпьет вот товарищ Русанов? Я не допущу. Заверну и упакую. Но я буду уезжать от вас — ведь я опять начну корнем лечиться, а как же! А вы в него не верите?

— Совершенно! Это тёмные суеверия и игра со смертью. Я верю только в научные схемы, испытанные на практике. Так меня учили. И так думают все онкологи. Дайте сюда флакон.

Она всё-таки пробовала разжать его верхний палец.

Он смотрел в её рассерженные светло-кофейные глаза, и не только не хотелось ему упорствовать или спорить с ней, а с удовольствием он отдал бы ей этот пузырёк и всю даже тумбочку. Но поступиться убеждениями ему было трудно.

— Э-эх, святая наука! — вздохнул он. — Если б это было всё так безусловно, не опровергало само себя каждые десять лет. А во что должен верить я? В ваши уколы? Вот зачем мне новые уколы ещё назначили? Что это за уколы?

— Очень нужные! Очень важные для вашей жизни! Вам надо жизнь спасти! — она выговорила это ему особенно настойчиво, и светлая вера была в её глазах. — Не думайте, что вы выздоровели!

— Ну, а точней? В чём их действие?

— А зачем вам точней! Они вылечивают. Они не дают возникать метастазам. Точней вы не поймёте... Хорошо, тогда отдайте мне флакон, а я даю вам честное слово, что верну его, когда будете уезжать!

Они смотрели друг на друга.

Он прекомично выглядел — уже одетый для прогулки в бабий халат и перепоясанный ремнём со звездой.

Но до чего ж она настаивала! Шут с ним, с флаконом, не жалко и отдать, дома у него ещё вдесятеро этого аконитума. Беда в другом: вот милая женщина со светло-кофейными глазами. Такое светящееся лицо. С ней так приятно разговаривать. Но ведь никогда невозможно будет её поцеловать. И когда он вернётся в свою глушь, ему даже поверить будет нельзя, что он сидел рядом вплоть вот с такой светящейся женщиной и она хотела его, Костоглотова, спасти во что бы то ни стало!

Но именно спасти его она и не может.

— Вам тоже я опасаюсь отдать, — пошутил он. — У вас кто-нибудь дома выпьет.

(Кто! Кто выпьет дома?!.. Она жила одна. Но сказать это сейчас было неуместно, неприлично.)

— Хорошо, давайте вничью. Давайте просто выльем.

Он рассмеялся. Ему жаль стало, что он так мало может для неё сделать.

— Ладно. Иду во двор и выливаю.

А всё-таки губы она красила зря.

— Нет уж, теперь я вам не верю. Теперь я должна сама присутствовать.

— Но вот идея! Зачем выливать? Лучше я отдам хорошему человеку, которого вы всё равно не спасёте. А вдруг ему поможет?

— Кому это?

Костоглотов показал кивком на койку Вадима Зацырко и ещё снизил голос:

— Ведь меланобластома?

— Вот теперь я окончательно убедилась, что надо выливать. Вы тут кого-нибудь мне отравите обязательно! Да как у вас духу хватит дать тяжелобольному яд? А если он отравится? Вас не будет мучить совесть?

Она избегала как-нибудь его называть. За весь долгий разговор она не назвала его никак ни разу.

— Такой не отравится. Это стойкий парень.

— Нет-нет-нет! Пойдёмте выливать!

— Просто я в ужасно хорошем настроении сегодня Пойдёмте, ладно.

И они пошли между коек и потом на лестницу.

— А вам не будет холодно?

— Нет, у меня кофточка поддета.

Вот, она сказала — «кофточка поддета». Зачем она так сказала? Теперь хотелось посмотреть — какая кофточка, какого цвета. Но и этого он не увидит никогда.

Они вышли на крыльцо. День разгулялся, совсем был весенний, приезжему не поверить, что только седьмое февраля. Светило солнце. Высоковетвенные тополя и низкий кустарник изгородей — всё ещё было голо, но и редкие уже были клочки снега в тени. Между деревьями лежала бурая и серая прилегшая прошлогодняя трава. Аллеи, плиты, камни, асфальт были влажны, ещё не высохли. По скверу шло обычное оживлённое движение — навстречу, в обгон, вперекрест по диагоналям. Шли врачи, сёстры, санитарки, обслуга, амбулаторные больные и родственники клинических. В двух местах кто-то даже присел на скамьи. Там и здесь, в разных корпусах, уже были открыты первые окна.

Перед самым крыльцом тоже было странно выливать.

— Ну, вон туда пойдёмте! — показал он на проход между раковым корпусом и ухогорлоносовым. Это было одно из его прогулочных мест.

Они пошли рядом плитчатой дорожкой. Врачебная шапочка Гангарт, сшитая по фасону пилотки, приходилась Костоглотову как раз по плечо.

Он покосился. Она шла вполне серьёзно, как бы делать важное дело. Ему стало смешно.

— Скажите, как вас в школе звали? — вдруг спросил он.

Она быстро взглянула на него.

— Какое это имеет значение?

— Да никакого, конечно, а просто интересно.

Несколько шагов она прошла молча, чуть пристукивая по плитам. Её газельи тонкие ноги он заметил ещё в первый раз, когда лежал умирающий на полу, а она подошла.

— Вега, — сказала она.

(То есть и это была неправда. Неполная правда. Её так в школе звали, но один только человек. Тот самый развитой рядовой, который с войны не вернулся. Толчком, не зная почему, она вдруг доверила это имя другому.)

Они вышли из тени в проход между корпусами — и солнце ударило в них, и здесь тянул ветерок.

— Вега? В честь звезды? Но Вега — ослепительно белая.

Они остановились.

— А я — не ослепительная, — кивнула она. — Но я — ВЕ-ра ГА-нгарт. Вот и всё.

В первый раз не она перед ним растерялась, а он перед ней.

— Я хотел сказать... — оправдывался он.

— Всё понятно. Выливайте! — приказала она.

И не давала себе улыбнуться.

Костоглотов расшатал плотно загнанную пробку, осторожно вытянул её, потом наклонился (это очень смешно было в его халате-юбке сверх сапог) и отвалил небольшой камешек из тех, что остались тут от прежнего мощения.

— Смотрите! А то скажете — я в карман перелил! — объявил он с корточек у её ног.

Её ноги, ноги её газельи, он заметил ещё в первый раз, в первый раз.

В сырую ямку на тёмную землю он вылил эту мутно-бурую чью-то смерть. Или мутно-бурое чьё-то выздоровление.

— Можно закладывать? — спросил он.

Она смотрела сверху и улыбалась.

Было мальчишеское в этом выливании и закладывании камнем. Мальчишеское, но и похожее на клятву. На тайну.

— Ну, похвалите же меня, — поднялся он с корточек.

— Хвалю, — улыбнулась она. Но печально. — Гуляйте.

И пошла в корпус.

Он смотрел ей в белую спину. В два треугольника, верхний и нижний.

До чего ж его стало волновать всякое женское внимание! За каждым словом он понимал больше, чем было. И после каждого поступка он ждал следующего.

Ве-Га. Вера Гангарт. Что-то тут не сошлось, но он сейчас не мог понять. Он смотрел ей в спину.

— Вега! Ве-га! — вполголоса проговорил он, стараясь внушить издали. — Вернись, слышишь? Вернись! Ну, обернись!

Но не внушилось. Она не обернулась.

18

Как велосипед, как колесо, раз покатившись, устойчивы только в движении, а без движения валятся, так и игра между женщиной и мужчиной, раз начавшись, способна существовать только в развитии. Если же сегодня нисколько не сдвинулось от вчера, игры уже нет.

Еле дождался Олег вечера вторника, когда Зоя должна была прийти на ночное дежурство. Весёлое расцвеченное колесо их игры непременно должно было прокатиться дальше, чем в первый вечер и в воскресенье днём. Все толчки к этому качению он ощущал в себе и предвидел в ней и, волнуясь, ждал Зою.

Сперва он вышел встречать её в садик, зная, по какой косой аллейке она должна прийти, выкурил там две махорочные скрутки, но потом подумал, что в бабьем халате будет выглядеть глупо, не так, как хотел бы ей представиться. Да и темнело. И он пошёл в корпус, снял халат, стянул сапоги и в пижаме — ничуть не менее смешной — стоял у низа лестницы. Его торчливые волосы были сегодня по возможности пригнетены.

Она появилась из врачебной раздевалки, опаздывая и спеша. Но кивнула бровями, увидев его, — впрочем не с выражением удивления, а как бы отметив, что так и есть, правильно, тут она его и ждала, тут ему и место, у низа лестницы.

Она не остановилась, и, чтобы не отстать, он пошёл с нею рядом, долгими ногами шагая через ступеньку. Ему это не было сейчас трудно.

— Ну, что новенького? — спросила она на ходу, как у адъютанта.

Новенького! Смена Верховного Суда! — вот что было новенького. Но чтоб это понять — нужны были годы подготовки. И не это было сейчас Зое нужно.

— Вам — имя новенькое. Наконец я понял, как вас зовут.

— Да? Как же? — а сама проворно перебирала по ступенькам.

— На ходу нельзя. Это слишком важно.

И вот они уже были наверху, и он отстал на последних ступеньках. Вослед ей глядя, он отметил, что ноги её толстоваты. К её плотной фигурке они, впрочем, подходили. И даже в этом был особый вкус. А всё-таки другое настроение, когда невесомые. Как у Веги.

Он сам себе удивлялся. Он никогда так не рассуждал, не смотрел, и считал это пошлым. Он никогда так не перебрасывался от женщины к женщине. Его дед назвал бы это, пожалуй, *женобесием*. Но сказано: ешь с голоду, люби смолоду. А Олег смолоду всё пропустил. Теперь же, как осеннее растение спешит вытянуть из земли последние соки, чтоб не жалеть о пропущенном лете, так и Олег в коротком возврате жизни и уже на скате её, уже, конечно, на скате, — спешил видеть и вбирать в себя женщин — и с такой стороны, как не мог бы им высказать вслух. Он острее других чувствовал, что́ в женщинах есть, потому что много лет не видел их вообще. И близко. И голосов их не слышал, забыл, как звучат.

Зоя приняла дежурство и сразу закружилась волчком — вкруг своего стола, списка процедур и шкафа медикаментов, а потом быстро неслась в какую-нибудь из дверей, но ведь и волчок так носится.

Олег следил и, когда увидел, что у неё выдался маленький перемежек, был тут как тут.

— И больше ничего нового во всей клинике? — спрашивала Зоя своим лакомым голоском, а сама кипятила шприцы на электрической плитке и вскрывала ампулы.

— О! В клинике сегодня было величайшее событие. Был обход Низамутдина Бахрамовича.

— Да-а? Как хорошо, что без меня!.. И что же? Он отнял ваши сапоги?

— Сапоги-то нет, но столкновение маленькое было.

— Какое же?

— Вообще это было величественно. Вошло к нам в камеру, то есть в палату, сразу халатов пятнадцать — и заведующие отделениями, и старшие врачи, и младшие врачи, и каких я тут никогда не видел, — и главврач, как тигр, бросился к тумбочкам. Но у нас агентурные сведения были, и мы кое-какую подготовочку провели, ничем он не поживился. Нахмурился, очень недоволен. А тут как раз обо мне докладывали, и Людмила Афанасьевна допустила маленькую оплошность: вычитывая из моего дела...

— Какого *дела?*

— Ну, истории болезни. Назвала, откуда первый диагноз, и невольно выяснилось, что я — из Казахстана. «Как? — сказал Низамутдин. — Из другой республики? У нас не хватает коек, а мы должны чужих лечить? Сейчас же выписать!»

— Ну? — насторожилась Зоя.

— И тут Людмила Афанасьевна, я не ожидал, как квочка за цыплёнка — так за меня взъерошилась: «Это — сложный важный научный случай! Он необходим нам для принципиальных выводов...» А у меня дурацкое положение: на днях же я сам с ней спорил и требовал выписки, она на меня кричала, а тут так заступается. Мне стоило сказать Низамутдину — «ага, ага!» — и к обеду меня б уж тут не было! И вас бы я уже не увидел...

— Так это вы из-за меня не сказали «ага-ага»?

— А что вы думаете? — поглушел голос Костоглотова. — Вы ж мне адреса своего не оставили. Как бы я вас искал?

Но она возилась, и нельзя было понять, насколько поверила.

— Что ж Людмилу Афанасьевну подводить, — опять громче рассказывал он. — Сижу, как чурбан, молчу. А Низамутдин: «Я сейчас пойду в амбулаторию и вам пять таких больных приведу! И всех — наших. Выписать!» И вот тут я, наверно, сделал глупость — такой шанс потерял уйти! Жалко мне стало Людмилу Афанасьевну, она моргнула, как побитая, и замолчала. Я на коленях локти утвердил, горлышко прочистил и спокойно спрашиваю: «Как это так вы можете меня выписать, если я с целинных земель?» — «Ах, целинник! — перепугался Низамутдин (ведь это ж политическая ошибка!). — Для целины страна ничего не жалеет.» И пошли дальше.

— У вас хваточка, — покрутила Зоя головой.

— Это я в лагере изнахалился, Зоенька. Я таким не был. Вообще у меня много черт не моих, а приобретенных в лагере.

— Но весёлость — не оттуда?

— Почему не оттуда? Я — весёлый, потому что привык к потерям. Мне дико, что тут на свиданиях все плачут. Чего они плачут? Их никто не ссылает, конфискации нет...

— Итак, вы у нас остаётесь ещё на месяц?

— Типун вам на язык... Но недельки на две очевидно. Получилось, что я как бы дал Людмиле Афанасьевне расписку всё терпеть...

Шприц был наполнен разогретой жидкостью, и Зоя ускакала.

Ей предстояла сегодня неловкость, и она не знала, как быть. Ведь надо было и Олегу делать новоназначенный укол. Он полагался в обычное, всё терпящее место тела, но при тоне, который у них установился, укол стал невозможен: рассыпа́лась вся игра. Терять эту игру и этот тон Зоя так же не хотела, как и Олег. А ещё далеко им надо было прокатить колесо, чтоб укол стал снова возможен — уже как у людей близких.

И, вернувшись к столу и готовя такой же укол Ахмаджану, Зоя спросила:

— Ну, а вы уколам исправно поддаётесь? Не брыкаетесь?

Так спросить — да ещё Костоглотова! Он только и ждал случая объясниться.

— Вы же знаете мои убеждения, Зоенька. Я всегда предпочитаю не делать, если можно. Но с кем как получается. С Тургуном замечательно: он всё ищет, как бы ему в шахматы подучиться. Договорились: мой выигрыш — нет укола, его выигрыш — укол. Но дело в том, что я и без ладьи с ним играю. А с Марией не поиграешь: она подходит со шприцем, лицо деревянное. Я пытаюсь шутить, она: «Больной Костоглотов! Обнажите место для укола!» Она же слова лишнего, человеческого, никогда не скажет.

— Она ненавидит вас.

— Меня??

— Вообще — вас, мужчин.

— Ну, в основе это, может быть, и за дело. Теперь новая сестра — с ней я тоже не умею договориться. А вернётся Олимпиада — тем более, уж она ни йоточку не отступит.

— Вот и я так буду! — сказала Зоя, уравнивая два кубических сантиметра. Но голос её явно отпускал.

И пошла колоть Ахмаджана. А Олег опять остался около столика.

Была ещё и вторая, более важная причина, по которой Зоя не хотела, чтоб Олегу эти уколы делались. Она с воскресенья думала, сказать ли ему об их смысле.

Потому что если вдруг проступит серьёзным всё то, о чём они в шутку перебрасываются, — а оно могло таким проступить. Если в этот раз всё не кончится печальным собиранием разбросанных по комнате предметов одежды — а сострoится что-то долгопрочное, и Зоя действительно решится быть пчёлкой для него и решится поехать к нему в ссылку (а в конце концов он прав — разве знаешь, в какой глуши подстерегает тебя счастье?). Так вот в этом случае уколы, назначенные Олегу, касались уже не только его, но и её.

И она была — против.

— Ну! — сказала она весело, вернувшись с пустым шприцем. — Вы наконец расхрабрились? Идите и обнажите место укола, больной Костоглотов! Я сейчас приду!

Но он сидел и смотрел на неё совсем не глазами больного. Об уколах он и не думал, они уже договорились.

Он смотрел на её глаза, чуть выкаченные, просящиеся из глазниц.

— Пойдёмте куда-нибудь, Зоя, — не выговорил, а проурчал он низко.

Чем глуше становился его голос, тем звонче её.

— Куда-нибудь? — удивилась и засмеялась она. — В город?

— Во врачебную комнату.

Она приняла, приняла, приняла в себя его неотступный взгляд и без игры сказала:

— Но нельзя же, Олег! Много работы.

Он как будто не понял:

— Пойдёмте!

— Правильно, — вспомнила она. — Мне нужно наполнить кислородную подушку для... — Она кивнула в сторону лестницы, может быть назвала и фамилию больного, он не слышал. — А у баллона кран туго отворачивается. Вы мне поможете. Пойдёмте.

И она, а следом он спустились на один марш до площадки.

Тот жёлтенький, с обвострившим носом несчастный, доедаемый раком лёгких, всегда ли такой маленький или съёженный теперь от болезни, такой плохой, что на обходах с ним уже не говорили, ни о чём его не расспрашивали, — сидел в постели и часто вдыхал из подушки, со слышимым хрипом в груди. Он и раньше был плох, но сегодня гораздо хуже, заметно и для неопытного взгляда. Одну подушку он кончал, другая пустая лежала рядом.

Он был так уже плох, что и не видел совсем людей — проходящих, подходящих.

Они взяли от него пустую подушку и спускались дальше.

— Как вы его лечите?

— Никак. Случай иноперабельный. А рентген не помог.

— Грудной клетки вообще не вскрывают?

— В нашем городе ещё нет.

— Так он умрёт?

Она кивнула.

И хотя в руках была подушка — для него, чтоб он не задохнулся, они тут же забыли о нём. Потому что интересное что-то вот-вот должно было произойти.

Высокий баллон с кислородом стоял в отдельном запертом сейчас коридоре — в том коридоре около рентгеновских кабинетов, где когда-то Гангарт впервые уложила промокшего умирающего Костоглотова. (Этому «когда-то» ещё не было трёх недель...)

И если не зажигать второй по коридору лампочки (а они и зажгли только первую), то угол за выступом стены, где стоял баллон, оказывался в полутьме.

Зоя была ростом ниже баллона, а Олег выше.

Она стала соединять вентиль подушки с вентилем баллона.

Он стоял сзади и дышал её волосами — выбросными из-под шапочки.

— Вот этот кран очень тугой, — пожаловалась она.

Он положил пальцы на кран и сразу открыл его. Кислород стал переходить с лёгким шумом.

И тогда, безо всякого предлога, рукой, освободившейся от крана, Олег взял Зою за запястье руки, свободной от подушки.

Она не вздрогнула, не удивилась. Она следила, как надувается подушка.

Тогда он поскользил рукой, оглаживая, охватывая, от запястья выше — к предлокотью, через локоть — к плечу.

Бесхитростная разведка, но необходимая и ему, и ей. Проверка слов, так ли были они все поняты.

Да, так.

Он ещё чёлку её трепанул двумя пальцами, она не возмутилась, не отпрянула — она следила за подушкой.

И тогда, сильно охватив её по заплечьям и всю наклонив к себе, он наконец добрался до её губ, столько ему смеявшихся и столько болтавших губ.

И губы Зои встретили его не раздвинутыми, не расслабленными — а напряжёнными, встречными, готовными.

Это всё выяснилось в один миг, потому что за минуту до того он ещё не помнил, он забыл, что губы бывают разные, поцелуи бывают разные, и один совсем не стоит другого.

Но, начавшись клевком, это теперь тянулось, это был всё один ухват, одно долгое слитие, которое никак нельзя было кончить, да незачем было кончать. Переминая и переминая губами, так можно было остаться навсегда.

Но со временем, через два столетия, губы всё же разорвались — и тут Олег в первый раз увидел Зою и сразу же услышал её:

— А почему ты глаза закрываешь, когда целуешься?

Разве у него были ещё глаза? Он этого не знал.

— Кого-нибудь другого хочешь вообразить?..

Он и не заметил, что закрывал.

Как, едва отдышавшись, ныряют снова, чтобы там, на дне, на дне, на самом донышке выловить залегшую жемчужину, они опять сошлись губами, но теперь он заметил, что закрыл глаза, и сразу же открыл их. И увидел близко-близко, невероятно близко, наискóс, два её жёлто-карих глаза, показавшихся ему хищными. Одним глазом он видел один глаз, а другим другой. Она целовалась всё теми же уверенно-напряжёнными, готовно-напряжёнными губами, не выворачивая их, и ещё чуть-чуть покачивалась — и смотрела, как бы выверяя по его глазам, что с ним делается после одной вечности, и после второй, и после третьей.

Но вот глаза её скосились куда-то в сторону, она резко оторвалась и вскрикнула:

— Кран!

Боже мой, кран! Он выбросил руку на кран и быстро завернул.

Как подушка не разорвалась!

— Вот что бывает от поцелуев! — ещё не уровняв дыхания, сорванным выдохом сказала Зоя. Чёлка её была растрёпана, шапочка сбилась.

И хотя она была вполне права, они опять сомкнулись ртами и что-то перетянуть хотели к себе один из другого.

Коридор был с остеклёнными дверьми, может быть кому-нибудь из-за выступа и были видны поднятые локти, ну — и шут с ним.

А когда всё-таки воздух опять пришёл в лёгкие, Олег сказал, держа её за затылок и рассматривая:

— Золото́нчик! Так тебя зовут. Золотончик!

Она повторила, играя губами:

— Золотончик?.. Пончик?..

Ничего. Можно.

— Ты не испугалась, что я ссыльный? Преступник?..

— Не, — она качала головой легкомысленно.

— А что я старый?

— Какой ты старый!

— А что я больной?..

Она ткнулась лбом ему в грудь и стояла так.

Ещё ближе, ближе к себе он её притянул, эти тёплые эллиптические кронштейники, на которых так и неизвестно, могла ли улежать тяжёлая линейка, и говорил:

— Правда, ты поедешь в Уш-Терек?.. Мы женимся... Мы построим себе там домик.

Это всё и выглядело, как то устойчивое продолжение, которого ей не хватало, которое было в её натуре пчёлки. Прижатая к нему и всем лоном ощущая его, она всем лоном хотела угадать: он ли?

Потянулась и локтем опять обняла его за шею:

— Олежек! Ты знаешь — в чём смысл этих уколов?

— В чём? — тёрся он щекой.

— Эти уколы... Как тебе объяснить... Их научное название — гормонотерапия... Они применяются перекрестно: женщинам вводят мужские гормоны, а мужчинам — женские... Считается, что так подавляют метастазирование... Но прежде всего подавляются вообще... Ты понимаешь?..

— Что? Нет! Не совсем! — тревожно-отрывисто спрашивал переменившийся Олег. Теперь он держал её за плечи уже иначе — как бы вытрясая из неё скорее истину. — Ты говори, говори!

— Подавляются вообще... половые способности... Даже до появления перекрестных вторичных признаков. При больших дозах у женщины может начать расти борода, у мужчин — груди...

— Так подожди! Что такое? — проревел, только сейчас начиная понимать, Олег. — Вот эти уколы? Что делают мне? Они что? — в с ё подавляют?

— Ну, не всё. Долгое время остаётся *либидо.*

— Что такое — либидо?

Она прямо смотрела ему в глаза и чуть потрепала за вихор:

— Ну, то, что ты сейчас чувствуешь ко мне... Желание...

— Желание — остаётся, а возможности — нет? Так? — допрашивал он, ошеломлённо.

— А возможности — очень слабеют. Потом и желание — тоже. Понимаешь? — она провела пальцем по его шраму, погладила по выбритой сегодня щеке. — Вот почему я не хочу, чтоб ты делал эти уколы.

— Здó-ро-во! — опоминался и выпрямлялся он. — Вот это здо-ро-во! Чуяло моё сердце, ждал я от них подвоху — так и вышло!

Ему хотелось ядрёно обругать врачей за их самовольное распоряжение чужими жизнями — и вдруг он вспомнил светло-уверенное лицо Гангарт — вчера, когда с таким горячим дружелюбием она смотрела на него: «Очень важные для вашей жизни! Вам надо жизнь спасти!»

Вот так Вега! Она хотела ему добра? — и для этого обманом вела к такой участи?

— И ты такая будешь? — скосился он на Зою.

Да нет, за что ж на неё! Она понимала жизнь, как и он: без этого — зачем жизнь? Она одними только алчными огневатыми губами протащила его сегодня по Кавказскому хребту. Вот она стояла, и губы были вот они! И пока это самое *либидо* ещё струилось в его ногах, в его пояснице, надо было спешить целоваться!

— ...А наоборот ты мне что-нибудь можешь вколоть?

— Меня тогда выгонят отсюда...

— А есть такие уколы?

— Эти ж самые, только не перекрестно...

— Слушай, Золотончик, пойдём куда-нибудь...

— Ну, мы ж уже пошли. И пришли. И надо идти назад...

— Во врачебную комнату — пойдём!..

— Там санитарка, там ходят... Да не надо торопиться, Олежек! Иначе у нас не будет *завтра*...

— Какое ж «завтра», если завтра не будет либидо?.. Или, наоборот, спасибо, либидо будет, да? Ну придумай, ну пойдём куда-нибудь!

— Олежек, надо что-то оставить и наперёд... Надо подушку нести.

— Да, правда, подушку нести. Сейчас понесём...

. . . .

— ...Сейчас понесём...

. . . .

— По-не-сём... Се-час...

Они поднимались по лестнице, не держась за руки, но держась за подушку, надутую, как футбольный мяч, и толчки ходьбы одного и другой передавались через подушку.

И было всё равно как за руки.

А на площадке лестницы, на проходной койке, мимо которой день и ночь сновали больные и здоровые, занятые своим, сидел в подушках и уже не кашлял, а бился головой о поднятые колени, головой с остатками благоприличного пробора — о колени, жёлтый, высохший, слабогрудый человек, и может быть свои колени он ощущал лбом как круговую стену.

Он был жив ещё — но не было вокруг него живых.

Может быть именно сегодня он умирал — брат Олега, ближний Олега, покинутый, голодный на сочувствие. Может быть, подсев к его кровати и проведя здесь ночь, Олег облегчил бы чем-нибудь его последние часы.

Но только кислородную подушку они ему положили и пошли дальше. Его последние кубики дыхания, подушку смертника, которая для них была лишь повод уединиться и узнать поцелуи друг друга.

Как привязанный поднимался Олег за Зоей по лестнице. Он не думал о смертнике за спиной, каким сам был полмесяца назад, или будет через полгода, а думал об этой девушке, об этой женщине, об этой бабе, и как уговорить её уединиться.

И ещё одно совсем забытое, тем более неожиданное, поющее ощущение губ, намятых поцелуями до огрублости, до опухлости, — передавалось молодым по всему его телу.

19

Не всякий называет маму — мамой, особенно при посторонних. Этого стыдятся мальчики старше пятнадцати лет и моложе тридцати. Но Вадим, Борис и Юрий Зацырко никогда не стыдились своей мамы. Они дружно любили её при жизни отца, а после его расстрела — особенно. Мало разделённые возрастом, они росли как трое равных, всегда деятельные и в школе и дома, не подверженные уличным шатаньям, — и никогда не огорчали овдовевшую мать. Повелось у них от одного детского снимка и потом для сравнения, что раз в два года она вела их всех в фотографию (а потом уж и сами своим аппаратом), и в домашний альбом ложился снимок за снимком: мать и трое сыновей, мать и трое сыновей. Она была светлая, а они все трое чёрные, —

наверно, от того пленного турка, который когда-то женился на их запорожской прабабушке. Посторонние не всегда различали их на снимках — кто где. С каждым снимком они заметно росли, крепчали, обгоняли маму, она незаметно старела, но выпрямлялась перед объективом, гордая этой живой историей своей жизни. Она была врач, известная у себя в городе, и пожавшая много благодарностей, букетов и пирогов, но даже если б она ничего полезного больше в жизни не сделала — вырастить таких троих сыновей оправдывало жизнь женщины. Все трое они пошли в один и тот же политехнический институт, старший кончил по геологическому, средний по электротехническому, младший кончал сейчас строительный, и мама была с ним.

Была, пока не узнала о болезни Вадима. В четверг едва не сорвалась сюда. В субботу получила телеграмму от Донцовой, что нужно коллоидное золото. В воскресенье откликнулась телеграммой, что едет добывать золото в Москву. С понедельника она там, вчера и сегодня, наверно, добивается приёма у министров и в других важных местах, чтобы в память погибшего отца (он оставлен был в городе под видом интеллигента, обиженного советской властью, и расстрелян немцами за связь с партизанами и укрытие наших раненых) дали бы визу на фондовое коллоидное золото для сына.

Все эти хлопоты были отвратительны и оскорбительны Вадиму даже издали. Он не переносил никакого блата, никакого использования заслуг или знакомств. Даже то, что мама дала предупредительную телеграмму Донцовой, уже тяготило его. Как ни важно было ему выжить, но не хотел он пользоваться никакими преимуществами даже перед харею раковой смерти. Впрочем, понаблюдав за Донцовой, Вадим быстро понял, что и без всякой маминой телеграммы Людмила Афанасьевна уделила бы ему не меньше времени и внимания. Только вот телеграмму о коллоидном золоте не пришлось бы давать.

Теперь, если мама достанет это золото, — она прилетит с ним, конечно, сюда. И если не достанет — то тоже прилетит. Отсюда он написал ей письмо о чаге — не потому, что уверовал, а чтобы маме дать лишнее дело по спасению, насытить её. Но если будет расти отчаяние, то, вопреки всем своим врачебным знаниям и убеждениям, она поедет и к этому знахарю в горы за иссык-кульским корнем. (Олег Костоглотов вчера пришёл и повинился ему, что уступил бабе и вылил настойку корня, но, впрочем, там было всё равно мало, а вот адрес старика; если же старика уже посадили, то Олег берётся уступить Вадиму из своего запаса.)

Маме теперь уже не жизнь, если старший сын под угрозой. Мама сделает всё, и больше чем всё, она даже и лишнее сделает. Она даже в экспедицию за ним поедет, хотя там у него есть Галка. В конце концов, как Вадим понял из отрывков прочтённого и услышанного о своей болезни, сама-то опухоль вспыхнула у него из-за маминой слишком большой озабоченности и предусмотрительности: с детства было у него на ноге большое пигментное пятно, и мама, как врач, видимо, знала опасность перерождения; она находила поводы щупать это пятно, и однажды настояла, чтобы хороший хирург произвёл предварительную операцию, — а вот её-то как раз, очевидно, и не следовало делать.

Но даже если его сегодняшнее умирание началось от мамы — он не может её упрекнуть ни за глаза, ни в глаза. Нельзя быть таким слишком практичным, чтобы судить по результатам, — человечнее судить по намерениям. И несправедливо раздражаться теперь виною мамы с точки зрения своей неоконченной работы, прерванного интереса, неисполненных возможностей. Ведь и интереса этого, и возможностей, и порыва к этой работе не было бы, если б не было его самого, Вадима. От мамы.

У человека — зубы, и он ими грызёт, скрежещет, стискивает их. А у растений вот — нет зубов, и как же спокойно они растут, и спокойно как умирают!

Но, прощая маме, Вадим не мог простить обстоятельствам! Он не мог уступить им ни квадратного сантиметра своего эпителия! И не мог не стискивать зубов.

Ах, как же пересекла его эта проклятая болезнь! — как она подрезала его в самую важную минуту.

Правда, Вадим и с детства как будто всегда предчувствовал, что ему не хватит времени. Он нервничал, если приходила гостья или соседка и болтала, отнимая время у мамы и у него. Он возмущался, что в школе и в институте всякие сборы — на работу, на экскурсию, на вечер, на демонстрацию — всегда назначают на час или на два часа раньше, чем нужно, так и рассчитывая, что люди обязательно опоздают. Никогда Вадим не мог вынести получасовых известий по радио, потому что всё, что там важно и нужно, можно было уместить в пять минут, а остальное была вода. Его бесило, что, идя в любой магазин, ты с вероятностью одна десятая рискуешь застать его на учёте, на переучёте, на передаче товара, — и этого никогда нельзя предвидеть. Любой сельсовет, любое почтовое сельское отделение могут быть закрыты в любой рабочий день — и за двадцать пять километров этого никогда нельзя предвидеть.

Может быть, жадность на время заронил в нём отец. Отец тоже не любил бездеятельности, и запомнилось, как он трепал сына между коленями и сказал: «Вадька! Если ты не умеешь использовать минуту, ты зря проведёшь и час, и день, и всю жизнь.»

Нет, нет! Этот бес — неутолимая жажда времени — и без отца сидела в нём с малых лет. Чуть только игра с мальчишками начинала становиться тягучей — он не торчал с ними у ворот, а уходил сейчас же, мало обращая внимания на насмешки. Чуть только книга ему казалась водянистой — он её не дочитывал, бросал, ища поплотней. Если первые кадры фильма оказывались глупы (а заранее почти никогда ничего о фильме не знаешь, это нарочно делают) — он презревал потерянные деньги, стукал сиденьем и уходил, спасая время и незагрязнённость головы. Его изводили те учителя, которые по десять минут нудили класс нотациями, потом не справлялись с объяснениями, одно размазывали, другое комкали, а задание на дом давали после звонка. Они не могли представить, что у ученика перемена может быть распланирована почище, чем у них урок.

А может быть, не зная об опасности, он с детства ощущал её, неведомую, в себе? Ни в чём не виновный, он с первых же лет жизни был под ударом этого пигментного пятна! И когда он так берёг время мальчишкой и скупость на время передавал своим братьям, когда взрослые книги читал ещё до первого класса, а шестиклассником устроил дома химическую лабораторию — это он уже гнался наперегонки с будущей опухолью, но втёмную гнался, не видя, где враг, — а она всё видела, кинулась и вонзилась в самую горячую пору! Не болезнь — змея. И имя её змеиное: меланобластома.

Когда́ она началась — Вадим не заметил. Это было в экспедиции у Алайского хребта. Началось затвердение, потом боль, потом прорвало и полегчало, потом опять затвердение, и так натиралось от одежды, что почти невыносимо стало ходить. Но ни маме он не написал, ни работы не бросил, потому что собирал первый круг материалов, с которыми обязательно должен был съездить в Москву.

Их экспедиция занималась просто радиоактивными водами, и никаких рудных месторождений с них не спрашивали. Но, не по возрасту много прочтя и особенно близкий с химией, которую не каждый геолог знает хорошо, Вадим то ли предвидел, то ли предчувствовал, что здесь вылупляется новый метод нахождения руд. Начальник экспедиции скрипел по поводу этой его склонности, начальнику экспедиции нужна была выработка по плану.

Вадим попросил командировку в Москву, начальник для такой цели не давал. Тогда-то Вадим и предъявил свою опухоль, взял бюллетень и явился в этот диспансер. Тут он проведал диагноз, и его немедленно клали, сказав, что дело не терпит. Он взял назначение лечь и с ним улетел в Москву, где как раз сейчас на совещании надеялся повидать Черегородцева. Вадим никогда его не видел, только читал учебник и книги. Его предупредили, что Черегородцев больше одной фразы слушать не будет, он с первой фразы решает, нужно ли с человеком говорить. Весь путь до Москвы Вадим слаживал эту фразу. Его представили Черегородцеву в перерыве, на пороге буфета. Вадим выстрелил своей фразой, и Черегородцев повернул от буфета, взял его повыше локтя и повёл. Сложность этого пятиминутного разговора — Вадиму он казался накалённым — была в том, что требовалось стремительно говорить, без пропуска впитывать ответы, достаточно блеснуть своей эрудицией, но не высказать всего до конца, главный задел оставить себе. Черегородцев сразу ему насыпал все возражения, из которых ясно было, почему радиоактивные воды признак косвенный, но не могут быть основным, и искать по ним руды — дело пустое. Он так говорил — но, кажется, охотно бы дал себя разуверить, он минуту ждал этого от Вадима и, не дождавшись, отпустил. И ещё Вадим понял, что, кажется, и целый московский институт топчется около того, над чем он один ковырялся в камешках Алайских гор.

Лучшего пока нельзя было и ждать! Теперь-то и надо было навалиться на работу!

Но теперь-то и надо было ложиться в клинику... И открыться маме. Он мог бы ехать и в Новочеркасск, но здесь ему понравилось, и к своим горам поближе.

В Москве он узнавал не только о водах и рудах. Ещё он узнал, что с меланобластомой умирают — всегда. Что с нею редко живут год, а чаще — месяцев восемь.

Что ж, как у тела, несущегося с предсветовой скоростью, его *время* и его *масса* становились теперь не такими, как у других тел, как у других людей: время — ёмче, масса — пробивней. Годы вбирались для него в недели, дни — в минуты. Он и всю жизнь спешил, но только сейчас он начинал спешить по-настоящему! Прожив шестьдесят лет спокойной жизни — и дурак станет доктором наук. А вот — к двадцати семи?

Двадцать семь — это лермонтовский возраст. Лермонтову тоже не хотелось умирать. (Вадим знал за собой, что немного похож на Лермонтова: такой же невысокий, смоляной, стройный, лёгкий, с маленькими руками, только без усов.) Однако он врезал себя в нашу память — и не на сто лет, навсегда!

Перед смертью, перед пантерой смерти, уже виляющей чёрным телом, уже бьющей хвостом, уже прилегшей рядом, на одну койку с ним, Вадим, человек интеллекта, должен был найти формулу — как жить с ней по соседству? Как плодотворно прожить вот эти оставшиеся месяцы, если это — только месяцы? Смерть как внезапный и новый фактор своей жизни он должен был проанализировать. И, сделав анализ, заметил, что, кажется, уже начинает привыкать к ней, а то даже и усваивать.

Самая ложная линия рассуждения была бы — исходить из того, что́ он теряет: как мог бы он быть счастлив, и где побывать, и что сделать, если бы жил долго. А верно было — признать статистику: что кому-то надо умирать и молодым. Зато умерший молодым остаётся в памяти людей навсегда молодым. Зато вспыхнувший перед смертью остаётся сиять вечно. Тут была важная, на первый взгляд парадоксальная черта, которую разглядел Вадим в размышлениях последних недель: что таланту легче понять и принять смерть, чем бездарности. А ведь талант теряет в смерти гораздо больше, чем бездарность! Бездарности обязательно подавай долгую жизнь.

Конечно, завидно было думать, что продержаться надо бы только три-четыре года — и в наш век открытий, всеобщих бурных научных открытий, непременно найдут и лекарство от меланобластомы. Но Вадим постановил для себя не мечтать о продлении жизни, не мечтать о выздоровлении — даже ночных минут не тратить на эти бесплодности, — а сжаться, работать и оставить людям после себя новый метод поиска руд.

Так, искупив свою раннюю смерть, он надеялся умереть успокоенным.

Да и не испытал он за двадцать шесть лет никакого другого ощущения более наполняющего, насыщающего и стройного, чем ощущение времени, проводимого с пользой. Именно так всего разумнее и было провести последние месяцы.

И с этим рабочим порывом, держа несколько книг под мышками, Вадим вошёл в палату.

Первый враг, которого он ждал себе в палате, было радио, громкоговоритель, — и Вадим готов был бороться с ним всеми легальными и нелегальными средствами: сперва убеждением соседей, потом закорачиванием проводов иголкой, а там и вырыванием розетки из стены. Обязательное громковещание, почему-то зачтённое у нас повсюду как признак широты культуры, есть, напротив, признак культурной отсталости, поощрение умственной лени, — но Вадим почти никогда никого не успевал в этом убедить.

Это постоянное бубнение, чередование не запрошенной тобою информации и не выбранной тобою музыки, было воровство времени и энтропия духа, очень удобно для вялых людей, непереносимо для инициативных. Глупец, заполучив вечность, вероятно, не мог бы протянуть её иначе как только слушая радио.

Но со счастливым удивлением Вадим, войдя в палату, не обнаружил радио! Не было его и нигде на втором этаже. (Упущение это объяснялось тем, что с года на год предполагался переезд диспансера в другое, лучше оборудованное помещение, и уж там-то должна была быть сквозная радиофикация.)

Второй ожидаемый враг Вадима была темнота — раннее тушение света, позднее зажигание, далёкие окна. Но великодушный Дёмка уступил ему место у окна, и Вадим с первого же дня приспособился: ложиться со всеми, рано, а по рассвету просыпаться и начинать занятия — лучшие и самые тихие часы.

Третий возможный враг была слишком обильная болтовня в палате. И оказалось не без неё. Но в общем Вадиму состав палаты понравился, с точки зрения тишины в первую очередь.

Самым симпатичным ему показался Егенбердиев: он почти всегда молчал и всем улыбался улыбкой богатыря — раздвижкою толстых губ и толстых щёк.

И Мурсалимов с Ахмаджаном были неназойливые, славные люди. Когда они говорили по-узбекски, они совсем не мешали Вадиму, да и говорили они рассудительно, спокойно. Мурсалимов выглядел мудрым стариком, Вадим встречал таких в горах. Один только раз он что-то разошёлся и спорил с Ахмаджаном довольно сердито. Вадим попросил перевести — о чём. Оказывается, Мурсалимов сердился на новые придумки с именами, соединение нескольких слов в одно имя. Он утверждал, что существует только сорок истинных имён, оставленных пророком, все другие имена неправильные.

Невредный парень был и Ахмаджан. Если его попросить тише, он всегда становился тише. Как-то Вадим рассказал ему о жизни эвенков и поразил его воображение.

Два дня Ахмаджан обдумывал совершенно непредставимую жизнь и задавал Вадиму внезапные вопросы:

— Скажи, а какое ж у этих эвенков обмундирование?

Вадим наскоро отвечал, на несколько часов Ахмаджан погружался в размышление. Но снова прихрамывал и спрашивал:

— А распорядок дня у них какой, у эвенков?

И ещё на другой день утром:

— Скажи, а какая перед ними задача поставлена?

Не принимал он объяснения, что эвенки «просто так живут».

Тихий, вежливый был и Сибгатов, часто приходивший к Ахмаджану играть в шашки. Ясно было, что он необразован, но почему-то понимал, что громко разговаривать неприлично и не надо. И когда с Ахмаджаном они начинали спорить, то и тут он говорил как-то успокоительно:

— Да разве здесь настоящий виноград? Разве здесь дыни настоящие?

— А где ещё настоящие? — горячился Ахмаджан.

— В Крыму-у, где-е... Вот бы ты посмотрел...

И Дёмка был хороший мальчик, Вадим угадывал в нём не пустозвона, Дёмка думал, занимался. Правда, на лице его не было светлой печати таланта, он как-то хмуровато выглядел, когда воспринимал неожиданную мысль. Ему тяжело достанется путь учёбы и умственных занятий, но из таких медлительных иногда вырабатываются крепыши.

Не раздражал Вадима и Русанов. Это был всю жизнь честный работяга, звёзд с неба не хватал. Суждения его были в основном правильные, только не умел он их гибко выразить, а выражал затверженно.

Костоглотов вначале не понравился Вадиму: грубый крикун. Но оказалось, что это — внешнее, что он незаносчив и даже подельчив, а только несчастно сложилась жизнь, и это его раздражило. Он, видимо, и сам был виноват в своих неудачах из-за трудного характера. Его болезнь шла на поправку, и он ещё всю жизнь мог бы свою поправить, если бы был более собран и знал бы, чего он хочет. Ему в первую очередь недоставало собранности, он разбрасывался временем, то шёл бродить бессмысленно по двору, то хватался читать и очень уж вязался за юбками.

А Вадим ни за что бы не стал на переднем краю смерти отвлекаться на девок. Ждала его Галка в экспедиции и мечтала выйти за него замуж, но и на это он уже права не имел, и ей он уже достанется мало.

Он уже никому не достанется.

Такова цена, и платить сполна. Одна страсть, захватив нас, измещает все прочие страсти.

Кто раздражал Вадима в палате — это Поддуев. Поддуев был зол, силён — и вдруг раскис и поддался слащаво-идеалистическим штучкам. Вадим терпеть не мог, он раздражался от этих разжижающих басенок о смирении и любви к ближнему, о том, что надо поступиться собой и, рот раззявя, только и смотреть, где и чем помочь встречному-поперечному. А этот встречный-поперечный, может быть, лентяй небритый или жулик небитый! Такая водянистая блеклая правдёнка противоречила всему молодому напору, всему сжигающему нетерпению, которое был Вадим, всей его потребности разжаться, как выстрел, разжаться и отдать. Он тоже ведь готовился и обрёк себя не брать, а отдать — но не по мелочам, не на каждом заплетающемся шагу, а вспышкой подвига — сразу всему народу и всему человечеству!

И он рад был, когда Поддуев выписался, а на его койку перелёг белобрысый Федерау из угла. Вот уж кто был тихий! — уж тише его в палате не было. Он мог за целый день слова не сказать — лежал и смотрел грустно. Как сосед, он был для Вадима идеален, — но уже послезавтра, в пятницу, его должны были взять на операцию.

Молчали-молчали, а сегодня всё-таки зашло что-то о болезнях, и Федерау сказал, что он болел и чуть не умер от воспаления мозговой оболочки.

— Ого! Ударились?

— Нет, простудился. Перегрелся сильно, а повезли с завода на машине домой, и продуло голову. Воспалилась мозговая оболочка, видеть перестал.

Он спокойно это рассказывал, даже с улыбкой, не подчёркивая, что трагедия была, ужас.

— А отчего ж перегрев? — Вадим спросил, однако сам уже косился в книжку, время-то шло. Но разговор о болезни всегда найдёт слушателей в палате. От стенки к стенке Федерау увидел на себе взгляд Русанова, очень сегодня размягчённый, и рассказывал уже отчасти и ему:

— Случилась в котле авария, и надо было сложную пайку делать. Но если спускать весь пар и котёл охлаждать, а потом всё снова — это сутки. Директор ночью за мной машину прислал, говорит: «Федерау! Чтоб работы не останавливать, надень защитный костюм да лезь в пар, а?» — «Ну, — я говорю, — если надо — давайте!» А время было предвоенное, график напряжённый — надо сделать. Полез и сделал. Часа за полтора... Да как отказать? Я на заводской доске почёта всегда был верхний.

Русанов слушал и смотрел с одобрением.

— Поступок, которым может гордиться и член партии, — похвалил он.

— А я и... член партии, — ещё скромней, ещё тише улыбнулся Федерау.

— Были? — поправил Русанов. (Их похвали, они уже всерьёз принимают.)

— И есть, — очень тихо выговорил Федерау.

Русанову было сегодня не до того, чтобы вдумываться в чужие обстоятельства, спорить, ставить людей на место. Его собственные обстоятельства были крайне трагичны. Но нельзя было не поправить совершенно явную чушь. А геолог ушёл в книги. Слабым голосом, с тихой отчётливостью (зная, что напрягутся — и услышат), Русанов сказал:

— Так быть не может. Ведь вы — немец?

— Да, — кивнул Федерау, и кажется сокрушённо.

— Ну? Когда вас в ссылку везли — партбилеты должны были отобрать.

— Не отобрали, — качал головой Федерау.

Русанов скривился, трудно ему было говорить:

— Ну так это просто упущение, спешили, торопились, запутались. Вы должны сами теперь сдать.

— Да нет же! — на что был Федерау робкий, а упёрся. — Четырнадцатый год я с билетом, какая ошибка! Нас и в райком собирали, нам разъясняли: остаётесь членами партии, мы не смешиваем вас с общей массой. Отметка в комендатуре — отметкой, а членские взносы — взносами. Руководящих постов занимать нельзя, а на рядовых постах должны трудиться образцово. Вот так.

— Ну, не знаю, — вздохнул Русанов. Ему и веки-то хотелось опустить, ему говорить было совсем трудно.

Позавчерашний второй укол нисколько не помог — опухоль не опала, не размягчилась и железным желваком всё давила ему под челюсть. Сегодня, расслабленный и предвидя новый мучительный бред, он лежал в ожидании третьего укола. Договаривались с Капой после третьего укола ехать в Москву — но Павел Николаевич потерял всю энергию борьбы, он только сейчас почувствовал, что значит обречённость: третий или десятый, здесь или в Москве, но если опухоль не поддаётся лекарству, она не поддастся. Правда, опухоль ещё не была смерть: она могла остаться, сделать инвалидом, уродом, больным — но всё-таки связи опухоли со смертью Павел Николаевич не усматривал до вчерашнего дня, пока тот же Оглоед, начитавшийся медицинских книжек, не стал кому-то объяснять, что опухоль пускает яды по всему телу — и вот почему нельзя её в теле терпеть.

И Павла Николаевича защипало, и понял он, что отмахнуться от смерти не выходит. Вчера на первом этаже он своими глазами видел, как на послеоперационного натянули с головой простыню. Теперь он осмыслил выражение, которое слышал между санитарками: «этому скоро *под простынку*». Вот оно что! — смерть представляется нам чёрной, но это только подступы к ней, а сама она — белая.

Конечно, Русанов всегда знал, что, поскольку все люди смертны, когда-нибудь должен сдать дела и он. Но — когда-нибудь, но не сейчас же! Когда-нибудь не страшно умереть — страшно умереть вот сейчас.

Белая равнодушная смерть в виде простыни, обволакивающей никакую фигуру, пустоту, подходила к нему осторожно, не шумя, в шлёпанцах, — а Русанов, застигнутый этой подкрадкой смерти, не только бороться с нею не мог, а вообще ничего о ней не мог ни подумать, ни решить, ни высказать. Она пришла незаконно, и не было правила, не было инструкции, которая защищала бы Павла Николаевича.

И жалко ему было себя. Жалко было представить такую целеустремлённую, наступательную и даже, можно сказать, красивую жизнь, как у него, — сшибленной камнем этой посторонней опухоли, которую ум его отказывался осознать как необходимость.

Ему было так жаль себя, что наплывали слёзы, всё время застилали зрение. Днём он прятал их то за очками, то за насморком будто, то накрываясь полотенцем, а эту ночь тихо и долго плакал, ничуть не стыдясь перед собой. Он с детства не плакал, он забыл, как это — плакать, а ещё больше, совсем забыл он, что слёзы, оказывается, помогают. Они не отодвигали от него ни одной из опасностей и бед — ни раковой смерти, ни судебного разбора старых дел, ни предстоящего укола и нового бреда, и всё же они как будто поднимали его на какую-то ступеньку от этих опасностей. Ему будто светлей становилось.

А ещё он — ослаб очень, ворочался мало, нехотя ел. Очень ослаб — и даже приятное что-то находил в этом состоянии, но худое приятное: как у замерзающего не бывает сил шевелиться. И как будто параличом взяло или ватой глухой обложило его всегдашнюю гражданскую горячность — не мириться ни с чем уродливым и неправильным вокруг. Вчера Оглоед с усмешечкой врал про себя главврачу, что он — целинник, и Павлу Николаевичу стоило только рот раскрыть, два слова сказать — и уже б Оглоеда в помине тут не было.

А он — ничего не сказал, промолчал. Это было с гражданственной точки зрения нечестно, его долг был — разоблачить ложь. Но почему-то Павел Николаевич не сказал. И не потому, что не хватило дыхательных сил выговорить или бы он боялся мести Оглоеда, — нет. А даже как-то и не хотелось говорить — как будто не всё, что делалось в палате, уже касалось Павла Николаевича. Даже было такое странное чувство, что этот крикун и грубиян, то не дававший свет тушить, то по произволу открывавший форточку, то лезший первый схватить нетроганую чистую газету, в конце концов, взрослый человек, имеет свою судьбу, может не очень счастливую, и пусть живёт как хочет.

А сегодня Оглоед ещё отличился. Пришла лаборантка составлять избирательные списки (их тут тоже готовили к выборам) и у всех брала паспорта, и все давали их или колхозные справки, а у Костоглотова ничего не оказалось. Лаборантка, естественно, удивилась и требовала паспорта, так Костоглотов завёлся шуметь, что надо, мол, знать политграмоту, что разные есть виды ссыльных, и пусть она звонит по такому-то телефону, а у него, мол, избирательное право есть, но в крайнем случае он может и не голосовать.

Вот какой мутный и испорченный человек оказался сосед по койке, верно чувствовало сердце Павла Николаевича! Но теперь, вместо того чтобы ужаснуться, в какой вертеп он здесь попал, среди кого лежал, Русанов поддался заливающему безразличию: пусть Костоглотов; пусть Федерау; пусть Сибгатов. Пусть они все вылечиваются, пусть живут — только б и Павлу Николаевичу остаться в живых.

Маячил ему капюшон простыни.

Пусть они живут, и Павел Николаевич не будет их расспрашивать и проверять. Но чтоб они его тоже не расспрашивали. Чтоб никто не лез ковыряться в старом прошлом. Что было — то было, оно кануло, и несправедливо теперь выискивать, кто в чём ошибся восемнадцать лет назад.

Из вестибюля послышался резкий голос санитарки Нэли, один такой во всей клинике. Это она без всякого даже крика спрашивала кого-то метров за двадцать:

— Слушай, а лакирированные эти почём стоют?

Что ответила другая — не было слышно, а опять Нэля:

— Э-э-эх, мне бы в таких пойти — вот бы хахали табунились!

Та, вторая, возразила что-то, и Нэля согласилась отчасти:

— Ой, да! Я когда капроны первый раз натянула — души не было. А Сергей бросил спичку и сразу прожёг, сволочь!

Тут она вошла в палату со щёткой и спросила:

— Ну, мальчики, вчера, говорят, скребли-мыли, так сегодня слегка?.. Да! Новость! — вспомнила она и, показывая на Федерау, объявила радостно: — Вот этот-то ваш накрылся! Дуба врезал!

Генрих Якобович уж какой был выдержанный, а повёл плечами, ему стало не по себе.

Не поняли Нэлю, и она дояснила:

— Ну, конопатый-то! Ну, обмотанный! Вчера на вокзале. Около кассы. Теперь на вскрытие привезли.

— Боже мой! — нашёл силы выговорить Русанов. — Как у вас не хватает тактичности, товарищ санитарка! Зачем же распространять мрачные известия?

В палате задумались. Много говорил Ефрем о смерти и казался обречённым, это верно. Поперёк вот этого прохода останавливался и убеждал всех, цедя:

«Так что си-ки-верное наше дело!..»

Но всё-таки последнего шага Ефрема они не видели, и, уехав, он оставался у них в памяти живым. А теперь надо было представить, что тот, кто позавчера топтал эти доски, где все они ходят, уже лежит в морге, разрезанный по осевой передней линии, как лопнувшая сарделька.

— Ты б нам что-нибудь весёленького! — потребовал Ахмаджан.

— Могу и весёленького, расскажу — обгрохочетесь. Только неприлично будет...

— Ничего, давай! Давай!

— Да! — ещё вспомнила Нэля. — Тебя, красюк, на рентген зовут! Тебя, тебя! — показывала она на Вадима.

Вадим отложил книгу на окно. Осторожно, с помощью рук, спустил больную ногу, потом другую. И с фигурой совсем балетной, если б не эта нагрублая берегомая нога, пошёл к выходу.

Он слышал о Поддуеве, но не почувствовал сожаления. Поддуев не был ценным для общества человеком, как и вот эта развязная санитарка. А человечество ценно всё-таки не своим гроздящимся количеством, а вызревающим качеством.

Тут вошла лаборантка с газетой.

А сзади неё шёл и Оглоед. Он вот-вот мог перехватить газету.

— Мне! мне! — слабо сказал Павел Николаевич, протягивая руку.

Ему и досталась.

Ещё без очков он видел, что на всю страницу идут большие фотографии и крупные заголовки. Медленно подмостясь и медленно надев очки, он увидел, как и предполагал, что это было — окончание сессии Верховного Совета: сфотографирован президиум и зал, и крупно шли последние важные решения.

Так крупно, что не надо было листать и искать где-то мелкую многозначащую заметку.

— Что?? что??? — не мог удержаться Павел Николаевич, хотя ни к кому здесь в палате он не обращался и неприлично было так удивляться и спрашивать над газетой.

Крупно, на первой полосе, объявлялось, что Председатель Совета Министров Г.М. Маленков просил уволить его по собственному желанию и Верховный Совет единодушно выполнил эту просьбу.

Так кончилась сессия, от которой Русанов ожидал одного бюджета!..

Он вконец ослабел, и руки его уронили газету. Он дальше не мог читать.

К чему это — он не понимал. Он перестал понимать инструкцию, общедоступно распространяемую. Но он понимал, что — круто, слишком круто!

Как будто где-то в большой-большой глубине заурчали геологические пласты и чуть-чуть шевельнулись в своём ложе — и от этого тряхнуло весь город, больницу и койку Павла Николаевича.

Но, не замечая, как колебнулась комната и пол, от двери к нему шла ровно, мягко, в свежевыглаженном халате доктор Гангарт с ободряющей улыбкой, держа шприц.

— Ну, будем колоться! — приветливо пригласила она.

А Костоглотов стянул с ног Русанова газету — и тоже сразу увидел и прочёл.

Прочёл и поднялся. Усидеть он не мог.

Он тоже не понимал точно полного значения известия.

Но если позавчера сменили весь Верховный Суд, а сегодня — премьер-министра, то это были шаги Истории!

Шаги истории, и не моглось думать и верить, что они могут быть к худшему.

Ещё позавчера он держал выскакивающее сердце руками и запрещал себе верить, запрещал надеяться!

Но прошло два дня — и всё те же четыре бетховенских удара напоминающе громнули в небо, как в мембрану.

А больные спокойно лежали в постелях — и не слышали!

И Вера Гангарт спокойно вводила в вену эмбихин.

Олег выметнулся, выбежал — гулять!

На простор!

20

Нет, он давно запретил себе верить! Он не смел разрешить себе обрадоваться!

Это в первые годы срока верит новичок каждому вызову из камеры с вещами — как вызову на свободу, каждому шёпоту об амнистии — как архангельским трубам. Но его вызывают из камеры, прочитывают какую-нибудь гадкую бумажку и заталкивают в другую камеру, этажом ниже, ещё темней, в такой же передышанный воздух. Но амнистия перекладывается — от годовщины Победы до годовщины Революции, от годовщины Революции до сессии Верховного Совета, амнистия лопается пузырём или объявляется ворам, жуликам, дезертирам — вместо тех, кто воевал и страдал.

И те клеточки сердца, которые созданы в нас природой для радости, став ненужными, — отмирают. И те кубики груди, в которых ютится вера, годами пустеют — и иссыхают.

Вдосыть уже было поверено, вдоволь пождали освобождения, вещички складывали — наконец хотел он только в свою Прекрасную Ссылку, в свой милый Уш-Терек! Да, милый! — удивительно, но именно таким представлялся его ссыльный угол отсюда, из больницы, из крупного города, из этого сложно заведенного мира, к которому Олег не ощущал умения пристроиться, да пожалуй и желания тоже.

Уш-Терек значит «Три тополя». Он назван так по трём старинным тополям, видным по степи за десять километров и дальше. Тополя стоят смежно. Они не стройны по-тополиному, а кривоваты даже. Им, может быть, уж лет и по четыреста. Достигнув высоты, они не погнали дальше, а раздались по сторонам и сплели мощную тень над главным арыком. Говорят, и ещё были старые деревья в ауле, но в 31-м году, когда Будённый давил казахов, их вырубили. А больше такие не принимаются. Сколько сажали пионеры — обгладывают их козы на первом взросте. Лишь американские клёны взялись на главной улице перед райкомом.

То́ ли место любить на земле, где ты выполз кричащим младенцем, ничего ещё не осмысливая, даже показаний своих глаз и ушей? Или то, где первый раз тебе сказали: ничего, идите без конвоя! сами идите!

Своими ногами! «Возьми постель твою и ходи!»

Первая ночь на полусвободе! Пока ещё присматривалась к ним комендатура, в посёлок не выпустили, а разрешили вольно спать под сенным навесом во дворе МВД. Под навесом неподвижные лошади всю ночь тихо хрупали сено — и нельзя было выдумать звука слаще!

Но Олег полночи заснуть не мог. Твёрдая земля двора была вся белая от луны — и он пошёл ходить, — как шальной, наискось по двору. Никаких вышек не было, никто на него не смотрел — и, счастливо спотыкаясь на неровностях двора, он ходил, запрокинув голову, лицом в белое небо, — и куда-то всё шёл, как будто боясь не успеть, как будто не в скудный глухой аул должен был выйти завтра, а в просторный триумфальный мир. В тёплом воздухе ранней южной весны было совсем не тихо: как над большой разбросанной станцией всю ночь перекликаются паровозы, так со всех концов посёлка всю ночь до утра из своих загонов и дворов трубно, жадно и торжествующе ревели ишаки и верблюды — о своей брачной страсти, об уверенности в продолжении жизни. И этот брачный рёв сливался с тем, что ревело в груди у Олега самого.

Так разве есть место милей, чем где провёл ты такую ночь?

И вот в ту ночь он опять надеялся и верил, хоть столько раз урекался.

После лагеря нельзя было назвать ссыльный мир жестоким, хотя и здесь на поливе дрались кетменями за воду и рубали по ногам. Ссыльный мир был намного просторней, легче, разнообразней. Но жестковатость была и в нём, и не так-то легко пробивался корешок в землю, и не так-то легко было напитать стебель. Ещё надо было извернуться, чтоб комендант не заслал в пустыню глубже километров на полтораста. Ещё надо было найти глиносоломенную крышу над головой и что-то платить хозяйке, а платить не из чего. Надо было покупать ежеденный хлеб и что-то же в столовой. Надо было работу найти, а, намахавшись киркою за семь лет, не хотелось всё-таки брать кетмень и идти в поливальщики. И хотя были в посёлке вдовые женщины уже с мазанками, с огородами и даже с коровами, вполне готовые взять в мужья одинокого ссыльного, — продавать себя в мужья мнилось тоже рано: ведь жизнь как будто не кончалась, а начиналась.

Раньше, в лагере, прикидывая, скольких мужчин недостаёт на воле, уверены были арестанты, что только конвоир от тебя отстанет — и первая женщина уже твоя. Так казалось, что ходят они одинокие, рыдая по мужчинам, и ни о чём не думают о другом. Но в посёлке было великое множество детей, и женщины держались как бы наполненные своей жизнью, и ни одинокие, ни девушки ни за что не хотели *так*, а обязательно замуж, по-честному, и строить домок на виду посёлка. Уш-терекские нравы уходили в прошлое столетие.

И вот конвоиры давно отстали от Олега, а жил он всё так же без женщины, как и годы за колючей проволокой, хотя были в посёлке писаные вороные гречанки и трудолюбивые светленькие немочки.

В накладной, по которой прислали их в ссылку, написано было навечно, и Олег разумом вполне поддался, что будет навечно, ничего другого нельзя было вообразить. А вот жениться здесь — что-то в груди не пускало. То свалили Берию с жестяным грохотом пустого истукана — и все ждали крутых изменений, а изменения приползали медленные, малые. То Олег нашёл свою прежнюю подругу — в красноярской ссылке; и обменялся письмами с ней. То затеял переписку со старой ленинградской знакомой — и сколько-то месяцев носил это в груди, надеясь, что она приедет сюда. (Но кто бросит ленинградскую квартиру и приедет к нему в дыру?) А тут выросла опухоль, и всё разняла́ своей постоянной необоримой болью, и женщины уже не стали ничем привлекательнее просто добрых людей.

Как охватил Олег, было в ссылке не только угнетающее начало, известное всем хоть из литературы (не та местность, которую любишь; не те люди, которых бы хотелось), но и начало освобождающее, мало известное: освобождающее от сомнений, от ответственности перед собой. Несчастны были не те, кто посылался в ссылку, а кто получал паспорт с грязной 39-й паспортной статьёй и должен был, упрекая себя за каждую оплошность, куда-то ехать, где-то жить, искать работу и отовсюду изгоняться. Но полноправно приезжал арестант в ссылку: не он придумал сюда ехать, и никто не мог его отсюда изгнать! За него подумало начальство, и он уже не боялся упустить где-то лучшее место, не суетился, изыскивая лучшую комбинацию. Он знал, что идёт единственным путём, и это наполняло его бодростью.

И сейчас, начав выздоравливать и стоя опять перед неразбираемо-запутанной жизнью, Олег ощущал приятность, что есть такое блаженное местечко Уш-Терек, где за него подумано, где всё очень ясно, где его считают как бы вполне гражданином и куда он вернётся скоро как *домой.* Уже какие-то нити родства тянули его туда и хотелось говорить: у нас.

Три четверти того года, который Олег пробыл до сих пор в Уш-Тереке, он болел — и мало присмотрелся к подробностям природы и жизни, и мало насладился ими. Больному человеку степь казалась слишком пыльной, солнце слишком горячим, огороды слишком выжженными, замес саманов слишком тяжёлым.

Но сейчас, когда жизнь, как те кричащие весенние ишаки, снова затрубила в нём, Олег расхаживал по аллеям медгородка, изобилующего деревьями, людьми, красками и каменными домами, — и с умилением восстанавливал каждую скупую умеренную чёрточку уш-терекского мира. И тот скупой мир был ему дороже — потому что он был свой, до гроба свой, навеки свой, а этот — временный, прокатный.

И вспоминал он степной *жусан* — с горьким запахом, а таким родным! И опять вспоминал *жантак* с колкими колючками. И ещё колче того *джингиль*, идущий на изгороди, — а в мае цветёт он фиолетовыми цветами, благоухающими совсем как сирень. И одурманивающее это дерево *джиду́* — с запахом цветов до того избыточно-пряным, как у женщины, перешедшей меру желания и надушенной без удержу.

Как это удивительно, что русский, какими-то лентами душевными припеленатый к русским перелескам и польцам, к тихой замкнутости среднерусской природы, а сюда присланный помимо воли и навсегда, — вот он уже привязался к этой бедной открытости, то слишком жаркой, то слишком продуваемой, где тихий пасмурный день ощущается как отдых, а дождь — как праздник, и вполне уже, кажется, смирился, что будет жить здесь до смерти. И по таким ребятам, как Сарымбетов, Телегенов, Маукеев, братья Скоковы, он, ещё и языка их не зная, кажется, и к народу этому привязался; он — под налётом случайных чувств, когда смешивается ложное с важным, под наивной преданностью древним *родам* — понял его как в корне простодушный народ и всегда отвечающий на искренность искренностью, на расположение расположением.

Олегу — тридцать четыре года. Все институты обрывают приём в тридцать пять. Образования ему уже никогда не получить. Ну, не вышло так не вышло. Только недавно от изготовщика саманов он сумел подняться до помощника землеустроителя (не самого землеустроителя, как соврал Зое, а только помощника, на триста пятьдесят рублей). Его начальник, районный землеустроитель, плохо знает цену деления на рейке, поэтому работать бы Олегу всласть, но и ему работы почти нет: при розданных колхозам актах на *вечное* (тоже вечное) пользование землёй ему лишь иногда достаётся отрезать что-нибудь от колхозов в пользу расширяющихся посёлков. Куда ему до *мира́ба* — до властителя поливов мираба, спиной своей чувствующего малейший наклон почвы! Ну, вероятно, с годами Олег сумеет устроиться лучше. Но даже и сейчас — почему с такой теплотой вспоминает он об Уш-Тереке и ждёт конца лечения, чтоб только вернуться туда, дотянуться туда хоть вполздорова?

Не естественно ли было бы озлобиться на место своей ссылки, ненавидеть и проклинать его? Нет, даже то, что взывает к батогу сатиры, — и то видится Олегу лишь анекдотом, достойным улыбки. И новый директор школы Абен Берденов, который сорвал со стены «Грачей» Саврасова и закинул их за шкаф (там церковь он увидел и счёл это религиозной пропагандой). И заврайздравом, бойкая русачка, которая с трибуны читает доклад районной интеллигенции, а из-под полы загоняет местным дамам по двойной цене новый крепдешин, пока не появится такой и в раймаге. И машина скорой помощи, носящаяся в клубах пыли, но частенько совсем не с больными, а по нуждам райкома как легковая, а то развозя по квартирам начальства муку и сливочное масло. И «оптовая» торговля маленького розничного Орембаева: в его продуктовом магазинчике никогда ничего нет, на крыше — гора пустых ящиков от проданного товара, он премирован за перевыполнение плана и постоянно дремлет у двери магазина. Ему лень взвешивать, лень пересыпать, заворачивать. Снабдивши всех сильных людей, он дальше намечает по его мнению достойных и тихо предлагает: «бери ящик макарон — только целый», «бери мешок сахара — только целый». Мешок или ящик отправляются прямо со склада на квартиру, а записываются Орембаеву в розничный оборот. Наконец, и третий секретарь райкома, который возжелал сдать экстерном за среднюю школу, но, не зная ни одной из математик, прокрался ночью к ссыльному учителю и поднёс ему шкурку каракуля.

Это всё воспринимается с улыбкой потому, что это всё — после волчьего лагеря. Конечно, что́ не покажется после лагеря — шуткой? что не покажется отдыхом?

Ведь это же наслаждение — надеть в сумерках белую рубашку (единственную, уже с продранным воротником, а уж какие брюки и ботинки — не спрашивай) и пойти по главной улице посёлка. Около клуба под камышовой кровлей увидеть афишу: «новый трофейно-художественный фильм...» — и юродивого Васю, всех зазывающего в кино. Постараться купить самый дешёвый билет за два рубля — в первый ряд, вместе с мальчишками. А раз в месяц кутнуть — за два с полтиной выпить в чайной, между шофёров-чеченов, кружку пива.

Это восприятие ссыльной жизни со смехом, с постоянной радостью у Олега сложилось больше всего от супругов Кадминых — гинеколога Николая Ивановича и жены его Елены Александровны. Что б ни случилось с Кадмиными в ссылке, они всегда повторяют:

— Как хорошо! Насколько это лучше, чем было! Как нам повезло, что мы попали в это прелестное место!

Досталась им буханка светлого хлеба — радость! Сегодня фильм хороший в клубе — радость! Двухтомник Паустовского в книжный магазин привезли — радость! Приехал техник и зубы вставил — радость! Прислали ещё одного гинеколога, тоже ссыльную, — очень хорошо! Пусть ей гинекология, пусть ей незаконные аборты, Николай Иваныч общую терапию поведёт, меньше денег, зато спокойно. Оранжево-розово-ало-багряно-багровый степной закат — наслаждение! Стройненький седенький Николай Иванович берёт под руку круглую, тяжелеющую не без болезни Елену Александровну, и они чинным шагом выходят за крайние дома смотреть закат.

Но жизнь как сплошная гирлянда цветущих радостей начинается у них с того дня, когда они покупают собственную землянку-развалюшку с огородом — последнее прибежище в их жизни, как они понимают, последний кров, где им вековать и умирать. (У них есть решение — умереть вместе: один умрёт, другой сопроводит, ибо зачем и для кого ему оставаться?) Мебели у них — никакой, и заказывается старику Хомратовичу, тоже ссыльному, выложить им в углу параллелепипед из саманов. Это получилась супружеская кровать — какая широкая! какая удобная! Вот радость-то! Шьётся широкий матрасный мешок и набивается соломой. Следующий заказ Хомратовичу — стол, и притом круглый. Недоумевает Хомратович: седьмой десяток на свете живёт, никогда круглого стола не видел. Зачем круглый? «Нет уж, пожалуйста! — чертит Николай Иванович своими белыми ловкими гинекологическими руками. — Уж обязательно круглый!» Следующая забота — достать керосиновую лампу не жестяную, а стеклянную, на высокой ножке, и не семилинейную, а обязательно десятилинейную — и чтоб ещё стёкла к ней были. В Уш-Тереке такой нет, это достаётся постепенно, привозится добрыми людьми издалека, — но вот на круглый стол ставится такая лампа, да ещё под самодельным абажуром, — и здесь, в Уш-Тереке, в 1954 году, когда в столицах гоняются за торшерами и уже изобретена водородная бомба, — эта лампа на круглом самодельном столе превращает глинобитную землянку в роскошную гостиную предпрошлого века. Что за торжество! Они втроём садятся вокруг, и Елена Александровна говорит с чувством:

— Ах, Олег, как хорошо мы сейчас живём! Вы знаете, если не считать детства, — это самый счастливый период всей моей жизни!

Потому что ведь — она права! — совсем не уровень благополучия делает счастье людей, а — отношения сердец и наша точка зрения на нашу жизнь. И то и другое — всегда в нашей власти, а значит, человек всегда счастлив, если он хочет этого, и никто не может ему помешать.

До войны они жили под Москвой со свекровью, и та была настолько непримирима и пристальна к мелочам, а сын к матери настолько почтителен, что Елена Александровна — уже женщина средних лет, самостоятельной судьбы и не первый раз замужем — чувствовала себя постоянно задавленной. Эти годы она называет теперь своим «средневековьем». Нужно было случиться большому несчастью, чтобы свежий воздух хлынул в их семью.

И несчастье обрушилось — сама же свекровь и потянула ниточку: в первый год войны пришёл человек без документов и попросил укрытия. Совмещая крутость к семейным с общими христианскими убеждениями, свекровь приютила дезертира — и даже без совета с молодыми. Две ночи переночевал дезертир, ушёл, где-то был пойман и на допросе указал дом, который его принял. Сама свекровь была уже под восемьдесят, её не тронули, но сочтено было полезным арестовать пятидесятилетнего сына и сорокалетнюю невестку. На следствии выясняли, не родственник ли им дезертир, и, если б оказался родственник, это сильно смягчило бы следствие: это было бы простым шкурничеством, вполне понятным и даже извинимым. Но был дезертир им — никто, прохожий, и получили Кадмины по десятке не как пособники дезертира, но как враги отечества, сознательно подрывающие мощь Красной армии. Кончилась война — и тот дезертир был отпущен по великой сталинской амнистии 1945 года (историки будут голову ломать — не поймут, почему именно дезертиров простили прежде всех — и без ограничений). Он и забыл, что в каком-то доме ночевал, что кого-то потянул за собой. А Кадминых та амнистия нисколько не коснулась: ведь они были не дезертиры, они были враги. Они и по десятке отбыли — их не отпустили домой: ведь они не в одиночку действовали, а *группой*, *организацией* — муж да жена! — и полагалось им в вечную ссылку. Предвидя такой исход, Кадмины заранее подали прошения, чтобы хоть в ссылку-то их послали в одно место. И как будто никто прямо не возражал, и как будто просьба была довольно законная — а всё-таки мужа послали на юг Казахстана, а жену — в Красноярский край. Может, их хотели разлучить как членов одной организации?.. Нет, это не в кару им сделали, не назло, а просто в аппарате министерства внутренних дел не было же такого человека, чья обязанность была бы соединять мужей и жён — вот и не соединили. Жена, под пятьдесят лет, но с опухающими руками и ногами, попала в тайгу, где ничего не было, кроме лесоповала, уже так знакомого по лагерю. (Но и сейчас вспоминает енисейскую тайгу — какие пейзажи!) Год ещё писали они жалобы — в Москву, в Москву, в Москву — и тогда только пришёл спецконвой — и повёз Елену Александровну сюда, в Уш-Терек.

И ещё бы было им теперь не радоваться жизни! не полюбить Уш-Терек! и свою глинобитную хибарку! Какого ещё им было желать другого доброденствия?

Вечно — так вечно, пусть будет так! За вечность можно вполне изучить климат Уш-Терека! Николай Иванович вывешивает три термометра, ставит банку для осадков, а за силой ветра заходит к Инне Штрём — десятикласснице, ведущей государственный метеопункт. Ещё что там будет на метеопункте, а уж у Николая Иваныча заведен метеожурнал с завидной статистической строгостью.

Ещё ребёнком он воспринял от отца, инженера путей сообщения, жажду постоянной деятельности и любовь к точности и порядку. Да уж педант ли был Короленко, но и тот говорил (а Николай Иваныч цитирует), что «порядок в делах соблюдает наш душевный покой». И ещё любимая поговорка доктора Кадмина: «Вещи знают свои места.» Вещи сами знают, а мы только не должны им мешать.

Для зимних вечеров есть у Николая Ивановича любимое досужное занятие: переплётное ремесло. Ему нравится претворять лохматые, разлезлые, гибнущие книги в затянутый радостный вид. Даже и в Уш-Тереке сделали ему переплётный пресс и преострый обрезной ножичек.

Едва только куплена землянка — и месяц за месяцем Кадмины на всём экономят, донашивают всё старенькое, а деньги копят на батарейный радиоприёмник. Ещё надо договориться в культмаге с продавцом-курдом, чтоб он задержал им батареи, когда будут, батареи отдельно приходят, и не всегда. Ещё надо переступить немой ужас всех ссыльных перед радиоприёмником: что подумает оперуполномоченный? не для Би-Би-Си ли вся затея? Но ужас переступлен, батареи доставлены, приёмник включён — и музыка, райская для арестантского уха и чистая при батарейном питании, — Пуччини, Сибелиус, Бортнянский — каждый день по выбору из программы включается в кадминской халупке. И вот — наполнен и переполнен их мир, уже не всасывать ему извне, но выдавать избыточное.

А с весны — вечера для радио короче, да зато заботит огород. Десять соток своего огорода разбивает Николай

Иванович с такой замысловатостью и энергией, что куда там старый князь Болконский со всеми Лысыми Горами и особым архитектором. По больнице Николай Иванович в шестьдесят лет ещё очень жив, исполняет полторы ставки и в любую ночь бежит принимать роды. По посёлку он не ходит, а носится, не стесняясь седой бороды, и только развевает полами парусинового пиджачка, сшитого Еленой Александровной. А вот к лопате у него уже сил мало: полчаса утром, и начинает задыхаться. Но пусть отстают руки и сердце, а планы стройны до идеала. Он водит Олега по голому своему огороду, счастливо отмеченному двумя деревцами по задней меже, и хвалится:

— Вот тут, Олег, сквозь весь участок пройдёт прешпект. По левую сторону, вы когда-нибудь увидите, три урюка, они уже посажены. По правую руку будет разбит виноградник, он несомненно примется. В конце же прешпект упрётся в беседку — в самую настоящую беседку, которой ещё не видел Уш-Терек! Основы беседки уже заложены — вот этот полукруглый диван из саманов, — (всё тот же Хомратович: «зачем полукруглый?»), — и вот эти прутья — по ним поднимется хмель. Рядом будут благоухать табаки. Днём мы будем здесь прятаться от зноя, а вечерами — пить чай из самовара, милости прошу! — (Впрочем, и самовара ещё нет.)

Что там в будущем вырастет у них — неизвестно, а чего уже сегодня нет — картошки, капусты, огурцов, помидоров и тыкв, того, что есть у соседей. «Но ведь это же купить можно!» — возражают Кадмины. Поселенцы Уш-Терека — народ хозяйственный, держат коров, свиней, овец, кур. Не вовсе чужды животноводству и Кадмины, но беспрактичное у них направление фермы: одни только собаки да кошки. Кадмины так понимают, что и молоко, и мясо можно принести с базара — но где купишь собачью преданность? Разве за деньги будут так прыгать на тебя лопоухий чёрно-бурый Жук, огромный, как медведь, и острый пронырливый маленький Тобик, весь белый, но с подвижными чёрными ушками?

Любовь к животным мы теперь не ставим в людях ни в грош, а над привязанностью к кошкам даже непременно смеёмся. Но разлюбив сперва животных — не неизбежно ли мы потом разлюбливаем и людей?

Кадмины любят в каждом своём звере не шкурку, а личность. И та общая душевность, которую излучают супруги, безо всякой дрессировки почти мгновенно усваивается и их животными. Животные очень ценят, когда Кадмины с ними разговаривают, и подолгу могут слушать. Животные дорожат обществом своих хозяев и горды их повсюду сопровождать. Если Тобик лежит в комнате (а доступ в комнаты собакам не ограничен) и видит, что Елена Александровна надевает пальто и берёт сумку, — он не только сразу понимает, что сейчас будет прогулка в посёлок, — но срывается с места, бежит за Жуком в сад и тотчас возвращается с ним. На определённом собачьем языке он там ему передал о прогулке — и Жук прибежал возбуждённый, готовый идти.

Жук хорошо знает протяжённость времени. Проводив Кадминых до кино, он не лежит у клуба, уходит, но к концу сеанса всегда возвращается. Один раз картина оказалась совсем короткой — и он опоздал. Сколько было горя сперва, и сколько потом прыжков!

Куда псы никогда не сопровождают Николая Ивановича — это на работу, понимая, что было бы нетактично. Если в предвечернее время доктор выходит за ворота своим лёгким молодым шагом, то по каким-то душевным волнам собаки безошибочно знают — пошёл ли он проведать роженицу (и тогда не идут) или купаться — и тогда идут. Купаться далеко — в реке Чу, за пять километров. Ни местные, ни ссыльные, ни молодые, ни средолетние не ходят туда ежедневно — далеко. Ходят только мальчишки да доктор Кадмин с собаками. Собственно, это единственная из прогулок, не доставляющая собакам прямого удовольствия: дорожка по степи жёсткая и с колючками, у Жука больные изрезанные лапы, а Тобик, однажды искупанный, очень боится снова попасть в воду. Но чувство долга — выше всего, и они проделывают с доктором весь путь. Только за триста безопасных метров от реки Тобик начинает отставать, чтоб его не схватили, извиняется ушами, извиняется хвостом и ложится. Жук идёт до самого обрыва, здесь кладёт своё большое тело и, как монумент, наблюдает купание сверху.

Долг провожать Тобик распространяет и на Олега, который часто бывает у Кадминых. (Так, наконец, часто, что это тревожит оперуполномоченного и он порознь допрашивает: «а почему вы так близки? а что у вас общего? а о чём вы разговариваете?») Жук может и не провожать Олега, но Тобик обязан, и даже в любую погоду. Когда на улице дождь и грязно, лапам будет холодно и мокро, очень Тобику не хочется, он потянется на передних лапах и потянется на задних — а всё-таки пойдёт! Впрочем, Тобик же — и почтальон между Кадмиными и Олегом. Нужно ли сообщить Олегу, что сегодня интересный фильм, или очень хорошая будет музыкальная передача, или что-то важное появилось в продуктовом, в универмаге, — на Тобика надевается матерчатый ошейник с запиской, пальцем ему показывают направление и твёрдо говорят: «К Олегу!» И в любую погоду он послушно семенит к Олегу на своих тонких ногах, а придя и не застав дома — дожидается у двери. Самое удивительное, что никто его этому не учил, не дрессировал, а он с первого раза всё понял и стал так делать. (Правда, подкрепляя его идейную твёрдость, Олег всякий раз выдаёт ему за почтовый рейс и материальное поощрение.)

Жук — ростом и статью с немецкую овчарку, но нет в нём овчарской настороженности и злобности, его затопляет добродушие крупного сильного существа. Ему уж лет немало, он знал многих хозяев, а Кадминых выбрал сам. Перед тем он принадлежал духанщику (заведующему чайной). Тот держал Жука на цепи при ящиках с пустой посудой, иногда для забавы отвязывал и натравливал на соседских псов. Жук дрался отважно и наводил на здешних жёлтых вялых псов ужас. Но в одно из таких отвязываний он побывал на собачьей свадьбе близ дома Кадминых, что-то почувствовал душевное в их дворе — и стал сюда бегать, хоть тут его не кормили. Духанщик уезжал и подарил Жука своей ссыльной подруге Эмилии. Та сытно кормила Жука — а он всё равно срывался и уходил к Кадминым. Эмилия обижалась на Кадминых, уводила Жука к себе, опять сажала на цепь — а он всё равно срывался и уходил. Тогда она привязала его цепью к автомобильному колесу. Вдруг Жук увидел со двора, что по улице идёт Елена Александровна, даже нарочно отвернувшись. Он рванулся — и, как ломовая лошадь, хрипя, протащил автомобильное колесо метров сто на своей шее, пока не свалился. После этого Эмилия отступилась от Жука. И у новых хозяев Жук быстро перенял доброту как главную норму поведения. Все уличные собаки совсем перестали его бояться, и с прохожими Жук стал приветлив, хотя не искателен.

Однако любители стрелять в живое были и в Уш-Тереке. Не промышляя лучшей дичи, они ходили по улицам и, пьяные, убивали собак. Дважды стреляли уже в Жука. Теперь он боялся всякого наведенного отверстия — и фотообъектива тоже, не давался фотографировать.

Были у Кадминых ещё и коты — избалованные и капризные, и любящие искусство, — но Олег, гуляя сейчас по аллеям медгородка, представил себе именно Жука, огромную добрую голову Жука, да не просто на улице — а в заслон своего окна: внезапно в окне Олега появляется голова Жука — это он встал на задние и заглядывает, как человек. Это значит — рядом прыгает Тобик и уже на подходе Николай Иванович.

И с умилением Олег почувствовал, что он вполне доволен своей долей, что он вполне смирён со ссылкой, и только здоровья одного он просит у неба и не просит бо́льших чудес.

Вот так и жить, как Кадмины живут, — радоваться тому, что есть! Тот и мудрец, кто доволен немногим.

Кто — оптимист? Кто говорит: вообще в стране всё плохо, везде — хуже, у нас ещё хорошо, нам повезло. И счастлив тем, что есть, и не терзается. Кто — пессимист? Кто говорит: вообще в нашей стране всё замечательно, везде — лучше, только у нас случайно плохо.

Сейчас — только бы лечение как-нибудь перетерпеть! Как-нибудь выскочить из этих клещей — рентгенотерапии, гормонотерапии — не до конца уродом. Как-нибудь сохранить *либидо* и там что ещё полагается! — потому что без этого, без этого...

И — ехать в Уш-Терек. И больше впрохолость не жить! Жениться!

Зоя вряд ли поедет. А если б и поехала — то через полтора года. Ждать опять, ждать опять, всю жизнь ждать!

Жениться можно на Ксане. Что за хозяйка! — тарелки простые перетирает, полотенце через плечо перебросит — царица! — глаз не оторвать. С ней прочно можно жить — и дом будет на славу, и дети будут виться.

А можно — на Инне Штрём. Немного страшно, что ей только восемнадцать лет. Но ведь это и тянет! Ещё у неё улыбка какая-то рассеянно-дерзкая, задумчиво-вызывающая. Но ведь это и тянет...

Так не верить же никаким всплескам, никаким бетховенским ударам! Это всё — радужные пузыри. Сердце сжать — и не верить! Ничего не ждать от будущего — лучшего!

То, что есть, — будь рад тому!

Вечно — так вечно.

21

Олегу посчастливилось встретить её в самых дверях клиники. Он посторонился, придерживая для неё дверь, но если б и не посторонился — она с таким порывом шла, чуть наклонясь вперёд, что, пожалуй, и сшибла бы.

Он сразу охватил: на шоколадных волосах голубой берет, голову, поставленную как против ветра, и очень уж своенравного покроя пальто — какой-то длинный невероятный хляст, застёгнутый у горла.

Если б он знал, что это — дочь Русанова, он наверно бы вернулся. А так — пошёл вышагивать по своей отобщённой тропке.

Авиета же без труда получила разрешение подняться наверх в палату, потому что отец её был очень слаб, а день четверг — посетительный. Пальто она сняла, и на бордовый свитер ей накинули белый халатик, такой маленький, что разве в детстве она могла бы надеть его в рукава.

После вчерашнего третьего укола Павел Николаевич действительно очень ослабел и без крайней нужды совсем уже не выбирал ног из-под одеяла. Он и ворочался мало, очков не надевал, не встревал в разговоры. В нём пошатнулась его постоянная воля, и он отдался своей слабости. Опухоль, на которую он сперва досадовал, потом боялся её, теперь вошла в права — и уже не он, а она решала, что же будет.

Павел Николаевич знал, что Авиета прилетает из Москвы, сегодня утром ждал её. Он ждал её, как всегда, с радостью, но сегодня отчасти и с тревогой: решено было, что Капа расскажет ей о письме Миная, о Родичеве и Гузуне всё, как оно есть. До сих пор ей это было знать ни к чему, но теперь нужна была её голова и совет. Авиета была разумница, никогда ни в чём она не думала хуже, чем родители, а всё-таки немножко было и тревожно: как она воспримет эту историю? сумеет ли перенестись и понять? не осудит ли с беззаботного плеча?

И в палату Авиета вошла как против ветра, с порывом, хотя одна рука у неё занята была тяжёлой сумкой, а другая удерживала халат на плечах. Свежее молодое лицо её было сияющим, не было того постного сострадания, с которым подходят к постелям тяжелобольных и которое Павлу Николаевичу больно было бы видеть у дочери.

— Ну, отец! Ну, что же ты, отец! — оживлённо здоровалась она, садясь к нему на койку и искренно, без усилия, целуя и в правую, и в левую уже несвежие, зарастающие щёки. — Ну? Как ты сегодня чувствуешь? Ну-ка, скажи точно! Ну-ка, скажи!

Её цветущий вид и бодрая требовательность поддали немного сил Павлу Николаевичу, и он слегка оживился.

— Ну, как тебе сказать? — размеренно, слабо говорил он, сам с собой выясняя. — Пожалуй, она не уменьшилась, нет. Но вот такое есть ощущение, будто стало немного свободнее двигать головой. Немного свободнее. Меньше давит, что ли.

Дочь, не спрашивая, но и нисколько не причиняя боли, раздвинула у отца воротник и ровно посередине смотрела —

так смотрела, будто она врач и каждый день имела возможность сравнивать.

— Ну и ничего ужасного! — определила она. — Увеличенная железа, и только. Мама мне такого написала, я думала, здесь — ой! Вот, говоришь, стало свободнее. Значит, уколы помогают. Значит, помогают. А потом ещё меньше станет. А станет в два раза меньше — тебе она и мешать не будет, ты можешь хоть выписаться.

— Да, действительно, — вздохнул Павел Николаевич. — Если бы в два раза меньше, так можно было б и жить.

— И дома лечиться!

— Ты думаешь, дома можно было б уколы?

— А почему нет? Ты к ним привыкнешь, втянешься — и сможешь продолжать дома. Мы это обговорим, мы это подумаем!

Павел Николаевич повеселел. Уж там разрешат ли уколы дома или нет, но сама решимость дочери идти на штурм и добиваться наполняла его гордостью. Авиета была наклонена к нему, и он без очков хорошо видел её прямое честное открытое лицо, такое энергичное, живое, с подвижными ноздрями, с подвижными бровями, чутко вздрагивающими на всякую несправедливость. Кто это? — кажется, Горький — сказал: если дети твои не лучше тебя, то зря ты родил их, и жил ты тоже зря. А вот Павел Николаевич жил не зря.

Всё-таки он беспокоился, знает ли она о т о м и что скажет сейчас.

Но она не спешила переходить к тому, а ещё спрашивала о лечении, и что тут за врачи, и тумбочку его проверила, посмотрела, что он съел, а что испортилось, и заменила новым.

— Я тебе вина укрепляющего привезла, пей по рюмочке. Красной икрицы привезла, ведь хочешь? И апельсинчиков, московских.

— Да пожалуй.

Тем временем она оглядела всю палату и кто тут в палате и живым движением лба показала ему, что — убожество невыносимое, но надо рассматривать это с юмористической точки зрения.

Хотя никто их как будто не слушал, всё же она наклонилась к отцу близко, и так стали они говорить друг для друга только.

— Да, папа, это ужасно, — сразу подступила Авиета к главному. — В Москве это уже не новость, об этом много разговоров. Начинается чуть ли не массовый пересмотр судебных дел.

— Массовый?!

— Буквально. Это сейчас какая-то эпидемия. Шараханье! Как будто колесо истории можно повернуть назад! Да кто это может! И кто это смеет! Ну хорошо, — правильно, неправильно их когда-то осудили, — но зачем же теперь этих отдалёнников возвращать сюда? Да пересаживать их сейчас в прежнюю жизнь — это болезненный мучительный процесс, это безжалостно прежде всего по отношению к ним самим! А некоторые умерли — и зачем же шевелить тени? Зачем и у родственников возбуждать необоснованные надежды, мстительные чувства?.. И потом, что значит само слово «реабилитирован»? Ведь это ж не может значить, что он полностью невиновен! Что-то обязательно там есть, только небольшое.

Ах, какая ж умница! С какой горячностью правоты она говорила! Ещё не дойдя до своего дела, Павел Николаевич уже видел, что в дочери он встретит поддержку всегда. Что Алла не могла откачнуться.

— И ты знаешь прямо случаи возвратов? Даже в Москву?

— Даже в Москву! — вот именно. А они в Москву-то и лезут теперь, им там как мёдом намазано. И какие бывают трагические случаи! Представляешь, один человек живёт совершенно спокойно, вдруг его вызывают — *туда*. На очную ставку! — представляешь?..

Павла Николаевича повело, как от кислого. Алла заметила, но она всегда доводила мысль до конца, она не могла остановиться.

— ...И предлагают повторить, что́ там было сказано двадцать лет назад, воображаешь? Кто это может помнить? И кому от этого тепло? Ну, если уж так вам приспичило — так реабилитируйте, но без очных ставок! Но не треплите же нервы людям! Ведь человек вернулся домой — и чуть не повесился!

Павел Николаевич лежал в испарине. Ещё эта только мысль ему не приходила в голову — что с Родичевым, или с Ельчанским, или ещё с кем-нибудь потребуют очную ставку!

— А кто этих дураков заставлял подписывать на себя небылицы? Пусть бы не подписывали! — гибкая мысль Аллы охватывала все стороны вопроса. — Да вообще как можно ворошить этот ад, не подумав о людях, кто тогда *работал*. Ведь о них-то надо было подумать! Как *им* перенести эти внезапные перемены!

— Тебе мама — рассказала?..

— Да, папочка! Рассказала. И тебя здесь ничто не должно смутить! — уверенными сильными пальцами она взяла отца за оба плеча. — Вот хочешь, я скажу тебе, как понимаю: тот, кто идёт и *сигнализирует* — это передовой, сознательный человек! Он движим лучшими чувствами к своему обществу, и народ это ценит и понимает. В отдельных случаях такой человек может и ошибиться. Но не ошибается только тот, кто ничего не делает. Обычно же он руководится своим классовым чутьём — а оно никогда не подведёт.

— Ну, спасибо, Алла! Спасибо! — Павел Николаевич почувствовал даже, что слёзы подходят к горлу, но освобождающие, добрые слёзы. — Это хорошо ты сказала: народ — ценит, народ — понимает.

Только глупая привычка пошла — искать народ где-то обязательно внизу.

Потной кистью он погладил прохладную кисть дочери.

— Это очень важно, чтобы молодые поняли нас, не осудили. Скажи, а как ты думаешь... А в законе не найдут такой статьи, чтоб ещё теперь нас же... вот меня... привлекать, значит, за... ну, неправильные показания?

— Представь себе, — очень живо отозвалась Алла, — в Москве случайно я была свидетельницей разговора, где обсуждались вот... подобные же опасения. И был юрист, и он объяснил, что статья за так называемые ложные показания и всего-то гласит до двух лет, а с тех пор два раза уже была под амнистией, — и совершенно исключено, чтобы кто-нибудь кого-нибудь привлёк за ложные показания! Так что Родичев и не пикнет, будь уверен!

Павлу Николаевичу показалось даже, что опухоль у него ещё посвободнела.

— Ах ты, моя умница! — счастливо облегчённо говорил он. — И всё ты всегда знаешь! И везде ты всегда успеваешь. Сколько ты мне сил вернула!

И уже двумя руками взяв руку дочери, поцеловал её благоговейно. Павел Николаевич был бескорыстный человек. Интересы детей всегда были для него выше своих. Он знал, что сам ничем не блещет, кроме преданности, аккуратности и настойчивости. Но истинный расцвет он переживал в дочери — и согревался в её свете.

Алле надоело всё время удерживать на плечах условный белый халатик, он сваливался, и теперь она, рассмеявшись, бросила его на спинку кровати сверх температурного графика отца. Ни врачи, ни сёстры не входили, такое было время дня.

И осталась Алла в своём бордовом свитере — новом, в котором отец её ещё не видел. Широкий белый весёлый зигзаг шёл по этому свитеру с обшлага на обшлаг через два рукава и грудь, и очень приходился этот энергичный зигзаг к энергичным движениям Аллы.

Никогда отец не ворчал, если деньги шли на то, чтоб хорошо одевалась Алла. Доставали вещи с рук, и импортные, — и была одета Алла смело, гордо, вполне выявляя свою крупную ясную привлекательность, так совмещённую с твёрдым ясным умом.

— Слушай, — тихо спрашивал отец, — а помнишь, я тебя просил узнать: вот это странное выражение... нет-нет да встретится в чьей-нибудь речи или статье — культ личности?.. Это — неужели намекают на... ?

Даже воздуха не хватало Павлу Николаевичу вымолвить ещё слово дальше.

— Боюсь, что да, папа... Боюсь, что да... На писательском съезде, например, несколько раз так говорили. И главное, никто не говорит прямо — а все делают вид, что понимают.

— Слушай, но это же просто — кощунство!.. Как же смеют, а?

— Стыд и позор! Кто-то пустил — и вот вьётся, вьётся... Ну, правда, говорят и «культ личности», но одновременно говорят и «великий продолжатель». Так что надо не сбиться, ни туда ни сюда... Вообще, папа, нужно гибко смотреть. Нужно быть отзывчивым к требованиям времени. Я огорчу тебя, папа, но — нравится нам, не нравится — а каждому новому периоду мы должны быть созвучны! Я там сейчас насмотрелась! Я побывала в писательской среде, и немало, — ты думаешь, писателям легко перестраиваться, вот за эти два года? Оч-чень сложно! Но какой это опытный, какой это тактичный народ, как многому у них научишься!

За четверть часа, что Авиета сидела перед ним и быстрыми точными своими репликами разила мрачных чудовищ прошлого и освобождала светлый простор впереди, Павел Николаевич зримо поздоровел, подбодрился, и ему совсем сейчас не хотелось разговаривать о своей постылой опухоли, и казалось уже ненужным хлопотать о переводе в другую клинику, — а только хотелось слушать радостные рассказы дочери, вдыхать этот порыв ветра, исходящий от неё.

— Ну говори же, говори, — просил он. — Ну, что в Москве? Как ты съездила?

— Ах! — Алла покружила головой, как лошадь от слепня. — Разве Москву можно передать? В Москве нужно жить! Москва — это другой мир! В Москву съездишь — как заглянешь на пятьдесят лет вперёд! Ну, во-первых, в Москве все сидят смотрят телевизоры...

— Скоро и у нас будут.

— Скоро!.. Да это ж не московская программа будет, что это за телевизоры! Ведь прямо жизнь по Уэллсу: сидят, смотрят телевизоры! Но я тебе шире скажу, у меня такое ощущение, я это быстро схватываю, что подходит полная революция быта! Я даже не говорю о холодильниках или стиральных машинах, гораздо сильнее всё изменится. То там, то здесь какие-то сплошь стеклянные вестибюли. В гостиницах ставят столики низкие — совсем низкие, как у американцев, вот так. Сперва даже не знаешь, как к нему приладиться. Абажуры матерчатые, как у нас дома, — это теперь позор, мещанство, только стеклянные! Кровати со спинками — это теперь стыд ужасный, а просто — низкие широкие софы или тахты... Комната принимает совсем другой вид. Вообще, меняется весь стиль жизни... Ты этого не можешь представить. Но мы с мамой уже говорили — придётся многое нам решительно менять. Да ведь у нас и не купишь, из Москвы ж и везти... Ну, есть, конечно, и очень вредные моды, достойные только осуждения. Лохматые причёски, прямо нарочно лохматые, как будто с постели только встала.

— Это всё Запад! Хочет нас растлить.

— Ну конечно. Но это отражается сразу и в культурной сфере, например в поэзии.

По мере того как от вопросов сокровенных Авиета переходила к общедоступным, она говорила громче, нестеснённо, и её слышали все в палате. Но из этих всех один только Дёмка оставил свои занятия и, отвлекаясь от нылой боли, всё неотменнее тянущей его на операционный стол, слушал Авиету в оба уха. Остальные не выказывали внимания, или не было их на койках, и ещё лишь Вадим Зацырко иногда поднимал глаза от чтения и смотрел в спину Авиете. Вся спина её, выгнутая прочным мостом, крепко обтянутая неразношенным свитером, была равномерно густо-бордовая, и только одно плечо, на которое падал вторичный солнечный зайчик, отблеск открытого где-то окна, — плечо было сочно-багряное.

— Да ты о себе больше! — просил отец.

— Ну, папа, я съездила — очень удачно. Мой стихотворный сборник обещают включить в план издательства!! Правда, на следующий год. Но быстрей — не бывает. Быстрей представить себе нельзя!

— Да что ты! Что ты, Алка? Да неужели через год мы будем в руках держать?..

Лавиной радостей засыпала его сегодня дочь. Он знал, что она повезла в Москву стихи, но от этих машинописных листиков до книги с надписью *Алла Русанова* казалось непроходимо далеко.

— Но как же тебе это удалось?

Довольная собой, твёрдо улыбалась Алла.

— Конечно, если пойти просто так в издательство и предложить стихи — кто там с тобой будет разговаривать? Но меня Анна Евгеньевна познакомила с М*, познакомила с С*, я прочла им два-три стиха, им обоим понравилось, — ну, а дальше там кому-то звонили, кому-то записку писали, всё было очень просто.

— Это замечательно, — сиял Павел Николаевич. Он нашарил на тумбочке очки и надел их, как если бы прямо сейчас предстояло ему взглянуть на заветную книгу.

Первый раз в жизни Дёмка видел живого поэта, да не поэта даже, а поэтессу. Он и рот раскрыл.

— Вообще, я насмотрелась на их жизнь. Какие у них простые между собой отношения! Лауреаты — а друг друга по именам. И какие сами они люди не чванные, прямодушные. Мы представляем себе, что писатель — это сидит где-то там за облаками, бледный лоб, не подойди! А — ничего подобного. Всем радостям жизни они открыты, любят выпить, закусить, прокатиться — и всё это в компании. Разыгрывают друг друга, да сколько смеха! Я бы сказала, они именно весело живут. А подходит время писать роман — замыкаются на даче, два-три месяца — и, пожалуйста, получите! Нет, я все усилия приложу, чтобы попасть в Союз!

— А что ж, по специальности и работать не будешь? — немного встревожился Павел Николаевич.

— Папа! — Авиета снизила голос: — У журналиста что за жизнь? Как хочешь, лакейская должность. Дают задание — вот так и так надо, никакого простора, бери интервью с разных этих... знатных людей. Да разве можно сравнить!..

— Алла, всё-таки я боюсь: а вдруг у тебя не получится?

— Да как может не получиться? Ты наивный. Горький говорил: любой человек может стать писателем! Трудом можно достичь всего! Ну, а в крайнем случае стану детским писателем.

— Вообще, это очень хорошо, — обдумывал Павел Николаевич. — Вообще, это замечательно. Конечно, надо, чтоб литературу брали в руки морально здоровые люди.

— И фамилия у меня красивая, не буду псевдонима брать. Да и внешние качества у меня для литературы исключительные!

Но была и ещё опасность, которой дочь в порыве могла недооценивать.

— А представь себе — критика начнёт тебя ругать? Ведь это у нас как бы общественное порицание, это опасно!

Но с откинутыми прядями шоколадных волос бесстрашно смотрела Авиета в будущее:

— То есть очень серьёзно меня ругать никогда не будут, потому что у меня не будет идейных вывихов! По художественной части — пожалуйста, пусть ругают. Но важно не пропускать повороты, какими полна жизнь. Например, говорили: «конфликтов быть не должно»! А теперь говорят: «ложная теория бесконфликтности». Причём, если б одни говорили по-старому, а другие по-новому, заметно было бы, что что-то изменилось. А так как все сразу начинают говорить по-новому, без перехода — то и не заметно, что поворот. Вот тут не зевай! Самое главное — быть тактичной и отзывчивой к дыханию времени. И не попадёшь под критику... Да! Ты ж книг просил, папочка, я тебе книг принесла. Сейчас тебе и почитать, а то когда же?

И она стала доставать из сумки.

— Ну вот, «У нас уже утро», «Свет над землёй», «Труженики мира», «Горы в цвету»...

— Подожди, «Горы в цвету» я уже вроде читал...

— Ты читал «Земля в цвету», а это — «Горы в цвету». И вот ещё — «Молодость с нами», это обязательно, прямо с этого начинай. Тут названия сами поднимают сердце, я уж тебе такие подбирала.

— Это хорошо, — сказал Павел Николаевич. — А чувствительного ничего не принесла?

— Чувствительного? Нет, папочка. Но я думала... у тебя такое настроение...

— Это я всё сам знаю, — двумя пальцами махнул Павел Николаевич на стопку. — Ты мне чего-нибудь поищи, ладно?

Она собралась уже уходить.

Но Дёмка, который в своём углу долго мучился и хмурился, то ли от непеpeтихающих болей в ноге, то ли от робости вступить в разговор с блестящей девушкой и поэтессой, — теперь отважился и спросил. Спросил непрочищенным горлом, ещё откашлявшись посреди фразы:

— Скажите, пожалуйста... А как вы относитесь к требованиям искренности в литературе?

— Что, что? — живо обернулась к нему Авиета, но с дарящей полуулыбкой, потому что хриплость голоса достаточно выказывала дёмкину робость. — И сюда эта искренность пролезла? Целую редакцию за эту искренность разогнали, а она опять тут?

Авиета посмотрела на дёмкино непросвещённое неразвитое лицо. Не оставалось у неё времени, но и под дурным влиянием оставлять этого пацана не следовало.

— Слушайте, мальчик! — звонко, сильно, как с трибуны, объявила она. — Искренность никак не может быть главным критерием книги. При неверных мыслях или чуждых настроениях искренность только усиливает вредное действие произведения, искренность — в р е д н а! Субъективная искренность может оказаться против правдивости показа жизни — вот эту диалектику вы понимаете?

Трудно доходили мысли до Дёмки, он взморщил весь лоб.

— Не совсем, — сказал он.

— Ну хорошо, я вам объясню. — У Авиеты широко были расставлены руки, и белый зигзаг, как молния, бежал с руки на руку через грудь. — Нет ничего легче взять унылый факт, как он есть, и описать его. Но надо глубоко вспахать, чтобы показать те ростки будущего, которые не видны.

— Ростки...

— Что??

— Ростки сами должны прорасти, — торопился вставить Дёмка, — а если их пропахать, они не вырастут.

— Ну хорошо, мы не о сельском хозяйстве говорим. Мальчик! Говорить народу правду — это совсем не значит говорить плохое, тыкать в недостатки. Можно бесстрашно говорить о хорошем — чтоб оно стало ещё лучше! Откуда это фальшивое требование так называемой «суровой правды»? Да почему вдруг правда должна быть суровой? Почему она не должна быть сверкающей, увлекательной, оптимистической! Вся литература наша должна стать праздничной! В конце концов, людей обижает, когда об их жизни пишут мрачно. Им нравится, когда о ней пишут, украшая её.

— Вообще с этим можно согласиться, — раздался сзади приятный чистый мужской голос. — А зачем, правда, уныние нагонять?

Авиета не нуждалась, конечно, ни в каком союзнике, но по удачливости своей знала, что если кто что и выскажет, то будет в её пользу. Она обернулась, сверкнув и к окну, навстречу зайчику, разворотом белого зигзага. Выразительный молодой человек, её сверстник, постукивал о зубы кончиком чёрного гранёного автокарандаша.

— А для чего литература? — размышлял он то ли для Дёмки, то ли для Аллы. — Литература — чтобы развлечь нас, когда у нас настроение плохое.

— Литература — учитель жизни, — прогудел Дёмка, и сам же покраснел от неловкости сказанного.

Вадим закачнулся головой на затылок:

— Ну уж и учитель, скажешь! В жизни мы как-нибудь и без неё разберемся. Что ж, писатели умней нас, практиков, что ли?

Он и Алла померялись взглядами. Во взглядах они были равны: хоть подходили по возрасту и не могли не понравиться друг другу наружностью, но каждый из них настолько шёл своей уставленной дорогой жизни, что ни в каком случайном взгляде не мог искать начала приключения.

— Роль литературы вообще сильно преувеличивают, — рассуждал Вадим. — Превозносят книги, которые того не заслуживают. Например — «Гаргантюа и Пантагрюэль». Не читавши, думаешь — это что-то грандиозное. А прочтёшь — одна похабщина, потерянное время.

— Эротический момент есть и у современных авторов. Он не лишний, — строго возразила Авиета. — В сочетании и с самой передовой идейностью.

— Лишний, — уверенно отвёл Вадим. — Не для того печатное слово, чтобы щекотать страсти. Возбуждающее в аптеках продают.

И, не глядя больше на бордовый свитер, не ожидая, что она его переубедит, опустил голову в книгу.

Авиету всегда огорчало, когда людские мысли не делились на две чёткие группы верных и неверных доводов, а расползались, расползались по неожиданным оттенкам, вносящим только идейную путаницу, и вот, как сейчас, нельзя было понять: что ж этот молодой человек — за неё или против? спорить с ним или оставить так?

Она оставила так, и докончила опять Дёмке:

— Так вот, мальчик, пойми. Описывать то, что *есть*, гораздо легче, чем описывать то, чего нет, но ты знаешь, что оно *будет*. То, что мы видим простыми глазами сегодня, — это не обязательно правда. Правда — то, что *должно быть*, что будет завтра. Наше чудесное «завтра» и нужно описывать!..

— А что ж будут завтра описывать? — морщил лоб туповатый мальчишка.

— Завтра?.. Ну, а завтра будут описывать послезавтра.

Авиета уже поднялась и стояла в проходе — крепкая, ладная, здоровая русановская порода. Павел Николаевич с удовольствием послушал и всю её лекцию, прочтённую Дёмке.

Уже поцеловав отца, Алла ещё теперь бодро подняла расставленную пятерню:

— Ну, отец, борись за здоровье! Борись, лечись, сбрасывай опухоль — *и ни о чём* не беспокойся! Всё-всё-всё будет отлично!

ЧАСТЬ ВТОРАЯ

22

3 марта 1955

Дорогие Елена Александровна и Николай Иваныч!

Вот вам загадочная картинка, чтó это и где? На окнах — решётки (правда, только на первом этаже, от воров, и фигурные — как лучи из одного угла, да и намордников нет). В комнатах — койки с постельными принадлежностями. На каждой койке — перепуганный человечек. С утра — пайка, сахар, чай (нарушение в том, что ещё и завтрак). Утром — угрюмое молчание, никто ни с кем разговаривать не хочет, зато вечерами — гул и оживлённое общее обсуждение. Споры об открытии и закрытии форточек, и кому ждать лучшего, и кому худшего, и сколько кирпичей в самаркандской мечети. Днём «дёргают» поодиночке — на беседы с должностными лицами, на процедуры, на свидания с родственниками. Шахматы, книги. Приносят и передачи, получившие — гужуются с ними. Выписывают кой-кому и дополнительное, правда — не стукачам (уверенно говорю, потому что сам получаю). Иногда производят шмоны, отнимают личные вещи, приходится утаивать их и бороться за право прогулки. Баня — крупнейшее событие и одновременно бедствие: будет ли тепло? хватит ли воды? какое бельё получишь? Нет смешней, когда приводят новичка и он начинает задавать наивные вопросы, ещё не представляя, чтó его ждет...

Ну, догадались?.. Вы, конечно, укажете, что я заврался: для пересыльной тюрьмы — откуда постельные принадлежности? а для следственной — где же ночные допросы?

Предполагая, что это письмо будут проверять на уш-терекской почте, уж я не вхожу в иные аналогии.

Вот такого житья-бытья в раковом корпусе я отбыл уже пять недель. Минутами кажется, что опять вернулся в прежнюю жизнь и нет ей конца. Самое томительное то, что сижу — без срока, *до особого распоряжения.* (А от комендатуры разрешение только ведь на три недели, формально я уже просрочил, и могли бы меня судить, как за побег.) Ничего не говорят, когда выпишут, ничего не обещают. Они по лечебной инструкции должны, очевидно, выжать из больного всё, что выжимается, и отпустят только когда кровь уже будет совсем «не держать».

И вот результаты: то лучшее, как вы его в прошлом письме назвали — «эйфорическое», состояние, которое было у меня после двух недель лечения, когда я просто радостно возвращался к жизни, — всё ушло, ни следа. Очень жалею, что не настоял тогда выписаться. Всё полезное в моём лечении кончилось, началось одно вредное.

Глушат меня рентгеном по два сеанса в день, каждый двадцать минут, триста «эр», — и хотя я давно забыл боли, с которыми уезжал из Уш-Терека, но узнал рентгеновскую тошноту (а может быть и от уколов, тут всё складывается). Вот разберёт грудь — и часами! Курить, конечно, бросил — само бросилось. И такое противное состояние — не могу гулять, не могу сидеть, одно только хорошее положение выискал (в нём и пишу вам сейчас, оттого карандашом и не очень ровно): без подушки, навзничь, ноги чуть приподнять, а голову даже чуть свесить с койки. Когда зовут на сеанс, то, входя в аппаратную, где «рентгеновский» запах густой, просто боишься извергнуться. Ещё от этой тошноты помогают солёные огурцы и квашеная капуста, но ни в больнице, ни в медгородке их, конечно, не достать, а из ворот больных не выпускают. Пусть, мол, вам родные приносят. Родные!.. Наши родные в красноярской тайге на четвереньках бегают, известно! Что остаётся бедному арестанту? Надеваю сапоги, перепоясываю халат армейским ремнём и крадусь к такому месту, где стена медгородка полуразрушена. Там перебираюсь, перехожу железную дорогу — и через пять минут на базаре. Ни на прибазарных улочках, ни на самом базаре мой вид ни у кого не вызывает удивления или смеха. Я усматриваю в этом духовное здоровье нашего народа, который ко всему привык. По базару хожу и хмуро торгуюсь, как только зэки, наверно, умеют (на жирную бело-жёлтую курицу прогундосить: «и сколько ж, тётка, за этого туберкулёзного цыплёнка просишь?»). Какие у меня рублики? а достались как?.. Говорил мой дед: копейка рубль бережёт, а рубль — голову. Умный был у меня дед.

Только огурцами и спасаюсь, ничего есть не хочется. Голова тяжёлая, один раз кружилась здорово. Ну, правда, и опухоли половины не стало, края мягкие, сам её прощупываю с трудом. А кровь тем временем разрушается, поят меня специальными лекарствами, которые должны повысить лейкоциты (а что-то ж и испортить!), и хотят «для провокации лейкоцитоза» (так у них и называется, во́ язычок!) делать мне... молочные уколы! Ну чистое же варварство! Да вы поднесите мне кружечку парно́го так! Ни за что не дамся колоть.

А ещё грозятся кровь переливать. Тоже отбиваюсь. Что меня спасает — группа крови у меня первая, редко привозят.

Вообще, с заведующей лучевым отделением у меня отношения натянутые, что ни встреча — то спор. Крутая очень женщина. Последний раз стала щупать мне грудь и уверять, что «нет реакции на синестрол», что я избегаю уколов, обманываю её. Я натурально возмутился (а на самом деле, конечно, обманываю).

А вот с лечащим врачом мне труднее твёрдость проявить — и почему? Потому что она мягкая очень. (Вы, Николай Иваныч, начали мне как-то объяснять, откуда это выражение — «мягкое слово кость ломит». Напомните, пожалуйста!) Она не только никогда не прикрикнет, но и бровей-то схмурить как следует не умеет. Что-нибудь против моей воли назначает — и потупляется. И я почему-то уступаю. Да некоторые детали нам с ней и трудно обсуждать: она ещё молодая, моложе меня, как-то неловко спросить до конца. Кстати, и миловидная очень.

Да и школярство в ней сидит, она тоже непрошибаемо верит в их установленные методы лечения, и я не могу заставить её усумниться. Вообще, никто не снисходит до обсуждения этих методов со мной, никто не хочет взять меня в разумные союзники. Мне приходится вслушиваться в разговоры врачей, догадываться, дополнять несказанное, добывать медицинские книги — и вот так выяснять для себя обстановку.

И всё равно трудно решить: как же мне быть? как поступить правильно? Вот щупают часто над ключицами, а насколько это вероятно, что там обнаружатся метастазы? Для чего они простреливают меня этими тысячами и тысячами рентгеновских единиц? — действительно ли, чтоб опухоль не начала снова расти? или на всякий случай, с пятикратным и десятикратным запасом прочности, как строятся мосты? или только в исполнение бесчувственной инструкции, отойти от которой они не могут, иначе лишатся работы? Но я-то мог бы и отойти! Я-то мог бы и разорвать этот круг, только скажите мне истину!.. — не говорят.

Да я б разругался с ними и уехал давно — но тогда я теряю справочку от них — Богиню Справку! — а она ой-ой-ой как нужна ссыльному! Может быть, завтра комендант или опер захотят заслать меня ещё на триста километров в пустыню дальше — а справочкой-то я и зацеплюсь: нуждается в постоянном наблюдении, лечении, — извините, пожалуйста, гражданин начальник! Как старому арестанту отказываться от медицинской справки? — немыслимо!

И значит — опять хитрить, прикидываться, обманывать, тянуть — и надоело же за целую жизнь!.. (Кстати, от слишком большой хитрости устаём мы и ошибаемся. Сам же я всё и накликал письмом омской лаборантки, которое просил вас прислать. Отдал — схватили его, подшили в историю болезни, и с опозданием я понял, что на этом меня обманули: теперь они с уверенностью дают гормонотерапию, а то бы, может, сомневались.) Справочку, справочку получить — и оторваться отсюда по-хорошему, не ссорясь.

А вернусь в Уш-Терек и, чтоб опухоль никуда метастазов не кинула, — прибью её ещё иссык-кульским корешком. Что-то есть благородное в лечении сильным ядом: яд не притворяется невинным лекарством, он так и говорит: я — яд! берегись! или — или! И мы знаем, на что идём.

Ведь не прошу же я долгой жизни! — и что загадывать вдаль?.. То я жил всё время под конвоем, то я жил всё время под болями, — теперь я хочу немножечко прожить и без конвоя, и без болей, одновременно без того и без другого, — и вот предел моих мечтаний. Не прошу ни Ленинграда, ни Рио-де-Жанейро, хочу в нашу заглушь, в наш скромный Уш-Терек. Скоро лето, хочу это лето спать под звёздами на топчане, так, чтоб ночью проснуться — и по развороту Лебедя и Пегаса знать, который час. Только вот это одно лето пожить так, чтобы видеть звёзды, чтоб не засвечивали их зонные фонари, — а после мог бы я и совсем не просыпаться. Да, и ещё хочу, Николай Иваныч, с вами (и с Жуком, разумеется, и с Тобиком), когда будет спадать жара, ходить степною тропочкой на Чу и там, где глубже, где вода выше колена, садиться на песчаное дно, ноги по течению, и долго-долго так сидеть, неподвижностью соревноваться с цаплей на том берегу.

Наша Чу не дотягивает ни до какого моря, ни озера, ни до какой большой воды. Река, кончающая жизнь в песках! Река, никуда не впадающая, все лучшие воды и лучшие силы раздарившая так, по пути и случайно, — друзья! разве это не образ наших арестантских жизней, которым ничего не дано сделать, суждено бесславно заглохнуть, — и всё лучшее наше — это один плёс, где мы ещё не высохли, и вся память о нас — в двух ладоньках водица, то, что протягивали мы друг другу встречей, беседой, помощью.

Река, впадающая в пески!.. Но и этого последнего плёса врачи хотят меня лишить. По какому-то праву (им не приходит в голову спросить себя о праве) они без меня и за меня решаются на страшное лечение — такое, как гормонотерапия. Это же — кусок раскалённого железа, которое подносят однажды — и делают калекой на всю жизнь. И так это буднично выглядит в будничном быте клиники!

Я и раньше давно задумывался, а сейчас особенно, над тем: какова всё-таки верхняя цена жизни? Сколько можно за неё платить, а сколько нельзя? Как в школах сейчас учат: «Самое дорогое у человека — это жизнь, она даётся один раз.» И значит — любой ценой цепляйся за жизнь... Многим из нас лагерь помог установить, что предательство, что губленье хороших и беспомощных людей — цена слишком высокая, того наша жизнь не стоит. Ну, об угодничестве, лести, лжи — лагерные голоса разделялись, говорили, что цена эта — сносная, да может так и есть.

Ну, а вот такая цена: за сохранение жизни заплатить всем тем, что придаёт ей же краски, запахи и волнение? Получить жизнь с пищеварением, дыханием, мускульной и мозговой деятельностью — и всё. Стать ходячей схемой. Такая цена — не слишком ли заломлена? Не насмешка ли она? Платить ли? После семи лет армии и семи лет лагеря — дважды семи лет, дважды сказочного или дважды библейского срока — и лишиться способности вызнавать, где мужчина, где женщина, — эта цена не лихо ли запрошена?

Вашим последним письмом (дошло быстро, за пять дней) вы меня взбудоражили: что? у нас в районе — и геодезическая экспедиция? Это что б за радость была — стать у теодолита! хоть годик поработать как человек! Да возьмут ли меня? Ведь обязательно пересекать комендантские границы, и вообще это всё — трижды секретно, без этого не бывает, а я — человек запачканный.

«Мост Ватерлоо» и «Рим — открытый город», которые вы хвалите, мне теперь уже не повидать: в Уш-Тереке второй раз не покажут, а здесь, чтобы пойти в кино, надо после выписки из больницы где-то ночевать, а где же? Да ещё и не ползком ли я буду выписываться?

Вы предлагаете подбросить мне деньжишек. Спасибо. Сперва хотел отказаться: всю жизнь избегал (и избег) быть в долгах. Но вспомнил, что смерть моя будет не совсем безнаследная: бараний уш-терекский полушубок — это ж всё-таки вещь! А двухметровое чёрное сукно в службе одеяла? А перяная подушка, подарок Мельничуков? А три ящика, сбитых в кровать? А две кастрюли? Кружка лагерная? Ложка? Да ведро же? Остаток саксаула! Топор! Наконец, керосиновая лампа! Я просто был опрометчив, что не написал завещания.

Итак, буду вам благодарен, если пришлёте мне полторы сотни (не больше!). Ваш заказ — поискать марганцовки, соды и корицы — принял. Думайте и пишите: что ещё? Может быть, всё-таки облегчённый утюг? Я припру, вы не стесняйтесь.

По вашей, Николай Иванович, метеосводке вижу, что у вас ещё холодновато, снег не сошёл. А здесь такая весна, что даже неприлично и непонятно.

Кстати, о метео. Увидите Инну Штрём — передайте ей от меня очень большой привет. Скажите, что я о ней часто здесь...

А может быть — и не надо...

Ноют какие-то неясные чувства, сам я не знаю: чего хочу? Чего право имею хотеть?

Но когда вспоминаю утешительницу нашу, великую поговорку: «было ж хуже!» — приободряюсь сразу. Кому-кому, но не нам голову ронять! Так ещё побарахтаемся!

Елена Александровна замечает, что за два вечера написала десять писем. И я подумал: кто теперь так помнит дальних и отдаёт им вечер за вечером? Оттого и приятно писать вам долгие письма, что знаешь, как вы прочтёте их вслух, и ещё перечтёте, и ещё по фразам переберёте и ответите на всё.

Так будьте всё так же благополучны
и светлы, друзья мои!

Ваш
Олег

23

Пятого марта на дворе выдался день мутный, с холодным мелким дождиком, а в палате — пёстрый, сменный: спускался в хирургическое Дёмка, накануне подписавший согласие на операцию, и подкинули двоих новичков.

Первый новичок как раз и занял дёмкину койку — в углу, у двери. Это был высокий человек, но очень сутулый, с непрямою спиной, с лицом, изношенным до старости. Глаза его были до того отёчные, нижние веки до того опущены, что овал, как у всех людей, превратился у него в круг — и на этом круге белок выказывал нездоровую краснину, а светло-табачное радужное кольцо выглядело тоже крупней обычного из-за оттянутых нижних век. Этими большими круглыми глазами старик будто разглядывал всех с неприятным постоянным вниманием.

Дёмка последнюю неделю был уже не свой: ломило и дёргало его ногу неутишно, он не мог уже спать, не мог ничем заниматься и еле крепился, чтобы не вскрикивать, соседям не досаждать. И так его доняло, что нога уже перестала ему казаться драгоценной для жизни, а проклятой обузой, от которой избавиться бы полегче да поскорей. И операция, месяц назад представлявшаяся ему концом жизни, теперь выглядела спасением.

Но хотя со всеми в палате пересоветовался Дёмка, прежде чем поставить подпись согласия, он ещё и сегодня, скрутив узелок и прощаясь, наводил так, чтоб его успокаивали и убеждали. И Вадиму пришлось повторить уже говоренное: что счастлив Дёмка, что может так отделаться легко; что он, Вадим, с удовольствием бы с ним поменялся.

А Дёмка ещё находил возражения:

— Кость-то — пилой пилят. Просто пилят, как бревно. Говорят, под любым наркозом слышно.

Но Вадим не умел и не любил долго утешать:

— Ну что ж, не ты первый. Выносят другие — и ты вынесешь.

В этом, как во всём, он был справедлив и ровен: он и себе утешения не просил и не потерпел бы. Во всяком утешении уже было что-то мяклое, религиозное.

Был Вадим такой же собранный, гордый и вежливый, как и в первые дни здесь, только горную смуглость его стало сгонять желтизной, да чаще вздрагивали губы от боли и подёргивало лоб от нетерпения, от недоумения. Пока он только говорил, что обречён жить восемь месяцев, а ещё ездил верхом, летал в Москву, встречался с Черегородцевым, — он на самом деле ещё уверен был, что выскочит. Но вот уже месяц он лежал здесь — один месяц из тех восьми, и уже, может быть, не первый, а третий или четвёртый из восьми. И с каждым днём становилось больней ходить — уже трудно было мечтать сесть на коня и ехать в поле. Болело уже и в паху. Три книги из привезенных шести он прочёл, но меньше стало уверенности, что найти руды по водам — это одно-единственное нужное, и оттого не так уже пристально он читал, не столько ставил вопросительных и восклицательных знаков. Всегда считал Вадим лучшей характеристикой жизни, если не хватает дня, та́к занят. Но вот что-то стало ему дня хватать и даже оставаться, а не хватало — жизни. Обвисла его струнная способность к занятиям. По утрам уже не так часто он просыпался, чтоб заниматься в тишине, а иногда и просто лежал, укрывшись с головой, и наплывало на него, что, может быть, поддаться да и кончить — легче, чем бороться. Нелепо и жутко становилось ему от здешнего ничтожного окружения, от дурацких разговоров, и, разрывая лощёную выдержку, ему хотелось по-звериному взвыть на капкан: «Ну, довольно шутить, отпусти ногу-то!»

Мать Вадима в четырёх высоких приёмных не добилась коллоидного золота. Она привезла из России чагу, договорилась тут с санитаркой, чтоб та носила ему банки настоя через день, сама же опять улетела в Москву: в новые приёмные, всё за тем же золотом. Она не могла примириться, что радиоактивное золото где-то есть, а у сына метастазы будут просачиваться через пах.

Подошёл Дёмка и к Костоглотову сказать последнее слово или услышать последнее. Костоглотов лежал наискось на своей кровати, ноги подняв на перильца, а голову свесив с матраса в проход. Так, перевёрнутый для Дёмки и сам его видя перевёрнутым, он протянул руку и тихо напутствовал (ему трудно стало говорить громко, отдавалось что-то под лёгкими):

— Не дрейфь, Дёмка. Лев Леонидович приехал, я видел. Он быстро отхватит.

— Ну? — прояснел Дёмка. — Ты сам видел?

— Сам.

— Вот хорошо бы!.. Вот хорошо, что я дотянул!

Да, стоило появиться в коридорах клиники этому верзиле-хирургу со слишком длинными свисающими руками, как больные окрепли духом, будто поняв, что вот именно этого долговязого тут и не хватало целый месяц. Если бы хирургов сперва пропускали перед больными для показа, а потом давали выбирать, — то многие записывались бы, наверно, ко Льву Леонидовичу. А ходил он по клинике всегда со скучающим видом, но и вид-то его скучающий истолковывался так, что сегодня — неоперационный день.

Хотя ничем не была плоха для Дёмки Евгения Устиновна, хотя прекрасный была хирург хрупенькая Евгения Устиновна, но совсем же другое настроение было лечь под эти волосатые обезьяньи руки. Уж чем бы ни кончилось, спасёт не спасёт, но и своего промаха не сделает, — в этом была почему-то у Дёмки уверенность.

На короткое время сродняется больной с хирургом, но сродняется ближе, чем с отцом родным.

— А что, хороший хирург? — глухо спросил от бывшей дёмкиной кровати новичок с отёчными глазами. У него был застигнутый, растерянный вид. Он зяб, и даже в комнате на нём был сверх пижамки бумазейный халат, распахнутый, не опоясанный, — и озирался старик, будто он был взбужен ночным стуком в одиноком доме, сошёл с кровати и не знал — откуда беда.

— М-м-м-м! — промычал Дёмка, всё больше проясняясь, всё больше довольный, как будто пол-операции с него свалилось. — Вó парень! С присыпочкой! А вам — тоже операция? А что у вас?

— Тоже, — только и ответил новичок, будто не слышал всего вопроса. Лицо его не усвоило дёмкиного облегчения, никак не изменились его большие круглые уставленные глаза — то ли слишком пристальные, то ли совсем ничего не видящие.

Дёмка ушёл, новичку постелили, он сел на койку, прислонился к стене — и опять молча уставился укрупнёнными глазами. Он глазами не водил, а уставлялся на кого-нибудь одного в палате и так долго смотрел. Потом всю голову поворачивал — на другого смотрел. А может и мимо. Он не шевелился на звуки и движения в палате. Не говорил, не отвечал, не спрашивал. Час прошёл — всего-то и вырвали из него, что он из Ферганы. Да от сестры услышали, что его фамилия — Шулубин.

Он — филин был, вот кто он был, Русанов сразу признал: эти кругло-уставленные глаза с неподвижностью. И без того была палата невесёлая, а уж этот филин совсем тут некстати. Угрюмо уставился он на Русанова и смотрел так долго, что стало просто неприятно. На всех он так уставлялся, будто все они тут были в чём-то виноваты перед ним. И уже не могла их палатная жизнь идти прежним непринуждённым ходом.

Павлу Николаевичу был вчера двенадцатый укол. Уж он втянулся в эти уколы, переносил их без бреда, но развились у него частые головные боли и слабость. Главное выяснилось, что смерть ему не грозит, конечно, — это была семейная паника. Вот уже не стало половины опухоли, а то, что ещё сидело на шее, помягчело, и хотя мешало, но уже не так, голове возвращалась свобода движения. Оставалась одна только слабость. Слабость можно перенести, в этом даже есть приятное: лежать и лежать, читать «Огонёк» и «Крокодил», пить укрепляющее, выбирать вкусное, что хотелось бы съесть, говорить бы с приятными людьми, слушать бы радио — но это уже дома. Оставалась бы одна только слабость, если бы Донцова жёстким упором пальцев не щупала б ему больно ещё под мышками всякий раз, не надавливала бы, как палкой. Она искала чего-то, а месяц тут полежав, можно было догадаться, чего ищет: второй новой опухоли. И в кабинет его вызывала, клала и щупала пах, так же остро, больно надавливая.

— А что, может переброситься? — с тревогой спрашивал Павел Николаевич. Затмевалась вся его радость от спада опухоли.

— Для того и лечимся, чтоб — нет! — встряхивала головой Донцова. — Но ещё много уколов надо перенести.

— Ещё столько? — ужасался Русанов.

— Там видно будет.

(Врачи никогда точно не говорят.)

Он уже был так слаб от двенадцати, уже качали головами над его анализами крови — а надо было выдержать ещё столько же? Не мытьём, так катаньем болезнь брала своё. Опухоль спадала, а настоящей радости не было. Павел Николаевич вяло проводил дни, больше лежал. К счастью, присмирел и Оглоед, перестал орать и огрызаться, теперь-то видно было, что он не притворяется, укрутила болезнь и его. Всё чаще он свешивал голову вниз и так подолгу лежал, сожмурив глаза. А Павел Николаевич принимал порошки от головной боли, смачивал лоб тряпкой и глаза прикрывал от света. И так они лежали рядом, вполне мирно, не перебраниваясь, — по много часов.

За это время повесили над широкой лестничной площадкой (откуда унесли в морг того маленького, что всё сосал кислородные подушки) лозунг, — как полагается, белыми буквами по длинному кумачовому полотну:

БОЛЬНЫЕ! НЕ РАЗГОВАРИВАЙТЕ ДРУГ С ДРУГОМ
О ВАШИХ БОЛЕЗНЯХ!

Конечно, на таком кумаче и на таком видном месте приличней было бы вывесить лозунг из числа октябрьских или первомайских, — но для их здешней жизни был очень важный и этот призыв, и уже несколько раз Павел Николаевич, ссылаясь на него, останавливал больных, чтоб не травили душу.

(А вообще-то, рассуждая по-государственному, правильней было бы опухолевых больных в одном месте не собирать, раскидывать их по обычным больницам, и они друг друга бы не пугали, и им можно было бы правды не говорить, и это было бы гораздо гуманнее.)

В палате люди менялись, но никогда не приходили весёлые, а всё пришибленные, заморенные. Один Ахмаджан, уже покинувший костылёк и скорый к выписке, скалил белые зубы, но развеселить, кроме себя, никого не умел, а только, может быть, вызывал зависть.

И вдруг сегодня, часа через два после угрюмого новичка, среди серенького унылого дня, когда все лежали по кроватям и стёкла, замытые дождём, так мало пропускали света, что ещё прежде обеда хотелось зажечь электричество, да чтоб скорей вечер наступал, что ли, — в палату, опережая сестру, быстрым здоровым шагом вошёл невысокий, очень живой человек. Он даже не вошёл, он ворвался — так поспешно, будто здесь были выстроены в шеренгу для встречи, и ждали его, и утомились. И остановился, удивясь, что все вяло лежат на койках. Даже свистнул. И с энергичной укоризной бодро заговорил:

— Э-э, браты, что это вы подмокли все? Что это вы ножки съёжили? — Но хотя они и не были готовы ко встрече, он их приветствовал полувоенным жестом, вроде салюта: — Чалый, Максим Петрович! Прошу любить! Во́ль-на́!

Не было на его лице ракового истомления, играла жизнелюбивая уверенная улыбка — и некоторые улыбнулись ему навстречу, в том числе и Павел Николаевич. За месяц среди всех нытиков это, кажется, первый был человек!

— Та-ак, — никого не спрашивая, быстрыми глазами высмотрел он свою койку и вбивчиво протопал к ней. Это была койка рядом с Павлом Николаевичем, бывшая Мурсалимова, и новичок зашёл в проход со стороны Павла Николаевича. Он сел на койку, покачался, поскрипел. Определил: — Амортизация — шестьдесят процентов. Главврач мышей не ловит.

И стал разгружаться, а разгружать ему оказалось нечего: в руках ничего, в одном кармане бритва, а в другом пачка, но не папирос — а игральных, почти ещё новых карт. Он вытянул колоду, протрещал по ней пальцами и, смышлёными глазами глядя на Павла Николаевича, спросил:

— Швыряетесь?

— Да иногда, — благожелательно признался Павел Николаевич.

— Преферанс?

— Мало. Больше в подкидного.

— Это не игра, — строго сказал Чалый. — А — штос? Винт? Покер?

— Куда там! — смущённо отмахнулся Русанов. — Учиться было некогда.

— Здесь и научим, а где ж ещё? — вскинулся Чалый. — Как говорится: не умеешь — научим, не хочешь — заставим!

И смеялся. По его лицу у него был нос велик — мягкий, большой нос, подрумяненный. Но именно благодаря этому носу лицо его выглядело простодушным, располагающим.

— Лучше покера игры нет! — авторитетно заверил он. — И ставки — втёмную.

И, уже не сомневаясь в Павле Николаевиче, оглядывался ещё за партнёрами. Но никто рядом не внушал ему надежды.

— Я! Я буду учился! — кричал из-за спины Ахмаджан.

— Хорошо, — одобрил Чалый. — Ищи вот, что́ б нам тут между кроватями перекинуть.

Он обернулся дальше, увидел замерший взгляд Шулубина, увидел ещё одного узбека в розовой чалме с усами свисающими, тонкими, как выделанными из серебряной нити, — а тут вошла Нэля с ведром и тряпкой для неурочного мытья полов.

— О-о-о! — оценил сразу Чалый. — Какая девка посадочная! Слушай, где ты раньше была? Мы б с тобой на качелях покатались.

Нэля выпятила толстые губы, это она так улыбалась:

— А чо ж, и счас не поздно. Да ты хворый, куда те?

— Живот на живот — всё заживёт, — рапортовал Чалый. — Или ты меня робеешь?

— Да сколько там в тебе мужика! — примерялась Нэля.

— Для тебя — насквозь, не бось! — резал Чалый. — Ну скорей, скорей, становись пол мыть, охота фасад посмотреть!

— Гляди, это у нас даром, — благодушествовала Нэля и, шлёпнув мокрую тряпку под первую койку, нагнулась мыть.

Может быть, вовсе не был болен этот человек? Наружной болячки у него не было видно, не выражало лицо и внутренней боли. Или это он приказом воли так держался, показывал тот пример, которого не было в палате, но который только и должен быть в наше время у нашего человека? Павел Николаевич с завистью смотрел на Чалого.

— А — что́ у вас? — спросил он тихо, между ними двумя.

— У меня? — тряхнулся Чалый. — Полипы!

Что такое полипы — никто среди больных точно не знал, но у одного, у другого, у третьего частенько встречались эти полипы.

— И что ж — не болит?

— А вот только заболело — я и пришёл. Резать? — пожалуйста, чего ж тянуть?

— И где у вас? — всё с большим уважением приспрашивался Русанов.

— На желудке, что ли! — беззаботно говорил Чалый, и ещё улыбался. — В общем, желудочек оттяпают. Вырежут три четверти.

Ребром ладони он резанул себя по животу и прищурился.

— И как же? — удивился Русанов.

— Ничего-о, приспосо-облюсь! Лишь бы водка всачивалась!

— Но вы так замечательно держитесь!

— Милый сосед, — покивал Чалый своей доброй головой с прямодушными глазами и подрумяненным большим носом. — Чтоб не загнуться — не надо расстраиваться. Кто меньше толкует — тот меньше тоскует. И тебе советую!

Ахмаджан как раз подносил фанерную дощечку. Приладили её между кроватями Русанова и Чалого, уставилась хорошо.

— Немножко покультурно, — радовался Ахмаджан.

— Свет зажечь! — скомандовал Чалый.

Зажгли и свет. Ещё стало веселей.

— А четвёртого не найдём? И без него можно.

Четвёртый что-то не находился.

— Ничего, вы пока нам так объясните. — Русанов очень подбодрился. Вот он сидел, спустив ноги на пол, как здоровый. При поворотах головы боль в шее была куда слабее прежней. Фанерка не фанерка, а был перед ним как бы маленький игральный стол, освещённый ярким весёлым светом с потолка. Резкие точные весёлые знаки красных и чёрных мастей выделялись на белой полированной поверхности карт. Может быть, и правда, вот так, как Чалый, надо относиться к болезни — она и сползёт с тебя? Для чего киснуть? Для чего всё время носиться с мрачными мыслями?

— Что ещё будем подождать? — упрашивал и Ахмаджан.

— Та-ак, — с быстротой киноленты перепускал Чалый всю колоду через свои уверенные пальцы: ненужные в сторону, нужные к себе. — Участвуют карты: с девятки до туза. Старшинство мастей: трефы, потом бубны, потом червы, потом пики. — И показывал масти Ахмаджану. — Понял?

— Есть понял! — с большим удовольствием отзывался Ахмаджан.

То выгибая и потрескивая отобранной колодой, то слегка тасуя её, объяснял Максим Петрович дальше:

— Сдаётся на руки по пять карт, остальные в кону. Теперь надо понять старшинство комбинаций. Комбинации так идут. Пара. — Он показывал. — Две пары. Стрит — это пять штук подряд. Вот. Или вот. Дальше — тройка. Фуль...

— Кто — Чалый? — спросили в дверях.

— Я Чалый!

— На выход, жена пришла!

— А с кошёлкой, вы не видели?.. Ладно, браты, перерыв.

И бодро, беззаботно пошёл к выходу.

Тихо стало в палате. Горели лампы, как вечером. Ахмаджан ушёл к себе. Быстро расшлёпывая по полу воду, подвигалась Нэля, и надо было всем поднять ноги на койки.

Павел Николаевич тоже лёг. Он просто чувствовал на себе из угла взгляд этого филина — упорное и укоризненное давление на голову сбоку. И чтоб облегчить давление, спросил:

— А у вас, товарищ, — что?

Но угрюмый старик даже вежливого движения не сделал навстречу вопросу, будто не его спрашивали. Круглыми табачно-красными глазищами смотрел как мимо головы. Павел Николаевич не дождался ответа и стал перебирать в руках лаковые карты. И тогда услышал глухое:

— То самое.

Что «то самое»? Невежа!.. Павел Николаевич теперь сам на него не посмотрел, а лёг на спину и стал просто так лежать-думать.

Отвлёкся он приходом Чалого и картами, а ведь ждал газеты. Сегодня день был — слишком памятный. Очень важный, показательный день, и по газете предстояло многое угадать на будущее. А будущее страны — это и есть твоё будущее. Будет ли газета в траурной рамке вся? Или только первая страница? Будет портрет на целую полосу или на четверть? И в каких выражениях заголовки и передовица? После февральских снятий всё это особенно значит. На работе Павел Николаевич мог бы от кого-то почерпнуть, а здесь только и есть — газета.

Между кроватями толклась и ёрзала, ни в одном проходе не помещаясь, Нэля. Но мытьё у неё быстро получалось, вот уж она кончала и раскатывала дорожку.

И по дорожке, возвращаясь с рентгена и осторожно перенося больную ногу, подёргиваясь от боли, вошёл Вадим.

Он нёс и газету.

Павел Николаевич поманил его:

— Вадим! Зайдите сюда, присядьте.

Вадим задержался, подумал, свернул к Русанову в проход и сел, придерживая брючину, чтоб не тёрла.

Уже заметно было, что Вадим раскрывал газету, она была сложена не как свежая. Ещё только принимая её в руки, Павел Николаевич мог сразу видеть, что ни каймы нет вокруг страницы, ни — портрета на первой полосе. Но, посмотря ближе, торопливо шелестя страницами, он и дальше! он и дальше нигде не находил ни портрета, ни каймы, ни шапки, — да вообще, кажется, никакой статьи?!

— Нет? Ничего нет? — спросил он Вадима, пугаясь и упуская назвать, ч е г о именно нет.

Он почти не знал Вадима. Хотя тот и был членом партии, но ещё слишком молодым. И не руководящим работником, а узким специалистом. Что у него могло быть натолкано в голове — это было невозможно представить. Но один раз он очень обнадёжил Павла Николаевича: говорили в палате о сосланных нациях, и Вадим, подняв голову от своей геологии, посмотрел на Русанова, пожал плечами и тихо сказал ему одному: «Значит, что-то было. У нас даром не сошлют.»

Вот в этой правильной фразе Вадим проявил себя как умный и непоколебимый человек.

И, кажется, не ошибся Павел Николаевич! Сейчас не пришлось Вадиму объяснять, о чём речь, он уже сам искал тут. И показал Русанову на подвал, который тот пропустил в волнении.

Обыкновенный подвал. Ничем не выделенный. Никакого портрета. Просто — статья академика. И статья-то — не о второй годовщине! не о скорби всего народа! не о том, что «жив и вечно будет жить»! А — «Сталин и вопросы коммунистического строительства».

Только и всего? Только — «и вопросы»? Только — эти вопросы? Строительства? Почему — строительства? Так можно и о лесозащитных полосах написать! А где — военные победы? А где — философский гений? А где — Корифей Наук? А где — всенародная любовь?

Сквозь очки, со сжатым лбом и страдая, Павел Николаевич посмотрел на тёмное лицо Вадима.

— Как это может быть, а?.. — Через плечо он осторожно обернулся на Костоглотова. Тот, видно, спал: глаза закрыты, всё так же свешена голова. — Два месяца назад, ведь два, да? вы вспомните, — семидесятипятилетие! Всё как по-прежнему: огромный портрет! огромный заголовок — «Великий Продолжатель». Да?.. А?..

Даже не опасность, нет, не та опасность, что отсюда росла для оставшихся жить, но — неблагодарность! неблагодарность — вот что больше всего сейчас уязвило Русанова — как будто на его собственные личные заслуги, на его собственную безупречность наплевали и растолкли. Если Слава, гремящая в Веках, куцо обгрызлась уже на второй год; если Самого Любимого, Самого Мудрого, того, кому подчинялись все твои прямые руководители и руководители руководителей, — свернули и замяли в двадцать четыре месяца — так что же остаётся? где же опора? И как же тут выздоравливать?

— Видите, — очень тихо сказал Вадим, — формально было недавно постановление, что годовщин смерти не отмечать, только годовщины рождения. Но, конечно, судя по статье...

Он невесело покачал головой.

Он тоже испытывал как бы обиду. Прежде всего — за покойного отца. Он помнил, как отец любил Сталина! — уж, конечно, больше, чем самого себя (для себя отец вообще никогда ничего не добивался). И больше, чем Ленина. И, наверно, больше, чем жену и сыновей. О семье он мог говорить и спокойно, и шутливо, о Сталине же — никогда, голос его задрагивал. Один портрет Сталина висел у него в кабинете, один — в столовой и ещё один — в детской. Сколько росли, всегда видели мальчишки над собой эти густые брови, эти густые усы, устойчивое это лицо, кажется недоступное ни для страха, ни для легкомысленной радости, все чувства которого были сжаты в переблеске бархатных чёрных глаз. И ещё, каждую речь Сталина сперва прочтя всю для себя, отец потом местами вычитывал и мальчикам и объяснял, какая здесь глубокая мысль, и как тонко сказано, и каким прекрасным русским языком. Уже потом, когда отца не было в живых, а Вадим вырос, он стал находить, пожалуй, что язык тех речей был пресен, а мысли отнюдь не сжаты, но гораздо короче могли бы быть изложены, и на тот объём их могло бы быть больше. Он находил так, но вслух не стал бы этого говорить. Он находил так, но цельней чувствовал себя, когда исповедовал восхищение, взращённое в нём с детства.

Ещё совсем был свеж в памяти — день Смерти. Плакали старые, и молодые, и дети. Девушки надрывались от слёз, и юноши вытирали глаза. От повальных этих слёз казалось, что не один человек умер, а трещину дало всё мироздание. Так казалось, что если человечество и переживёт этот день, то уже недолго.

И вот на вторую годовщину — даже типографской чёрной краски не потратили на траурную кайму. Не нашли простых тёплых слов: «два года назад скончался...» Тот, с чьим именем, как последним земным словом, спотыкались и падали солдаты великой войны.

Да не только потому, что Вадима так воспитали, он мог и отвыкнуть, но все соображения разума требовали, что Великого Покойника надо чтить. Он был — ясность, он излучал уверенность, что завтрашний день не сойдёт с колеи предыдущего. Он возвысил науку, возвысил учёных, освободил их от мелких мыслей о зарплате, о квартире. И сама наука требовала его устойчивости, его постоянства: что никакие сотрясения не случатся и завтра, не заставят учёных рассеяться, отвлечься от их высшего по полезности и интересу занятия — для дрязг по устройству общества, для воспитания недоразвитых, для убеждения глупцов.

Невесело унёс Вадим свою больную ногу на койку.

А тут вернулся Чалый, очень довольный, с полной сумкой продуктов. Перекладывая их в свою тумбочку, по другую сторону, не в русановском проходе, он скоромно улыбался:

— Последние денёчки и покушать! А потом с одними кишками неизвестно как пойдёт!

Русанов налюбоваться не мог на Чалого: вот оптимист! вот молодец!

— Помидорчики маринованные... — продолжал выкладывать Чалый. Прямо пальцами вытащил один из банки, проглотил, прижмурился: — Ах, хороши!.. Телятина. Сочно зажарена, не пересушена. — Он потрогал и лизнул. — Золотые женские руки!

И молча, прикрыв собою от комнаты, но видно для Русанова, поставил в тумбочку пол-литра. И подмигнул Русанову.

— Так вы, значит, здешний, — сказал Павел Николаевич.

— Не-ет, не здешний. Бываю наездами, в командировках.

— А жена, значит, здесь?

Но Чалый уже не слышал, унёс пустую сумку.

Вернувшись, открыл тумбочку, прищурился, примерился, ещё один помидор проглотил, закрыл. Головой потряс от удовольствия.

— Ну, так на чём мы остановились? Продолжим.

Ахмаджан за это время нашёл четвёртого, молодого казаха с лестницы, и пока на своей кровати разгорячённо рассказывал ему по-русски, дополняя руками, как наши, русские, били турок (он вчера вечером ходил в другой корпус и там смотрел кино «Взятие Плевны»). Теперь они оба подтянулись сюда, опять уставили дощечку между кроватями, и Чалый, ещё повеселевший, быстрыми ловкими руками перекидывал карты, показывая им образцы:

— Значит — фуль, так? Это когда сходится у тебя тройка одних, пара других. Понял, чечмек?

— Я — не чечмек, — без обиды отряхнулся Ахмаджан. — Это я до армии был чечмек.

— Хорошо-о. Следующий — колер. Это когда все пять придут одной масти. Дальше — карета: четыре одинаковых, пятая любая. Дальше — покер младший. Это — стрит одного цвета от девятки до короля. Ну, вот так... Или вот так... А ещё старше — покер старший...

Не то чтоб сразу это стало ясно, но обещал Максим Петрович, что в игре будет ясней. А главное — так доброхотливо он говорил, таким задушевным чистым голосом, что потеплело очень на сердце Павла Николаевича. Такого симпатичного, такого располагающего человека он никак не надеялся встретить в общей больнице! Вот сели они сплочённым дружным коллективом, и час за часом так пойдёт, и можно каждый день, а о болезни зачем думать? И о других неприятностях — зачем? Прав Максим Петрович!

Только собрался оговориться Русанов, что пока они не освоят игру как следует — на деньги не играть. И вдруг из дверей спросили:

— Кто — Чалый?

— Я Чалый!

— На выход, жена пришла!

— Тьфу, курва! — беззлобно отплюнулся Максим Петрович. — Я ж ей сказал: в субботу не приходи, приходи в воскресенье. Ка́к не наскочила!.. Ну, простите, братцы.

И опять развалилась игра, ушёл Максим Петрович, а Ахмаджан с казахом взяли карты себе: повторять, упражняться.

И опять вспомнил Павел Николаевич про опухоль и про пятое марта, из угла почувствовал неодобряющий упёртый взгляд Филина, а обернувшись — и открытые глаза Оглоеда. Ничуть Оглоед не спал.

Ничуть Костоглотов не спал всё это время, и когда Русанов с Вадимом шелестили газетой и шептались, он слышал каждое слово и нарочно не раскрывал глаз. Ему интересно было, как они скажут, как скажет Вадим. Теперь и газету ему не нужно было тянуть и разворачивать, уже всё было ясно.

Опять стучало. Стучало сердце. Колотилось сердце о дверь чугунную, которая никогда не должна была отпереться — но что-то поскрипывала! что-то подрагивала! И сыпалась первая ржавчина с петель.

Костоглотову невозможно было вместить, что́ слышал он от вольных: что два года назад в этот день плакали старые, и плакали девушки, и мир казался осиротевшим. Ему дико было это представить, потому что он помнил, как это было у них. Вдруг — не вывели на работу, и бараков не отперли, держали в запертых. И — громкоговоритель за зоной, всегда слышный, выключили. И всё это вместе явно показывало, что хозяева растерялись, какая-то у них большая беда. А беда хозяев — радость для арестантов! На работу не иди, на койке лежи, пайка доставлена. Сперва отсыпались, потом удивлялись, потом поигрывали на гитарах, на бандуре, ходили от вагонки к вагонке догадываться. В какую заглушку арестантов ни сажай, всё равно просачивается истина, всегда! — через хлеборезку, через кубовую, через кухню. И — поползло, поползло! Ещё не очень решительно, но ходя по бараку, садясь на койки: «Э, ребята! Кажись — Людоед накрылся...» — «Да ну???» — «Никогда не поверю!» — «Вполне поверю!» — «Давно пора!!» И — смех хоровой! Громче гитары, громче балалайки! Но целые сутки не открывали бараков. А на следующее утро, по Сибири ещё морозное, выстроили весь лагерь на линейке, и майор, и оба капитана, и лейтенанты — все были тут. И майор, чёрный от горя, стал объявлять:

«С глубоким прискорбием... вчера в Москве...»

И — заскалились, только что открыто не взликовали, шершавые, остроскулые, грубые тёмные арестантские рожи. И, увидав это начинающееся движение улыбок, скомандовал майор вне себя:

«Шапки! снять!!»

И у сотен заколебалось всё на острие, на лезвии: не снять — ещё нельзя, и снимать — уж очень обидно. Но, всех опережая, лагерный шут, стихийный юморист, сорвал с себя шапку-«сталинку», поддельного меха, — и кинул её в воздух! — выполнил команду!

И сотни увидели! — и бросили вверх!

И подавился майор.

И после этого всего теперь узнавал Костоглотов, что плакали старые, плакали девушки и мир казался осиротевшим...

Вернулся Чалый ещё веселей — и опять с полной сумкой продуктов, но уже другой сумкой. Кто-то усмехнулся, а Чалый и открыто смеялся первый сам:

— Ну, что ты будешь с бабами делать? Если им это удовольствие доставляет? И почему их не утешить, кому это вредит?

Какая барыня ни будь,
Всё равно её... !

И расхохотался, увлекая за собой слушателей и отмахиваясь рукой от избыточного смеха. Засмеялся искренно и Русанов, так это складно у Максим Петровича получилось.

— Так жена-то — какая? — давился Ахмаджан.

— Не говори, браток, — вздыхал Максим Петрович и перекладывал продукты в тумбочку. — Нужна реформа законодательства. У мусульман это гуманней поставлено. Вот с августа разрешили аборты делать — оч-чень упростило жизнь! Зачем женщине жить одинокой? Хоть бы в годик раз да кто-нибудь к ней приехал. И командировочным удобно: в каждом городе комната с куриной лапшой.

Опять между продуктов мелькнул тёмный флакон. Чалый притворил дверцу и понёс пустую сумку. Эту бабу он, видно, не баловал — вернулся тотчас. Остановился поперёк прохода, где когда-то Ефрем, и, глядя на Русанова, почесал в кудрях затылка (а волосы у него были привольные, между льном и овсяной соломой):

— Закусим, что ли, сосед?

Павел Николаевич сочувственно улыбнулся. Что-то запаздывал общий обед, да его и не хотелось после того, как со смаком перекладывал Максим Петрович каждый продукт. Да и в самом Максиме Петровиче, в улыбке его толстых губ, было приятное, плотоядное, отчего именно за обеденный стол тянуло с ним сесть.

— Давайте, — пригласил Русанов к своей тумбочке. — У меня тут тоже кой-что...

— А — стаканчиков? — нагнулся Чалый, уже ловкими руками перенося на тумбочку к Русанову банки и свёртки.

— Да ведь нельзя! — покачал головой Павел Николаевич. — При наших болезнях запрещено строго...

За месяц никто в палате и подумать не дерзнул, а Чалому иначе казалось и дико.

— Тебя как зовут? — уже был он в его проходе и сел колени к коленям.

— Павел Николаич.

— Паша! — положил ему Чалый дружескую руку на плечо. — Не слушай ты врачей! Они лечат, они и в могилу мечут. А нам надо жить — хвост морковкой!

Убеждённость и дружелюбие были в немудром лице Максима Чалого. А в клинике — суббота, и все лечения уже отложены до понедельника. А за сереющим окном лил дождь, отделяя от Русанова всех его родных и приятелей. А в газете не было траурного портрета, и обида мутная сгустилась на душе. Светили лампы яркие, намного опережая долгий-долгий вечер, и с этим истинно приятным человеком можно было сейчас выпить, закусить, а потом играть в покер. (Вот новинка будет и для друзей Павла Николаевича — покер!)

А у Чалого, ловкача, бутылка уже лежала тут, под подушкой. Пробку он пальцем сковырнул и по полстакана налил у самых колен. Тут же они их и сдвинули.

Истинно по-русски пренебрег Павел Николаевич и недавними страхами, и запретами, и зароками, и только хотелось ему тоску с души сплеснуть да чувствовать теплоту.

— Будем жить! Будем жить, Паша! — внушал Чалый, и его смешноватое лицо налилось строгостью и даже лютостью. — Кому нравится — пусть дохнет, а мы с тобой будем жить!

С тем и выпили. Русанов за этот месяц очень ослабел, ничего не пил, кроме слабенького красного, — и теперь его сразу обожгло, и от минуты к минуте расходилось, расплывалось и убеждало, что нечего голову нурить, что и в раковом люди живут, и отсюда выходят.

— И сильно болят эти?.. полипы? — спрашивал он.

— Да побаливают. А я не даюсь!.. Паша! От водки хуже не может быть, пойми! Водка от всех болезней лечит. Я и на операцию спирта выпью, а как ты думал? Вон, во флаконе... Почему спирта — он всосётся сразу, воды лишней не останется. Хирург желудок разворотит — ничего не найдёт, чисто! А я — пьяный!.. Ну, да сам ты на фронте был, знаешь: как наступление — так водка... Ранен был?

— Нет.

— Повезло!.. А я — два раза: сюда и сюда вот...

А в стаканах опять было два по сто.

— Да нельзя больше, — мягко упирался Павел Николаевич. — Опасно.

— Чего опасно? Кто тебе вколотил, что опасно?.. Помидорчики бери! Ах, помидорчики!

И правда, какая разница — сто или двести грамм, если уж переступил? Двести или двести пятьдесят, если умер великий человек — и о нём замалчивают? В добрую память Хозяина опрокинул Павел Николаевич и следующий стакан. Опрокинул, как на поминках. И губы его скривились грустно. И втягивал он ими помидорчики. И, с Максимом лоб в лоб, слушал сочувственно.

— Эх, красненькие! — рассуждал Максим. — Здесь за килограмм рубь, а в Караганду свези — тридцать. И как хватают! А возить — нельзя. А в багаж — не берут. Почему — нельзя? Вот скажи мне — почему нельзя?..

Разволновался Максим Петрович, глаза его расширились, и стоял в них напряжённый поиск — смысла! Смысла бытия.

— Придёт к начальнику станции человечишко в пиджачке старом: «Ты — жить хочешь, начальник?» Тот — за телефон, думает — его убивать пришли... А человек ему на стол — три *бумажки.* Почему — нельзя? Как так — нельзя? Ты жить хочешь — и я жить хочу. Вели мои корзины в багаж принять! И жизнь побеждает, Паша! Едет поезд, называется «пассажирский», а весь — помидорный, на полках — корзины, под полками — корзины. Кондуктору — лапу, контролёру — лапу. От границы Дороги — другие контролёры, и им лапу.

Покруживало Русанова, и растеплился он очень и был сейчас сильней своей болезни. Но что-то такое, кажется, говорил Максим, что не могло быть увязано... Увязано... Что шло вразрез...

— Это — вразрез! — упёрся Павел Николаевич. — Зачем же?.. Это — нехорошо...

— Нехорошо? — удивился Чалый. — Так малосольный бери! Так вот икорку баклажанную!.. В Караганде написано камнем по камню: «Уголь — это Хлеб». Ну, то есть для промышленности. А помидорчиков для людей — и н-нет. И не привезут деловые люди — н-не будет. Хватают по четвертной за килограмм — и спасибо говорят. Хоть в глаза помидоры эти видят — а то б не видели. И до чего ж там долдоны, в Караганде, — ты не представляешь! Набирают охранников, лбов, и вместо того, чтоб их за яблоками послать, вагонов сорок подкинуть, — расставляют по всем степным дорогам — перехватывать, если кто повезёт яблоки в Караганду. Не допускать! Так и дежурят, охломоны!..

— Это что ж — ты? Ты? — огорчился Павел Николаевич.

— Зачем я? Я, Паша, с корзинами не езжу. Я — с портфельчиком. С чемойданчиком. Майоры, подполковники в кассу стучат: командировочное кончается! А билетов — нет! Нет!!.. А я туда не стучу, я всегда уеду. Я на каждой станции знаю: за билетом где нужно к кипятильщику обратиться, где — в камеру хранения. Учти, Паша: жизнь — всегда побеждает!

— А ты вообще — кем работаешь?

— Я, Паша, — *техником* работаю. Хотя техникума не кончал. Агентом ещё работаю. Я так работаю, чтобы всегда — с карманом. Где деньги платить перестают — я оттуда ухожу. Понял?

Что-то замечал Павел Николаевич, что не так получается, не в ту сторону, кривовато даже. Но такой был хороший, весёлый, свой человек — первый за месяц. Не было духа его обидеть.

— А — хорошо ли? — допытывался он только.

— Хорошо, хорошо! — успокаивал Максим. — И телятинку бери. Сейчас компотика твоего трахнем. Паша! Один раз на свете живём — зачем жить плохо? Надо жить хорошо, Паша!

С этим не мог не согласиться Павел Николаевич, это верно: один раз на свете живём, зачем жить плохо? Только вот...

— Понимаешь, Максим, это осуждается... — мягко напоминал он.

— Так ведь, Паша, — так же душевно отвечал и Максим, держа его за плечо. — Так ведь это — как посмотреть. Где как.

> В глазу пороши́на — и му́лит,
> Кой-где пол-аршина — и ... ! —

хохотал Чалый и пристукивал Русанова по колену, и Русанов тоже не мог удержаться и тряся:

— Ну, ты ж этих стихов знаешь!.. Ну, ты ж — поэт, Максим!

— А кем — ты? Ты — кем работаешь? — доведывался новый друг.

Как ни в обнимку они уже толковали, а тут Павел Николаевич невольно приосанился:

— Вообще — по кадрам.

Соскромничал он. Повыше был, конечно.

— А — где?

Павел Николаевич назвал.

— Слушай! — обрадовался Максим. — Надо одного хорошего человечка устроить! Вступительный взнос — это как полагается, не беспокойся!

— Ну, что ты! Ну, как ты мог подумать! — обиделся Павел Николаевич.

— А — чего думать? — поразился Чалый, и опять тот же поиск смысла жизни, немного расплывшийся от выпитого, задрожал в его глазах. — А если кадровикам вступительных взносов не брать — так на что им и жить? На что детей воспитывать? У тебя сколько детей?

— У вас газетка — освободилась? — раздался над ними глухой неприятный голос.

Это — Филин прибрёл из угла, с недобрыми отёчными глазами, в распахнутом халате.

А Павел Николаевич, оказывается, на газете сидел, примял.

— Пожалуйста, пожалуйста! — подхватился Чалый, вытаскивая газету из-под Русанова. — Пусти, Паша! Бери, папаша, чего другого, этого не жаль.

Шулубин сумрачно взял газету и хотел идти, но тут его задержал Костоглотов. Как Шулубин упорно молча на всех смотрел, так и Костоглотов начал к нему присматриваться, а сейчас видел особенно близко и хорошо. Кто мог быть этот человек? с таким нерядовым лицом?

С развязностью пересыльных встреч, где в первую же минуту любого человека можно спросить о чём угодно, Костоглотов и сейчас из лежачего, полуопрокинутого положения спросил:

— Папаша, а кем вы работаете, а?

Не глаза, а всю голову Шулубин повернул на Костоглотова. Ещё посмотрел на него, не мигая. Продолжая смотреть, странно как-то обвёл кругообразно шеей, будто воротник его теснил, но никакой воротник ему не мешал, просторен был ворот нижней сорочки. И вдруг ответил, не отказался:

— Библиотекарем.

— А где? — не зевнул Костоглотов сунуть и второй вопрос.

— В сельхозтехникуме.

Неизвестно почему — да, наверно, за тяжесть взгляда, за молчание сычёвое из угла — захотелось Русанову его как-нибудь унизить, на место поставить. А может, водка в нём говорила, и он громче, чем надо, легкомысленнее, чем надо, окрикнул:

— Беспартийный, конечно?

Филин посмотрел табачными глазами. Мигнул, будто не веря вопросу. Ещё мигнул. И вдруг раскрыл зев:

— Наоборот.

И — пошёл через комнату.

Он неестественно как-то шёл. Где-то ему тёрло или кололо. Он скорее ковылял с разбросанными полами халата, неловко наклонялся, напоминая большую птицу, — с крыльями, обрезанными неровно, чтоб она не могла взлететь.

24

На солнечном пригреве, на камне, ниже садовой скамейки, сидел Костоглотов, ноги в сапогах неудобно подвернув, коленями у самой земли. И руки свесил плетьми до земли же. И голову без шапки уронил. И так сидел грелся в сером халате, уже наотпашь, — сам неподвижный и формы обломистой, как этот серый камень. Раскалило ему черноволосую голову и напекло в спину, а он сидел, не шевелясь, принимая мартовское тепло, — ничего не делая, ни о чём не думая. Он бессмысленно-долго мог так сидеть, добирая в солнечном греве то, что недодано было ему прежде в хлебе и в супе.

И даже не видно было со стороны, чтобы плечи его поднимались и опускались от дыхания. Однако ж он и на бок не сваливался, держался как-то.

Толстая нянечка с первого этажа, крупная женщина, когда-то гнавшая его из коридора прочь, чтобы не нарушал стерильности, сама же очень наклонная к семячкам и сейчас на аллейке, по льготе, щелкнувшая несколько, подошла к нему и базарно-добродушным голосом окликнула:

— Слышь, дядя! А, дядя!

Костоглотов поднял голову и, против солнца переморщив лицо, разглядывал её с искажающим прищуром.

— Поди в перевязочную, доктор зовёт.

Так он усиделся в своей прогретой окаменелости, такая была ему неохота двигаться, подниматься, как на ненавистную работу!

— Какой доктор? — буркнул он.

— Ко́му надо, тот и зовёт! — повысила голос няня. — Не обязана я вас тут по садику собирать. Иди, значит.

— Да мне перевязывать нечего. Не меня, наверно, — всё упрямился Костоглотов.

— Тебя, тебя! — между тем пропускала няня семячки. — Разве тебя, журавля долгоногого, спутаешь с кем? Один такой у нас, нещечко.

Костоглотов вздохнул, распрямил ноги и, опираясь, кряхтя, стал подниматься.

Нянечка смотрела с неодобрением:

— Всё вышагивал, сил не берёг. А лежать надо было.

— Ох, няня-а, — вздохнул Костоглотов.

И поплёлся по дорожке. Ремня уже не было, военной выправки не осталось никакой, спина гнулась.

Он шёл в перевязочную на новую какую-то неприятность, готовясь отбиваться, ещё сам не зная — от чего.

В перевязочной ждала его не Элла Рафаиловна, уже дней десять как заменявшая Веру Корнильевну, а молодая полная женщина, мало сказать румяная — просто с багряными щеками, такая здоровая. Видел он её в первый раз.

— Как фамилия? — пристигла она его тут же, на пороге.

Хоть солнце уже не било в глаза, а Костоглотов смотрел так же прищуренно, недовольно. Он спешил сметить, что́ тут к чему, сообразить, а отвечать не спешил. Иногда бывает нужно скрыть фамилию, иногда соврать. Он ещё не знал, как сейчас правильно.

— А? Фамилия? — допытывалась врачиха с налитыми руками.

— Костоглотов, — нехотя признался он.

— Где ж вы пропадаете? Раздевайтесь быстро! Идите сюда, ложитесь на стол!

Теперь-то вспомнил Костоглотов, и увидел, и сообразил всё сразу: кровь переливать! Он забыл, что это делают в перевязочной. Но во-первых, он по-прежнему стоял на принципе: чужой крови не хочу, своей не дам! Во-вторых, эта бойкая бабёнка, будто сама напившаяся донорской крови, не склоняла его к доверию. А Вега уехала. Опять новый врач, новые привычки, новые ошибки — и кой чёрт эту карусель крутит, ничего постоянного нет?

Он хмуро снимал халат, искал, куда повесить — сестра показала ему куда, — а сам выдумывал, к чему бы прицепиться и не даться. Халат он повесил. Курточку снял, повесил. Толкнул в угол сапоги (тут, на первом этаже, бывали и снаружи, в обуви). Пошёл босиком по чистому линолевому полу ложиться на высокий умягчённый стол. Всё никак придумать повода не мог, но знал, что сейчас придумает.

На блестящем стальном штативе над столом высился аппарат для переливания: резиновые шланги, стеклянные трубочки, в одной из них вода. На той же стойке было несколько колец для ампул разного размера: на пол-литра, четверть литра и осьмушку. Зажата же была ампула с осьмушкой. Коричневатая кровь её закрывалась отчасти наклейкой с группой крови, фамилией донора и датой взятия.

По навычке лезть глазами куда не просят Костоглотов, пока взмащивался на стол, всё это прочёл и, не откидываясь головой на изголовье, тут же объявил:

— Хо-го! Двадцать восьмое февраля! Старая кровь. Нельзя переливать.

— Что за рассуждения? — возмутилась врачиха. — Старая, новая, что вы понимаете в консервации? Кровь может сохраняться больше месяца!

На её багряном лице сердитость была малиновая. Руки, заголённые до локтя, были полные, розовые, а кожа — с пупырышками, не от холода, а с постоянными пупырышками. И вот эти пупырышки почему-то окончательно убедили Костоглотова не даваться.

— Закатите рукав и положите руку свободно! — командовала ему врачиха.

Она уже второй год работала на переливании и не помнила ни одного больного не подозрительного: каждый вёл себя так, будто у него графская кровь и он боится подмеса. Обязательно косились больные, что цвет не тот, группа не та, дата не та, не слишком ли холодная или горячая, не свернулась ли, а то спрашивали уверенно: «Это — плохую кровь переливаете?» — «Да почему плохую?!» — «А на ней написано было *не трогать.*» — «Ну потому что наметили, кому переливать, а потом не понадобилась.» И уже даётся больной колоть, а про себя ворчит: «Ну, значит, и оказалась некачественной.» Только решительность и помогала сламывать эти глупые подозрения. К тому ж она всегда торопилась, потому что норма перелива крови в один день в разных местах была ей изрядная.

Но Костоглотов тоже уже повидал здесь, в клинике, и кровяные вздутия, и тряску после введения, и этим нетерпеливым розовым пухлым рукам с пупырышками ему никак не хотелось довериться. Своя, измученная рентгеном, вялая больная кровь была ему всё-таки дороже свежей добавки. Как-нибудь своя потом поправится. А при плохой крови бросят раньше лечить — тем лучше.

— Нет, — мрачно отказался он, не закатывая рукав и не кладя руку свободно. — Кровь ваша старая, а я себя плохо чувствую сегодня.

Он-то знал, что сразу двух причин никогда говорить не надо, всегда одну, но сами две сказались.

— Сейчас давление проверим, — не смущалась врачиха, и сестра уже подносила ей прибор.

Врачиха была совсем новая, а сестра — здешняя, из перевязочной, только Олег с ней дела не имел раньше. Она совсем была девочка, но роста высокого, тёмненькая и с японским разрезом глаз. На голове у неё так сложно было настроено, что ни шапочка, ни даже косынка никак не могли бы этого покрыть — и потому каждый выступ волосяной башенки и каждая косма были у неё терпеливо обмотаны бинтами, бинтами — это значит, ей минут на пятнадцать раньше надо было приходить на работу, обматываться.

Всё это было Олегу совсем ни к чему, но он с интересом рассматривал её белую корону, стараясь представить причёску девушки без перекрута бинтов. Главное лицо здесь была врачиха, и надо было бороться с ней, не мешкая, возражать и отговариваться, а он терял темп, рассматривая девушку с японским разрезом глаз. Как всякая молодая девушка, уже потому, что молода, она содержала в себе загадку, несла её в себе на каждом переступе, сознавала при каждом повороте головы.

А тем временем Костоглотову сжали руку чёрной змеёй и определили, что давление подходящее.

Он рот раскрыл сказать следующее, почему не согласен, но из дверей врачиху позвали к телефону.

Она дёрнулась и ушла, сестра укладывала чёрные трубки в футляр, а Олег всё так же лежал на спине.

— Откуда этот врач, а? — спросил он.

Всякая мелодия голоса тоже относилась ко внутренней загадке девушки, и она чувствовала это, и говорила, внимательно слушая свой голос:

— Со станции переливания крови.

— А зачем же она старую привозит? — проверял Олег хоть и на девчёнке.

— Это — не старая, — плавно повела девушка головой и понесла корону по комнате.

Девчёнка эта вполне была уверена, что всё нужное для неё она знает.

Да может, так оно и было.

Солнце уже завернуло на сторону перевязочной. Прямо сюда оно не попадало, но два окна светились ярко, а ещё часть потолка была занята большим световым пятном, отразившимся от чего-то. Было очень светло, и к тому же чисто, тихо.

Хорошо было в комнате.

Открылась дверь, невидимая Олегу, но вошла кто-то другая, не та.

Вошла, почти не стуча туфлями, не выстукивая каблучками своего «я».

И Олег догадался.

Никто больше так не ходил. Её и не хватало в этой комнате, её одной.

Вега!

Да, она. Она вступила в его поле зрения. Так просто вошла, будто незадолго отсюда вышла.

— Да где же вы были, Вера Корнильевна?.. — улыбался Олег.

Он не вскликнул это, он спросил негромко, счастливо. И не поднимаясь сесть, хотя не был привязан к столу.

До конца стало в комнате тихо, светло, хорошо.

А у Веги был свой вопрос, тоже в улыбке:

— Вы — бунтуете?

Но, уже расслабнув в своём намерении сопротивляться, уже наслаждаясь, что он лежит на этом столе и его так просто не сгонишь, Олег ответил:

— Я?.. Нет, уж я своё отбунтовал... Где вы были? Больше недели.

Раздельно, как будто диктуя несмышлёнышу непривычные новые слова, она проговорила, стоя над ним:

— Я ездила основывать онкологические пункты. Вести противораковую пропаганду.

— Куда-нибудь в *глубинку*?

— Да.

— А больше не поедете?

— Пока нет. А вы — себя плохо чувствуете?

Что было в этих глазах? Неторопливость. Внимание. Первая непроверенная тревога. Глаза врача.

Но помимо этого всего они были светло-кофейные. Если на стакан кофе налить молока пальца два. Впрочем, давно Олег кофе не пил, цвета не помнил, а вот — дружеские! очень старо-дружеские глаза!

— Да нет, чепуха. Я на солнце, наверно, перегрелся. Сидел-сидел, чуть не заснул.

— Разве вам можно на солнце! Разве вы не поняли здесь, что опухолям нагревание запрещено?

— Я думал — грелки.

— А солнце — тем более.

— Значит, черноморский пляж мне запрещён?

Она кивнула.

— Жизнь!.. Хоть ссылку меняй на Норильск...

Она подняла плечи. Опустила. Это было не только выше её сил, но и выше разумения.

Вот сейчас и спросить: а почему вы говорили, что — замужем?..

Разве безмужие — такое унижение?

Спросил:

— А зачем же вы изменили?

— Что?

— Нашему уговору. Вы обещали, что будете кровь переливать мне сами, никакому практиканту не отдадите.

— Она — не практикант, она, напротив, специалист. Когда они приезжают — мы не имеем права. Но она уже уехала.

— Как уехала?

— Вызвали.

О, карусель! В карусели же было и спасение от карусели.

— Значит — вы?

— Я. А какая вам кровь старая?

Он показал головой.

— Она не старая. Но она не вам. Вам будем двести пятьдесят переливать. Вот. — Вера Корнильевна принесла с другого столика и показала ему. — Читайте, проверяйте.

— Да, Вера Корнильевна, это жизнь у меня такая окаянная: ничему не верь, всё проверяй. А вы думаете, я — не рад, когда не надо проверять?

Он так устало это сказал, будто умирал. Но своим приглядчивым глазам не мог совсем отказать в проверке. И они ухватили: «1-я группа — Ярославцева И. Л. — 5 марта».

— О! Пятое марта — это нам очень подходит! — оживился Олег. — Это нам полезно.

— Ну, наконец-то вы поняли, что полезно. А сколько спорили!

Это — она не поняла. Ну, ладно.

И он закатил сорочку выше локтя и свободно положил правую руку вдоль тела.

Правда, в том и была главная ослаба для его вечно подозрительного внимания: довериться, отдаться доверию. Сейчас он знал, что эта ласковая, лишь чуть сгущённая из воздуха женщина, тихо двигаясь и каждое движение обдумывая, не ошибётся ни в чём.

И он лежал, и как бы отдыхал.

Большое слабо-солнечное, кружево-солнечное пятно на потолке заливало неровный круг. И это пятно, неизвестно от чего отражённое, тоже было ласково ему сейчас, украшало чистую тихую комнату.

А Вера Корнильевна коварно вытянула у него из вены иглою сколько-то крови, крутила центрифугу, разбрасывала на тарелочке четыре сектора.

— А зачем — четыре? — Он спрашивал лишь потому, что всю жизнь привык везде спрашивать. Сейчас-то ему даже и лень была знать — зачем.

— Один — на совместимость, а три — проверить станцию по группе. На всякий случай.

— А если группа совпадает — какая ещё совместимость?

— А — не свёртывается ли сыворотка больного от крови донора. Редко, но бывает.

— Вон что. А вертите зачем?

— Эритроциты отбрасываем. Всё вам надо знать.

Да можно и не знать. Олег смотрел на потолочное мреющее пятно. Всего на свете не узнаешь. Всё равно дураком помрёшь.

Сестра с белой короной вставила в защемы стойки опрокинутую пятомартовскую ампулу. Потом под локоть ему подложила подушечку. Резиновым красным жгутом затянула ему руку выше локтя и стала скручивать, следя японскими глазами, сколько будет довольно.

Странно, что в этой девочке ему повиделась какая-то загадка. Никакой нет, девчёнка как девчёнка.

Подошла Гангарт со шприцем. Шприц был обыкновенный и наполнен прозрачной жидкостью, а игла необыкновенная: трубка, а не игла, трубка с треугольным концом. Сама по себе трубка ничего, если только её тебе вгонять не будут.

— У вас вену хорошо видно, — заговаривала Вера Корнильевна, а сама подёргивала одной бровью, ища. И с усилием, со слышным, кажется, прорывом кожи, ввела чудовищную иглу. — Вот и всё.

Тут много было ещё непонятного: зачем крутили жгутом выше локтя? Зачем в шприце была жидкость как вода? Можно было спрашивать, а можно и самому голову потрудить: наверно, чтоб воздух не ринулся в вену и чтобы кровь не ринулась в шприц.

А тем временем игла осталась у него в вене, жгут ослабили, сняли, шприц ловко отъяли, сестра стряхнула над тазиком наконечность прибора, сбрасывая из него первую кровь, — и вот уже Гангарт приставила к игле вместо шприца этот наконечник и держала так, а сама наверху чуть отвернула винт.

В стеклянной расширенной трубке прибора стали медленно, по одному, подниматься сквозь прозрачную жидкость прозрачные пузырьки.

Как пузырьки эти всплывали, так и вопросы, один за другим: зачем такая широкая игла? зачем стряхивали кровь? к чему эти пузырьки? Но один дурак столько задаст вопросов, что сто умных не управятся ответить.

Если уж спрашивать, то хотелось о чём-то другом.

Всё в комнате было как-то празднично, и это белесо-солнечное пятно на потолке особенно.

Игла была введена надолго. Уровень крови в ампуле почти не уменьшался. Совсем не уменьшался.

— Я вам нужна, Вера Корнильевна? — вкрадчиво спросила сестра-японочка, слушая свой голос.

— Нет, не нужны, — тихо ответила Гангарт.

— Я схожу тут... На полчаса можно?

— *Мне* не нужны.

И сестра почти убежала с белой короной.

Они остались вдвоём.

Медленно поднимались пузырьки. Но Вера Корнильевна тронула винт — и они перестали подниматься. Не стало ни одного.

— Вы закрыли?

— Да.

— А зачем?

— Вам опять надо знать? — улыбнулась она. Но поощрительно.

Было очень тихо в перевязочной — старые стены, добротные двери. Можно было говорить лишь чуть громче шёпота, просто выдыхать без усилия и тем говорить. Так и хотелось.

— Да характер проклятый. Всегда хочется знать больше, чем разрешено.

— Хорошо, пока ещё хочется... — заметила она. Губы её никогда не оставались равнодушны к тому, что они произносили. Крохотными движениями — изгибом, не одинаковым слева и справа, чуть вывертом, чуть передёргом — они поддерживали мысль и уясняли. — Полагается после первых двадцати пяти кубиков сделать значительную паузу и посмотреть, как чувствует себя больной. — Она всё ещё одной рукой держала наконечник у иглы. И с лёгким раздвигом улыбки, приветливо и изучающе, смотрела в глаза Олегу, нависая над ним: — Как вы себя чувствуете?

— В данный момент — прекрасно.

— Это не сильно сказано — «прекрасно»?

— Нет, действительно прекрасно. Гораздо лучше, чем «хорошо».

— Озноба, неприятного вкуса во рту — не чувствуете?

— Нет.

Ампула, игла и переливание — это была их общая соединяющая работа над кем-то ещё третьим, кого они вдвоём дружно лечили и хотели вылечить.

— А — не в данный момент?

— А не в данный? — Чудесно вот так долго-долго смотреть друг другу в глаза, когда есть законное право смотреть, когда отводить не надо. — А вообще — совсем неважно.

— Но в чём именно? В чём?..

Она спрашивала с участием, с тревогой, как друг. Но — заслужила удар. И Олег почувствовал, что сейчас этот удар нанесёт. Что как ни мягки светло-кофейные глаза, а удара не избежать.

— Неважно — морально. Неважно — в сознании, что я плачу за жизнь слишком много. И что даже вы — способствуете этому и меня обманываете.

— Я??

Когда глаза неотрывно-неотрывно смотрят друг в друга, появляется совсем новое качество: увидишь такое, что при беглом скольжении не открывается. Глаза как будто теряют защитную цветную оболочку и всю правду выбрызгивают без слов, не могут её удержать.

— Как вы могли так горячо меня уверять, что уколы — нужны, но я не пойму их смысла? А что там понимать? Гормонотерапия — что там понимать?

Это, конечно, было нечестно: вот так застигнуть беззащитные глаза. Но только так и можно было спросить по-настоящему. Что-то в них запрыгало, растерялось.

И доктор Гангарт — нет, Вега — убрала глаза.

Как утягивают с поля не до конца разбитую роту.

Она посмотрела на ампулу — но что там смотреть, ведь кровь перекрыта? Посмотрела на пузырьки — но не шли же и пузырьки.

И открыла винт. Пузырьки пошли. Пожалуй, была пора.

Она пальцами провела по резиновой трубке, свисающей от прибора к игле, — как бы помогая разогнать все задержки в трубке. Ещё — ваты подложила под наконечник, чтоб трубка не гнулась ничуть. Ещё — лейкопластырь оказался у неё тут же, и полоской пластыря она приклеила наконечник к его руке. И ещё — резиновую трубку завела меж его пальцев, пальцев этой же руки, свободно выставленных кверху как крючки, — и так стала трубка сама держаться.

И теперь Вега могла совсем не держать, и не стоять около него, и не смотреть в глаза.

С лицом омрачённым, строгим, она отрегулировала пузырьки чуть чаще, сказала:

— Вот так, не шевелитесь.

И ушла.

Она не из комнаты ушла — только из кадра, охваченного его глазом. Но так как он не должен был шевелиться, то осталось в его окоёме: стойка с приборами; ампула с коричневой кровью; светлые пузырьки; верхи солнечных окон; отражения шестиклеточных окон в матовом плафоне лампы; и весь просторный потолок с мерцающим слабосолнечным пятном.

А Веги — не стало.

Но вопрос ведь упал — как неловко переданный, необережённый предмет.

И она его не подхватила.

Доставалось Олегу же возиться с ним и дальше.

И, глядя в потолок, он стал медленно думать вслух:

— Ведь если и так уже потеряна вся жизнь. Если в самих костях сидит память, что я — вечный арестант, вечный зэк. Если судьба мне и не сулит лучшего ничего. Да ещё сознательно, искусственно убить во мне и э т у возможность — зачем такую жизнь спасать? Для чего?

Вега всё слышала, но была за кадром. Может, и лучше: легче было говорить.

— Сперва меня лишили моей собственной жизни. Теперь лишают и права... продолжить себя. Кому и зачем я теперь буду?.. Худший из уродов! На милость?.. На милостыню?..

Молчала Вега.

А это пятно на потолке — оно почему-то иногда вздрагивало: пожималось краями, что ли, или какая-то морщина переходила по нему, будто оно тоже думало и не понимало. И становилось неподвижным опять.

Булькали прозрачные весёлые пузырьки. Кровь понижалась в ампуле. Уже четвёртая часть её перелилась. Женская кровь. Кровь Ярославцевой, Ирины. Девушки? старушки? студентки? торговки?

— Милостыня...

И вдруг Вега, оставаясь невидимой, — не возразила, а вся рванулась где-то там:

— Да ведь неправда же!.. Да неужели в ы так думаете? Я не поверю, что это думаете в ы !.. Проверьте себя! Это — заимствованные, это — несамостоятельные настроения!

Она говорила с энергией, которой он в ней не слышал ни разу. Она говорила с задетостью, которой он в ней не ждал.

И вдруг оборвалась, замолчала.

— А к а к надо думать? — попробовал осторожно вызвать Олег.

У, какая была тишина! — лёгкие пузырьки в закрытом баллончике — и те позванивали.

Ей трудно было говорить! Голосом изломившимся, сверх силы, она перетягивалась через ров.

— Должен кто-то думать и иначе! Пусть кучка, горсточка — но иначе! А если только т а к — то среди к о г о ж тогда жить? Зачем?.. И можно ли!..

Это последнее, перетянувшись, она опять выкрикнула с отчаянием. И как толкнула его своим выкриком. Как толкнула изо всех силёнок, чтоб он долетел, косный, тяжёлый, — куда одно спасенье было долететь.

И как камень из лихой мальчишеской пращи — подсолнечного будылька, удлинившего руку; да даже и как снаряд из этих долгоствольных пушек последнего фронтового года — ухнувший, свистнувший и вот хлюпающий, хлюпающий в высоком воздухе снаряд — Олег взмыл и полетел по сумасшедшей параболе, вырываясь из затверженного, отметая перенятое, — над одной пустыней своей жизни, над второй пустыней своей жизни — и перенёсся в давнюю какую-то страну.

В страну детства! — он не узнал её сразу. Но как только узнал моргнувшими, ещё мутными глазами, он уже был пристыжен, что ведь и он мальчишкой так думал когда-то, а сейчас не он ей, а она ему должна была сказать как первое, как открытие.

И ещё что-то вытягивалось, вытягивалось из памяти — сюда, к случаю этому, скорее надо было вспомнить — и он вспомнил!

Вспомнил быстро, но заговорил рассудительно, перетирая:

— В двадцатые годы имели у нас шумный успех книги некоего доктора Фридлянда, венеролога. Тогда считалось очень полезным *открывать глаза* — и вообще населению, и молодёжи. Это была как бы санитарная пропаганда о самых неназываемых вопросах. И вообще-то, наверно, это нужно, это лучше, чем лицемерно молчать. Была книга «За закрытой дверью», ещё была — «О страданиях любви». Вам... не приходилось их читать? Ну... хотя б уже как врачу?

Булькали редкие пузырьки. Ещё, может быть, — дыхание слышалось из-за кадра.

— Я прочёл, признаюсь, что-то очень рано, лет, наверно, двенадцати. Украдкой от старших, конечно. Это было чтение потрясающее, но — опустошающее. Ощущение было... что не хочется даже жить...

— Я — читала, — вдруг было отвечено ему без выражения.

— Да? да? и вы? — обрадовался Олег. Он сказал «и вы», как будто и сейчас первый на том стоял. — Такой последовательный, логический, неотразимый материализм, что, собственно... зачем же жить? Эти точные подсчёты в процентах, сколько женщин ничего не испытывают, сколько испытывают восторг. Эти истории, как женщины... ища себя, переходят из категории в категорию... — Вспоминая всё новое, он воздух втянул, как ушибившись или ожегшись. — Эта бессердечная уверенность, что всякая психология в супружестве вторична, и берётся автор одной физиологией объяснить любое «не сошлись характерами». Ну, да вы, наверно, всё помните. Вы когда читали?

Не отвечала.

Не надо было допрашивать. И вообще, наверно, он слишком грубо и прямо всё высказал. Никакого не было у него навыка разговаривать с женщинами.

Странное бледно-солнечное пятно на потолке вдруг зарябило, где-то сверкнуло ярко-серебряными точками, и они побежали. И по этой бегущей ряби, по крохотным волнышкам понял наконец Олег, что загадочная возвышенная туманность на потолке была просто отблеском лужи, не высохшей за окном у забора. Преображением простой лужи. А сейчас начал дуть ветерок.

Молчала Вега.

— Вы простите меня, пожалуйста! — повинился Олег. Ему приятно, даже сладко было перед ней виниться. — Я как-нибудь не так это сказал... — Он пытался вывернуть к ней голову, но не видел всё равно. — Ведь это уничтожает всё человеческое на земле. Ведь если этому поддаться, если это всё принять... — Он теперь с радостью отдавался своей прежней вере и убеждал — её!

И Вега вернулась! Она вступила в кадр — и ни того отчаяния, ни той резкости, которые ему прислышались, не было в её лице, а обычная доброжелательная улыбка.

— Я и хочу, чтоб вы этого не принимали. Я и уверена была, что вы этого не принимаете.

И сияла даже.

Да это была девочка его детства, школьная подруга, как же он не узнал её!

Что-то такое дружеское, такое простое хотелось ему сказать, вроде: «Дай пять!» И пожать руку — ну, как хорошо, что мы разговорились!

Но его правая была под иглой.

Назвать бы прямо — Вегой! Или Верой!

Но было невозможно.

А кровь в ампуле между тем уже снизилась за половину. В чьём-то чужом теле — со своим характером, со своими мыслями, она текла ещё на днях — и вот вливалась теперь в него, красно-коричневое здоровье. И так-таки ничего не несла с собой?

Олег следил за порхающими руками Веги: как она подправила подушечку под локтем, вату под наконечником, провела пальцами по резиновой трубке и стала немного приподнимать с ампулой верхнюю передвижную часть стойки.

Даже не пожать эту руку, а — поцеловать хотелось бы ему.

25

Она вышла из клиники в праздничном настроении и тихо напевала, для себя одной слышимо, с закрытым ртом. В светло-песочном демисезонном пальто, уже без бот, потому что везде на улицах было сухо, она чувствовала себя легко, всю себя, и ноги особенно, — так невесомо шлось, можно было весь город наискосок.

Такой же солнечный, как день, был и вечер, хотя уже прохладнел, а очень отдавал весной. Дико было бы лезть в автобус, душиться. Хотелось только идти пешком.

И она пошла.

Ничего в их городе не бывало красивее цветущего урюка. Вдруг захотелось ей сейчас, в обгон весны, непременно увидеть хоть один цветущий урюк — на счастье, за забором где-нибудь, за дувалом, хоть издали, эту воздушную розовость не спутать ни с чем.

Но — рано было для того. Деревья только чуть отзеленивали от серого: был тот момент, когда зелёный цвет уже не отсутствует в дереве, но серого ещё гораздо больше. И где за дувалом был виден клочок сада, отстоянного от городского камня, — там была лишь сухая рыжеватая земля, вспаханная первым кетменём.

Было — рано.

Всегда, как будто спеша, Вера садилась в автобус — умащивалась на разбитых пружинах сиденья или дотягивалась пальцами до поручня, висла так и думала: нич-чего не хочется делать, вечер впереди — а ничего не хочется делать. И вопреки всякому разуму часы вечера надо только убить, а утром в таком же автобусе спешить опять на работу.

Сегодня же она неторопливо шла — и ей всё-всё хотелось делать! Сразу выступило много дел — и домашних, и магазинных, и, пожалуй, шитейных, и библиотечных, и просто приятных занятий, которые совсем не были ей запрещены или преграждены, а она почему-то избегала их до сих пор. Теперь всё это ей хотелось, даже сразу! Но она, наоборот, ничуть не спешила ехать и делать их скорей, ни одного из них, а — шла медленно, получая удовольствие от каждого переступа туфелькой по сухому асфальту.

Она шла мимо магазинов, ещё не закрытых, но ни в один не зашла купить, что ей было нужно из еды или из обихода. Проходила мимо афиш, но ни одну из них не прочла, хотя их-то и хотелось теперь читать.

Просто так вот шла, долго шла, и в этом было всё удовольствие.

И иногда улыбалась.

Вчера был праздник — но подавленной и презренной ощущала она себя. А сегодня рабочий будний день — и такое лёгкое счастливое настроение.

Праздник в том, чтобы почувствовать себя правой. Твои затаённые, твои настойчивые доводы, осмеянные и непризнанные, ниточка твоя, на которой одной ты ещё висишь, — вдруг оказываются тросом стальным, и его надёжность признаёт, уверенно виснет и сам на него такой бывалый, недоверчивый, неподатливый человек.

И, как в вагончике подвесной канатной дороги над немыслимой пропастью человеческого непонимания, они плавно скользят, поверив друг другу.

Это просто восхитило её! Ведь мало знать, что ты — нормальная, не сумасшедшая, но и услышать, что — да, нормальная, не сумасшедшая, и от кого! Хотелось благодарить его, что он так сказал, что он сохранился такой, пройдя провалы жизни.

Благодарить, а пока что оправдываться перед ним — за гормонотерапию. Фридлянда он отвергал, но и гормонотерапию тоже. Здесь было противоречие, но логику спрашивают не с больного, а с врача.

Было здесь противоречие, не было здесь противоречия — а надо было убедить его подчиниться этому лечению! Невозможно было отдать этого человека — назад опухоли! Всё ярее разгорался у неё азарт: переубедить, переупрямить и вылечить именно этого больного! Но чтобы такого огрызливого упрямца снова и снова убеждать, надо было очень верить самой. А ей самой при его упрёке вдруг прояснилось, что гормонотерапия введена у них в клинике по единой всесоюзной инструкции для широкого класса опухолей и с довольно общей мотивировкой. О том, как оправдала себя гормонотерапия в борьбе именно с семиномой, она не помнила сейчас специальной отдельной научной статьи, а их могла быть не одна, и иностранные тоже. И чтобы доказывать — надо бы все прочесть. Не так много она их вообще успевала читать...

Но теперь-то! — она всё успеет! Теперь она обязательно прочтёт.

Костоглотов однажды швырнул ей, что он не видит, чем его знахарь с корешком меньше врач, что, мол, математических подсчётов он и в медицине не замечает. Вера тогда почти обиделась. Но потом подумала: отчасти верно. Разве, разрушая клетки рентгеном, они знают хоть приблизительно: сколько процентов разрушения падает на здоровые клетки, сколько на больные? И насколько уж это верней, чем когда знахарь зачерпывает сушёный корешок — горстью, без весов?.. А кто объяснил старинные простые горчичники? Или: все бросились лечить пенициллином — однако кто в медицине воистину объяснил, в чём суть действия пенициллина? Разве это не тёмная вода?.. Сколько тут надо следить за журналами, читать, думать!

Но теперь она всё успеет!

Вот уже — совсем не заметно, как скоро! — она была и у себя во дворе. Поднявшись на несколько ступенек на общую большую веранду с перилами, обвешанными чьими-то ковриками и половиками, пройдя по цементному полу в выбоинах, она без уныния отперла общеквартирную дверь с отодранной местами обивкой и пошла темноватым коридором, где не всякую лампочку можно было зажечь, потому что они были от разных счётчиков.

Вторым английским ключом она отперла дверь своей комнаты — и совсем не угнетающей показалась ей эта келья-камера с обрешеченным от воров окном, как все первоэтажные окна города, и где было предсумеречно сейчас, а солнце яркое заглядывало только утром. Вера остановилась в дверях, не снимая пальто, и смотрела на свою комнату с удивлением, как на новую. Здесь очень хорошо и весело можно было жить! Пожалуй только, переменить сейчас скатерть. Пыль кое-где стереть. И, может быть, на стене перевесить Петропавловскую крепость в белую ночь и чёрные кипарисы Алупки.

Но, сняв пальто и надев передник, она сперва пошла на кухню. Смутно помнилось ей, что с чего-то надо начинать на кухне. Да! надо же было разжигать керогаз и что-нибудь себе готовить.

Однако соседский сын, здоровый парень, бросивший школу, всю кухню перегородил мотоциклом и, свистя, разбирал его, части раскладывал по полу и мазал. Сюда падало предзакатное солнце, ещё было светло от него. Вообще-то можно было протискиваться и ходить к своему столу. Но Вере вдруг совсем не захотелось возиться тут — а только в комнате, одна с собою.

Да и есть ей не хотелось, нисколько не хотелось!

И она вернулась к себе и с удовольствием защёлкнула английский замок. Совсем ей было незачем сегодня выходить из комнаты. А в вазочке были шоколадные конфеты, вот их и грызть потихоньку...

Вера присела перед маминым комодом на корточки и потянула тяжёлый ящик, в котором лежала другая скатерть.

Но нет, прежде надо было перетереть пыль!

Но ещё прежде надо было переодеться попроще!

И каждый этот переброс Вера делала с удовольствием, как изменяющиеся в танце па. Каждый переброс тоже доставлял удовольствие, в этом и был танец.

А может быть, раньше надо было перевесить крепость и кипарисы? Нет, это требовало молотка, гвоздей, а всего неприятнее делать мужскую работу. Пусть повисят пока так.

И она взяла тряпку и двигалась с нею по комнате, чуть напевая.

Но почти сразу наткнулась на приставленную к пузатому флакончику цветную открытку, полученную вчера. На лицевой стороне были красные розы, зелёные ленты и голубая восьмёрка. А на обороте чёрным машинописным текстом её поздравляли. Местком поздравлял её с международным женским днём.

Всякий общий праздник тяжёл одинокому человеку. Но невыносим одинокой женщине, у которой годы уходят, — праздник женский! Овдовелые и безмужние, собираются такие женщины хлестнуть вина и попеть, будто им весело. Тут, во дворе, бушевала вчера одна такая компания. И один чей-то муж был среди них; с ним потом, пьяные, целовались по очереди.

Желал ей местком безо всякой насмешки: больших успехов в труде и счастья в личной жизни.

Личная жизнь!.. Как личина какая-то сползающая. Как личинка мёртвая сброшенная.

Она разорвала открытку вчетверо и бросила в корзину.

Переходила дальше, перетирая то флаконы, то стеклянную пирамидку с видами Крыма, то коробку с пластинками около приёмника, то пластмассовый ребрёный чемоданчик электропроигрывателя.

Вот сейчас она могла без боли слушать любую свою пластинку. Могла поставить непереносимую:

И теперь, в эти дни,
Я, как прежде, один...

Но искала другую, поставила, включила приёмник на проигрыватель, а сама ушла в глубокое мамино кресло, ноги в чулках подобрав к себе туда же.

Пылевая тряпка так и осталась кончиком зажата в рассеянной руке и свисла вымпелом к полу.

Уже совсем было в комнате серо, и отчётливо светилась зеленоватая шкала приёмника.

Это была сюита из «Спящей красавицы». Шло адажио, потом «появление Фей».

Вега слушала, но не за себя. Она хотела представить, как должен был это адажио слушать с балкона оперного театра вымокший под дождём, распираемый болью, обречённый на смерть и никогда не видавший счастья человек.

Она поставила снова то же.

И опять.

Она стала разговаривать — но не вслух. Она воображаемо разговаривала с ним, будто он сидел тут же, через круглый стол, при том же зеленоватом свечении. Она говорила то, что ей надо было сказать, и выслушивала его: верным ухом отбирала, что́ он мог бы ответить. У него очень трудно предвидеть, как он вывернет, но, кажется, она привыкала.

Она досказывала ему сегодняшнее — то, что при их отношениях ещё никак сказать нельзя, а вот сейчас можно. Она развивала ему свою теорию о мужчинах и женщинах. Хемингуэевские сверх-мужчины — это существа, не поднявшиеся до человека, мелко плавает Хемингуэй. (Обязательно буркнет Олег, что никакого Хемингуэя он не читал, и даже гордо будет выставлять: в армии не было, в лагере не было.) Совсем не это надо женщине от мужчины: нужна внимательная нежность и ощущение безопасности с ним — прикрытости, укрытости.

Именно с Олегом — бесправным, лишённым всякого гражданского значения — эту защищённость почему-то испытывала Вега.

А с женщиной запутали ещё больше. Самой женственной объявили Кармен. Ту женщину объявили самой женственной, которая активно ищет наслаждения. Но это — лже-женщина, это — переодетый мужчина.

Тут ещё много надо объяснять. Но, не готовый к этой мысли, он, кажется, захвачен врасплох. Обдумывает.

А она опять ставит ту же пластинку.

Совсем уже было темно, и забыла она перетирать дальше. Всё глубже, всё значительней зеленела на комнату светящая шкала.

Зажигать света никак, ни за что не хотелось, а надо было обязательно посмотреть.

Однако эту рамочку она уверенной рукой и в полутьме нашла на стене, ласково сняла и поднесла к шкале. Если б шкала и не давала своей звёздной зелени, и даже погасла сейчас, — Вера продолжала бы различать на карточке всё: это мальчишеское чистенькое лицо; незащищённую светлость ещё ничего не видавших глаз; первый в жизни галстук на беленькой сорочке; первый в жизни костюм на плечах — и, не жалея пиджачного отворота, ввинченный строгий значок: белый кружок, в нём чёрный профиль. Карточка — шесть на девять, значок совсем крохотный, и всё же днём отчётливо видно, а на память видно и сейчас, что профиль этот — Ленина.

«Мне других орденов не надо», — улыбался мальчик.

Этот мальчик и придумал звать её Вегой.

Цветёт агава один раз в жизни и вскоре затем — умирает.

Так полюбила и Вера Гангарт. Совсем юненькой, ещё за партой.

А его — убили на фронте.

И дальше эта война могла быть какой угодно: справедливой, героической, отечественной, священной, — для Веры Гангарт это была последняя война. Война, на которой вместе с женихом убили и её.

Она так хотела, чтоб её теперь тоже убили! Она сразу же, бросив институт, хотела идти на фронт. Но, как немку, её не взяли.

Два, и три месяца первого военного лета они ещё были вместе. И ясно было, что скоро-скоро он уйдёт в армию. И теперь, спустя поколение, объяснить никому невозможно: как могли они не пожениться? Да не женясь — как могли они проронить эти месяцы — последние? единственные? Неужели ещё что-то стояло перед ними, когда всё трещало и ломилось?

Да, стояло.

А теперь этого ни перед кем не оправдаешь. Даже перед собой.

«Вега! Вега моя! — кричал он с фронта. — Я не могу умереть, оставив тебя не своей. Сейчас мне уже кажется: если бы вырваться только на три дня — в отпуск! в госпиталь! — мы бы поженились! Да? Да?»

«Пусть это тебя не разрывает. Я никогда ничьей и не буду. Твоя.»

Так уверенно писала она. Но — живому!

А его — не ранили, он ни в госпиталь, ни в отпуск не попал. Его — убили сразу.

Он умер, а звезда его — горела. Всё горела...

Но шёл её свет впустую.

Не та звезда, от которой свет идёт, когда сама она уже погасла. А та, которая светит, ещё в полную силу светит, но никому её свет уже не виден и не нужен.

Её не взяли — тоже убить. И приходилось жить. Учиться в институте. Она в институте даже была старостой группы. Она первая была — на уборочную, на приборочную, на воскресник. А что ей оставалось делать?

Она кончила институт с отличием, и доктор Орещенков, у которого она проходила практику, был очень ею доволен (он и посоветовал её Донцовой). Это только и стало у неё: лечить, больные. В этом было спасение.

Конечно, если мыслить на уровне Фридлянда, то — вздор, аномалия, сумасшествие: помнить какого-то мёртвого и не искать живого. Этого никак не может быть, потому что неотменимы законы тканей, законы гормонов, законы возраста.

Не может быть? — но Вега-то знала, что они в ней все отменились!

Не то чтоб она считала себя навечно связанной обещанием: «всегда твоя». Но и это тоже: слишком близкий нам человек не может умереть совсем, а значит — немного видит, немного слышит, он — присутствует, он есть. И увидит бессильно, бессловно, как ты обманываешь его.

Да какие могут быть законы роста клеток, реакций и выделений, при чём они, если: другого такого человека нет! Нет другого такого! При чём же тут клетки? При чём тут реакции?

А просто с годами мы тупеем. Устаём. У нас нет настоящего таланта ни в горе, ни в верности. Мы сдаём их времени. Вот поглощать всякий день еду и облизывать пальцы — на этом мы неуступчивы. Два дня нас не покорми — мы сами не свои, мы на стенку лезем.

Далеко же мы ушли, человечество!

Не изменилась Вега, но сокрушилась. И умерла у неё мать, а с матерью только вдвоём они жили. Умерла же мать потому, что сокрушилась тоже: сын её, старший брат Веры, инженер, был в сороковом году посажен. Несколько лет ещё писал. Несколько лет слали ему посылки куда-то в Бурят-Монголию. Но однажды пришло невнятное извещение с почты, и мать получила назад свою посылку, с несколькими штампами, с перечёркиванием. Она несла посылку домой как гробик. *Он*, когда только родился, почти мог поместиться в этой коробочке.

Это и сокрушило мать. А ещё — что невестка скоро вышла замуж. Мать этого совсем не понимала. Она понимала Веру.

И осталась Вера одна.

Не одна, конечно, не единственная, а — из миллионов одна.

Было столько одиноких женщин в стране, что даже хотелось на глазок прикинуть по знакомым: не больше ли, чем замужних? И эти женщины одинокие — они все были её ровесницы. Десять возрастов подряд. Ровесницы тех, кто лёг на войне.

Милосердная к мужчинам, война унесла их. А женщин оставила домучиваться.

А кто из-под обломков войны притащился назад неженатый — тот не ровесниц уже выбирал, тот выбирал моложе. А кто был младше на несколько лет — тот младше был на целое поколение, ребёнок: по нему не проползла война.

И так, никогда не сведенные в дивизии, жили миллионы женщин, пришедшие в мир ни для чего. Огрех истории.

Но и из них ещё не обречены были те, кто был способен принимать жизнь auf die leichte Schulter*.

Шли долгие годы обычной мирной жизни, а Вега жила и ходила как в постоянном противогазе, с головой, вечно стянутой враждебною резиной. Она просто одурела, она ослабла в нём — и сорвала противогаз.

Это выглядело так, что стала она человечнее жить: разрешила себе быть приятной, внимательно одевалась, не убегала от встреч с людьми.

Есть высокое наслаждение в верности. Может быть — самое высокое. И даже пусть о твоей верности не знают. И даже пусть не ценят.

Но чтоб она двигала что-то!

А если — ничего не движет? Никому не нужна?..

Как ни велики круглые глаза противогаза — через них плохо и мало видно. Без противогазных стёкол Вега могла бы рассмотреть лучше.

Но — не рассмотрела. Безопытная, она ударилась больно. Непредосторожная, оступилась. Эта короткая недостойная близость не только не облегчила, не осветила её жизни, — но перепятнала, но унизила, но цельность её нарушила, но стройность разломила.

А забыть теперь невозможно. А стереть нельзя.

Нет, принимать жизнь лёгкими плечами — не её была участь. Чем хрупче удался человек, тем больше десятков, даже сотен совпадающих обстоятельств нужно, чтоб он мог сбли-

---

* С лёгкостью (идиом. — на лёгкие плечи). *(нем.)*

зиться с подобным себе. Каждое новое совпадение лишь на немного увеличивает близость. Зато одно-единственное расхождение может сразу всё развалить. И это расхождение так рано всегда наступает, так явственно выдвигается. Совсем не у кого было почерпнуть: как же быть? как же жить?

Сколько людей, столько дорог.

Очень ей советовали взять на воспитание ребёнка. Подолгу и обстоятельно она толковала с разными женщинами об этом, и уже склонили её, уже она загорелась, уже наезжала в детприёмники.

И всё-таки отступилась. Она не могла полюбить ребёнка вот так сразу — от решимости, от безвыходности. Опаснее того: она могла разлюбить его позже. Ещё опаснее: он мог вырасти совсем чужой.

Вот если бы собственную, настоящую дочь! (Дочь, потому что её можно вырастить по себе, мальчика так не вырастишь.)

Но ещё раз пройти этот вязкий путь с чужим человеком она тоже не могла.

Она просидела в кресле до полуночи, ничего не сделав из того, что с вечера просилось в руки, и света даже не зажжа. Вполне было ей светло от шкалы приёмника — и очень хорошо думалось, глядя на эту мягкую зелень и чёрные чёрточки.

Она слушала много пластинок и самые щемящие из них выслушала легко. И — марши слушала. И марши были — как триумфы, во тьме внизу проходящие перед ней. А она в старом кресле с высокой торжественной спинкой, подобрав под себя бочком лёгкие ноги, сидела победительницей.

Она прошла через четырнадцать пустынь — и вот дошла. Она прошла через четырнадцать лет безумия — и вот оказалась права!

Именно сегодня новый законченный смысл приобрела её многолетняя верность.

Почти-верность. Можно принять как верность. В главном — верность.

Но именно теперь она ощутила умершего как мальчика, не как сегодняшнего сверстника, не как мужчину, — без этой косной тяжести мужской, в которой только и есть пристанище женщине. Он не видел ни всей войны, ни конца её, ни потом многих тяжёлых лет, он остался юношей с незащищёнными чистыми глазами.

Она легла — и не сразу спала, и не тревожилась, что мало сегодня поспит. А когда заснула, то ещё просыпалась, и виделось ей много снов, что-то уж очень много для одной ночи. И некоторые из них совсем были ни к чему, а некоторые она старалась удержать при себе до утра.

Утром проснулась — и улыбалась.

В автобусе её теснили, давили, толкали, наступали на ноги, но она без обиды терпела всё.

Надев халат и идя на пятиминутку, она с удовольствием увидела ещё издали во встречном нижнем коридоре крупную, сильную и мило-смешную фигуру гориллоида — Льва Леонидовича, она ещё не видела его после Москвы. Как бы непомерно тяжёлые, слишком большие руки свисали у него, чуть не перетягивая и плеч, и были как будто пороком фигуры, а на самом деле украшением её. На его эшелонированной голове с оттянутым назад куполом, и очень крупною лепкой, сидела белая шапочка-пилотка — как всегда небрежно, никчемушне, с какими-то ушками, торчащими сзади, и с пустой смятой вершинкой. Грудь же его, обтянутая неразрезным халатом, была как грудь танка, выкрашенного под снег. Он шёл, как всегда щурясь, с угрозно-строгим выражением, но Вега знала, что лишь немного надо переместиться его чертам — и это будет усмешка.

Так они и переместились, когда Вера и Лев Леонидович разом вышли из встречных коридоров и сошлись у низа лестницы.

— Как я рада, что ты вернулся! Тебя тут просто не хватало! — первая сказала ему Вера.

Он явственней улыбнулся и опущенной рукой там где-то внизу поймал её за локоть, повернул на лестницу.

— Что ты такая весёлая? Обрадуй меня.

— Да нет, просто так. Ну, как съездил?

Лев Леонидович вздохнул:

— И хорошо, и расстройство. Бередит Москва.

— Ну, расскажешь подробно.

— Пластинок тебе привёз. Три штуки.

— Что ты? Какие?

— Ты же знаешь, я этих Сен-Сансов путаю... В общем, в ГУМе теперь отдел долгоиграющих, я твой списочек отдал, она мне три штуки завернула. Завтра принесу. Слушай, Веруся, пойдём сегодня на суд.

— На какой суд?

— Ничего не знаешь? Хирурга будут судить, из третьей больницы.

— Настоящий суд?

— Пока товарищеский. Но следствие шло восемь месяцев.

— А за что же?

Сестра Зоя, сменившаяся с ночного дежурства, спускалась по лестнице и поздоровалась с обоими, крупно сверкнув жёлтыми ресницами.

— После операции умер ребёнок... Я пока с московским разгоном — обязательно пойду, чего-нибудь нашумлю. А неделю дома поживёшь — уже хвост поджимается. Пойдём?

Но Вера не успела ни ответить, ни решить: уже надо было входить в комнату пятиминуток с зачехлёнными креслицами и ярко-голубой скатертью.

Вера очень ценила свои отношения со Львом. Наряду с Людмилой Афанасьевной это был самый близкий тут ей человек. В их отношениях то было дорогое, что таких почти не бывает между неженатым мужчиной и незамужней женщиной: Лев никогда ни разу не посмотрел особенно, не намекнул, не переступил, не позарился, уж тем более — она. Их отношения были безопасно-дружеские, совсем не напряжённые: одно всегда избегалось, не называлось и не обсуждалось между ними — любовь, женитьба и всё вокруг, как будто их на земле совсем не было. Лев Леонидович, наверно, угадывал, что именно такие отношения и нужны Веге. Сам он был когда-то женат, потом не женат, потом с кем-то «в дружбе», женская часть диспансера (то есть весь диспансер) любила обсуждать его, а сейчас, кажется, подозревали, не в связи ли он с операционной сестрой. Одна молодая хирургичка, Анжелина, точно это говорила, но её самоё подозревали, что она добивается Льва для себя.

Людмила Афанасьевна всю пятиминутку угловатое что-то чертила на бумаге и даже прорывала пером. А Вера, наоборот, сидела сегодня спокойно, как никогда. Небывалую уравновешенность она чувствовала в себе.

Кончилось заседание — и она начала обход с большой женской палаты. У неё там было много больных, и Вера Корнильевна всегда долго их обходила. К каждой она садилась на койку, осматривала или негромко разговаривала, не претендуя, чтобы всё это время палата молчала, потому что затяжно бы получилось, да и невозможно было женщин удержать. (В женских палатах надо было быть ещё тактичнее, ещё осмотрительнее, чем в мужских. Здесь не было так безусловно её врачебное значение и отличие. Стоило ей появиться в несколько лучшем настроении или слишком отдаться бодрым заверениям, что всё кончится хорошо, — так, как этого требовала психотерапия, — и уже ощущала она неприкрытый взгляд или косвенную завесу зависти: «Тебе-то что! Ты — здорова. Тебе — не понять.» По той же психотерапии внушала она больным потерявшимся женщинам не переставать следить за собой в больнице, укладывать причёски, подкрашиваться — но недобро бы встретили её, если б она увлеклась этим сама.)

Так и сегодня шла она от кровати к кровати, как можно скромнее, собраннее, и по привычке не слышала общего гулка, а только свою пациентку. Вдруг какой-то особенно расхлябанный, разляпистый голос раздался от другой стены:

— Ещё какие больные! Тут больные есть — кобелируют будь здоров! Вот этот лохматый, что ремнём подпоясан, — как ночное дежурство, так Зойку, медсестру, тискает!

— Что?.. Как?.. — переспросила Гангарт свою больную. — Ещё раз, пожалуйста.

Больная начала повторять.

(А ведь Зоя дежурила сегодня ночью! Сегодня ночью, пока горела зелёная шкала...)

— Вы простите меня, я вас попрошу: ещё раз, с самого начала, и обстоятельно!

26

Когда волнуется хирург, не новичок? Не в операциях. В операции идёт открытая честная работа, известно, что за чем, и надо только стараться всё вырезаемое убирать порадикальнее, чтоб не жалеть потом о недоделках. Ну, разве иногда внезапно осложнится, хлынет кровь, и вспомнишь, что Резерфорд умер при операции грыжи. Волнения же хирурга начинаются после операции, когда почему-то держится высокая температура, или не спадает живот, и теперь, на хвосте упускаемого времени, надо без ножа мысленно вскрыть, увидеть, понять и исправить — как свою ошибку. Бесполезнее всего валить послеоперационное осложнение на случайную побочную причину.

Вот почему Лев Леонидович имел привычку ещё до пятиминутки забегать к своим послеоперационным, глянуть одним глазом.

В канун операционного дня предстоял долгий общий обход, и не мог Лев Леонидович ещё полтора часа не знать, что́ с его желудочным и что с Дёмкой. Он заглянул к желудочному — всё было неплохо; сказал сестре, чем его поить и по сколько. И в соседнюю крохотную комнатку, всего на двоих, заглянул к Дёмке.

Второй здесь поправлялся, уже выходил, а Дёмка лежал серый, укрытый по грудь, на спине. Он смотрел в потолок, но не успокоенно, а тревожно, собрав с напряжением все мускулы вокруг глаз, как будто что-то мелкое хотел и не мог разглядеть на потолке.

Лев Леонидович молча остановился, чуть ноги расставив, чуть избоку к Дёмке, и, развесив длинные руки, правую даже отведя немного, смотрел исподлобья, будто примерялся: а если Дёмку сейчас трахнуть правой снизу в челюсть — так что́ будет?

Дёмка повернул голову, увидел — и рассмеялся.

И угрозно-строгое выражение хирурга тоже легко раздвинулось в смех. И Лев Леонидович подмигнул Дёмке одним глазом как парню своему, понимающему:

— Значит, ничего? Нормально?

— Да где ж нормально? — Много мог пожаловаться Дёмка. Но, как мужчина мужчине, жаловаться было не на что.

— Грызёт?

— У-гм.

— И в том же месте?

— У-гм.

— И ещё долго будет, Дёмка. Ещё на будущий год будешь за пустое место хвататься. Но когда грызёт, ты всё-таки вспоминай: *нету*! И будет легче. Главное то, что теперь ты будешь *жить*, понял? А нога — *туда*!

Так облегчённо это сказал Лев Леонидович! И действительно, заразу гнетучую — туда её! Без неё легче.

— Ну, мы ещё у тебя будем!

И уметнулся на пятиминутку — уже последний, опаздывая (Низамутдин не любил опозданий), быстро расталкивая воздух. Халат на нём был спереди кругло-охватывающий, сплошной, а сзади полы никак не сходились, и поворозки перетягивались через спину пиджака. Когда он шёл по клинике один, то всегда быстро, по лестнице через ступеньку, с простыми крупными движениями рук и ног, — и именно по этим крупным движениям судили больные, что он тут не околачивается и не для себя время проводит.

А дальше началась пятиминутка на полчаса. Низамутдин достойно (для себя) вошёл, достойно (для себя) поздоровался и стал с приятностью (для себя) неторопливо вести заседание. Он явно прислушивался к своему голосу и при каждом жесте и повороте, очевидно, видел себя со стороны — какой он солидный, авторитетный, образованный и умный человек. В его родном ауле о нём творили легенды, известен он был и в городе, и даже в газете о нём упоминали иногда.

Лев Леонидович сидел на отставленном стуле, заложив одну длинную ногу за другую, а растопыренные лапы всунул под жгут белого пояска, завязанного у него на животе. Он криво хмурился под своей шапочкой-пилоткой, но так как он перед начальством чаще всего и бывал хмур, то главврач не мог принять этого на свой счёт.

Главврач понимал своё положение не как постоянную, неусыпную и изнурительную обязанность, но как постоянное красование, награды и клавиатуру прав. Он назывался главврач и верил, что от этого названия он действительно становится главный врач, что он тут понимает больше остальных врачей, ну, может быть не до самых деталей, что он вполне вникает, как его подчинённые лечат, и, только поправляя и руководя, оберегает их от ошибок. Вот почему он так долго должен был вести пятиминутку, впрочем, очевидно, приятную и для всех. И поскольку права главврача так значительно и так удачно перевешивали его обязанности, он и на работу к себе в диспансер принимал — администраторов, врачей или сестёр — очень легко: именно тех, о ком звонили ему и просили из облздрава, или из горкома, или из института, где он рассчитывал вскоре защитить диссертацию; или где-нибудь за ужином в хорошую минуту кого он пообещал принять; или если принадлежал человек к той же ветви древнего рода, что и он сам. А если начальники отделений возражали ему, что новопринятый ничего не знает и не умеет, то ещё более их удивлялся Низамутдин Бахрамович: «Так научи́те, товарищи! А вы-то здесь зачем?»

С той сединой, которая с известного десятка лет равнодушно-благородным нимбом окружает головы талантов и тупиц, самоотверженцев и загребал, трудяг и бездельников; с той представительностью и успокоенностью, которыми вознаграждает нас природа за неиспытанные муки мысли; с той круглой ровной смуглостью, которая особенно идёт к седине, — Низамутдин Бахрамович рассказывал своим медицинским работникам, что плохо в их работе и как вернее им бороться за драгоценные человеческие жизни. И на казённых прямоспинных диванах, на креслах и на стульях за скатертью синевы павлиньего пера сидели и с видимым вниманием слушали Низамутдина — те, кого ещё он не управился уволить, и те, кого он уже успел принять.

Хорошо видный Льву Леонидовичу, сидел курчавый Халмухамедов. У него был вид как будто с иллюстраций к путешествиям капитана Кука, будто он только что вышел из джунглей: дремучие поросли сплелись на его голове, чёрно-угольные вкрапины отмечали бронзовое лицо, в дико-радостной улыбке открывались крупные белые зубы, и лишь не было — но очень не хватало — кольца в носу. Да дело было, конечно, не в виде его, как и не в аккуратном дипломе мединститута, а в том, что ни одной операции он не мог вести, не загубя. Раза два допустил его Лев Леонидович — и навсегда закаялся. А изгнать его тоже было нельзя — это был бы подрыв национальных кадров. И вот Халмухамедов четвёртый год вёл истории болезней, какие попроще, с важным видом присутствовал на обходах, на перевязках, дежурил (спал) по ночам и даже последнее время занимал полторы ставки, уходя, впрочем, в конце одинарного рабочего дня.

Ещё сидели тут две женщины с дипломами хирургов. Одна была — Пантёхина, чрезвычайно полная, лет сорока, всегда очень озабоченная, — тем озабоченная, что у неё росло шестеро детей от двух мужей, а денег не хватало, да и догляду тоже. Эти заботы не сходили с её лица и в так называемые служебные часы — то есть те часы, которые она должна была для зарплаты проводить в помещении диспансера. Другая — Анжелина, молоденькая, третий год из института, маленькая, рыженькая, недурна собой, возненавидевшая Льва Леонидовича за его невнимание к ней и теперь в хирургическом отделении главный против него интриган. Обе они ничего не могли делать выше амбулаторного приёма, никогда нельзя было доверить им скальпеля — но тоже были важные причины, по которым ни ту, ни другую главврач не уволил бы никогда.

Так числилось пять хирургов в отделении, и на пять хирургов рассчитывались операции, а делать могли только двое.

И ещё сёстры сидели тут, и некоторые были под стать этим врачам, но их тоже принял и защищал Низамутдин Бахрамович.

Порою так всё стискивало Льва Леонидовича, что работать тут становилось больше нельзя ни дня, надо было только рвать и уходить! Но куда ж уходить? Во всяком новом месте будет свой главный, может ещё похуже, и своя надутая чушь, и свои неработники вместо работников. Другое дело было бы принять отдельную клинику и в виде оригинальности всё поставить только на деловую ногу: чтобы все, кто числился, — работали, и только б тех зачислять, кто нужен. Но не таково было положение Льва Леонидовича, чтобы ему доверили стать главным, или уж где-нибудь очень далеко, а он и так сюда от Москвы заехал не близко.

Да и само по себе руководить он ничуть не стремился. Он знал, что шкура администратора мешает разворотливой работе. А ещё и не забылся период в его жизни, когда он видел павших и на них познал тщету власти: он видел комдивов, мечтавших стать дневальными, а своего первого практического учителя, хирурга Корякова, вытащил из помойки.

Порою же как-то мягчело, сглаживалось, и казалось Льву Леонидовичу, что терпеть можно, уходить не надо. И тогда он, напротив, начинал опасаться, что его самого, и Донцову, и Гангарт вытеснят, что дело к этому идёт, что с каждым годом обстановка будет не проще, а сложней. А ему уже не легко было переносить изломы жизни: шло всё-таки к сорока, и тело уже требовало комфорта и постоянства.

Он вообще находился в недоумении относительно собственной жизни. Он не знал, надо ли ему сделать героический рывок, или тихо плыть, как плывётся. Не здесь и не так начиналась его серьёзная работа — она начиналась с отменным размахом. Был год, когда он находился от Сталинской премии уже в нескольких метрах. И вдруг весь их институт лопнул от натяжек и от поспешности, и оказалось, что даже кандидатская диссертация не защищена. Отчасти это Коряков его когда-то так наставил: «Вы — работайте, работайте! *Написать* всегда успеете.» А — когда «успеете»?

Или — на чёрта и писать?..

Лицом, однако, не выражая своего неодобрения главврачу, Лев Леонидович щурился и как будто слушал. Тем более что предлагалось ему в следующем месяце провести первую операцию на грудной клетке.

Но всё кончается! — кончилась и пятиминутка. И, постепенно выходя из комнаты совещаний, хирурги собрались на площадке верхнего вестибюля. И, всё так же держа лапы подсунутыми под поясок на животе, Лев Леонидович, как хмурый рассеянный полководец, повёл за собою на большой обход седую тростиночку Евгению Устиновну, буйно-курчавого Халмухамедова, толстую Пантёхину, рыженькую Анжелину и ещё двух сестёр.

Бывали обходы-облёты, когда надо было спешить работать. Спешить бы надо и сегодня, но сегодня был по расписанию медленный всеобщий обход, не пропуская ни одной хирургической койки. И все семеро они медленно входили в каждую палату, окунаясь в воздух, спёртый от лекарственных душных примесей, от неохотного проветривания и от самих больных, — теснились и сторонились в узких проходах, пропуская друг друга, а потом смотря друг другу через плечо. И, собравшись кружком около каждой койки, они должны были в одну, в три или в пять минут все войти в боли этого одного больного, как они уже вошли в их общий тяжёлый воздух, — в боли его, и в чувства его, и в его анамнез, в историю болезни и в ход лечения, в сегодняшнее его состояние и во всё то, что теория и практика разрешали им делать дальше.

И если б их было меньше; и если б каждый из них был наилучший у своего дела; и если б не по тридцать больных приходилось на каждого лечащего; и если б не запорашивало им голову, что́ и как удобнее всего записать в прокурорский документ — в историю болезни; и если б они не были люди, то есть прочно включённые в свою кожу и кости, в свою память и в свои намерения существа, испытывающие облегчение от сознания, что сами они этим болям не подвержены; — то, пожалуй, и нельзя было бы придумать лучшего решения, чем такой вот обход.

Но условий этих всех не было, обхода же нельзя было ни отменить, ни заменить. И потому Лев Леонидович вёл их всех по заведенному и, щурясь, одним глазом больше, покорно выслушивал от лечащего о каждом больном (и не наизусть, а по папочке) — откуда он, когда поступил (о давнишних это давно было и известно), по какому поводу поступил, какой род лечения получает, в каких дозах, какова у него кровь, уже ли намечен к операции, и что мешает, или вопрос ещё не решён. Он выслушивал, и ко многим садился на койку, некоторых просил открыть больное место, смотрел, щупал, после прощупа сам же заворачивал на больном одеяло или предлагал пощупать и другим врачам.

Истинно трудных случаев на таком обходе нельзя было решить — для того надо было человека вызвать и заниматься им отдельно. Нельзя было на обходе и высказать, назвать всё прямо, как оно есть, и потому понятно договориться друг с другом. Здесь даже нельзя было ни о ком сказать, что состояние ухудшилось, разве только: «процесс несколько обострился». Здесь всё называлось полунамёком, под псевдонимом (даже вторичным) или противоположно тому, как было на самом деле. Никто ни разу не только не сказал «рак» или «саркома», но уже и псевдонимов, ставших больным полупонятными, — «канцер», «канцерома», «цэ-эр», «эс-а» — тоже не произносили. Называли вместо этого что-нибудь безобидное: «язва», «гастрит», «воспаление», «полипы» — а что кто под этим словом понял, можно было вполне объясниться только уже после обхода. Чтобы всё-таки понимать друг друга, разрешалось говорить такое, как: «расширена тень средостения», «тимпонит», «случай не резектабельный», «не исключён летальный исход» (а значило: как бы не умер на столе). Когда всё-таки выражений не хватало, Лев Леонидович говорил:

— Отложите историю болезни.

И переходили дальше.

Чем меньше они могли во время такого обхода понять болезнь, понять друг друга и условиться — тем больше Лев Леонидович придавал значения подбодрению больных. В подбодрении он даже начинал видеть главную цель такого обхода.

— Status idem, — говорили ему. (Значило: всё в том же положении.)

— Да? — обрадованно откликался он. И уже у самой больной спешил удостовериться: — Вам легче немножко?

— Да пожалуй, — удивляясь, соглашалась и больная. Она сама этого не заметила, но если врачи заметили, то так, очевидно, и было.

— Ну, вот видите! Так постепенно и поправитесь.

Другая больная полошилась:

— Слушайте! Почему у меня так позвоночник болит? Может, и там у меня опухоль?

— Это вторичное явление.

(Он правду говорил: метастаз и был вторичным явлением.)

Над страшным обострившимся стариком, мертвецки-серым и еле движущим губами в ответ, ему докладывали:

— Больной получает общеукрепляющее и болеутоляющее.

То есть: конец, лечить поздно, нечем, и как бы только меньше ему страдать.

И тогда, сдвинув тяжёлые брови и будто решаясь на трудное объяснение, Лев Леонидович приоткрывал:

— Давайте, папаша, говорить откровенно, начистоту! Всё, что вы испытываете, — это реакция на предыдущее лечение. Но не торопите нас, лежите спокойно — и мы вас вылечим. Вы лежите, вам как будто ничего особенно не делают, но организм с нашей помощью защищается.

И обречённый кивал. Откровенность оказывалась совсем не убийственной! — она засвечивала надежду.

— В подвздошной области туморозное образование вот такого типа, — докладывали Льву Леонидовичу и показывали рентгеновский снимок.

Он смотрел чёрно-мутно-прозрачную рентгеновскую плёнку на свет и одобряюще кивал:

— Оч-чень хороший снимок! Очень хороший! Операция в данный момент не нужна.

И больная ободрялась: с ней не просто хорошо, а — очень хорошо.

А снимок был потому очень хорош, что не требовал повторения, он бесспорно показывал размеры и границы опухоли. И что операция — уже невозможна, упущена.

Так все полтора часа генерального обхода заведующий хирургическим отделением говорил не то, что думал, следил, чтоб тон его не выражал его чувств, — и вместе с тем чтобы лечащие врачи делали правильные заметки для истории болезни — той сшивки полукартонных бланков, исписанных от руки, застромчивых под пером, по которой любого из них могли потом судить. Ни разу он не поворачивал резко головы, ни разу не взглядывал тревожно, и по доброжелательно-скучающему выражению Льва Леонидовича видели больные, что уж очень просты их болезни, давно известны, а серьёзных нет.

И от полутора часов актёрской игры, совмещённой с деловым размышлением, Лев Леонидович устал и расправляюще двигал кожей лба.

Но старуха пожаловалась, что её давно не обстукивали, — и он её обстукал.

А старик объявил:

— Так! Я вам скажу немного!

И стал путано рассказывать, как он сам понимает возникновение и ход своих болей. Лев Леонидович терпеливо слушал и даже кивал.

— Теперь хотели вы́ сказать! — разрешил ему старик.

Хирург улыбнулся:

— Что ж мне говорить? У нас с вами интересы совпадают. Вы хотите быть здоровым, и мы хотим, чтобы вы были здоровы. Давайте и дальше действовать согласованно.

С узбеками он самое простое умел сказать и по-узбекски. Очень интеллигентную женщину в очках, которую даже неловко было видеть на койке и в халате, он не стал осматривать публично. Мальчишке маленькому при матери серьёзно подал руку. Семилетнего стукнул щелчком в живот, и засмеялись вместе.

И только учительнице, которая требовала, чтобы он вызвал на консультацию невропатолога, он ответил что-то не совсем вежливое.

Но это и палата уже была последняя. Он вышел усталый, как после доброй операции. И объявил:

— Перекур пять минут.

И с Евгенией Устиновной затянули в два дыма, так схватились, будто весь их обход только к этому и шёл (но строго говорили они больным, что табак канцерогенен и абсолютно противопоказан!).

Потом все зашли и уселись в небольшой комнатке за одним общим столом, и снова замелькали те же фамилии, которые были на обходе, но картина всеобщего улучшения и выздоровления, которую мог бы составить посторонний слушатель на обходе, здесь расстроилась и развалилась. У «status idem» случай был иноперабельный, и рентгенотерапию ей давали симптоматическую, то есть для снятия непосредственных болей, а совсем не надеясь излечить. Тот малыш, которому Лев Леонидович подавал руку, был инкурабельный, с генерализированным процессом, и лишь из-за настояния родителей следовало ещё несколько подержать его в больнице и дать ему псевдорентгеновские сеансы без тока в трубке. О той старухе, которая настояла выстукать её, Лев Леонидович сказал:

— Ей шестьдесят восемь. Если будем лечить рентгеном — может, дотянем до семидесяти. А соперируем — она года не проживёт. А, Евгения Устиновна?

Уж если отказывался от ножа такой его поклонник, как Лев Леонидович, Евгения Устиновна согласна была тем более.

А он вовсе не был поклонник ножа. Но он был скептик. Он знал, что никакими приборами так хорошо не посмотришь, как простым глазом. И ничем так решительно не уберёшь, как ножом.

О том больном, который не хотел сам решать операцию, а просил, чтоб советовались с родственниками, Лев Леонидович теперь сказал:

— Родственники у него в глубинке. Пока свяжемся, да пока приедут, да ещё что скажут, — он умрёт. Надо его уговорить и взять на стол, не завтра, но следующий раз. С большим риском, конечно. Сделаем ревизию, может — зашьём.

— А если на столе умрёт? — важно спросил Халмухамедов, так важно, будто он-то и рисковал.

Лев Леонидович пошевелил длинными сросшимися бровями сложной формы.

— То ещё «если», а без нас наверняка. — Подумал. — У нас пока отличная смертность, мы можем и рисковать.

Всякий раз он спрашивал:

— У кого другое мнение?

Но мнение ему было важно одной Евгении Устиновны. А при разнице опыта, возраста и подхода оно у них почти всегда сходилось, доказывая, что разумным людям легче всего друг друга понимать.

— Вот этой желтоволосой, — спросил Лев Леонидович, — неужели ничем уже не поможем, Евгения Устиновна? Обязательно удалять?

— Ничем. Обязательно, — пожала изгибистыми накрашенными губами Евгения Устиновна. — И ещё хорошую порцию рентгенотерапии потом.

— Жалко! — вдруг выдохнул Лев Леонидович и опустил голову со сдвинутым кзаду куполом, со смешной шапочкой. Как бы рассматривая ногти, ведя большим — очень большим — пальцем вдоль четырёх остальных, пробурчал: — У таких молодых отнимать — рука сопротивляется. Ощущение, что действуешь против природы.

Ещё концом указательного обвёл по контуру большого ногтя. Всё равно ничего не получалось. И поднял голову:

— Да, товарищи! Вы поняли, в чём дело с Шулубиным?

— Цэ-эр рэкти? — сказала Пантёхина.

— Цэ-эр рэкти, да, но как это обнаружено? Вот цена всей нашей онкопропаганде и нашим онкопунктам. Правильно как-то сказал Орещенков на конференции: тот врач, который брезгует вставить палец больному в задний проход, — вообще не врач! Как же у нас запущено всё! Шулубин таскался по разным амбулаториям и жаловался на частые позывы, на кровь, потом на боли — и у него все анализы брали, кроме самого простого — пощупать пальцем! От дизентерии лечили, от геморроя — всё впустую. И вот в одной амбулатории по онкологическому плакату на стене он, человек грамотный, прочёл — и догадался! И сам у себя пальцем нащупал опухоль! Так врачи не могли на полгода раньше?

— И глубоко?

— Было сантиметров семь, как раз за сфинктером. Ещё вполне можно было сохранить мышечный жом, и человек остался бы человеком! А теперь — уже захвачен сфинктер, ретроградная ампутация, значит, будет бесконтрольное выделение стула, значит надо выводить анус на бок, что́ это за жизнь?.. Дядька хороший...

Стали готовить список завтрашних операций. Отмечали, кого из больных потенцировать, чем; кого в баню вести или не вести, кого как готовить.

— Чалого можно не потенцировать, — сказал Лев Леонидович. — Канцер желудка, а такое бодрое состояние, просто редкость.

(Знал бы он, что Чалый завтра утром будет сам себя потенцировать из флакона!)

Распределяли, кто у кого будет ассистировать, кто на крови. Опять неизбежно получалось так, что ассистировать у Льва Леонидовича должна была Анжелина. Значит, опять завтра она будет стоять против него, а сбоку будет сновать операционная сестра и, вместо того чтобы самой заранее угадывать, какой нужен инструмент, будет коситься на Анжелину, а Анжелина будет звериться, каковы они с операционной сестрой. А та — психова́я, ту не тронь, она, смотри, нестерильного шёлка подхватит — и пропала вся операция... Проклятые бабы! И не знают простого мужского правила: там, где работаешь, там не...

Оплошные родители назвали девочку при рождении Анжелиной, не представляя, в какого она ещё демона вырастет. Лев Леонидович косился на славную, хотя и лисью, мордочку её, и ему хотелось произнести примирительно:

«Слушайте, Анжелина, или Анжела, как вам нравится! Ведь вы же совсем не лишены способностей. Если бы вы обратили их не на происки по замужеству, а на хирургию — вы бы уже совсем неплохо работали. Слушайте, нельзя же нам ссориться, ведь мы стоим у одного операционного стола...»

Но она бы поняла так, что он утомлён её кампанией и сдаётся.

Ещё ему хотелось подробно рассказать о вчерашнем суде. Но Евгении Устиновне он коротко начал во время курения, а этим товарищам по работе даже и рассказывать не хотелось.

И едва кончилась их планёрка, Лев Леонидович встал, закурил и, крупно помахивая избыточными руками и рассекая воздух облитой белой грудью, скорым шагом пошёл в коридор к лучевикам. Хотелось ему всё рассказать именно Вере Гангарт. В комнате короткофокусных аппаратов он застал её вместе с Донцовой за одним столом, за бумагами.

— Вам пора обеденный перерыв делать! — объявил он. — Дайте стул!

И, подбросив стул под себя, сел. Он расположился весело, дружески поболтать, но заметил:

— Что это вы ко мне какие-то неласковые?

Донцова усмехнулась, крутя на пальце большими роговыми очками:

— Наоборот, не знаю, как вам понравиться. Оперировать меня будете?

— Вас? Ни за что!

— Почему?

— Потому что, если зарежу вас, скажут, что из зависти: что ваше отделение превосходило моё успехами.

— Никаких шуток, Лев Леонидович, я спрашиваю серьёзно.

Людмилу Афанасьевну, правда, трудно было представить шутящей.

Вера сидела печальная, подобранная, плечи сжав, будто немного зябла.

— На днях будем Людмилу Афанасьевну смотреть, Лев. Оказывается, у неё давно болит желудок, а она молчит. Онколог, называется!

— И вы уж, конечно, подобрали все показания в пользу канцера, да? — Лев Леонидович изогнул свои диковинные, от виска до виска, брови. В самом простом разговоре, где ничего смешного не было, его обычное выражение была насмешка, неизвестно над кем.

— Ещё не все, — призналась Донцова.

— Ну, какие, например?

Та назвала.

— Мало! — определил Лев Леонидович. — Как Райкин говорит: ма́-ла́! Пусть вот Верочка подпишет диагноз — тогда будем разговаривать. Я скоро буду получать отдельную клинику — и заберу у вас Верочку диагностом. Отдадите?

— Верочку ни за что! Берите другую!

— Никакую другую, только Верочку! За что ж вас тогда оперировать?

Он шутливо смотрел и болтал, дотягивая папиросу до донышка, а думал совсем без шутки. Как говорил всё тот же Коряков: молод — опыта нет, стар — сил нет. Но Гангарт сейчас была (как и он сам) в том вершинном возрасте, когда уже налился колос опыта и ещё прочен стебель сил. На его глазах она из девочки-ординатора стала таким схватчивым диагностом, что он верил ей не меньше, чем самой Донцовой. За такими диагностами хирург, даже скептик, живёт как у Христа за пазухой. Только у женщины этот возраст ещё короче, чем у мужчины.

— У тебя завтрак есть? — спрашивал он у Веры. — Ведь всё равно не съешь, домой понесёшь. Давай я съем!

И действительно, смех смехом, появились бутерброды с сыром, и он стал есть, угощая:

— Да вы тоже берите!.. Так вот был я вчера на суде. Надо было вам прийти, поучительно! В здании школы. Собралось человек четыреста, ведь интересно!.. Обстоятельства такие: была операция ребёнку по поводу высокой непроходимости кишок, за́ворот. Сделана. Несколько дней ребёнок жил, уже играл! — установлено. И вдруг — снова частичная непроходимость и смерть. Восемь месяцев этого несчастного хирурга трепали следствием — как он там эти месяцы оперировал! Теперь на суд приезжают из горздрава, приезжает главный хирург города, а общественный обвинитель — из мединститута, слышите? И фугует: преступно-халатное отношение! Тянут в свидетели родителей — тоже нашли свидетелей! — какое-то там одеяло было перекошено, всякую глупость! А масса, граждане наши, сидят глазеют: вот гады врачи! И среди публики — врачи, и понимаем всю глупость, и видим это затягивание неотвратимое: ведь это нас самих затягивают, сегодня ты, а завтра я! — и молчим. И если б я не только что из Москвы —

наверно, тоже бы промолчал. Но после свежего московского месяца как-то другие масштабы, свои и местные, чугунные перегородки оказываются подгнившими деревянными. И я — полез выступать.

— Там можно выступать?

— Ну да, вроде прений. Я говорю: как вам не стыдно устраивать весь этот спектакль? (Так и крошу! Меня одёргивают: «лишим слова!») Вы уверены, что судебную ошибку не так же легко сделать, как медицинскую?! Весь этот случай есть предмет разбирательства научного, а никак не судебного! Надо было собрать только врачей — на квалифицированный научный разбор. Мы, хирурги, каждый вторник и каждую пятницу идём на риск, на минное поле идём! И наша работа вся основана на доверии, мать должна доверять нам ребёнка, а не выступать свидетелем в суде!

Лев Леонидович и сейчас разволновался, в горле его дрогнуло. Он забыл недоеденный бутерброд и, рвя полупустую пачку, вытянул папиросу и закурил.

— И это ещё — русский хирург! А если бы был немец или, вот скажем, жьжьид, — протянул он мягко и долго «ж», выставляя губы, — так повесить, чего ждать?.. Аплодировали мне! Но как же можно молчать? Если уж петлю затягивают — так надо рвать, чего ждать?!

Вера потрясённо качала и качала головой вслед рассказу. Глаза её становились умно-напряжёнными, понимающими, за что и любил Лев Леонидович ей всё рассказывать. А Людмила Афанасьевна недоумённо слушала и тряхнула большой головой с пепелистыми стрижеными волосами:

— А я не согласна! А как с нами, врачами, можно разговаривать иначе? Там салфетку в живот зашили, забыли! Там влили физиологический раствор вместо новокаина! Там гипсом ногу омертвили! Там в дозе ошиблись в десять раз! Иногруппную кровь переливаем! Ожоги делаем! Как с нами разговаривать? Нас за волосы надо таскать, как детей!

— Да вы меня убиваете, Людмила Афанасьевна! — пятерню большую, как защищаясь, поднял к голове Лев Леонидович. — Да как можете так говорить — вы!? Да здесь вопрос, выходящий даже за медицину! Здесь — борьба за характер всего общества!

— Надо вот что! надо вот что! — мирила их Гангарт, улавливая руки обоих от размахиваний. — Надо, конечно, повысить ответственность врачей, но через то, что снизить им норму — в два раза! в три раза! Девять больных в час на амбулаторном приёме — это разве в голове помещается? Дать возможность спокойно разговаривать с больными, спокойно думать. Если операция — так одному хирургу в день — одна, не три!

Но ещё и ещё Людмила Афанасьевна и Лев Леонидович выкрикнули друг другу, не соглашаясь. Всё же Вера их успокоила и спросила:

— Чем же кончилось?

Лев Леонидович разощурился, улыбнулся:

— Отстояли! Весь суд — на пшик, признали только, что неправильно велась история болезни. Но подождите, это ещё не конец! После приговора выступает горздрав — ну, там: плохо воспитываем врачей, плохо воспитываем больных, мало профсоюзных собраний. И в заключение выступает главный хирург города! И что ж он из всего вывел? что понял? Судить врачей, говорит, это *хорошее начинание*, товарищи, очень хорошее!..

27

Был обычный будний день и обход обычный: Вера Корнильевна шла к своим лучевым одна, и в верхнем вестибюле к ней присоединилась сестра.

Сестра же была — Зоя.

Они постояли немного около Сибгатова, но так как здесь всякий новый шаг решался самою Людмилой Афанасьевной, то долго не задержались и вошли в палату.

Они, оказывается, были в точности одинакового роста: на одном и том же уровне и губы, и глаза, и шапочки. Но так как Зоя была гораздо плотней, то казалась и крупнее. Можно было представить, что через два года, когда она будет сама врачом, она будет выглядеть осанистее Веры Корнильевны.

Они пошли по другому ряду, и всё время Олег видел только их спины, да черно-русый узелок волос из-под шапочки Веры Корнильевны, да золотые колечки из-под шапочки Зои.

Но и на эти колечки он уже два ночных её дежурства не выходил. Никогда она не сказала, но зинуло вдруг ему, что вся неуступчивость её, такая досадно-промедлительная, так обижавшая его, — совсем не кокетство, а страх: переступить черту от невечного — к *вечному*. Он ведь — *вечный*. С вечным — какая игра?

А уж на этой черте Олег трезвел во мгновение: уж какие мы есть.

Весь тот ряд был сегодня лучевой, и они медленно продвигались, Вера Корнильевна садилась около каждого, смотрела, разговаривала.

Ахмаджану, осмотрев его кожу и все цифры в истории болезни и на последнем анализе крови, Вера Корнильевна сказала:

— Ну, скоро кончим рентген! Домой поедешь!

Ахмаджан сиял зубами.

— Ты где живёшь?

— Карабаир.

— Ну, вот и поедешь.

— Выздоровел? — сиял Ахмаджан.

— Выздоровел.

— Совсем?

— Пока совсем.

— Значит, не приеду больше?

— Через полгода приедешь.

— Зачем, если совсем?

— Покажешься.

Так и прошла она весь ряд, ни разу не повернувшись в сторону Олега, всё время спиной. И всего разок в его угол глянула Зоя.

Она посмотрела с особенной лёгкостью, ею усвоенной с какого-то времени. И на обходах она всегда находила такой момент, когда он один видел её глаза, — и тогда посылала ему, как сигналы Морзе, коротенькие вспышки весёлости в глазах, вспышки-тире и вспышки-точки.

Но именно по этой возросшей лёгкости Олег однажды и догадался: что это — не колесо дальше прокатывалось, а потому так легко, что уж чересчур трудно, по добровольности — переступ невозможный.

Да ведь правда, если это вольное племя не может бросить квартиру в Ленинграде — то ведь и здесь? Конечно, счастье — с кем, а не где, но всё же в большом городе...

Близ Вадима Вера Корнильевна задержалась надолго. Она смотрела его ногу и щупала пах, оба паха, и потом живот, и подвздошье, всё время спрашивая, что́ он чувствует, и ещё новый для Вадима задавала вопрос: что он чувствует после еды, после разной еды.

Вадим был сосредоточен, она тихо спрашивала, он тихо отвечал. Когда начались неожиданные для него прощупывания в правом подвздошьи и вопросы о еде, он спросил:

— Вы — печень смотрите?

Он вспомнил, что мама перед отъездом как бы невзначай там же прощупала его.

— Всё ему надо знать, — покрутила головой Вера Корнильевна. — Такие грамотные больные стали — хоть белый халат вам отдавай.

С белой подушки, смоляноволосый, изжелта-смуглый, с прямо лежащею головой, Вадим смотрел на врача со строгим проницанием, как иконный отрок.

— Я ведь понимаю, — сказал он тихо. — Я ведь читал, в чём дело.

Так это без напора было сказано, без претензии, чтоб Гангарт с ним соглашалась или тотчас же бы ему всё объясняла, что она смутилась и слов не нашла, сидя на его кровати перед ним как виноватая. Он хорош был собой, и молод, и наверно очень способен, — и напоминал ей одного молодого человека в близко знакомой им семье, который долго умирал, с ясным сознанием, и никакие врачи не умели ему помочь, и именно из-за него Вера, ещё тогда восьмиклассница, передумала быть инженером и решила — врачом.

Но вот и она не могла помочь.

В баночке на окне у Вадима стоял чёрно-бурый настой чаги, на который с завистью приходили посмотреть другие больные.

— Пьёте?

— Пью.

Сама Гангарт не верила в чагу — просто никогда о ней раньше не слышали, не говорили, но во всяком случае она была безвредна, это не иссык-кульский корень. А если больной верил — то тем самым и полезна.

— Как с радиоактивным золотом? — спросила она.

— Всё-таки обещают. Может быть, на днях дадут, — также собранно и сумрачно говорил он. — Но ведь это, оказывается, не на руки, это ещё будут пересылать служебным порядком. Скажите, — он требовательно смотрел в глаза Гангарт, — через... две недели если привезут — метастазы уже будут в печени, да?

— Да нет, что вы! Конечно нет! — очень уверенно и оживлённо солгала Гангарт и, кажется, убедила его. — Если уж хотите знать, то это измеряется месяцами.

(Но зачем тогда она щупала подвздошье? Зачем спрашивала, как переносит еду?..)

Склонялся Вадим поверить ей.

Если поверить — легче...

За то время, что Гангарт сидела на койке Вадима, Зоя от нечего делать, по соседству, повернула голову и посмотрела избоку книжку Олега на окне, потом на него самого и глазами что-то спросила. Но — непонятно что. Её спрашивающие глаза с поднятыми бровками выглядели очень мило, но Олег смотрел без выражения, без ответа. Зачем теперь была вослед игра глазами, напоённый рентгеном, он не понимал. Для чего-чего, но для такой игры он считал себя староватым.

Он приготовился к подробному осмотру, как это шло сегодня, снял пижамную курточку и готов был стащить нижнюю сорочку.

Но Вера Корнильевна, кончив с Зацырко, вытирая руки и повернувшись лицом сюда, не только не улыбнулась Костоглотову, не только не пригласила его к подробному рассказу, не присела к нему на койку, но и взглянула на него лишь очень мельком, лишь столько, сколько надо было, чтоб отметить, что теперь речь пойдёт о нём. Однако и за этот короткий перевод глаз Костоглотов мог увидеть, как они отчуждены. Та особенная светлость и радость, которую они излучали в день перелива ему крови, и даже прежняя ласковая расположенность, и ещё прежнее внимательное сочувствие — всё разом ушло из них. Глаза опустели.

— Костоглотов, — отметила Гангарт, смотря скорее на Русанова. — Лечение — то же. Вот странно, — и она посмотрела на Зою, — слабо выражена реакция на гормонотерапию.

Зоя пожала плечами:

— Может быть, частная особенность организма?

Она так, очевидно, поняла, что с ней, студенткой предпоследнего курса, доктор Гангарт консультируется как с коллегой.

Но, прослушав зоину идею мимо, Гангарт спросила её, явно не консультируясь:

— Насколько аккуратно делаются ему уколы?

Быстрая на понимание, Зоя чуть откинула голову, чуть расширила глаза и — жёлто-карими, выкаченными, честно-удивлёнными — открыто в упор смотрела на врача:

— А какое может быть сомнение?.. Все процедуры, какие полагаются... всегда! — Ещё бы немножко, и она была бы просто оскорблена. — Во всяком случае, в мои дежурства...

О других дежурствах её и не могли спрашивать, это понятно. А вот это «во всяком случае» она произнесла одним свистом, и именно слившиеся торопливые звуки убедили почему-то Гангарт, что Зоя лжёт. Да кто-то же должен был пропускать уколы, если они не действовали во всю полноту! Это не могла быть Мария. Не могла быть Олимпиада Владиславовна. А на ночных дежурствах Зои, как известно...

Но по смелому, готовому к отпору взгляду Зои Вера Корнильевна видела, что доказать ей этого будет нельзя, что Зоя уже решила: этого ей не докажут! И вся сила отпора и вся решимость Зои отрекаться были таковы, что Вера Корнильевна не выдержала и опустила глаза.

Она всегда опускала их, если думала о человеке неприятное.

Она виновато опустила глаза, а Зоя, победив, ещё продолжала испытывать её оскорблённым прямодушным взглядом.

Зоя победила — но и тут же поняла, что нельзя так рисковать: что, если приступит с расспросами Донцова, а кто-нибудь из больных, например Русанов, подтвердит, что она никаких уколов Костоглотову не делает, — ведь так можно и потерять место в клинике, и получить дурной отзыв в институт.

Риск — а во имя чего? Колесу игры было некуда дальше катиться. И взглядом, расторгающим условие не делать уколов, Зоя прошлась по Олегу.

Олег же явно видел, что Вега не хочет на него даже смотреть, но совершенно не мог понять — отчего это, почему так внезапно? Кажется, ничего не произошло. И никакого перехода не было. Вчера, правда, она отвернулась от него в вестибюле, но он думал — случайность.

Это — женские характеры, он совсем их забыл! Всё в них так: дунул — и уже нету. Только с мужиками и могут быть долгие ровные нормальные отношения.

Вот и Зоя, взмахнув ресницами, уже его упрекала. Струсила. И если начнутся уколы — что́ между ними ещё может остаться, какая тайна?

Но что хочет Гангарт? — чтоб он обязательно делал все уколы? Да почему они ей так дались? За её расположение — не велика ли цена?.. Пошла она... дальше!

А Вера Корнильевна тем временем заботливо, тепло разговаривала с Русановым. Этой теплотой особенно выделялось, как же она была обрывиста с Олегом.

— Вы у нас теперь к уколам привыкли. Переносите свободно, наверно — и кончать не захотите, — шутила она.

(Ну и лебези, подумаешь!)

Ожидая врача к себе, Русанов видел и слышал, как перекнулись Гангарт и Зоя. Он-то, по соседству, хорошо знал, что девчёнка врёт ради своего кобеля, это у них сговор с Оглоедом. И если б только шло об одном Оглоеде, Павел Николаевич наверно бы шепнул врачам — ну, не открыто на обходе, а хотя бы в их кабинете. Но Зойке он портить не решался, вот странно: за месячное лежание тут он понял, что даже ничтожная сестра может очень больно досадить, отомстить. Здесь, в больнице, своя система подчинения, и пока он тут лежал — не следовало заводиться даже и с сестрой из-за постороннего пустяка.

А если Оглоед по дурости отказывается от уколов — так пусть ему и будет хуже. Пусть он хоть и подохнет.

Про себя же Русанов знал твёрдо, что он теперь не умрёт. Опухоль быстро спадала, и он с удовольствием ждал каждый день обхода, чтобы врачи подтверждали ему это. Подтвердила и сегодня Вера Корнильевна, что опухоль продолжает спадать, лечение идёт хорошо, а слабость и головные боли — это он со временем переборет. И она ещё крови ему перельёт.

Теперь Павлу Николаевичу было дорого свидетельство тех больных, которые знали его опухоль с самого начала. Если не считать Оглоеда, в палате оставался такой Ахмаджан, да вот ещё на днях вернулся и Федерау из хирургической палаты. Заживление у него на шее шло хорошо, не как у Поддуева когда-то, и бинтовой обмот от перевязки к перевязке уменьшался. Федерау пришёл на койку Чалого и так оказался вторым соседом Павла Николаевича.

Само по себе это было, конечно, унижение, издевательство судьбы: Русанову лежать между двух ссыльных. И каким Павел Николаевич был до больницы — он пошёл бы и ставил бы вопрос принципиально: можно ли так перемешивать руководящих работников и тёмный социально-вредный элемент. Но за эти пять недель, протащенный опухолью, как крючком, Павел Николаевич подобрел или попростел, что ли. К Оглоеду можно было держаться и спиной, да он теперь был малозвучен и шевелился мало, всё лежал. А Федерау, если к нему отнестись снисходительно, был сосед терпимый. Прежде всего он восторгался, как упала опухоль Павла Николаевича — до одной трети прежней величины, и по требованию Павла Николаевича снова и снова смотрел, снова и снова оценивал. Он был терпелив, не дерзок и, ничуть не возражая, всегда готов был слушать, что Павел Николаевич ему рассказывает. О работе, по понятным соображениям, Павел Николаевич не мог здесь распространяться, но отчего было не рассказать подробно о квартире, которую он задушевно любил и куда скоро должен был возвратиться? Здесь не было секрета, и Федерау, конечно, приятно было послушать, как могут хорошо жить люди (как когда-нибудь и все будут жить). После сорока лет о человеке, чего он заслужил, вполне можно судить по его квартире. И Павел Николаевич рассказывал, не в один даже приём, как расположена и чем обставлена у него одна комната, и другая, и третья, и каков балкон, и как оборудован. У Павла Николаевича была ясная память, он хорошо помнил о каждом шкафе и диване — где, когда, почём куплен и каковы его достоинства. Тем более подробно рассказывал он соседу о своей ванной комнате, какая плитка на полу уложена и какая по стенам, и о керамических плинтусах, о площадочке для мыла, о закруглении под голову, о горячем кране, о переключении на душ, о приспособлении для полотенец. Всё это были не такие уж мелочи, это составляло быт, бытие, а бытие определяет сознание, и надо, чтобы быт был приятный, хороший, тогда и сознание будет правильное. Как сказал Горький, в здоровом теле здоровый дух.

И белобрысый бесцветный Федерау, просто рот раззявя, слушал рассказы Русанова, никогда не переча и даже кивая головой, сколько разрешала ему обмотанная шея.

Хотя и немец, хотя и ссыльный, этот тихий человек был, можно сказать, вполне приличный, с ним можно было лежать рядом. А формально ведь он был даже и коммунист. Со своей обычной прямотой Павел Николаевич так ему и резанул:

— То, что вас сослали, Федерау, это — государственная необходимость. Вы — понимаете?

— Понимаю, понимаю, — кланяется Федерау несгибаемой шеей.

— Иначе ведь нельзя было поступить.

— Конечно, конечно.

— Все мероприятия надо правильно истолковывать, в том числе и ссылку. Всё-таки вы цени́те: ведь вас, можно сказать, оставили в партии.

— Ну, ещё бы! Конечно...

— А партийных должностей у вас ведь и раньше не было?

— Нет, не было.

— Всё время простым рабочим?

— Всё время механиком.

— Я тоже был когда-то простым рабочим, но смотрите, как я выдвинулся!

Говорили подробно и о детях, и оказалось, что дочь Федерау Генриетта учится уже на втором курсе областного учительского института.

— Ну, подумайте! — воскликнул Павел Николаевич, просто растрогавшись. — Ведь это ценить надо: вы — ссыльный, а она институт кончает! Кто мог бы об этом мечтать в царской России! Никаких препятствий, никаких ограничений!

Первый раз тут возразил Генрих Якобович:

— Только с этого года стало без ограничений. А то надо было разрешение комендатуры. Да и институты бумаги возвращали: не прошла, мол, по конкурсу. А там пойди проверь.

— Но всё-таки ваша — на втором курсе!

— Она, видите, в баскетбол хорошо играет. Её за это взяли.

— За что б там ни взяли — надо быть справедливым, Федерау. А с этого года — вообще без ограничений.

В конце концов, Федерау был работник сельского хозяйства, и Русанову, работнику промышленности, естественно было взять над ним шефство.

— Теперь, после решений январского пленума, у вас дела гораздо лучше пойдут, — доброжелательно разъяснял ему Павел Николаевич.

— Конечно.

— Потому что создание инструкторских групп по зонам МТС — это решающее звено. Оно всё вытянет.

— Да.

Но просто «да» мало сказать, надо понимать, и Павел Николаевич ещё обстоятельно объяснял сговорчивому соседу, почему именно МТС после создания инструкторских групп превратятся в крепости. Обсуждал он с ним и призыв ЦК ВЛКСМ о выращивании кукурузы, и как в этом году молодёжь возьмётся с кукурузой — и это тоже решительно изменит всю картину сельского хозяйства. А из вчерашней газеты прочли они об изменении самой практики планирования сельского хозяйства — и теперь ещё на много предстояло им разговоров!

В общем, Федерау оказался положительный сосед, и Павел Николаевич иногда просто читал ему газетку вслух — такое, до чего бы и сам без больничного досуга не добрался: заявление, почему невозможно заключить договор с Австрией без германского договора; речь Ракоши в Будапеште; и как разгорается борьба против позорных парижских соглашений; и как мало, и как либерально судят в Западной Германии тех, кто был причастен к концентрационным лагерям. Иногда же он и угощал Федерау из избытка своих продуктов, отдавал ему часть больничной еды.

Но как бы тихо они ни беседовали — стесняло почему-то, что их беседу, очевидно, слышал всегда Шулубин — этот сыч, неподвижно и молчаливо сидевший ещё через кровать. С тех пор как этот человек появился в палате, никогда нельзя было забыть, что он — есть, что он смотрит своими отягощёнными глазами и, очевидно же, всё слышит, и когда моргает — может быть даже не одобряет. Его присутствие стало постоянным давлением для Павла Николаевича. Павел Николаевич пытался его разговорить, узнать — что́ там за душой, или хоть болен чем, — но выговаривал Шулубин несколько угрюмых слов и даже об опухоли своей рассказывать не считал нужным.

Он если и сидел, то в каком-то напряжённом положении, не отдыхая, как все сидят, а ещё и сиденьем своим трудясь, — и напряжённое сиденье Шулубина тоже ощущалось как настороженность. Иногда утомлялся сидеть, вставал — но и ходить ему было больно, он ковылял — и устанавливался стоять — по полчаса и по часу, неподвижно, и это тоже было необычно и угнетало. К тому ж стоять около своей кровати Шулубин не мог — он загораживал бы дверь, и в проходе не мог — перегораживал бы, и вот он излюбил и избрал простенок между окном Костоглотова и окном Зацырко. Здесь и высился он как враждебный часовой надо всем, что Павел Николаевич ел, делал и говорил. Едва прислонясь спиной к стене, тут он и выстаивал подолгу.

И сегодня после обхода он так стал. Он стоял на простреле взглядов Олега и Вадима, выступая из стены как горельеф.

Олег и Вадим по расположению своих коек часто встречались взглядами, но разговаривали друг с другом немного. Во-первых, тошно было обоим, и трудно лишние речи произносить. Во-вторых, Вадим давно всех оборвал заявлением:

— Товарищи, чтобы стакан воды нагреть говорением, надо тихо говорить две тысячи лет, а громко кричать — семьдесят пять лет. И то, если из стакана тепло не будет уходить. Вот и учитывайте, какая польза в болтовне.

А ещё — каждый из них досадное что-то сказал другому, может быть и не нарочно. Вадим Олегу сказал: «Надо было *бороться*! Не понимаю, почему вы там не боролись». (И это — правильно было. Но не смел ещё Олег рта раскрыть и рассказать, что они таки *боролись*.) Олег же сказал Вадиму: «Кому ж они золото берегут? Отец твой жизнь отдал за родину, почему тебе не дают?»

И это — тоже было правильно, Вадим сам всё чаще думал и спрашивал так. Но услышать вопрос со стороны было обидно. Ещё месяц назад он мог считать хлопоты мамы избыточными, а прибеганье к памяти отца неловким. Но сейчас, с ногой в отхватывающем капкане, он метался, ожидая маминой радостной телеграммы, он загадывал: только бы маме удалось! Получать спасение во имя заслуг отца не выглядело справедливым, да, — но зато трикратно справедливо было получить это спасение во имя собственного таланта, о котором, однако, не могли знать распределители золота. Носить в себе талант, ещё не прогремевший, распирающий тебя, — мука и долг, умирать же с ним — ещё не вспыхнувшим, не разрядившимся — гораздо трагичней, чем простому обычному человеку, чем всякому другому человеку здесь, в этой палате.

И одиночество Вадима пульсировало, трепыхалось не оттого, что не было близ него мамы или Гали, никто не навещал, а оттого, что не знали ни окружающие, ни лечащие, ни держащие в руках спасение, насколько было ему важнее выжить, чем всем другим!

И так это колотилось в его голове, от надежды к отчаянию, что он стал плохо разуметь, что́ читает. Он прочитывал целую страницу и опоминался, что не понял, отяжелел, не может больше скакать по чужим мыслям, как козёл по горам. И он замирал над книгой, со стороны будто читая, а сам не читал.

Нога была в капкане — и вся жизнь вместе с ногой.

Он так сидел, а над ним у простенка стоял Шулубин — со своей болью, со своим молчанием. И Костоглотов лежал молча, свесив голову с кровати вниз.

Так они, как три цапли из сказки, могли очень подолгу молчать.

И странно было, что именно Шулубин, самый упорный из них на молчание, вдруг спросил Вадима:

— А вы уверены, что вы себя не изморяете? Что вам это всё нужно? Именно это?

Вадим поднял голову. Очень тёмными, почти чёрными глазами осмотрел старика, словно не веря, что это из него изошёл длинный вопрос, а может быть и самому вопросу изумляясь.

Но ничто не показывало, чтобы дикий вопрос не был задан или задан не этим стариком. Оттянутые окраснённые глаза свои старик чуть косил на Вадима с любопытством.

Ответить-то Вадим знал как, но почему-то в себе не чувствовал обычного пружинного импульса к этому ответу. Он ответил как бы старым заводом. Негромко, значительно:

— Это — интересно. Я ничего на свете интереснее не знаю.

Как там внутренне ни мечась, как бы ногу ни дёргало, как бы ни обтаивали роковые восемь месяцев, — Вадим находил удовольствие держаться с выдержкой, будто горя никакого ни над кем не нависло и они — в санатории тут, а не в раковом.

Шулубин опущенно смотрел в пол. Потом при неподвижном корпусе сделал странное движение головой по кругу, а шеей по спирали, как если бы хотел освободить голову — и не мог. И сказал:

— Это не аргумент — «интересно». Коммерция тоже интересна. Делать деньги, считать их, заводить имущество, строиться, обставляться удобствами — это тоже всё интересно. При таком объяснении наука не возвышается над длинным рядом эгоистических и совершенно безнравственных занятий.

Странная точка зрения. Вадим пожал плечами:

— Но если действительно — интересно? Если ничего интересней нет?

Шулубин расправил пальцы одной руки — и они сами по себе хрустнули.

— С такой установкой вы никогда не создадите ничего нравственного.

Это уж совсем чудаческое было возражение.

— А наука и не должна создавать нравственных ценностей, — объяснил Вадим. — Наука создаёт ценности материальные, за это её и держат. А какие, кстати, вы называете нравственными?

Шулубин моргнул один раз продолжительно. И ещё раз. Выговорил медленно:

— Направленные на взаимное высветление человеческих душ.

— Так наука и высветляет, — улыбнулся Вадим.

— Не ду́ши!.. — покачал пальцем Шулубин. — Если вы говорите «интересно». Вам никогда не приходилось на пять минут зайти в колхозный птичник?

— Нет.

— Вот представьте: длинный низкий сарай. Тёмный, потому что окна — как щели, и закрыты сетками, чтоб куры не вылетали. На одну птичницу — две тысячи пятьсот кур. Пол земляной, а куры всё время роются, и в воздухе пыль такая, что противогаз надо бы надеть. Ещё — лежалую кильку она всё время запаривает в открытом котле — ну, и вонь. Подсменщицы нет. Рабочий день летом — с трёх утра и до сумерок. В тридцать лет она выглядит на пятьдесят. Как вы думаете, этой птичнице — и н т е р е с н о?

Вадим удивился, повёл бровями:

— А почему я должен задаваться этим вопросом?

Шулубин выставил против Вадима палец:

— Вот так же рассуждает и коммерсант.

— Она страдает от недоразвития как раз науки, — нашёл сильный довод Вадим. — Разовьётся наука — и все птичники будут хороши.

— А пока не разовьётся — три штуки на сковородочку вы по утрам лупите, а? — Шулубин закрыл один глаз и тем неприятнее смотрел оставшимся. — Пока доразовьётся — вы не хотели бы пойти поработать в птичнике?

— Им не *интересно!* — из своего свешенного положения подал грубый голос Костоглотов.

Такую самоуверенность в суждениях о сельском хозяйстве Русанов заметил за Шулубиным ещё и раньше: Павел Николаевич разъяснял что-то о зерновых, а Шулубин вмешался и поправил. Теперь Павел Николаевич и подколол Шулубина:

— Да вы не Тимирязевскую ли академию кончили?

Шулубин вздрогнул и повернул голову к Русанову.

— Да, Тимирязевскую, — удивлённо подтвердил он.

И вдруг — напыжился, надулся, ссутулился — и теми же неловкими, взлетающими и подрезанными, птичьими движениями поковылял, поковылял к своей койке.

— Так почему ж тогда библиотекарем работаете? — восторжествовал вдогонку Русанов.

Но тот уж замолчал — так замолчал. Как пень.

Не уважал Павел Николаевич таких людей, которые в жизни идут не вверх, а вниз.

28

С первого же появления Льва Леонидовича в клинике определил Костоглотов, что это — деловой мужик. От нечего делать Олег присматривался к нему во время обходов. Эта шапочка, всегда посаженная на голову — ясно, что не перед зеркалом; эти слишком длинные руки, иногда кулаками всунутые в передние карманы глухого халата; эта боковая пожимка губ как бы с желанием посвистеть; эта при всей его силе и грозности шутливая манера разговаривать с больными — всё очень располагало к нему Костоглотова, и захотелось потолковать с ним и вопросов несколько задать, на которые никто тут из врачей-баб ответить не мог или не хотел.

Но задать их было некогда: во время обходов Лев Леонидович никого, кроме своих хирургических, не замечал, миновал лучевых, как пустые места; в коридорах же и на лестнице он слегка отвечал всем, кто с ним здоровался, но лицо его никогда не было свободно от озабоченности, и всегда он спешил.

А один раз о каком-то больном, который отпирался, а потом признался, Лев Леонидович со смехом сказал: «*Раскололся*-таки!» — и ещё больше задел Олега. Потому что слово это в таком смысле знал и мог употребить не всякий человек.

За последнее время Костоглотов меньше бродил по клинике, и ещё меньше случалось пересечений с главным хирургом. Но однажды выдалось, что на его глазах Лев Леонидович отпер дверь комнатёшки рядом с операционной и вошёл туда, значит заведомо был там один. И Костоглотов, постучав в стеклянную замазанную дверь, открыл её.

Лев Леонидович успел уже сесть на табуретку за единственный тут стол посреди комнаты, сесть боком, как не садятся надолго, но уже писал что-то.

— Да? — поднял он голову, как будто и не удивясь, но и так же всё занято, обдумывая, что писать дальше.

Всегда всем некогда! Целые жизни надо решать в одну минуту.

— Простите, Лев Леонидович, — Костоглотов старался как можно вежливей, как только у него выходило. — Я знаю: вам некогда. Но совершенно не у кого, кроме вас... Две минуты — вы разрешите?

Хирург кивнул. Он думал о своём, это видно.

— Вот мне дают курс гормонотерапии по поводу... инъекции синестрола внутримышечно, в дозе... — Приём Костоглотова и гордость его была в том, чтобы с врачами разговаривать на их языке и с их точностью — этим претендуя, что и с ним будут говорить откровенно. — Так вот меня интересует: действие гормонотерапии — накопительно или нет?

Дальше уже не от него зависели секунды, и он стоял молча, глядя на сидящего сверху и потому как бы горбясь при своей долговязости.

Лев Леонидович наморщил лоб, переносясь.

— Да нет, считается, что не должно, — ответил он. Но это не прозвучало окончательным.

— А я почему-то ощущаю, что — накопительно, — добивался Костоглотов, будто ему того хотелось или будто уже и Льву Леонидовичу не очень веря.

— Да нет, не должно, — всё так же не категорично отвечал хирург, потому ли, что не его это была область, или он так и не успел переключиться.

— Мне очень важно понять, — Костоглотов смотрел и говорил так, будто он угрожал, — после этого курса я совсем потеряю возможность... ну... относительно женщин?.. Или только на определённый период? Уйдут из моего тела эти введенные гормоны? или навсегда останутся?.. Или, может быть, через какой-то срок эту гормонотерапию можно переиграть — встречными уколами?

— Нет, этого не советую. Нельзя. — Лев Леонидович смотрел на чёрно-косматого больного, но в основном видел его интересный шрам. Он представлял себе этот порез в свежем виде, как бы только что привезенный в хирургическое, и что́ надо было бы делать. — А зачем это вам? Не понимаю.

— Как не понимаете? — Костоглотов не понимал, чего тут можно не понимать. Или просто, верный своему врачебному сословию, этот дельный человек тоже лишь склоняет больного к смирению? — Не понимаете?

Это уже выходило и за две минуты и за отношения врача с больным, но Лев Леонидович именно с той незаносчивостью, которую сразу заметил в нём Костоглотов, внезапно сказал как старому другу, пониженным неслужебным голосом:

— Слушайте, да неужели в бабах весь цвет жизни?.. Ведь это всё ужасно приедается... Только мешает выполнить что-нибудь серьёзное.

Он сказал вполне искренне, даже утомлённо. Он вспоминал, что в самую важную минуту жизни ему не хватило напряжения может быть именно из-за этой отвлекающей траты сил.

Но не мог его понять Костоглотов! Олег не мог сейчас вообразить такое чувство приевшимся! Его голова качалась пусто влево и вправо, и пусто смотрели глаза.

— А у меня ничего более *серьёзного* в жизни не осталось.

Но нет, не был запланирован этот разговор распорядком онкологической клиники! — не полагалось консультационных размышлений над смыслом жизни, да ещё с врачом другого отделения! Заглянула и сразу вошла, не спрашивая, та маленькая хрупкая хирургичка, на высоких каблучках, вся покачивающаяся при ходьбе. Она не останавливаясь прошла ко Льву Леонидовичу, очень близко, положила перед ним на стол лабораторный листок, сама прилегла к столу (Олегу издали казалось — вплотную ко Льву Леонидовичу) и, никак его не называя, сказала:

— Слушайте, у Овдиенко десять тысяч лейкоцитов.

Рассеянный рыжий дымок её отвеявшихся волос парил перед самым лицом Льва Леонидовича.

— Ну и что ж? — пожал плечами Лев Леонидович. — Это не говорит о хорошем лейкоцитозе. Просто у него воспалительный процесс, и надо будет подавить рентгенотерапией.

Тогда она заговорила ещё и ещё (и, право же, плечиком просто прилегая к руке Льва Леонидовича!). Бумага, начатая Львом Леонидовичем, лежала втуне, перепрокинулось в пальцах бездействующее перо.

Очевидно, Олегу нужно было выйти. Так на самом интересном месте прервался разговор, давно затаённый.

Анжелина обернулась, удивляясь, зачем ещё Костоглотов тут, но повыше её головы посмотрел и Лев Леонидович — немножко с юмором. Что-то неназовимое было в его лице, отчего Костоглотов решился продолжать:

— А ещё, Лев Леонидович, я хотел вас спросить: слышали вы о берёзовом грибе, о чаге?

— Да, — подтвердил тот довольно охотно.

— А как вы к нему относитесь?

— Трудно сказать. Допускаю, что некоторые частные виды опухолей чувствительны к нему. Желудочные, например. В Москве сейчас с ним с ума сходят. Говорят, в радиусе двести километров весь гриб выбрали, в лесу не найдёшь.

Анжелина отклонилась от стола, взяла свою бумажку и с выражением презрения, всё так же независимо (и очень приятно) покачиваясь на ходу, ушла.

Ушла, но увы — и первый разговор их уже был расстроен: сколько-то на вопрос было отвечено, а вернуться обсуждать, что́ же вносят женщины в жизнь, было неуместно.

Однако этот лёгко-весёлый взгляд, промелькнувший у Льва Леонидовича, эта очень неограждённая манера держаться открывали Костоглотову задать и третий приготовленный вопрос, тоже не совсем пустячный.

— Лев Леонидович! Вы простите мою нескромность, — косо тряхнул он головой. — Если я ошибаюсь — забудем. Вы... — он тоже снизил голос и одним глазом прищурился, — *там, где вечно пляшут и поют,* — вы... не были?

Лев Леонидович оживился:

— Был.

— Да что вы! — обрадовался Костоглотов. Вот когда они были в равных! — И по какой же статье?

— Я — не по статье. Я — вольный был.

— Ах, во-ольный! — разочаровался Костоглотов.

Нет, равенства не выходило.

— А — по чему вы угадали? — любопытствовал хирург.

— По одному словечку: «раскололся». Нет, кажется, и «заначка» вы сказали.

Лев Леонидович смеялся:

— И не отучишься.

Равные не равные, но уже было у них гораздо больше единства, чем только что.

— И долго там были? — бесцеремонно спрашивал Костоглотов. Он даже распрямился, даже не выглядел дохло.

— Да годика три. После армии направили — и не вырвешься.

Он мог бы этого не добавлять. Но — добавил. Вот служба! — почётная, благородная, но почему порядочные люди считают нужным оправдываться в ней? Где-то всё-таки сидит в человеке этот неискоренимый индикатор.

— И — кем же?

— Начальником санчасти.

Ого! То же, что мадам Дубинская, — господин жизни и смерти. Но та бы не оправдывалась. А этот — ушёл.

— Так вы до войны успели мединститут кончить? — цеплялся Костоглотов новыми вопросами, как репейник. Ему это и не нужно было, а просто пересыльная привычка: в несколько минут, от хлопка до хлопка дверной кормушки, обозреть целую жизнь прохожего человека. — Какого ж вы года?

— Нет, я после четвёртого курса зауряд-врачом пошёл, добровольно, — поднялся Лев Леонидович от своей недописанной бумаги, заинтересованно подошёл к Олегу и пальцами стал прокатывать, прощупывать его шрам. — А это — оттуда?

— Ум-гм.

— Хорошо заделали... Хорошо. Заключённый врач делал?

— Ум-гм.

— Фамилию не помните? Не Коряков?

— Не знаю, на пересылке было. А Коряков — по какой статье сидел? — уже цеплялся Олег и к Корякову, спеша и его выяснить.

— Он сидел за то, что отец его был — полковник царской армии.

Но тут вошла сестра с японскими глазами и белой короной — звать Льва Леонидовича в перевязочную. (Первые перевязки своих операционных он смотрел всегда сам.)

Костоглотов ссутулился опять и побрёл по коридору.

Ещё одна биография — пунктиром. Даже две. А остальное можно довообразить. Как по-разному туда приходят... Нет, не это, вот что: лежишь в палате, идёшь по коридору, гуляешь по садику — рядом с тобой, навстречу тебе человек как человек, и ни ему, ни тебе не приходит в голову остановить, сказать: «А ну-ка, лацкан отверни!» Так и есть, знак тайного ордена! — был, касался, содействовал, знает! И — сколько же их?! Но — немота одолевает всякого. И — ни о чём не догадаешься снаружи. Вот запрятано!

Дикость какая! — дожить до того, чтобы женщины казались помехой! Неужели человек может так опуститься? Представить этого нельзя!

А в общем — радоваться, выходит, нечему. Не отрицал Лев Леонидович так настойчиво, чтоб ему можно было поверить.

И понять надо было, что потеряно — всё.

Всё...

Как бы заменили Костоглотову *вышку* на пожизненное. Оставался он жить, только неизвестно — зачем.

Забыв, куда шёл, он запнулся в нижнем коридоре и стоял бездельно.

А из какой-то двери — за три двери до него — показался беленький халатик, очень переуженный в поясе, такой сразу знакомый.

Вега!

Шла сюда! Недалеко ей было по прямой, ну обогнуть две койки у стены. Но Олег не шёл навстречу — и была секунда, секунда, ещё секунда — подумать.

С того обхода, три дня, — суха, деловита, ни взгляда дружбы.

И сперва он думал — чёрт с ней, и он будет так же. Выяснять, да кланяться...

Но — жалко! Обидеть её жалко. Да и себя жалко. Ну вот сейчас — пройдут как чужие, да?

Он виноват? Это она виновата: обманула с уколами, зла ему желала. Это *он* мог её не простить!

Не глядя (но видя!), она поравнялась, и Олег, против намерения, сказал ей голосом как бы тихой просьбы:

— Вера Корнильевна...

(Нелепый тон, но самому приятно.)

Вот теперь она подняла холодные глаза, увидела его.

(Нет, в самом деле, за что он только её прощает?..)

— Вера Корнильевна... А вы не хотите... ещё мне крови перелить?

(Как будто унижается, а всё равно приятно.)

— Вы же отбивались? — всё с той же непрощающей строгостью смотрела она, но какая-то неуверенность продрогнула в её глазах. Милых кофейных глазах.

(Ладно, она по-своему и не виновата. И нельзя же в одной клинике так отчуждённо существовать.)

— А мне *тогда* понравилось. Я ещё хочу.

Он улыбался. Шрам его при этом становился извилистей, но короче.

(Сейчас — простить её, а уж потом когда-нибудь объясниться.)

Что-то всё-таки шевельнулось в её глазах, раскаяние какое-то.

— Завтра, может быть, привезут.

Она ещё опиралась на какой-то невидимый столбик, но он нето плавился, нето подгибался под её рукой.

— Только чтоб — вы! обязательно — вы! — сердечно требовал Олег. — Иначе я не дамся!

От всего этого уклоняясь, стараясь не видеть дольше, она мотнула головой:

— Это как выйдет.

И прошла.

Милая, всё равно милая.

Только — чего он тут добивался? Обречённый на *пожизненное* — чего он тут добивался?..

Олег бестолково стоял в проходе, вспоминая — куда ж это он шёл.

Да, вот куда! — он шёл Дёмку проведать.

Лежал Дёмка в маленькой комнатушке на двоих, но второй выписался, а новый ждался завтра из операционной. Пока что был Дёмка один.

Уже неделя прошла — и первым пламенем отпылала отрезанная нога. Операция уходила в прошлое, но нога попрежнему жила и мучилась вся тут, как неотрезанная, и даже отдельно слышал Дёмка каждый палец отнятой ноги.

Обрадовался Дёмка Олегу — как брату старшему. Это и были его родственники — друзья по прежней палате. Ещё от каких-то женщин лежало на тумбочке, под салфеткой. А извне никто не мог ни прийти к нему, ни принести.

Дёмка лежал на спине, покоя ногу — то, что осталось от ноги, короче бедра, — и всю огромную бинтовую навязь. Но голова и руки его двигались свободно.

— Ну, здоров же, Олег! — принял он олегову руку. — Ну, садись, рассказывай. Как там, в палате?

Оставленная верхняя палата была для него привычным миром. Здесь, внизу, и сёстры были другие, и санитарки не такие, и порядок не такой. И всё время перебранивались, кто что обязан и не обязан делать.

— Да что палата, — смотрел Олег на обстрогавшееся, пожалчевшее дёмкино лицо. Как желобочками выхватили ему в щеках, обкатали и обострили надбровья, нос, подбородок. — Всё так же.

— *Кадр* там?

— *Кадр* там.

— А Вадим?

— С Вадимом неважно. Золота не достали. Метастазов боятся.

Дёмка повёл лбом о Вадиме, как о младшем:

— Бедняга.

— Так что, Дёмка, перекрестись, что твою-то вовремя взяли.

— Ещё и у меня метастазы могут быть.

— Ну, вряд ли.

Кто что мог видеть? — даже и врачи: проплыли или не проплыли эти губительные одинокие клеточки, лодки десантные во мраке? И причалили где?

— Рентген дают?

— Возят, на каталке.

— Тебе сейчас, друг, дорога ясная — выздоравливать, осваивать костыль.

— Да нет, два придётся. Два.

Уже всё обдумал сирота. И раньше он хмурился взросло, а теперь-то ещё повзрослел.

— Где ж делать будут? Тут же?

— В ортопедическом.

— Бесплатно хоть?

— Да заявление написал. Платить мне — чем же?

Вздохнули — с лёгкой наклонностью ко вздоху у тех, кто год за годом ничего весёлого не видит.

— Как же тебе на будущий год десятый кончить?

— Лопнуть надо кончить.

— А на что жить? К станку ведь не станешь.

— Инвалидность обещают. Не знаю — второй группы, не знаю — третьей.

— Третья — это какая? — Не ведал Костоглотов всех этих инвалидностей, как и всех гражданских законов.

— Самая такая. На хлеб будет, на сахар нет.

Мужчина, всё обдумал Дёмка. Топила, топила ему опухоль жизнь, а он выруливал на своё.

— И в университет?

— Надо постараться.

— На литературный?

— Ага.

— Слушай, Дёмка, я тебе серьёзно: сгубишься. Займись приёмниками — и покойно жить, и подшибать будешь.

— Ну их на фиг, приёмники, — шморгнул Дёмка. — Я правду люблю.

— Так вот приёмники будешь чинить — и правду будешь говорить, дура!

Не сошлись. Толковали и ещё о том, о сём. Говорили и об олеговых делах. Это тоже была в Дёмке совсем не детская черта: интересоваться другими. Молодость занята бывает только собой. И Олег ему, как взрослому, рассказал о своём положении.

— Ох, хрено-ово... — промычал Дёмка.

— Пожалуй, ты ещё б со мной и не сменялся, а?

— Ч-ч-чёрт его знает...

В общем, так выходило, что Дёмке здесь с рентгеном да костылями околачиваться ещё месяца полтора, выпишут к маю.

— И куда ж первое пойдёшь?

— В зоопарк сразу! — Дёмка повеселел. Об этом зоопарке он уже сколько раз Олегу говорил. Они стаивали рядом на крылечке диспансера, и Дёмка с уверенностью показывал, где там, за рекою, за густыми деревьями, скрывался зоопарк. Сколько лет Дёмка про разных зверей читал и по радио слышал — а никогда своими глазами не видел ни лисы, ни медведя, ни уж тем более тигра и слона. В таких местах он жил, где ни зверинца не было, ни цирка, ни леса. И была его заветная мечта — ходить и знакомиться со зверьми; и с возрастом она не ослаблялась. Чего-то особенного он от этой встречи ждал. В день, когда с грызущею ногою он приехал сюда ложиться в больницу, он первым делом в зоопарк и пошёл, но там оказался выходной. — Ты вот что, Олег! Ведь тебя, наверно, выпишут скоро?

Сгорбясь сидел Олег.

— Да наверно. Кровь не держит. Тошнота заела.

— Ну ты неужели в зоопарк не пойдёшь?! — Дёмка допустить этого не мог, Дёмка стал бы хуже об Олеге думать.

— Да пожалуй, пойду.

— Нет, ты обязательно пойди! Я прошу тебя: пойди! И знаешь что — напиши мне после этого открытку, а? Ну, что тебе стоит?.. А мне какая тут радость будет! Напишешь, кто сейчас из зверей есть, кто самый интересный, а? Я за месяц раньше знать буду! Пойдёшь? Напишешь? Там и крокодилы, говорят, и львы!

Обещал Олег.

Он ушёл (самому лечь), а Дёмка один в маленькой комнате с закрытой дверью ещё долго не брал в руки книжки, смотрел в потолок, в окно смотрел и думал. В окно он ничего увидеть не мог — оно было в лучевой решётке и выходило в заулок, к стене медгородка. И даже прямой солнечной полосы не было сейчас на стене, но и не пасмурно, а среднее пеленистое какое-то освещение — от слегка затянутого, но и не закрытого солнца. Был, наверно, тот вялый весенний денёк, не жаркий, не яркий, когда деятельно, но бесшумно совершается работа весны.

Лежал Дёмка неподвижно и думал о хорошем: как отрезанная нога постепенно перестанет чувствоваться; как он научится ходить на костылях быстро и ловко; каков выдастся этот день перед первым мая — совсем летний, когда Дёмка с утра и до вечернего поезда будет ходить по зоопарку; как у него теперь будет много времени и он быстро и хорошо всё пройдёт за среднюю школу и ещё много прочтёт нужных упущенных книг. Уже окончательно не будет этих потерянных вечеров, когда ребята идут на танцплощадку, а ты мучаешься, не пойти ли и тебе, да не умеешь. Уже не будет. Зажигать лампу и заниматься.

Тут в дверь стукнули.

— Войдите! — сказал Дёмка. (Это слово «войдите» он произносил с удовольствием. Никогда он ещё так не жил, чтоб к нему надо было стучать перед входом.)

Дверь распахнулась рывком и впустила Асю.

Ася вошла как ворвалась, как спеша очень, как от погони, — но, притянув за собой дверь, так и осталась у дверного косяка, с одной рукой на ручке, другой держа отвороты халата.

Совсем это была уже не та Ася, которая забежала «на три дня на исследование» и которую в тех же днях ждали на дорожках зимнего стадиона. Она повяла и поблекла, и даже волосы жёлтые, которые не могли же так быстро измениться, сейчас побалтывались жалкенько.

А халат был тот же — гадкий, без пуговиц, сменивший много плеч и неизвестно в каких котлах варенный. Сейчас он подобней приходился ей, чем раньше.

Чуть подрагивая бровями, Ася смотрела на Дёмку: сюда ли забежала? не бежать ли дальше?

Но такая, побитая, уже не старше Дёмки на класс, на три дальних поездки и на знание всей жизни, Ася была Дёмке совсем своя. Он обрадовался:

— Ася! Садись!.. Что ты?..

За это время они болтали не раз, и ногу обсуждали (Ася твёрдо стояла — не давать), и после операции она к нему два раза приходила, приносила яблоки и печенье. Как ни просты они были в самый первый вечер, но ещё проще и проще стали с тех пор. И не сразу, но рассказала и она ему откровенно, что за болезнь у неё: правая грудь болит, сгустки в ней какие-то нашли, лечат под рентгеном и ещё дают таблетки под язык.

— Садись, Ася! Садись!

Она покинула дверь и, протягивая за собой руку по стене, как бы тем держась или ощупывая, переступила к табуретке у дёмкиного изголовья.

Села.

Села — и смотрела не Дёмке в глаза, а мимо, в одеяло. Она не поворачивалась прямо на него, а он не мог извернуться.

— Ну, что с тобой? — Доставалось ему быть старшим! На высоких подушках он откинул к ней голову — одну голову только, а сам на спине.

У неё губа задрожала, и веки захлопали.

— А-асенька! — успел сказать Дёмка (пожалев её очень, а так бы не осмелел назвать Асенькой), и она тут же ткнулась в его подушку, голова к голове, и снопик волос защекотал ему ухо.

— Ну, Асенька! — просил он и стал шарить по одеялу, искать её руку, но не находил, не видел её рук.

А она ревела в подушку.

— Ну что́ же? Скажи — что?

Да он и догадывался почти.

— От-ре-жут!..

И плакала, плакала. А потом застанывала:

— О-о-ой!

Такого протяжного звука горя, как это страшное «о-о-ой!», не помнил Дёмка!

— Да может ещё нет? — уговаривал он. — Да может обойдётся?

Но чувствовал, что этого «о-о-ой!» так не уговоришь.

И плакала, и плакала ему в подушку. Мокрое он уже тут рядом ощущал.

Дёмка нашёл её руку и стал гладить:

— Асенька! Может обойдётся?

— Не-е-ет... На пятницу готовят...

И тянула стон, как из Дёмки душу вынимая.

Не видел Дёмка её зарёванного лица, а только волосы прядками лезли прямо в глаза. Мягкие такие, щекотенькие.

Искал Дёмка, как сказать, да не складывалось. И просто руку крепко-крепко ей сжимал, чтобы перестала. Жалко стало её хуже, чем себя.

— За-чем-жить? — выплакала она. — За-чем?!..

На этот вопрос хоть что-то и вывел Дёмка из своего смутного опыта, но назвать бы точно не мог. Да если б и мог — по стону Аси ни он, ни другой кто, ни другое что не могли её убедить. Из её опыта только и выходило: незачем теперь жить!

— Ком-му-я-теперь-буду-н-нуж-на?.. — спотыкалась она безутешно. — Ком-му?..

И опять утыкалась в подушку, и Дёмке щёку тоже уже подмочило.

— Ну как, — уговаривал он, всё сжимая и сжимая ей руку. — Ты ж знаешь, как женятся... Взглядами сходятся... характерами...

— Ка-кой там дурак любит за характер!?! — взвилась она рассерженно, как лошадь взвивается с передних, и руку вырвала, и тут только увидел Дёмка её мокрое, и красное, и пятнистое, и жалкое, и сердитое лицо. — Кому нужна одногрудая?! Кому?! В семнадцать лет! — кричала она на него, во всём виноватого.

И утешить-то он не умел впопад.

— Да как же я на пляж пойду?! — вскричала она, проколотая новой мыслью. — На пляж!! Купаться как??! — И её штопором скрутило, сжевало, и куда-то от Дёмки прочь и вниз, к полу, свалился корпус её и голова, обхваченная руками.

Невыносимо представились Асе купальники всех мод — с бретельками и без бретелек, соединённые и из двух предметов, всех мод сегодняшних и всех грядущих, купальники оранжевые и голубые, малиновые и цвета морской волны, одноцветные и полосчатые, и с круговыми каёмочками, неиспробованные, не осмотренные перед зеркалом, — все, которые никогда не будут ею куплены и никогда надеты! И именно эта сторона её существования — невозможность когда-нибудь ещё появиться на пляже — представилась ей сейчас самой режущей, самой постыдной! Именно из-за этого теряло всякий смысл — жить...

А Дёмка с высоких подушек бормотал что-то неумелое, неуместное:

— Знаешь, если тебя никто не возьмёт... Ну, я понимаю, конечно, какой я теперь... А то я на тебе всегда женюсь охотно, это ты знай...

— Слушай, Дёмка! — укушенная новой мыслью, поднялась и развернулась к нему Ася и смотрела открытыми глазами, без слёз. — А ведь слушай: ты — последний! Ты — последний, кто ещё может увидеть её и поцеловать! Уже никто никогда больше не поцелует! Дёмка! Ну, хоть ты поцелуй! Хоть ты!

Она раздёрнула халат, да он сам уже не держался, и, снова, кажется, плача или стоня, оттянула свободный ворот сорочки — и оттуда выдвинулась её обречённая правенькая.

Это заблистало, как солнце, вступившее прямо сюда! Засияла, запылала вся палата! А румянце соска — крупней, чем Дёмка держал в представлении! — выплыло перед ним, и глаза не выдерживали этой розовости!

К его голове наклонила Ася совсем близко и держала так.

— Целуй! Целуй! — ждала, требовала она.

И, вдыхая запазушное подаренное ему тепло, он стал тыкаться как поросёнок, благодарно и восхищённо, поспешными губами, во всю эту изгибистую, налитую над ним поверхность, хранящую свою постоянную форму, плавней и красивей которой ни нарисовать, ни вылепить.

— Ты — будешь помнить?.. Ты будешь помнить, что она — была? И — какая была?..

Асины слёзы падали ему на стриженую голову.

Она не убирала, не отводила, и он снова возвращался к румянцу и мягко делал губами так, как её будущий ребёнок с этой грудью уже не сделает никогда. Никто не входил, и он обцеловывал это нависшее над ним чудо.

Сегодня — чудо, а завтра — в корзину.

29

Как только Юра вернулся из командировки, он приехал к отцу, часа на два сразу. Перед тем по телефону заказал Павел Николаевич, чтоб Юра привёз тёплые ботинки, пальто и шляпу: надоела мерзкая палата с дубинами на кроватях, с дурацкими разговорами, да и вестибюль опротивел не меньше, и, хотя очень был Павел Николаевич слаб, его тянуло на свежий воздух.

Так и сделали. Опухоль легко обернулась шарфиком. На аллеях медгородка никто не мог Русанова встретить, а если б и встретил, то в смешанной одежде не признал, и Павел Николаевич гулял без стеснения. Юра повёл отца под руку, Павел Николаевич сильно на него опирался. Так было необычно переставлять и переставлять ноги по чистому сухому асфальту, а главное, в этом уже чувствовался скорый возврат — сперва для отдыха в любимую квартиру, потом и к любимой работе. Павел Николаевич изнурился не только от лечения, но ещё и от этого тупого больничного бездействия, от того, что он перестал быть нужным и важным сочленением в большом механизме, и вот ощущал как бы потерю всякой силы и значения. Хотелось уже скорее вернуться туда, где его любят и где без него не могут обойтись.

За эту неделю и холод налетал, и дожди — но с сегодняшнего дня опять повернуло к теплу. В тени зданий ещё было прохладно и земля сыра, а на солнышке так грело, что даже демисезонное пальто Павел Николаевич еле на себе нёс и стал по одной пуговице расстёгивать.

Был особенно удобный случай поговорить рассудительно с сыном: сегодняшняя суббота считалась последним днём его командировки, и он не спешил на работу. Тем более не торопился Павел Николаевич. А положение с сыном было запущенное, едва ли не опасное, это чувствовало отцовское сердце. И сейчас, по приезде, совесть у сына была нечиста, он всё что-то глаза отводил, не смотрел на отца прямо. Этой манеры с детства не было у Юры, он рос прямодушный мальчик, она появилась в студенческие годы, и именно в обращении с отцом. Эта уклончивость или застенчивость раздражала Павла Николаевича, иногда он просто покрикивал: «А ну-ка, голову выше!»

Однако сегодня он решил удержаться от резкости, разговаривать только чутко. Он попросил рассказать подробно, чем же Юра проявил себя и прославил как представитель республиканского прокурорского надзора в тех дальних городках.

Начал Юра рассказывать, один случай, другой, и всё так же отводил глаза.

— Ты говори, говори!

Они сели посидеть на просохшей скамеечке, на солнце. Юра был в кожаной куртке и в тёплой шерстяной кепке (фетровой шляпы нельзя было заставить его полюбить), вид у него был как будто и серьёзный, и мужественный, но внутренняя слабинка губила всё.

— Ну, ещё был случай с шофёром... — сказал Юра, глядя в землю.

— Что же с шофёром?

— Ехал шофёр зимой и вёз потребсоюзовские продукты. Семьдесят километров ехать, а посредине застал буран. Всё занесло, колёса не берут, мороз, и нет никого. И крутил буран больше суток. И вот он в кабине не выдержал, бросил машину, как была, с продуктами, и пошёл искать ночлега. Утром стих буран, он вернулся с трактором, а ящика с макаронами не хватает одного.

— А экспедитор?

— Шофёр и за экспедитора, так получилось, один ехал.

— Расхлябанность какая!

— Конечно.

— Вот он и поживился.

— Папа, слишком дорого бы ему этот ящик! — Юра поднял всё-таки глаза. Нехорошее упрямое выражение появилось на его лице. — За этот ящик он схлопотал себе пять лет. И были там ящики с водкой — так целы.

— Нельзя быть, Юра, таким доверчивым и таким наивным. А кто ещё мог взять в пургу?

— Ну, на лошади, может, ехали, кто знает! К утру следов нет.

— Пусть и не сам — так с поста ушёл! Как это — бросить государственное имущество и уйти?!

Дело было несомненное, приговор — кристальный, ещё и мало дали! — и Павла Николаевича возбудило то, что сыну это не ясно и надо ему втолковывать. Вообще вялый, а когда глупость какую-нибудь доказывает — упрямый становится, как осёл.

— Папа, ну ты представь себе: буран, минус десять градусов, как ночевать ему в кабине? Ведь это — смерть.

— Что значит смерть? А — всякий часовой?

— Часового через два часа подменят.

— А если не подменят? А — на фронте? В любую погоду люди стоят и умирают, но с поста не уходят! — Павел Николаевич даже пальцем показал в ту сторону, где стоят и не уходят. — Да ты подумай только, что ты говоришь! Если этого одного простить — все шофера начнут бросать машины, все начнут уходить с постов — да всё государство растащат, неужели ты не понимаешь?

Нет, Юра не понимал! — по его молчанию видно было, что не понимал.

— Ну хорошо, ну это твоё мальчишеское мнение, это юность твоя, ты мог кому-нибудь и сказать, но ты, надеюсь, документально этого не выразил?

Пошевелил сын потресканными губами, пошевелил.

— Я... протест написал. Остановил действие приговора.

— Остановил?! И будут пересматривать? Ай-я-яй! Ай-я-яй! — пол-лица закрыл, заслонил Павел Николаевич. Так он и опасался! Юрка и дело губил, и себя губил, и на отца клал тень. Мутило Павла Николаевича от этой бессильной отцовской досады, когда ни ума своего, ни расторопности своей не можешь вложить в губошлёпа.

Он встал, и Юра за ним. Они пошли, и Юра опять старался поддерживать отца под локоть, но обеих рук не хватало Павлу Николаевичу, чтобы втолкать в сына понимание сделанной ошибки.

Сперва разъяснял он ему о законе, о законности, о незыблемости основ, которых нельзя расшатывать легкомысленно, тем более если рассчитываешь работать в прокурорском надзоре. Тут же оговаривался он, что всякая истина конкретна и потому закон законом, но надо понимать ещё и конкретный момент, обстановку — то, что требуется в данную минуту. И ещё особенно старался он ему открыть, что существует органическая взаимосвязь всех инстанций и всех ветвей государственного аппарата; и что поэтому, даже в глухой район приезжая с республиканскими полномочиями, он не должен заноситься, напротив — должен чутко считаться с местными условиями и не идти без надобности вразрез местным практическим работникам, которые знают эти условия и требования лучше его; и если дали шофёру пять лет, то значит в данном районе это требуется.

Так они входили в тени корпусов и выходили из них, шли аллейками прямыми и кривыми, и вдоль реки, Юра слушал, слушал, но единственное что сказал:

— Ты не устал, папа? Может, опять посидим?

Павел Николаевич, конечно, устал и перегрелся в пальто, и они снова сели на скамеечку в густых кустах — но густы были только прутики, а всё сквозилось, потому что первые только ушки листиков выворачивались из почек. Солнце грело хорошо. Павел Николаевич был без очков всю прогулку, лицо отдыхало, глаза отдыхали. Он сожмурился и сидел так молча на солнце. Внизу, под обрывом, шумела река по-горному. Павел Николаевич слушал её, грелся и думал: как же приятно всё-таки возвращаться к жизни, твёрдо знать, что вот зазеленеет — и ты будешь жить, и следующую весну тоже.

Но надо было составить полную картину с Юрой. Взять себя в руки, не сердиться и тем его не отпугнуть. И, отдохнув, попросил отец продолжать, ещё случаи рассказывать.

Юра при всей своей заторможенности прекрасно понимал, за что отец будет его хвалить, а за что ругать. И следующий случай рассказал такой, который Павел Николаевич не мог не одобрить. Но глаза он всё отводил, и отец почуял, что ещё какой-то случай тут кроется.

— Ты — всё говори, ты говори — всё! Ведь я, кроме разумного совета, ничего тебе дать не могу. Ведь я тебе — добра желаю. Я хочу, чтоб ты не ошибался.

Вздохнул Юра и рассказал такую историю. По ходу своей ревизии он должен был много просматривать старых судебных книг и документов, даже пятилетней давности. И стал замечать, что во многих местах, где должны были быть наклеены гербовые марки — по рублю и по три, их не было. То есть следы остались, что они там были, но — сняты. Куда ж они могли деться? Стал Юра думать, стал копаться — и на новых документах стал находить наклеенные марки, как будто уже подпорченные, чуть надорванные. И тогда он догадался, что кто-то из двух девушек — Катя или Нина, имеющих доступ ко всем этим архивам, клеит старые вместо новых, а с клиентов берёт деньги.

— Ну, скажи ты! — только крякнул и руками всплеснул Павел Николаевич. — Сколько же лазеек! Сколько лазеек обворовывать государство! И ведь не придумаешь сразу!

Но Юра провёл это расследование в тихости, никому ни слова. Он решил довести до конца — кто ж из двух расхититель — и придумал для видимости поухаживать сперва за Катей, потом за Ниной. В кино сводил каждую и к каждой пошёл домой: у кого найдёт богатую обстановку, ковры — та и воровка.

— Хорошо придумано! — ладошами прихлопнул Павел Николаевич, заулыбался. — Умно! И как будто развлечение, и дело делается. Молодец!

Но обнаружил Юра, что и та, и другая, одна с родителями, другая с сестрёнкой, жили скудно: не только ковров, но многого не было у них, без чего, по юриным понятиям, просто удивительно, как они и жили. И он размышлял, и пошёл рассказал всё их судье, но сразу же и просил: не давать этому законного хода, а просто внушить девушкам. Судья очень благодарил, что Юра предпочёл закрыто решать: огласка и его подрывала. Вызвали они вдвоём одну девушку, потом другую и распекали часов по несколько. Призналась и та, и другая. В общем рубликов на сто в месяц каждая выколачивала.

— Надо было *оформить*, ах, надо было оформить! — так жалел Павел Николаевич, как будто сам прошляпил. Хотя судью подводить не стоило, это верно, тут Юра поступил тактично. — По крайней мере, компенсировать они должны были всё!

Юра вовсе лениво к концу говорил. Он сам не мог понять смысла этого события. Когда он пошёл к судье и предложил не открывать дела, он знал и чувствовал, что поступает великодушно, он перед собой гордился своим решением. Он воображал ту радость, которая охватит каждую из девушек после трудного признания, когда они будут ждать кары и вдруг прощены. И наперебой с судьёю он стыдил их, выговаривал им, какой это позор, какая низость, что они делали, и, сам проникаясь своим строгим голосом, приводил им из своей двадцатитрёхлетней жизни примеры известных ему честных людей, которые имеют все условия воровать, но не воруют. Юра хлестал девушек жестокими словами, зная, как потом эти слова будут окрашены прощением. Но вот их простили, девушки ушли — однако во все последующие дни ничуть не сияли навстречу Юре, не только не подошли поблагодарить его за благородный поступок, но старались даже не замечать. Это поразило его, он не мог этого уразуметь! Сказать, что они не понимали, какой участи избегли, — так, работая при суде, знали они всё хорошо. Он не выдержал, подошёл к Нине, сам спросил, рада ли она. И ответила ему Нина: «Чего ж радоваться? Работу надо менять. На зарплату я не проживу.» А Кате, которая собой была поприятнее, он предложил ещё раз сходить в кино. Ответила Катя: «Нет, я по-честному гуляю, я так не умею!»

Вот с этой загадкой он и вернулся из командировки, да и сейчас думал над ней. Неблагодарность девушек глубоко его задела. Он знал, что жизнь сложней, чем понимает её прямолинейный прямодушный отец, — но вот она оказывалась и ещё гораздо сложней. Что ж должен был Юра? — не щадить их? Или ничего не говорить, не замечать этих переклеенных марок? Но для чего тогда вся его работа?

Отец не спрашивал больше — и Юра охотно помалкивал.

Отец же по этой ещё одной историйке, пошедшей прахом из неумелых рук, окончательно вывел, что если с детства нет в человеке хребта, то и не будет. На родного сына сердиться трудно, а — жаль его очень, досадно.

Кажется, они пересидели, Павел Николаевич в ногах стал зябнуть, да и очень уже тянуло лечь. Он дал себя поцеловать, отпустил Юру и пошёл в палату.

А в палате вёлся оживлённый общий разговор. Главный оратор был, правда, без голоса: тот самый философ-доцент, представительный, как министр, когда-то нахаживавший к ним в палату, а с тех пор прошедший операцию горла и на днях переведенный из хирургической в лучевую второго этажа. В горле, в самом заметном месте, впереди, у него была вставлена какая-то металлическая штучка вроде зажима пионерского галстука. Доцент этот был воспитанный и располагающий человек, и Павел Николаевич всячески старался его не обидеть, не показать, как передёргивает его эта пряжка в горле. Для того чтобы говорить полуслышным голосом, философ всякий раз теперь накладывал на неё палец. Но говорить он любил, привык, и после операции пользовался возвращённой возможностью.

Он стоял сейчас посреди палаты и глухо, но громче шёпота, рассказывал о натащенных в дом гарнитурах, статуях, вазах, зеркалах каким-то бывшим крупным интендантом, сперва это всё навезшим из Европы, а потом докупавшим по комиссионным магазинам, на продавщице которого и женился.

— С сорока двух лет на пенсии. А лоб! — дрова бы колоть. Руку за полу шинели всунет и ходит как фельдмаршал. И сказать, что доволен жизнью? Нет, не доволен: грызёт его, что в Кисловодске у его бывшего командующего армией дом — из десяти комнат, истопник свой и две автомашины.

Павел Николаевич нашёл этот рассказ не смешным и не уместным.

И Шулубин не смеялся. Он так на всех смотрел, будто ему спать не давали.

— Смешно-то смешно, — отозвался Костоглотов из своего нижнего положения, — а как...

— А вот когда? на днях фельетон был в областной газете, — вспомнили в палате, — построил особняк на казённые средства и разоблачён. Так что? Признал свою *ошибку*, сдал детскому учреждению — и ему поставили *на вид*, не судили.

— Товарищи! — объяснил Русанов. — Если он раскаялся, осознал и ещё передал детскому дому — зачем же обязательно крайнюю меру?

— Смешно-то смешно, — вытягивал своё Костоглотов, — а как вы это всё философски объясните?

Доцент развёл одной рукой, другую держал на горле:

— Остатки буржуазного сознания.

— Почему это — буржуазного? — ворчал Костоглотов.

— Ну, а какого же? — насторожился и Вадим. Сегодня у него как раз было настроение читать, так затевали склоку на всю палату.

Костоглотов приподнялся из своего опущенного положения, подтянулся на подушку, чтоб лучше видеть и Вадима и всех.

— А такого, что это — жадность человеческая, а не буржуазное сознание. И *до* буржуазии жадные были, и *после* буржуазии будут!

Русанов ещё не лёг. Сверху вниз, наставительно сказал Костоглотову:

— В таких случаях если покопаться — всегда выяснится буржуазное соцпроисхождение.

Костоглотов мотнул головой как отплюнулся:

— Да ерунда это всё — соцпроисхождение!

— То есть — как ерунда?! — за бок схватился Павел Николаевич, кольнуло. Такой наглой выходки он даже от Оглоеда не ожидал.

— То есть — как ерунда? — в недоумении поднял чёрные брови Вадим.

— Да так вот, — ворчал Костоглотов, и ещё подтянулся, уже полусидел. — Натолкали вам в голову.

— Что значит — натолкали? Вы за свои слова — отвечаете? — пронзительно вскричал Русанов, откуда и силы взялись.

— Кому это — в а м? — Вадим выровнял спину, но так же сидел с книжкой на ноге. — Мы не роботы. Мы ничего на веру не принимаем.

— Кто это — в ы? — оскалился Костоглотов. Косма у него висела.

— Мы! Наше поколение.

— А чего ж соцпроисхождение приняли? Ведь это не марксизм — а расизм.

— То есть ка-ак?! — почти взревел Русанов.

— Вот та-ак! — отревел ему и Костоглотов.

— Слушайте! Слушайте! — даже пошатнулся Русанов и движеньями рук всю комнату, всю палату сзывал сюда. — Я прошу свидетелей! Я прошу свидетелей! Это — идеологическая диверсия!!

Тут Костоглотов живо спустил ноги с кровати, а двумя локтями с покачиванием показал Русанову один из самых неприличных жестов, ещё и выругался площадным словом, написанным на всех заборах:

— ...вам, а не идеологическая диверсия! Привыкли... иху мать, как человек с ними чуть не согласен — так идеологическая диверсия!!

Обожжённый, оскорблённый этой бандитской наглостью, омерзительным жестом и руганью, Русанов задыхался и поправлял соскочившие очки. А Костоглотов орал на всю палату и даже в коридор (так что и Зоя в дверь заглянула):

— Что вы как знахарь кудахчете — «соцпроисхождение, соцпроисхождение»? В двадцатые годы знаете как говорили? — покажите ваши мозоли! А отчего ваши ручки такие белые да пухлые?

— Я работал, я работал! — восклицал Русанов, но плохо видел обидчика, потому что не мог наладить очков.

— Ве-ерю! — отвратительно мычал Костоглотов. — Ве-рю! Вы даже на одном субботнике сами бревно поднимали, только посередине становились! А я, может быть, сын купеческий, третьей гильдии, а всю жизнь вкалываю, и вот мои мозоли, смотрите! — так я что, буржуй? Чтó у меня от папаши — эритроциты другие? лейкоциты? Вот я и говорю, что ваш взгляд не классовый, а расовый. Вы — расист!

Тонко вскрикивал несправедливо оскорблённый Русанов, быстро возмущённо говорил что-то Вадим, но не поднимаясь, и философ укоризненно качал посадистой большой головой с холёным зачёсом — да где уж было услышать его больной голос!

Однако подобрался к Костоглотову вплотную и, пока тот воздуху набирал, успел ему нашептать:

— А вы знаете такое выражение — «потомственный пролетарий»?

— Да хоть десять дедов у него будь пролетариев, но сам не работаешь — не пролетарий! — разорялся Костоглотов. — Жадюга он, а не пролетарий! Он только и трясётся — пенсию персональную получить, слышал я! — И, увидя, что Русанов рот раскрывает, лепил ему и лепил: — Вы и любите-то не родину, а пенсию! Да пораньше, лет в сорок пять! А я вот ранен под Воронежем, и шиш имею да сапоги залатанные — а родину люблю! Мне вот по бюллетеню за эти два месяца ничего не заплатят, а я всё равно родину люблю!

И размахивал длинными руками, едва не достигая Русанова. Он внезапно раздражился и вошёл в клокотанье этого спора, как десятки раз входил в клокотанье тюремных споров, откуда и подскакивали к нему сейчас когда-то слышанные фразы и аргументы, может быть от людей уже не живых. У него вгорячах даже сдвинулось в представлении, и эта тесная замкнутая комната, набитая койками и людьми, была ему как камера, и потому он с лёгкостью матюгался и готов был тут же и драться, если понадобится.

И, почувствовав это — что Костоглотов сейчас и по лицу смажет, дорого не возьмёт, — под его яростью и напором Русанов сник и смолк. Но глаза у него были разозлённые догоряча.

— А мне не нужна пенсия! — свободно докрикивал Костоглотов. — У меня вот нет ни хрена — и я горжусь этим! И не стремлюсь! И не хочу иметь большой зарплаты — я её п р е з и р а ю!

— Тш-ш! Тш-ш! — останавливал его философ. — Социализм предусматривает дифференцированную систему оплаты.

— Идите вы со своей дифференцированной! — бушевал Костоглотов. — Что ж, по пути к коммунизму привилегии одних перед другими должны увеличиваться, да? Значит, чтобы стать равными, надо сперва стать неравными, да? Диалектика, да?

Он кричал, но от крика ему больно отзывалось повыше желудка, и это схватывало голос.

Вадим несколько раз пробовал вмешаться, но так быстро откуда-то вытягивал и швырял Костоглотов всё новые и новые доводы, как городошные палки, что и Вадим не успевал уворачиваться.

— Олег! — пытался он его остановить. — Олег! Легче всего критиковать ещё только становящееся общество. Но надо помнить, что ему пока только сорок лет, и того нет.

— Так и мне не больше! — с быстротой откликнулся Костоглотов. — И всегда будет меньше! Что ж мне поэтому — всю жизнь молчать?

Останавливая его рукой, прося пощады для своего больного горла, философ вышепетывал вразумительные фразы о разном вкладе в общественный продукт того, кто моет полы в клинике, и того, кто руководит здравоохранением.

И на это б ещё Костоглотов что-нибудь бы рявкнул беспутное, но вдруг из своего дальнего дверного угла к ним полез Шулубин, о котором все и забыли. С неловкостью переставляя ноги, он брёл к ним в своём располошенном неряшливом виде, с расхристанным халатом, как поднятый внезапно среди ночи. Все увидели — и удивились. А он стал перед философом, поднял палец и в тишине спросил:

— А вы помните, что «Апрельские тезисы» обещали? Облздрав не должен получать больше вот этой Нэльки.

И захромал к себе в угол.

— Ха-га! Ха-га! — зарадовался Костоглотов неожиданной поддержке, выручил старик!

Русанов сел и отвернулся: Костоглотова он больше видеть не мог. А отвратительного этого сыча из угла недаром Павел Николаевич сразу не полюбил, ничего умней сказать не мог — приравнять облздрав и поломойку!

Все сразу рассыпались — и не видел Костоглотов, с кем дальше ему спорить.

Тут Вадим, так и не вставший с кровати, поманил его к себе, посадил и стал втолковывать без шума:

— У вас неправильная мерка, Олег. Вот в чём ваша ошибка: вы сравниваете с будущим идеалом, а вы сравните с теми язвами и гноем, которые представляла вся предшествующая история России до семнадцатого года.

— Я не жил, не знаю, — зевнул Костоглотов.

— И жить не надо, легко узнать. Почитайте Салтыкова-Щедрина, других пособий и не потребуется.

Костоглотов ещё раз зевнул, не давая себе спорить. Движениями лёгких очень он намял себе желудок или опухоль, нельзя ему, значит, громко.

— Вы в армии не служили, Вадим?

— Нет, а что?

— Как это получилось?

— У нас в институте была высшая вневойсковая.

— А-а-а... А я семь лет служил. Сержантом. Называлась тогда наша армия Рабоче-Крестьянской. Командир отделения две десятки получал, а командир взвода — шестьсот, понятно? А на фронте офицеры получали доппаёк — печенье, масло, консервы, и прятались от нас, когда ели, понятно? Потому что — стыдно. И блиндажи мы им строили прежде, чем себе. Я сержантом был, повторяю.

Вадим нахмурился.

— А — к чему вы это говорите?

— А к тому, что — где тут буржуазное сознание? У кого?

Да и без того Олег уже наговорил сегодня лишнего, почти на *статью,* но было какое-то горько-облегчённое состояние, что терять ему осталось мало.

Опять он зевнул вслух и пошёл на свою койку. И ещё зевнул. И ещё зевнул.

От усталости ли? от болезни? Или от того, что все эти споры, переспоры, термины, ожесточение и злые глаза внезапно представились ему чавканьем болотным, ни в какое сравнение не идущим с их болезнью, с их предстоянием перед смертью?

А хотелось бы коснуться чего-нибудь совсем другого. Незыблемого.

Но где оно такое есть — не знал Олег.

Сегодня утром получил он письмо от Кадминых. Доктор Николай Иванович отвечал ему, между прочим, откуда это — «мягкое слово кость ломит». Какая-то была в России ещё в XV веке «Толковая палея» — вроде рукописной книги, что ли. И там — сказание о Китоврасе. (Николай Иванович всегда всю старину знал.) Жил Китоврас в пустыне дальней, а ходить мог только по прямой. Царь Соломон вызвал Китовраса к себе и обманом взял его на цепь, и повели его камни тесать. Но шёл Китоврас только по своей прямой, и когда его по Иерусалиму вели, то перед ним дома ломали — очищали путь. И попался по дороге домик вдовы. Пустилась вдова плакать, умолять Китовраса не ломать её домика убогого — и что ж, умолила. Стал Китоврас изгибаться, тискаться, тискаться — и ребро себе сломал. А дом — целый оставил. И промолвил тогда: «Мягкое слово кость ломит, а жестокое гнев вздвизает».

И вот размышлял теперь Олег: этот Китоврас и эти писцы Пятнадцатого века — насколько ж они люди были, а мы перед ними — волки.

Кто это теперь даст ребро себе сломать в ответ на мягкое слово?..

Но ещё не с этого начиналось письмо Кадминых, Олег нашарил его на тумбочке. Они писали:

«Дорогой Олег!

Очень большое горе у нас.

Убит Жук.

Поселковый совет нанял двух охотников ходить и стрелять собак. Они по улицам шли и стреляли. Тобика мы спрятали, а Жук вырвался и лаял на них. Всегда ведь боялся даже фотообъектива, такое у него было предчувствие! Застрелили его в глаз, он упал на краю арыка, свесясь туда головой. Когда мы подошли к нему — он ещё дёргался. Такое большое тело — и дёргался, страшно смотреть.

И вы знаете, пусто стало в доме. И — чувство вины перед Жуком: что мы не удержали его, не спрятали.

Похоронили его в углу сада, близ беседки...»

Олег лежал и представлял себе Жука. Но не убитого, не с кровоточащим глазом, не со свешенной в арык головой, — а те две лапы и огромную добрую ласковую голову с большими ушами, которыми он заслонял окошко олеговой халупы, когда приходил и звал открыть.

30

Доктор Орещенков за семьдесят пять лет жизни и полвека лечения больных не заработал каменных палат, но деревянный одноэтажный домик с садиком всё же купил, ещё в двадцатых годах. И с тех пор тут и жил. Домик стоял на одной из тихих улиц, не только с широким бульваром, но и просторными тротуарами, отводившими дома от улицы на добрых пятнадцать метров. На тротуарах ещё в прошлом веке принялись толстоствольные деревья, чьи верхи в летнее время сплошь сдвигались в зелёную крышу, а каждого низ был обкопан, очищен и ограждён чугунной решёточкой. В зной люди шли тут, не чувствуя жестокости солнца, и ещё рядом с тротуаром в канавке, обложенной плитками, бежала прохладная арычная вода. Эта дуговая улица окружала добротнейшую красивейшую часть города и сама была из лучших её украшений. (Впрочем, ворчали в горсовете, что уж очень растянуты эти одноэтажные, не притиснутые друг ко другу дома, что до́роги становятся коммуникации и пора тут сносить и строить пятиэтажные.)

Автобус не подходил близко к дому Орещенкова, и Людмила Афанасьевна шла пешком. Был очень тёплый, сухой вечер, ещё не смерклось, ещё видно было, как в первом нежном роспуске — одни больше, другие меньше — деревья готовятся к ночи, а свечевидные тополя ещё нисколько не зелены. Но Донцова смотрела под ноги, не вверх. Невесела и условна была вся эта весна, и никак не известно, что будет с Людмилой Афанасьевной, пока все эти деревья распустят листья, выжелтят и сбросят. Да и прежде она всегда так была занята, что не выпадало ей остановиться, голову запрокинуть и прощуриться.

В домике Орещенкова были рядом калитка и парадная дверь с медной ручкой, с бугровидными филёнками, по-старинному. В таких домах такие немолодые двери чаще всего забиты, и идти надо через калитку. Но здесь не заросли травой и мхом две каменные ступеньки к двери, и по-прежнему была начищена медная дощечка с каллиграфической косой гравировкой: «Доктор Д. Т. Орещенков». И чашечка электрического звонка была не застаревшая.

В неё Людмила Афанасьевна и нажала. Послышались шаги, дверь открыл сам Орещенков в поношенном, а когда-то хорошем коричневом костюме и с расстёгнутым воротом рубашки.

— А-а, Людочка, — лишь слегка поднимал он углы губ, но это уже означало у него самую широкую улыбку. — Жду, входите, очень рад. Рад, хотя и не рад. По хорошему поводу вы бы старика не навестили.

Она звонила ему, что просит разрешения прийти. Она могла бы и всю просьбу высказать по телефону, но это было бы невежливо. Сейчас она виновато убеждала его, что навестила б и без худого случая, а он не давал ей снять пальто самой.

— Позвольте, я ещё не развалина!

Он повесил её пальто на колок длинной полированной тёмной вешалки, приёмистой ко многим посетителям, и повёл по гладко окрашенным деревянным полам. Они обминули коридором лучшую светлую комнату дома, где стоял рояль с поднятым пюпитром, весёлым от распахнутых нот, и где жила старшая внучка Орещенкова; перешли столовую, окна которой, заслонённые сухими сейчас плетями винограда, выходили во двор, и где стояла большая дорогая радиола; и так добрались до кабинета, вкруговую обнесенного книжными полками, со старинным тяжеловесным письменным столом, старым диваном и удобными креслами.

— Слушайте, Дормидонт Тихонович, — сощуренными глазами провела Донцова по стенам. — У вас книг, по-моему, ещё больше стало.

— Да нет, — слегка покачал Орещенков большой литой головой. — Подкупил я, правда, десятка два недавно, а знаете у кого? — И смотрел чуть весело. — У Азначеева. Он на пенсию перешёл, ему, видите ли, шестьдесят лет. И в этот день выяснилось, что никакой он не рентгенолог, что никакой медицины он знать больше ни одного дня не хочет, что он — исконный пчеловод и теперь будет только пчёлами заниматься. Как это может быть, а? Если ты пчеловод — что ж ты лучшие годы терял?.. Так, ну куда вы сядете, Людочка? — спрашивал он седоватую бабушку Донцову. И сам же решил за неё: — Вот в этом кресле вам будет очень удобно.

— Да я не собираюсь рассиживаться, Дормидонт Тихонович. Я на минутку, — ещё возражала Донцова, но глубоко опустилась в это мягкое кресло и сразу почувствовала успокоение и даже почти уверенность, что только лучшее из решений будет принято сейчас здесь. Бремя постоянной ответственности, бремя главенства и бремя выбора, который она должна была сделать со своею жизнью, — всё снялось с её плеч ещё у вешалки в коридоре и вот окончательно свалилось, когда она погрузилась в это кресло. С отдохновением она мягко прошлась глазами по кабинету, знакомому ей, и с умилением увидела старый мраморный умывальник в углу — не раковину новую, а умывальник с подставным ведром, но всё закрыто и очень чисто.

И посмотрела прямо на Орещенкова, радуясь, что он жив, что он есть и всю её тревогу перемёт на себя. Он ещё стоял. Он ровно стоял, склонности горбиться не было у него, всё та же твёрдая постановка плеч, посадка головы. Он всегда выглядел так уверенно, будто, леча других, сам абсолютно не может заболеть. Со средины его подбородка стекала небольшая обстриженная серебряная струйка бороды. Он ещё не был лыс, не до конца даже сед, и полугладким пробором, кажется мало изменившимся за годы, лежали его волосы. А лицо у него было из тех, черты которых не движутся от чувств — остаются ровны, на предназначенном месте. И только брови, вскинутые сводчатыми углами, ничтожными малыми перемещениями принимали на себя весь охват переживаемого.

— А уж меня, Людочка, извините, я — за стол. Это пусть не будет официально. Просто я к месту присиделся.

Ещё бы не присидеться! Когда-то часто, каждый день, потом реже, но и теперь ещё всё-таки в этот кабинет приходили к нему больные и иногда сидели здесь подолгу за мучительным разговором, от которого зависело всё будущее. За извивами этого разговора почему-то на всю жизнь могли врезаться в память зелёное сукно стола, окружённое тёмно-коричневым дубовым обводом, или старинный разрезной деревянный нож, никелированная медицинская палочка (смотреть горло), чернильница под медной крышкой или крепчайший тёмно-бордовый остывший чай в стакане. Доктор сидел за своим столом, а то поднимался и прохаживался к умывальнику или книжной полке, когда надо было дать больному отдохнуть от его взгляда и подумать. Вообще же ровно-внимательные глаза доктора Орещенкова никогда без надобности не отводились в сторону, не потуплялись к столу и бумагам, они не теряли ни минуты, предоставленной смотреть на пациента или собеседника. Глаза эти были главным прибором, через который доктор Орещенков воспринимал больных и учеников и передавал им своё решение и волю.

Меж многих преследований, испытанных Дормидонтом Тихоновичем за свою жизнь: за революционерство в 902-м году (он и посидел тогда недельку в тюрьме с другими студентами); потом за то, что отец его покойный был священник; потом за то, что сам он в первой империалистической войне в царской армии был бригадным врачом, да не просто бригадным врачом, но, как установлено свидетелями, в момент панического отступления полка вскочил на лошадь, завернул полк и увлёк его снова в эту империалистическую свалку, против немецких рабочих, — меж всех этих преследований самое настойчивое и стискивающее было за то, что Орещенков упорно держался своего права вести частную врачебную практику, хотя она всё жесточе повсеместно запрещалась как источник предпринимательства и обогащения, как нетрудовая деятельность, на каждом шагу повседневно рождающая буржуазию. И на некоторые годы он должен был снять врачебную табличку и с порога отказывать всем больным, как бы ни просили они и как бы ни было им плохо, — потому что по соседству выставлялись добровольные и платные шпионы финотдела, да и сами больные не могли удержаться от рассказов, — и это грозило доктору потерей всякой работы, а то и жилья.

А между тем именно правом частной практики он в своей деятельности дорожил более всего. Без этой гравированной дощечки на двери он жил как будто нелегально, как будто под чужим именем. Он принципиально не защищал ни кандидатской, ни докторской диссертаций, говоря, что диссертация ничуть не свидетельствует об успехах ежедневного лечения, что больному даже стеснительно, если его врач — профессор, а за время, потраченное на диссертацию, лучше подхватить лишнее направление. Только в здешнем мединституте за тридцать лет Орещенков переработал и в терапевтической клинике, и в детской, и в хирургической, и в инфекционной, и в урологической, и даже в глазной, — и лишь после этого всего стал рентгенологом и онкологом. Пожимкой губ, всего лишь миллиметровой, выражал он своё мнение о «заслуженных деятелях науки». Он так высказывался, что если человека при жизни назвали *деятелем,* да ещё заслуженным, — то это его конец: слава, которая уже мешает лечить, как слишком пышная одежда мешает двигаться. «Заслуженный деятель» идёт со свитой — и лишён права ошибиться, лишён права чего-нибудь не знать, даже лишён права задуматься; он может быть пресыщен, вял, или отстал и скрывает это, — а все ждут от него непременно чудес.

Так вот ничего этого не хотел себе Орещенков, а только медной дощечки на двери и звонка, доступного прохожему.

И всё-таки сложилось так счастливо, что однажды Орещенков спас уже совсем умиравшего сына одного крупного здешнего руководителя. А ещё раз — самого руководителя, не этого, но тоже крупного. И ещё несколько раз — членов разных важных семей. И всё это было здесь, в одном городе, он никуда не уезжал. И тем создалась слава доктора Орещенкова во влиятельных кругах и некий ореол защиты вокруг него. Может быть, в чисто русском городе не облегчило б ему и это, но в более покладистом восточном умели как-то не заметить, что он снова повесил табличку и снова кого-то принимал. После войны он уже не состоял на постоянной работе нигде, но консультировал в нескольких клиниках, ходил на заседания научных обществ. Так с шестидесяти пяти лет он стал безвозбранно вести ту жизнь, которую считал для врача правильной.

— Так вот, Дормидонт Тихонович, пришла я вас просить: не сможете ли вы приехать посмотреть мой желудочно-кишечный?.. В какой день вам будет удобно — в тот мы и назначим...

Вид её был сер, голос ослаблен. Орещенков смотрел на неё ровным неотводимым взглядом.

— Вне сомнения, выберем и день. Но вы мне всё-таки назовите ваши симптомы. И чтó вы думаете сами.

— Симптомы я все вам сейчас назову, — но чтó я сама думаю? Вы знаете, я стараюсь не думать! То есть я думаю об этом слишком много, стала ночами не спать, а легче бы всего мне самой не знать! Серьёзно. Вы примете решение, нужно будет лечь — я лягу, а знать — не хочу. Если ложиться, то легче бы мне диагноза не знать, чтоб не соображать во время операции: а что они там сейчас могут делать? а что там сейчас вытягивают? Вы понимаете?

От большого ли кресла или от ослабших плеч она не выглядела сейчас крупной, большой женщиной. Она уменьшилась.

— Понимать, может быть, и понимаю, Людочка, но не разделяю. А почему уж вы так сразу об операции?

— Ну, надо быть ко всему...

— А почему вы тогда не пришли раньше? Уж вы-то — знаете...

— Да вот так, Дормидонт Тихонович! — вздохнула Донцова. — Жизнь такая, крутишься, крутишься. Конечно, надо было раньше... Да не так-то у меня и запущено, не думайте! — К ней возвращалась её убыстрённая деловая манера. — Но почему такая несправедливость: почему меня, онколога, должна настичь именно онкологическая болезнь, когда я их все знаю, когда представляю все сопутствия, последствия, осложнения?..

— Никакой тут несправедливости нет, — басовостью и отмеренностью очень убеждал его голос. — Напротив, это в высшей степени справедливо. Это самое верное испытание для врача: заболеть по своей специальности.

(В чём же тут справедливо? В чём тут верно? Он рассуждает так потому, что не заболел сам.)

— Вы Паню Фёдорову помните, сестру? Она говорила: «Ой, что это я неласковая с больными стала? Пора мне опять в больнице полежать...»

— Никогда не думала, что буду так переживать! — хрустнула Донцова пальцами в пальцах.

И всё-таки сейчас она меньше изводилась, чем всё последнее время.

— Так что ж вы у себя наблюдаете?

Она стала рассказывать, сперва в общих чертах, однако он потребовал дотонка́.

— Но, Дормидонт Тихонович, я совсем не собиралась отнимать у вас субботний вечер! Если вы всё равно приедете смотреть меня на рентгене...

— А вы не знаете, какой я еретик? что я и до рентгена двадцать лет работал? И какие диагнозы ставили! Очень просто: ни одним симптомом — не пренебречь, все симптомы — в порядке их появления. Ищешь диагноз такой, чтобы сразу все симптомы охватил — он-то, голубчик, и верен! он и есть! С рентгеном — как с фотоэкспонометром или с часами: когда они при тебе — совсем разучаешься определять на глаз выдержку, по чувству — время. А когда их нет — быстро подтягиваешься. Врачу было трудней, да больным легче, меньше исследований.

И Донцова стала рассказывать, дифференцируя и группируя симптомы и заставляя себя не упускать тех подробностей, которые могли бы потянуть на тяжёлый диагноз (хотя невольно хотелось что-то упустить и услышать: «так ерунда у вас, Людочка, ерунда»). Назвала она и состав крови, плохонький состав, и РОЭ повышенное. Он выслушал её сплошно, стал задавать вопросы ещё. Иногда кивал, как о лёгком, встречающемся у каждого, а «ерунда» всё-таки не сказал. У Донцовой мелькнуло, что, по сути, он уже, наверно, вынес и диагноз, и даже можно прямо сейчас спросить, не дожидаясь дня рентгена. Но так сразу, так прямо спросить и, верно ли, неверно, что-то узнать — вот прямо сейчас узнать — было очень страшно. Надо было непременно оттянуть, смягчить несколькими днями ожидания!

Как дружески они разговаривали, встречаясь на научных заседаниях! Но вот она пришла и призналась в болезни — как в преступлении, и сразу лопнула струна равенства между ними! Нет, не равенства — равенства с учителем никогда и не было, но резче того: своим признанием она исключала себя из благородного сословия врачей и переводила в податное зависимое сословие больных. Правда, Орещенков не пригласил сейчас же прощупать больное место. Он всё так же разговаривал с ней как с гостьей. Он, кажется, предлагал ей состоять в обоих сословиях сразу, — но она была смята и не могла уже держаться по-прежнему.

— Собственно, и Верочка Гангарт сейчас такой диагност, что я могла бы ей вполне довериться, — всё в той же быстрой манере, выработанной плотным рабочим днём, метала фразы Донцова, — но, поскольку есть вы, Дормидонт Тихонович, я решилась...

Орещенков всё смотрел и смотрел на неё. Сейчас Донцова плохо видела, но уже два года как в его неуклонном взгляде замечала она как бы постоянный присвет отречённости. Это появилось после смерти его жены.

— Ну, а если придётся всё-таки... побюллетенить? Значит, за себя Верочку?

(«Побюллетенить»! Он нашёл мягчайшее из слов! Но, значит, у неё не ничего?..)

— Да. Она созрела, она вполне может вести отделение.

Покивал Орещенков, взялся за струйчатую бородку:

— Созрела-то созрела, а — замуж?..

Донцова покрутила головой.

— И моя внучка так. — Орещенков без надобности перешёл на шёпот. — Никого себе не найдёт. Непростое дело.

Углы его бровей оттенком перемещения выразили тревогу.

Он сам настоял не откладывать нисколько, а посмотреть Донцову в понедельник.

(Так торопится?..)

Наступила, может быть, та пауза, от которой удобно встать и откланяться с благодарностями. И Донцова поднялась. Но Орещенков заупрямился, что она должна выпить стакан чаю.

— Да я совсем не хочу! — уверяла Людмила Афанасьевна.

— Зато я хочу! Мне как раз время пить чай.

Он таки тянул, тянул её из разряда преступно-больных в разряд безнадёжно-здоровых!

— А молодые ваши дома?

«Молодым» было по столько же лет, как и Людмиле Афанасьевне.

— Нет. И внучки нет. Я один.

— Так это вы ещё и хозяйничать для меня будете? Ни за что!

— Да не буду я хозяйничать. Термос — полный. А разные там кексы и блюдечки из буфета — ладно, достанете вы.

И они перешли в столовую и стали пить чай на уголке квадратного дубового стола, на котором вполне мог бы станцевать и слон и который бы ни в какую дверь отсюда, наверно, не выпятился. Настенные часы, тоже не молоденькие, показывали ещё не позднее время.

Дормидонт Тихонович стал говорить о внучке, о своей любимице. Она недавно кончила консерваторию, играет прелестно, и умница, что не часто среди музыкантов, и привлекательна. Он и карточку её новую показал, но говорил немногословно, не претендуя занять внучкой всё внимание Людмилы Афанасьевны. Да *всё* внимание она и ничему уже не могла бы отдать, потому что оно разбилось на куски и не могло быть собрано в целое. Как странно было сидеть и беспечно пить чай с человеком, который уже представляет размеры опасности, который, может быть, уже и дальнейший ход болезни предвидит, а вот же — ни слова, только пододвигает печенье.

Был повод высказаться и ей, но не о разведенной дочери, о которой слишком наболело, а о сыне. Сын достиг восьмого класса и тут осознал и заявил, что учиться дальше он не видит никакого смысла! И ни отец, ни мать не могли найти против него аргументов, все аргументы отскакивали от его лба. — Нужно быть культурным человеком! — «А зачем?» — Культура — это самое главное! — «Самое главное — это весело жить.» — Но без образования у тебя не будет хорошей специальности! — «И не надо.» — Значит, будешь простым рабочим? — «Нет, ишачить не буду.» — На что ж ты будешь жить? — «Всегда найду. Надо уметь.» Он связался с подозрительной компанией, и Людмила Афанасьевна тревожилась.

Такое выражение было у Орещенкова, будто, и не слышав этой истории, он уже давно её слышал.

— А ведь между другими наставниками молодёжи мы потеряли ещё одного, очень важного, — сказал он, — семейного доктора! Девочкам в четырнадцать лет и мальчикам в шестнадцать надо обязательно разговаривать с доктором. И не за партами по сорок человек сразу (да и так-то не разговаривают), и не в школьном медкабинете, пропуская каждого в три минуты. Надо, чтоб это был тот самый дядя доктор, которому они с детства показывали горлышко и который сиживал у них за чаем. Если теперь этот беспристрастный дядя доктор, добрый и строгий, которого не возьмёшь ни капризом, ни просьбой, как родителей, вдруг запрётся с девочкой или с мальчиком в кабинете? Да заведёт исподволь какой-то странный разговор, который вести и стыдно, и интересно очень, и где безо всяких вопросов младшего доктор догадается и на всё самое главное и трудное ответит сам? Да может, и на второй такой разговор позовёт? Так ведь он не только предупредит их от ошибок, от ложных порывов, от порчи своего тела, но и вся картина мира для них омоется и уляжется. Как только они будут поняты в их главной тревоге, в их главном поиске — им не станет уже казаться, что они так безнадёжно непоняты и в остальных отношениях. С этого мига им внятнее станут и всякие иные доводы родителей.

Орещенков говорил полнозвучным голосом, ещё никак не давшим трещин старости, он смотрел ясными глазами, живым смыслом их ещё доубеждая, но Донцова заметила, что от минуты к минуте её покидает благостное успокоение, освежившее её в кресле кабинета, а какая-то грязца, что-то тоскливое поднимается, поднимается в груди, ощущение чего-то потерянного, или даже теряемого вот сейчас, пока она слушает рассудительную речь, а надо бы встать, уйти, поспешить — хотя неизвестно, куда же, зачем.

— Это верно, — согласилась Донцова. — Половое воспитание у нас заброшено.

От Орещенкова не укрылась эта перебегающая смутность, нетерпеливая растерянность на лице Донцовой. Но для того, чтобы в понедельник зайти за рентгеновский экран, ей, не желающей *знать*, совсем не надо было в этот субботний вечер ещё и ещё перебирать симптомы, ей и надо было отвлечься в беседе.

— Вообще, семейный доктор — это самая нужная фигура в жизни, а её докорчевали. Поиск врача бывает так интимен, как поиск мужа-жены. Но даже жену хорошую легче найти, чем в наше время такого врача.

Людмила Афанасьевна наморщила лоб.

— Ну да, но сколько ж надо семейных докторов? Это уже не может вписаться в нашу систему всеобщего бесплатного народного лечения.

— Всеобщего — может, бесплатного — нет, — рокотал Орещенков своё.

— А бесплатность — наше главное достижение.

— Да уж такое ли? Что значит «бесплатность»? — платит не пациент, а народный бюджет, но он из тех же пациентов. Это лечение не бесплатное, а обезличенное. Сейчас не знаешь, сколько б заплатил за душевный приём, а везде — график, норма выработки, следующий! Да и за чем ходят? — за справкой, за освобождением, за ВТЭКом, а врач должен разоблачать. Больной и врач как враги — разве это медицина?

А симптомы, симптомы лезли в голову и напирали выстроиться в худший из рядов...

— Я не говорю, что всё лечение полностью надо сделать платным. Но первичное — обязательно. А уж когда определено больному ложиться в клинику и к аппаратам — там справедливо бесплатное. Да и то вот в вашей клинике: почему два хирурга оперируют, а трое в рот им смотрят?

Потому что зарплата им идёт, о чём беспокоиться? А если б деньги от пациентов да ни один пациент бы к ним не пошёл — забегал бы ваш Халмухамедов! Или Пантёхина. Тем или иным способом, Людочка, но врач должен зависеть от впечатления, производимого им на больных. От своей популярности.

— Ну, не дай Бог ото всех зависеть! От какой-нибудь скандалистки...

— А от главврача зависеть — почему лучше? А из кассы получать как чиновник — почему честней?

— А дотошные есть, замучают тебя теоретическими вопросами, так на всё отвечай?

— Да. И на всё отвечай.

— Да когда ж всё успеть! — возмутилась и оживилась к разговору Донцова. Ему хорошо тут в домашних туфлях расхаживать по комнате. — Вы представляете, какие сейчас темпы в лечебных учреждениях? Вы таких не застали.

Видел Орещенков по усталому заморганному лицу Людмилы Афанасьевны, что отвлекающий разговор не оказался ей полезен. Тут ещё открылась дверь с веранды и вошёл — вошёл будто пёс, но такой крупный, тёплый и невероятный, как человек, зачем-то ставший на четыре ноги. Людмила Афанасьевна хотела испугаться, не укусит ли, но, как разумного человека с печальными глазами, его невозможно было пугаться.

Он шёл по комнате мягко, даже задумчиво, не предвидя, что здесь кто-то может удивиться его входу. На один только раз, выражая входную фразу, он поднял пышную белую метлу хвоста, мотнул ею в воздухе и опустил. Кроме чёрных висячих ушей, весь он был рыже-белый, и два этих цвета сложным узором перемежались в его шерсти: на спину ему как бы положили белую попону, бока были яркорыжие, а зад даже апельсиновый. Правда, он подошёл к Людмиле Афанасьевне и понюхал её колени, но всё это очень ненавязчиво. И не сел близ стола на свой апельсиновый зад, как ожидалось бы от всякой собаки, и не выразил какого-либо интереса к еде на поверхности стола, лишь немного превышающего верх его головы, а так на четырёх лапах и остался, круглыми сочно-коричневыми глазищами смотря повыше стола с трансцендентной отречённостью.

— Да какая же это порода?? — изумилась Людмила Афанасьевна и первый раз за вечер забыла о себе и своей боли.

— Сенбернар, — поощрительно смотрел Орещенков на пса. — Всё бы хорошо, только уши слишком длинные, в миску сваливаются.

Людмила Афанасьевна разглядывала пса. Такому не место было в уличной суете, такого пса и никаким транспортом, наверно, не разрешалось перевозить. Как снежному человеку только и осталось место в Гималаях, так подобной собаке только и оставалось жизни в одноэтажном доме при саде.

Орещенков отрезал кусок пирога и предложил псу — но не бросил, как бросают другим разным собакам, а именно угостил его пирогом как равного — и тот как равный неторопливо снял зубами с ладони-тарелки, может быть и не голодный, но из вежливости.

И почему-то приход этой спокойной задумчивой собаки освежил и развеселил Людмилу Афанасьевну, и, уже встав из-за стола, она подумала, что не так-то всё ещё с ней плохо, даже если операция, а вот плохо она слушала Дормидонта Тихоновича и:

— Просто бессовестно! Пришла со своей болячкой и не спрошу: а как же *ваше* здоровье? как — вы?

Он стоял против неё — ровный, даже дородный, с ещё ничуть не слезящимися глазами, со всё дослышивающими ушами, и что он старше её на двадцать пять лет — в это нельзя было поверить.

— Пока ничего. Я вообще решил не болеть перед смертью. Умру, как говорится, в одночасье.

Он проводил её, вернулся в столовую и опустился в качалку — гнутую, чёрную, с жёлтой сеткой, потёртой спиною за много лет. Он опустился малым качком и, как только она сама затихла, больше не раскачивался. В том особенном положении перепрокинутости и свободы, которое даёт качалка, он замер и совсем не двигался долго.

Ему теперь часто надо было так отдыхать. И не меньше, чем требовало тело этого восстановления сил, — его внутреннее состояние, особенно после смерти жены, требовало молчаливого углубления, свободного от внешнего звука, разговора, от деловых мыслей, даже ото всего того, что делало его врачом. Его внутреннее состояние как будто требовало омыться, опрозрачнеть.

В такие минуты весь смысл существования — его самого за долгое прошлое и за короткое будущее, и его покойной жены, и его молоденькой внучки, и всех вообще людей, — представлялся ему не в их главной деятельности, которою они постоянно только и занимались, в ней полагали весь интерес и ею были известны людям. А в том, насколько удавалось им сохранить неомутнённым, непродрогнувшим, неискажённым — изображение вечности, зароненное каждому.

Как серебряный месяц в спокойном пруду.

31

Возникло и присутствовало какое-то внутреннее напряжение, но не утомляющее, а — радостное. Он даже точно ощущал, в каком месте это напряжение: в передней части груди, под костями. Напряжение это слегка распирало — как горячеватый воздух; ныло приятно; и, пожалуй, звучало — только не звуками земли, не теми, которые воспринимает ухо.

Это было иное чувство — не то, что на прошлых неделях тянуло его за Зоей по вечерам.

Он нёс в себе и берёг это напряжение, всё время слушал его. Теперь-то он вспомнил, что и его знал в молодости, но потом начисто забыл. Что это за чувство? Насколько оно постоянно, не обманно? Зависит ли оно целиком от женщины, вызвавшей его, или ещё и от загадки — от того, что женщина не стала близкой, — а потом оно рассеется?

Впрочем, выражение *стать близкой* теперь не имело для него смысла.

Или всё-таки имело?.. Это чувство в груди одно и осталось надеждой, и потому Олег так его сохранял. Оно стало главным наполняющим, главным украшающим жизнь. Он удивлялся, как это стало: присутствие Веги делало весь раковый корпус интересным, цветным, только тем и не иссыхал этот корпус, что они... дружили. Хотя Олег видел её совсем немного, иногда мельком. Ещё она переливала ему кровь на днях. Говорили опять хорошо, правда не так свободно, при сестре.

Сколько он рвался отсюда уехать, а теперь, когда ему подходили сроки выписываться, было уже и жаль. В Уш-Тереке он перестанет видеть Вегу. И как же?

Сегодня, в воскресенье, он как раз не имел надежды увидеть её. А день был тёплый, солнечный, с неподвижным воздухом, застывшим для разогрева, для перегрева, — и Олег отправился гулять по двору, и дыша, и разнимаемый этим густеющим теплом, хотел представить, а как она это воскресенье проводит? чем занята?

Он теперь передвигался вяло, не так, как раньше; он уже не вышагивал твёрдо по намеченной прямой, круто поворачиваясь в её концах. Он шёл ослабло, с осторожностью; приседал на какую-нибудь скамью, а если вся была свободна, то и растягивался полежать.

Так и сегодня, в халате незастёгнутом, внапашку, он брёл, со спиной осевшей, то и дело останавливался и задирал голову смотреть на деревья. Одни уже стояли вползелени, другие вчетверть, а дубы не развернулись нисколько. И всё было — хорошо!

Неслышной, незаметно вылезающей, уже много зеленело травки там и здесь — такой даже большой, что за прошлогоднюю б её принять, если б не так зелена.

На одной открытой аллейке, на пригреве, Олег увидел Шулубина. Тот сидел на плохонькой узкодосочной скамье без спинки, сидел на бёдрах, свисая несколько и назад, несколько и вперёд, а руки его, вытянутые и соединённые в пальцах, были сжаты между коленями. И так, ещё с головой опущенной, на отъединённой скамейке, в резких светах и тенях, он был как скульптура потерянности.

Олег не против был бы сейчас подсесть к Шулубину: он ни разу ещё не улучил толково с ним поговорить, а хотелось, потому что из лагеря он знал: те-то и носят в себе, кто молчат. Да и вмешательство Шулубина в спор на поддержку расположило и задело Олега.

И всё ж он решил пройти мимо: всё оттуда же понял он и признал священное право всякого человека на одиночество.

Шёл он мимо, но медленно, загребая сапогами по гравию, не мешая себя и остановить. Шулубин увидел-таки сапоги, а по сапогам поднял голову. Посмотрел безучастно, как бы лишь признавая — «да, мы ведь в одной палате лежим». И Олег ещё два шага отмерил, когда Шулубин полувопросом предложил ему:

— Садитесь?

На ногах Шулубина тоже были не простые больничные тапочки, но комнатные туфли с высокими бочка́ми, оттого он мог тут гулять и сидеть. А голова — открытая, редкие колечки серых волос.

Олег завернул, сел, будто всё равно ему было, что дальше идти, что сидеть, а сидеть, впрочем, и лучше.

С какого конца ни начни, мог бы он закинуть Шулубину узловой вопрос — тот узловой, в ответе на который человек — весь. Но вместо этого только спросил:

— Так что, послезавтра, Алексей Филиппыч?

Он и без ответа знал, что послезавтра. Вся палата знала, что на послезавтра назначена Шулубину операция. А сила была в «Алексее Филиппыче», как никто ещё в палате не называл молчаливого Шулубина. Сказано это было как ветеран ветерану.

— На последнем солнышке погреться, — кивнул Шулубин.

— Не после-еднее, — пробасил Костоглотов.

А косясь на Шулубина, подумал, что, может быть, и последнее. Подрывало силы Шулубина, что он очень мало ел, меньше, чем велел ему аппетит: он берёгся, чтобы потом меньше испытывать болей. В чём болезнь Шулубина, Костоглотов уже знал и теперь спросил:

— Так и решили? На бок выводить?

Собрав губы, как для чмоканья, Шулубин ещё покивал.

Помолчали.

— Всё-таки есть рак и рак, — высказал Шулубин, смотря перед собою, не на Олега. — Из раков — ещё какой рак. В каждом плохом положении ещё есть похуже. Мой случай такой, что и с людьми не поговоришь, не посоветуешься.

— Да мой, пожалуй, тоже.

— Нет, мой хуже, как хотите! У меня болезнь какая-то особенно унизительная. Особенно оскорбительная. И последствия страшные. Если я останусь жив, — а это ещё большое «если», — около меня неприятно будет стоять, сидеть, вот как вы сейчас. Все будут стараться — шага за два. А если кто-нибудь станет ближе, я сам непременно буду думать: ведь он еле терпит, он меня проклинает. То есть уже вообще с людьми не побудешь.

Костоглотов подумал, чуть насвистывая — не губами, а зубами, рассеянно проталкивая воздух через соединённые зубы.

— Вообще трудно считаться, кому тяжелей. Это ещё трудней, чем соревноваться успехами. Свои беды каждому досадней. Я, например, мог бы заключить, что прожил на редкость неудачную жизнь. Но откуда я знаю: может быть, вам было ещё круче? Как я могу утверждать со стороны?

— И не утверждайте, а то ошибётесь. — Шулубин повернул-таки голову и вблизи посмотрел на Олега слишком выразительными круглыми глазами с кровоизлияниями по белку. — Самая тяжёлая жизнь совсем не у тех, кто тонет в море, роется в земле или ищет воду в пустынях. Самая тяжёлая жизнь у того, кто каждый день, выходя из дому, бьётся головой о притолоку — слишком низкая... Вы — что, я понял так: воевали, потом *сидели,* да?

— Ещё — института не кончил. Ещё — в офицеры не взяли. Ещё — в вечной ссылке сижу. — Олег задумчиво это всё отмеривал, без жалобы. — Ещё вот — рак.

— Ну, раками мы поквитаемся. А насчёт остального, молодой человек...

— Да какой я к чертям молодой! То́ считаете, что голова на плечах — первая? что шкура не перелицована?..

— ...Насчёт остального я вам так скажу: вы хоть врали меньше, понимаете? вы хоть гнулись меньше, цените! Вас арестовывали, а нас на собрания загоняли: *прорабатывать* вас. Вас казнили — а нас заставляли стоя хлопать оглашённым приговорам. Да не хлопать, а — требовать расстрела, требовать! Помните, как в газетах писали: «как один человек всколыхнулся весь советский народ, узнав о беспримерно-подлых злодеяниях»... Вот это «как один человек» вы знаете чего стоит? Люди мы все-все разные и вдруг — «как один человек»! Хлопать-то надо ручки повыше задирать, чтоб и соседи видели, и президиум. А — кому не хочется жить?.. Кто на защиту вашу стал? Кто возразил? Где они теперь?.. Если такой воздерживается, не против, что вы! воздерживается, когда голосуют расстрел Промпартии, — «пусть объяснит! — кричат, — пусть объяснит!» Встаёт с пересохшим горлом: «Я думаю, на двенадцатом году революции можно найти другие средства пресечения...» Ах, негодяй! Пособник! Агент!.. И на другое утро — повесточка в ГПУ. И — на всю жизнь.

И произвёл Шулубин то странное спиральное кручение шеей и круглое головой. Он на скамейке-то, перевешенный вперёд и назад, сидел, как на насесте крупная неуседливая птица.

Костоглотов старался не быть от сказанного польщённым:

— Алексей Филиппыч, это значит — какой номер потянешь. Вы бы на нашем месте были такими же мучениками, мы на вашем — такими же приспособленцами. Но ведь вот что: калило и пекло таких, как вы, кто понимал. Кто понял рано. А тем, кто верил, — было легко. У них и руки в крови — так не в крови, они ж не понимали.

Косым пожирающим взглядом мелькнул старик:

— А кто это — верил?

— Да я вот верил. До финской войны.

— А сколько это — верили? Сколько это — не понимали? С пацана и не спрос. Но признать, что вдруг народишка наш весь умом оскудел, — не могу! Не иду! Бывало, что б там барин с крыльца ни молол, мужики только осторожненько в бороды ухмылялись: и барин видит, и приказчик сбоку замечает. Подойдёт пора кланяться — и все «как один человек». Так это значит — мужики барину верили, да? Да кем это нужно быть, чтобы *верить*? — вдруг стал раздражаться и раздражаться Шулубин. Его лицо при сильном чувстве всё смещалось, менялось, искажалось, ни одна черта не оставалась покойной. — То все профессоры, все инженеры стали вредители, а он — верит? То лучшие комдивы гражданской войны — немецко-японские шпионы, а он — верит? То вся ленинская гвардия — лютые перерожденцы, а он — верит? То все его друзья и знакомые — враги народа, а он — верит? То миллионы русских солдат изменили родине — а он всё верит? То целые народы от стариков до младенцев срезают под корень — а он всё верит? Так сам-то он кто, простите, — д у р а к?! Да неужели ж весь народ из дураков состоит? — вы меня извините! Народ умён — да жить хочет. У больших народов такой закон: всё пережить и остаться! И когда о каждом из нас история спросит над могилой — кто ж он был? — останется выбор по Пушкину:

> В наш гнусный век...
> На всех стихиях человек —
> Тиран, предатель или узник.

Олег вздрогнул. Он не знал этих строк, но была в них та прорезающая несомненность, когда и автор, и истина выступают во плоти.

А Шулубин ему погрозил крупным пальцем:

— Для дурака у него и места в строчке не нашлось. Хотя знал же он, что и дураки встречаются. Нет, выбор нам оставлен троякий. И если помню я, что в тюрьме не сидел, и твёрдо знаю, что тираном не был, значит... — усмехнулся и закашлялся Шулубин, — значит...

И в кашле качался на бёдрах вперёд и назад.

— Так вот такая жизнь, думаете, легче вашей, да? Весь век я пробоялся, а сейчас бы — сменялся.

Подобно ему и Костоглотов, тоже осунувшись, тоже перевесясь вперёд и назад, сидел на узкой скамье, как хохлатая птица на жёрдочке.

На земле перед ними наискосок ярко чернели их тени с подобранными ногами.

— Нет, Алексей Филиппыч, это слишком сплеча осуждено. Это слишком жестоко. Предателями я считаю тех, кто доносы писал, кто выступал свидетелем. Таких тоже миллионы. На двух сидевших, ну на трёх — одного доносчика можно посчитать? — вот вам и миллионы. Но всех записывать в предатели — это сгоряча. Погорячился и Пушкин. Ломает в бурю деревья, а трава гнётся, — так что́ — трава предала деревья? У каждого своя жизнь. Вы сами сказали: пережить — народный закон.

Шулубин сморщил всё лицо, так сморщил, что мало рта осталось и глаза исчезли. Были круглые большие глаза — и не стало их, одна слепая сморщенная кожа.

Разморщил. Та же табачная радуга, обведенная прикраснённым белком, но смотрели глаза омытее:

— Ну, значит — облагороженная стадность. Боязнь остаться одному. *Вне коллектива.* Вообще это не ново. Френсис Бэкон ещё в XVI веке выдвинул такое учение — об идолах. Он говорил, что люди не склонны жить чистым опытом, им легче загрязнить его предрассудками. Вот эти предрассудки и есть идолы. Идолы рода, как называл их Бэкон. Идолы пещеры...

Он сказал — «идолы пещеры», и Олегу представилась пещера: с костром посередине, вся затянутая дымом, дикари жарят мясо, а в глубине, полунеразличимый, стоит синеватый идол.

— ...Идолы театра...

Где же идол? В вестибюле? На занавесе? Нет, приличней, конечно, — на театральной площади, в центре сквера.

— А что такое идолы театра?

— Идолы театра — это авторитетные чужие мнения, которыми человек любит руководствоваться при истолковании того, чего сам он не пережил.

— Ох, как это часто!

— А иногда — что и сам пережил, но удобнее верить не себе.

— И таких я видел...

— Ещё идолы театра — это неумеренность в согласии с доводами науки. Одним словом, это — добровольно принимаемые заблуждения других.

— Здорово! — очень понравилось Олегу. — Добровольно принимаемые заблуждения других! Да!

— И, наконец, идолы рынка.

О! Это представлялось легче всего! — базарное тесное кишение людей и возвышающийся над ними алебастровый идол.

— Идолы рынка — это заблуждения, проистекающие от взаимной связанности и сообщности людей. Это ошибки, опутывающие человека из-за того, что установилось употреблять формулировки, насилующие разум. Ну, например: враг народа! *не наш* человек! изменник! — и все отшатнулись.

Нервным вскидыванием то одной, то другой руки Шулубин поддерживал свои восклицания — и опять это походило на кривые неловкие попытки взлететь у птицы, по крыльям которой прошлись расчисленные ножницы.

В спины им прижаривало не по весне горячее солнце: не давали тени ещё не слившиеся ветки, отдельно каждая с первой о́зеленью. Ещё не раскалённое по-южному небо сохраняло голубизну между белых хлопьев дневных переходящих облачков. Но, не видя или не веря, взнеся палец над головой, Шулубин тряс им:

— А над всеми идолами — небо страха! В серых тучах — навислое небо страха. Знаете, вечерами, безо всякой грозы, иногда наплывают такие серо-чёрные толстые низкие тучи, прежде времени мрачнеет, темнеет, весь мир становится неуютным, и хочется только спрятаться под крышу, поближе к огню и к родным. Я двадцать пять лет жил под таким небом — и я спасся только тем, что гнулся и молчал. Я двадцать пять лет молчал, а может быть двадцать восемь, сочтите сами, — то молчал для жены, то молчал для детей, то молчал для грешного своего тела. Но жена моя умерла. Но тело моё — мешок с дерьмом, и дырку будут делать сбоку. Но дети мои выросли необъяснимо черствы, необъяснимо! И если дочь вдруг стала писать и прислала мне вот уже третье письмо (это не сюда — домой, это я за два года считаю) — так, оказывается, потому, что парторганизация от неё потребовала *нормализовать* отношения с отцом, понимаете? А от сына и этого не потребовали...

Водя косматыми бровями, всей своей взъерошенностью Шулубин повернулся к Олегу — ах, вот кто он был! он был сумасшедший мельник из «Русалки» — «Какой я мельник?? — я ворон!!»

— Я уж не знаю — может, мне дети эти приснились? Может, их не было?.. Скажите, разве человек — бревно?! Это бревну безразлично — лежать ли ему в одиночку или рядом с другими брёвнами. А я живу так, что, если потеряю сознание, на пол упаду, умру, — меня и несколько суток соседи не обнаружат. И всё-таки — слышите, слышите! — он вцепился в плечо Олега, будто боясь, что тот не услышит, — я по-прежнему остерегаюсь, оглядываюсь! Вот что́ я в палате у вас осмелился произнести — в Фергане я этого не скажу! на работе не скажу! А то, что вам сейчас говорю, — это потому, что стол операционный мне уже подкатывают! И то бы: при третьем не стал! Вот как. Вот куда меня припёрли... А я кончил сельскохозяйственную академию. Я ещё кончил высшие курсы истмата-диамата. Я читал лекции по нескольким специальностям — это всё в Москве. Но начали падать дубы. В сельхозакадемии пал Муралов. Профессоров заметали десятками. Надо было признать *ошибки*? Я их признал! Надо было отречься? Я отрёкся! Какой-то процент ведь уцелел же? Так вот я попал в этот процент. Я ушёл в чистую биологию — нашёл себе тихую гавань!.. Но началась чистка и там, да какая! Прометали кафедры биофаков. Надо было оставить лекции? — хорошо, я их оставил. Я ушёл ассистировать, я согласен быть маленьким!

Палатный молчальник — с какой лёгкостью он говорил! Так у него лилось, будто привычней дела не знал — ораторствовать.

— Уничтожались учебники великих учёных, менялись программы — хорошо, я согласен! — будем учить по новым. Предложили: анатомию, микробиологию, нервные болезни перестраивать по учению невежественного агронома и по садоводной практике. Браво, я тоже так думаю, я — за! Нет, ещё и ассистентство уступите! — хорошо, я не спорю, я буду методист. Нет, жертва неугодна, снимают и с методиста — хорошо, я согласен, я буду библиотекарь, библиотекарь в далёком Коканде! Сколько я отступил! — но всё-таки я жив, но дети мои кончили институты. А библиотекарям спускают тайные списки: уничтожить книги по лженауке генетике! уничтожить все книги персонально таких-то! Да привыкать ли нам? Да разве сам я с кафедры диамата четверть века назад не объявлял теорию относительности — контрреволюционным мракобесием? И я составляю акт, его подписывает мне парторг, спецчасть — и мы суём туда, в печку, — генетику! левую эстетику! этику! кибернетику! арифметику!..

Он ещё смеялся, сумасшедший ворон!

— ...Зачем нам костры на улицах, излишний этот драматизм? Мы — в тихом уголке, мы — в печечку, от печечки тепло!.. Вот куда меня припёрли — к печечке спиной... Зато я вырастил семью. И дочь моя, редактор районной газеты, написала такие лирические стихи:

> Нет, я не хочу отступаться!
> Прощенья просить не умею.
> Уж если драться — так драться!
> Отец? — и его в шею!

Бессильными крыльями висел его халат.

— Да-а-а-а... — только и мог отозваться Костоглотов. — Согласен, вам не было легче.

— То-то. — Шулубин поотдышался, сел равновесней и заговорил спокойнее: — И скажите, в чём загадка чередования этих периодов Истории? В одном и том же народе за каких-нибудь десять лет спадает вся общественная энергия, и импульсы доблести, сменивши знак, становятся импульсами трусости. Ведь я же — большевик с семнадцатого года. Ведь как же я смело разгонял в Тамбове эсеро-меньшевистскую думу, хотя только и было у нас — два пальца в рот и свистеть. Я — участник гражданской войны. Ведь мы же ничуть не берегли свою жизнь! Да мы просто счастливы были отдать её за мировую революцию! Что с нами сделалось? Как мы могли поддаться? И — чему больше? Страху? Идолам рынка? Идолам театра? Ну хорошо, я — маленький человек, но Надежда Константиновна Крупская? Что ж она — не понимала, не видела? Почему о н а не возвысила голос? Сколько бы стоило одно её выступление для всех нас, даже если б оно обошлось ей в жизнь? Да, может быть, мы бы все переменились, все упёрлись — и дальше бы не пошло? А Орджоникидзе? — ведь это был орёл! — ни Шлиссельбургом, ни каторгой его не взяли — что ж удержало его один раз, один раз выступить вслух против Сталина? Но они предпочли загадочно умирать или кончать самоубийством — да разве это мужество, объясните мне?

— Я ли — вам, Алексей Филиппович! Мне ли — вам... Уж это вы объясните.

Шулубин вздохнул и попробовал изменить посадку на скамье. Но было ему больно и так, и сяк.

— Мне интересно другое. Вот вы родились уже после революции. Но — сидели. И что ж — вы разочаровались в социализме? Или нет?

Костоглотов улыбнулся неопределённо.

Шулубин освободил одну руку, он поддерживался ею на скамье, слабую уже, больную руку, и повис ею на плече Олега:

— Молодой человек! Только не сделайте этой ошибки! Только из страданий своих и из этих жестоких лет не выведите, что виноват социализм. То есть, как бы вы ни думали, но капитализм всё равно отвергнут историей навсегда.

— Там у нас... там у нас так рассуждали, что в частном предпринимательстве очень много хорошего. Жить — легче, понимаете? Всегда всё есть. Всегда знаешь, где что найти.

— Слушайте, это обывательское рассуждение! Частное предпринимательство очень гибко, да, но оно хорошо только в узких пределах. Если частное предпринимательство не зажать в железные клещи, то из него вырастают люди-звери, люди биржи, которые знать не хотят удержу в желаниях и в жадности. Прежде чем быть обречённым экономически, капитализм уже был обречён этически! Давно!

— Но знаете, — повёл Олег лбом, — людей, которые удержу не знают в желаниях и жадности, я, честно говоря, наблюдаю и у нас. И совсем не среди кустарей с патентами.

— Правильно! — всё тяжелей ложилась рука Шулубина на плечо Олега. — Так потому что: социализм — но какой? Мы проворно поворачивались, мы думали: достаточно изменить способ производства — и сразу изменятся люди. А — чёрта лысого! А — нисколько не изменились. Человек есть биологический тип! Его меняют тысячелетия!

— Так — какой же социализм?

— А вот, какой? Загадка? Говорят — «демократический», но это поверхностное указание: не на суть социализма, а только на вводящую форму, на род государственного устройства. Это только заявка, что не будет рубки голов, но ни слова — на чём же социализм этот будет строиться. И не на избытке товаров можно построить социализм, потому что, если люди будут буйволами, — растопчут они и эти товары. И не тот социализм, который не устаёт повторять о ненависти, — потому что не может строиться общественная жизнь на ненависти. А кто из года в год пламенел ненавистью, не может с какого-то одного дня сказать: шабаш! с сегодняшнего дня я отненавидел и теперь только люблю. Нет, ненавистником он и останется, найдёт кого ненавидеть поближе. Вы не знаете такого стихотворения Гервега:

Wir haben lang genug geliebt...

Олег перехватил:

— Und wollen endlich hassen!*

Ещё б не знать. Мы его в школах учили.

— Верно-верно, вы учили его в школах! А ведь это страшно! Вас учили в школах ему, а надо бы учить совсем наоборот:

---

* Мы достаточно долго любили
И хотим наконец ненавидеть! *(нем.)*

Wir haben lang genug gehasst,
Und wollen endlich lieben!*

К чёртовой матери с вашей ненавистью, мы наконец хотим любить! — вот какой должен быть социализм.

— Так — христианский, что ли? — догадывался Олег.

— «Христианский» — это слишком запрошено. Те партии, которые так себя назвали, в обществах, вышедших из-под Гитлера и Муссолини, из кого и с кем берутся такой социализм строить — не представляю. Когда Толстой в конце прошлого века решил практически насаждать в обществе христианство — его одежды оказались нестерпимы для современности, его проповедь не имела с действительностью никаких связей. А я бы сказал: именно для России, с нашими раскаяниями, исповедями и мятежами, с Достоевским, Толстым и Кропоткиным, один только верный социализм есть: нравственный! И это — вполне реально.

Костоглотов хмурился:

— Но как это можно понять и представить — «нравственный социализм»?

— А нетрудно и представить! — опять оживлялся Шулубин, но без этого всполошенного выражения мельника-ворона. Он — светлей оживился, и, видно, очень ему хотелось Костоглотова убедить. Он говорил раздельно, как урок: — Явить миру такое общество, в котором все отношения, основания и законы будут вытекать из нравственности — и только из неё! Все расчёты: как воспитывать детей? к чему их готовить? на что направить труд взрослых? и чем занять их досуг? — всё это должно выводиться только из требований нравственности. Научные исследования? Только те, которые не пойдут в ущерб нравственности — и в первую очередь самих исследователей. Так и во внешней политике! Так и вопрос о любой границе: не о том думать, насколько этот шаг нас обогатит, или усилит, или повысит наш престиж, а только об одном: насколько он будет нравственен?

---

* Мы так долго ненавидели
И хотим наконец любить! *(нем.)*

— Ну, это вряд ли возможно! Ещё двести лет! Но подождите, — морщился Костоглотов. — Я чего-то не ухватываю. А где ж у вас — материальный базис? Экономика-то должна быть, это самое... — раньше?

— Раньше? Это у кого как. Например, Владимир Соловьёв довольно убедительно развивает, что можно и нужно экономику строить — на основании нравственности.

— Как?.. Сперва нравственность, потом экономика? — очудело смотрел Костоглотов.

— Да! Слушайте, русский человек, вы Владимира Соловьёва не читали, конечно, ни строчки?

Костоглотов покачал губами.

— Но имя-то хоть слышали?

— В тюряге.

— А Кропоткина хоть страницу читали? «Взаимопомощь среди людей...»?

Всё то же было движение Костоглотова.

— Ну да, он же не прав, зачем его читать!.. А Михайловского? Да нет, конечно, он же опровергнут и после этого запрещён и изъят.

— Да когда читать! Кого читать! — возмутился Костоглотов. — Я весь век горблю, а меня со всех сторон теребят: читал ли? читал? В армии я лопату из рук не выпускал и в лагере — её же, а в ссылке сейчас — кетмень, когда мне читать?

Но — растревоженное и настигающее выражение светилось на круглоглазом мохнобровом лице Шулубина:

— Так вот что такое нравственный социализм: не к счастью устремить людей, потому что это тоже идол рынка — «счастье»! — а ко взаимному расположению. Счастлив и зверь, грызущий добычу, а взаимно расположены могут быть только люди! И это — высшее, что доступно людям!

— Нет, счастье — вы мне оставьте! — живо настаивал Олег. — Счастье вы мне оставьте, хоть на несколько месяцев перед смертью! Иначе — на чёрта... ?

— Счастье — это мираж! — из последних сил настаивал Шулубин. Он побледнел. — Я вот детей воспитывал — и был счастлив. А они мне в душу наплевали. А я для этого счастья книги с истиной — в печке жёг. А тем более ещё так называемое «счастье будущих поколений». Кто его может выведать? Кто с этими будущими поколениями разговаривал — каким ещё идолам они будут поклоняться? Слишком менялось представление о счастьи в веках, чтоб осмелиться подготовлять его заранее. Каблуками давя белые буханки и захлёбываясь молоком — мы совсем ещё не будем счастливы. А делясь недостающим — уже сегодня будем! Если только заботиться о «счастьи» да о размножении — мы бессмысленно заполним землю и создадим страшное общество... Что-то мне плохо, вы знаете... Надо пойти лечь...

Олег пропустил, как бескровно и предмертво стало всё лицо Шулубина, и без того-то измученное.

— Дайте, дайте, Алексей Филиппыч, я вас под руку!..

Нелегко было Шулубину и встать из своего положения. А побрели они медленно совсем. Весенняя невесомость окружала их, но они оба были подвластны тяготению, и кости их, и ещё уцелевшее мясо их, и одежда, и обувь, и даже солнечный падающий на них поток — всё обременяло и давило.

Они шли молча, устав говорить.

Только перед ступеньками ракового крыльца, уже в тени корпуса, Шулубин, опираясь на Олега, поднял голову на тополя, посмотрел на клочок весёлого неба и сказал:

— Как бы мне под ножом не кончиться. Страшно... Сколько ни живи, какой собакой ни живи — всё равно хочется...

Потом они вошли в вестибюль — и стало спёрто, вонько. И медленно, по ступенечке, по ступенечке одолевали большую лестницу.

И Олег спросил:

— Слушайте, и это всё вы обдумали за двадцать пять лет, пока гнулись, отрекались... ?

— Да. Отрекался — и думал, — пусто, без выражения, слабея, отвечал Шулубин. — Книги в печку совал — и размышлял. А что ж я? Му́кой своей. И предательством. Не заслужил хоть немного мысли?..

32

Чтобы до такой степени известное тебе, многократно, вдоль и поперёк известное, могло так выворотиться и стать совсем новым и чужим — Донцова всё-таки не представляла. Тридцать лет уже она занималась болезнями других людей, добрых двадцать сидела у рентгеновского экрана, читала на экранах, читала на плёнке, читала в искажённых умоляющих глазах, сопоставляла с анализами, с книгами, писала статьи, спорила с коллегами, спорила с больными — и только всё непреложнее становились ей свой опыт и своя выработанная точка зрения, всё связнее — медицинская теория. Была этиология и патогенез, симптомы, диагноз, течение, лечение, профилактика и прогноз, а сопротивления, сомнения и страхи больных, хотя и были понятными человеческими слабостями и вызывали сочувствие врача, — но при взвешивании методов они были нули, в логических квадратах им не оставлено было места.

До сих пор все человеческие тела были устроены абсолютно одинаково: единый анатомический атлас описывал их. Одинакова была и физиология жизненных процессов и физиология ощущений. Всё, что было нормальным и что было отклонением от нормального, — разумно объяснялось авторитетными руководствами.

И вдруг в несколько дней её собственное тело вывалилось из этой стройной системы, ударилось о жёсткую землю и оказалось беззащитным мешком, набитым органами, органами, каждый из которых в любую минуту мог заболеть и закричать.

В несколько дней всё выворотилось наизнанку и, составленное по-прежнему из изученных элементов, стало неизученно и жутко.

Когда сын её ещё был маленьким мальчиком, они смотрели с ним картинки: самые простые домашние предметы — чайник, ложка, стул, — нарисованные из необычной точки, были неузнаваемы.

Таким же неузнаваемым выглядел теперь ей ход её собственной болезни и её новое место в лечении. Теперь уже не предстояло ей быть в лечении разумной направляющей силой — но отбивающимся безрассудным комком. Первое приятие болезни раздавило её как лягушку. Первое сживание с болезнью было невыносимо: опрокидывался мир, опрокидывался весь порядок мировых вещей. Ещё не умерев, уже надо было бросить и мужа, и сына, и дочь, и внука, и работу — хотя именно эта самая работа будет теперь грохотать по ней и через неё. Надо было в один день отказаться ото всего, что составляло жизнь, и бледно-зелёной тенью потом ещё сколько-то мучиться, долго не зная, до конца ли она домрёт или вернётся к существованию.

Никаких, кажется, украшений, радостей и празднеств не было в её жизни — труд и беспокойства, труд и беспокойства, — но до чего ж, оказывается, была прекрасна эта жизнь, и как до вопля невозможно было с ней расстаться!

Всё воскресенье уже было ей не воскресенье, а подготовка своих внутренностей к завтрашнему рентгену.

В понедельник, как договорились, в четверть десятого Дормидонт Тихонович в их рентгеновском кабинете вместе с Верой Гангарт и ещё одной из ординаторок потушили свет и начали адаптироваться к темноте. Людмила Афанасьевна разделась, зашла за экран. Беря от санитарки первый стакан бариевой взвеси, она проплеснула неловко: оказалось, что её рука — столько раз тут же, в резиновых перчатках, твёрдо выминавшая животы — трясётся.

И все известные приёмы повторили над ней: щупанья, выминанья, поворачиванья, подъём рук, вздохи. Тут же опускали стойку, клали её и делали снимки в разных проекциях. Потом надо было дать время контрастной массе распространиться по пищевому тракту дальше — а рентгеновская установка не могла же пустовать, и ординатор пока пропускала своих очередных больных. И Людмила Афанасьевна даже подсаживалась ей на помощь, но плохо сообразжала и не помогла. Снова подходило ей время становиться за экран, пить барий и ложиться под снимок.

Только просмотр не проходил в обычной деловой тишине с короткими командами, а Орещенков всё время подшучивал то над своими молодыми помощницами, то над Людмилой Афанасьевной, то над собой: рассказывал, как его, ещё студента, вывели из молодого тогда МХАТа за безобразие — была премьера «Власти тьмы», и Аким так натурально сморкался и так онучи разворачивал, что Дормидонт с приятелем стали шикать. И с тех пор, говорил он, каждый раз во МХАТе боится, чтоб его не узнали и опять не вывели. И все старались побольше говорить, чтоб не такие томительные были паузы между этими молчаливыми рассматриваниями. Однако Донцова хорошо слышала, что Гангарт говорит через силу, сухим горлом, её-то она знала!

Но так ведь Людмила Афанасьевна и хотела! Вытирая рот после бариевой сметаны, она ещё раз объявила:

— Нет, больной не должен знать всего! Я так всегда считала и сейчас считаю. Когда вам надо будет обсуждать — я буду выходить из комнаты.

Они приняли этот порядок, и Людмила Афанасьевна выходила, пыталась найти себе дело то с рентгенолаборантами, то над историями болезней, дел много было, но ни одного из них она не могла сегодня допонять. И вот снова звали её — и она шла с колотящимся сердцем, что они встретят её обрадованными словами, Верочка Гангарт облегчённо обнимет и поздравит — но ничего этого не случалось, а снова были распоряжения, повороты и осмотры.

Подчиняясь каждому такому распоряжению, Людмила Афанасьевна сама не могла над ним не думать и не пытаться объяснить.

— По вашей методике я же вижу, что́ вы у меня ищете! — всё-таки вырвалось у неё.

Она так поняла, что они подозревают у неё опухоль не желудка и не на выходе из желудка, но на входе — а это был самый трудный случай, потому что требовал бы при операции частичного вскрытия грудной клетки.

— Ну Лю-удочка, — гудел в темноте Орещенков, — ведь вы же требуете раннего распознания, так вот методика вам не та! Хотите, месяца три подождём, тогда быстрей скажем?

— Нет уж, спасибо вам за три месяца!

И большой главной рентгенограммы, полученной к концу дня, она тоже не захотела смотреть. Потеряв обычные решительные мужские движения, она смяклая сидела на стуле под верхней яркой лампой и ждала заключительных слов Орещенкова, — слов, решения, но не диагноза!

— Так вот, так вот, уважаемый коллега, — доброжелательно растягивал Орещенков, — мнения знаменитостей разделились.

А сам из-под угловатых бровей смотрел и смотрел на её растерянность. Казалось бы, от решительной непреклонной Донцовой можно было ждать большей силы в этом испытании. Её внезапная обмяклость ещё и ещё раз подтверждала мнение Орещенкова, что современный человек беспомощен перед ликом смерти, что ничем он не вооружён встретить её.

— И кто же думает хуже? — силилась улыбнуться Донцова.

(Ей хотелось, чтоб — не он!)

Орещенков развёл пальцами:

— Хуже думают ваши *дочки.* Вот как вы их воспитали. А я о вас всё же лучшего мнения. — Небольшой, но очень доброжелательный изгиб выразился углами его губ.

Гангарт сидела бледная, будто решения ждала себе.

— Ну, спасибо, — немного легче стало Донцовой. — И... что же?

Сколько раз за этим глотком передышки ждали больные решения от неё, и всегда это решение строилось на разуме, на цифрах, это был логически постигаемый и перекрестно проверенный вывод. Но какая же бочка ужаса ещё таилась, оказывается, в этом глотке!

— Да что ж, Людочка, — успокоительно рокотал Орещенков. — Мир ведь несправедлив. Были бы вы *не наша*, мы бы вот так сейчас, с альтернативным диагнозом, передали бы вас хирургам, а они бы там что-нибудь резанули, по пути что-нибудь бы выхватили. Есть такие негодники, что из брюшной полости никогда без сувенира не уйдут. Резанули бы — и выяснилось, кто ж тут прав. Но вы ведь — *наша.* И в Москве, в институте рентгенорадиологии, — наша Леночка, и Серёжа там. Так вот что мы решили: поезжайте-ка вы туда?.. У-гм? Они прочтут, что мы им напишем, они вас и сами посмотрят. Число мнений увеличится. Если надо будет резать — так там и режут лучше. И вообще там всё лучше, а?

(Он сказал: «Если надо будет резать». Он хотел выразить, что, может, и не придётся?.. Или нет, вот что... Нет, хуже...)

— То есть, — сообразила Донцова, — операция настолько сложна, что вы не решаетесь делать её здесь?

— Да нет же, ну нет! — нахмурился и прикрикнул Орещенков. — Не ищите за моими словами ничего больше сказанного. Просто мы устраиваем вам... как это?.. блат. А не верите — вон, — кивнул на стол, — берите плёнку и смотрите сами.

Да, это было так просто! Это было — руку протянуть и подвластно её анализу.

— Нет, нет, — отгородилась Донцова от рентгенограммы. — Не хочу.

Так и решили. Поговорили с главным. Донцова съездила в республиканский минздрав. Там почему-то нисколько не тянули, а дали ей и разрешение, и направление. И вдруг оказалось, что, по сути, ничто больше уже не держит её в городе, где она проработала двадцать лет.

Верно знала Донцова, когда ото всех скрывала свою боль: только одному человеку объяви — и всё тронется неудержимо, и от тебя ничего уже не будет зависеть. Все постоянные жизненные связи, такие прочные, такие вечные, — рвались и лопались не в дни даже, а в часы. Такая единственная и незаменимая в диспансере и дома — вот она уже и заменялась.

Такие привязанные к земле — мы совсем на ней и не держимся!..

И что же теперь было медлить? В ту же среду она шла в свой последний обход по палатам с Гангарт, которой передавала заведывание лучевым отделением.

Этот обход у них начался утром, а шёл едва ли не до обеда. Хотя Донцова очень надеялась на Верочку, и всех тех же стационарных знала Гангарт, что и Донцова, но когда

Людмила Афанасьевна начала идти мимо коек больных с сознанием, что вряд ли вернётся к ним раньше месяца, а может быть не вернётся совсем, — она первый раз за эти дни просветлилась и немного окрепла. К ней вернулись интерес и способность соображать. Как-то сразу отшелушилось её утреннее намерение скорей передать дела, скорей оформить последние бумаги и ехать домой собираться. Так привыкла она направлять всё властно сама, что и сегодня ни от одного больного не могла отойти, не представив себе хоть месячного прогноза: как потечёт болезнь, какие новые средства понадобятся в лечении, в каких неожиданных мерах может возникнуть нужда. Она почти как прежде, почти как прежде ходила по палатам — и это были первые облегчённые часы в заверти её последних дней.

Она привыкала к горю.

А вместе с тем шла она и как лишённая врачебных прав, как дисквалифицированная за какой-то непростительный поступок, к счастью ещё не объявленный больным. Она выслушивала, назначала, указывала, смотрела мнимо-вещим взглядом на больную, а у самой холодок тёк по спине, что она уже не смеет судить жизнь и смерть других, что через несколько дней она будет такая же беспомощная и поглупевшая лежать в больничной постели, мало следя за своею внешностью, — и ждать, что скажут старшие и опытные. И бояться болей. И может быть досадовать, что легла не в ту клинику. И может быть сомневаться, что её не так лечат. И как о счастьи самом высшем мечтать о будничном праве быть свободной от больничной пижамы и вечером идти к себе домой.

Это всё подступало и опять-таки мешало ей соображать с обычной определённостью.

А Вера Корнильевна безрадостно принимала бремя, которого совсем не хотела такой ценой. Да и вообще-то не хотела.

«Мама» не пустое было для Веры слово. Она дала Людмиле Афанасьевне самый тяжёлый диагноз из трёх, она ожидала для неё изнурительной операции, которой та, подточенная хронической лучевой болезнью, могла и не вынести. Она ходила сегодня с ней рядом и думала, что, может быть, это в последний раз — и ей придётся ещё многие годы ходить между этих коек и всякий день щемяще вспоминать о той, кто сделал из неё врача.

И незаметно снимала пальцем слезинки.

А должна была Вера сегодня, напротив, как никогда чётко предвидеть и не упустить задать ни одного важного вопроса, — потому что все эти полсотни жизней первый раз полной мерой ложились на неё, и уже спрашивать будет не у кого.

Так, в тревоге и рассеянии, тянулся их обход полдня. Сперва они прошли женские палаты. Потом всех лежащих в лестничном вестибюле и коридоре. Задержались, конечно, около Сибгатова.

Сколько ж было вложено в этого тихого татарина! А выиграны только месяцы оттяжки, да и месяцы какие — этого жалкого бытия в неосвещённом непроветренном углу вестибюля. Уже не держал Сибгатова крестец, только две сильных руки, приложенных сзади к спине, удерживали его вертикальность; вся прогулка его была — перейти посидеть в соседнюю палату и послушать, о чём толкуют; весь воздух — что дотягивалось из дальней форточки; всё небо — потолок.

Но даже и за эту убогую жизнь, где ничего не содержалось, кроме лечебных процедур, свары санитарок, казённой еды да игры в домино, — даже за эту жизнь с зияющею спиной на каждом обходе светились благодарностью его изболелые глаза.

И Донцова подумала, что если свою обычную мерку отбросить, а принять от Сибгатова, так она ещё — счастливый человек.

А Сибгатов уже слышал откуда-то, что Людмила Афанасьевна — сегодня последний день.

Ничего не говоря, они гляделись друг в друга, разбитые, но верные союзники, перед тем как хлыст победителя разгонит их в разные края.

«Ты видишь, Шараф, — говорили глаза Донцовой, — я сделала, что могла. Но я ранена и падаю тоже.»

«Я знаю, мать, — отвечали глаза татарина. — И тот, кто меня родил, не сделал для меня больше. А я вот спасать тебя — не могу.»

С Ахмаджаном исход был блестящий: незапущенный случай, всё сделано точно по теории и точно по теории оправдывалось. Подсчитали, сколько он облучён, и объявила ему Людмила Афанасьевна:

— Выписываешься!

Это бы с утра надо было, чтоб дать знать старшей сестре и успели бы принести его обмундирование со склада, — но и сейчас Ахмаджан, уже безо всякого костыля, бросился вниз к Мите. Теперь и вечера лишнего он тут бы не стерпел — на этот вечер его ждали друзья в Старом городе.

Знал и Вадим, что Донцова сдаёт отделение и едет в Москву. Это так получилось: вчера вечером пришла телеграмма от мамы в два адреса — ему и Людмиле Афанасьевне — о том, что коллоидное золото высылается их диспансеру. Вадим сразу поковылял вниз, Донцова была в минздраве, но Вера Корнильевна уже видела телеграмму, поздравила его и тут же познакомила с Эллой Рафаиловной, их радиологом, которая и должна была теперь вести курс его лечения, как только золото достигнет их радиологического кабинета. Тут пришла и разбитая Донцова, прочла телеграмму и сквозь потерянное своё выражение тоже старалась бодро кивать Вадиму.

Вчера Вадим радовался безудержно, заснуть не мог, но сегодня к утру раздумался: а когда ж это золото довезут? Если б его дали на руки маме — уже сегодня утром оно было бы здесь. Будут ли его везти три дня? или неделю? Этим вопросом Вадим и встретил подходящих к нему врачей.

— На днях, конечно на днях, — сказала ему Людмила Афанасьевна.

(Но про себя-то знала она эти *дни*. Она знала случай, когда другой препарат был назначен московским институтом для рязанского диспансера, но девчёнка на сопроводиловке надписала «казанскому», а в министерстве — без министерства тут никак — прочли «казахскому» и отправили в Алма-Ату.)

Что может сделать радостное известие с человеком! Те же самые чёрные глаза, такие мрачные последнее время, теперь блистали надеждой, те же самые припухлые губы, уже в непоправимо косой складке, опять выровнялись и помолодели, и весь Вадим, побритый, чистенький, подобранный, вежливый, сиял как именинник, с утра обложенный подарками.

Как мог он так упасть духом, так ослабиться волей последние две недели! Ведь в воле — спасение, в воле — всё! Теперь — гонка! Теперь только одно: чтобы золото быстрей пронеслось свои три тысячи километров, чем свои тридцать сантиметров проползут метастазы! И тогда золото очистит ему пах. Оградит остальное тело. А ногой — ну, ногой бы можно и пожертвовать. Или может быть — какая наука, в конце концов, может совсем запретить нам веру? — попятно распространяясь, радиоактивное золото излечит и саму ногу?

В этом была справедливость, разумность, чтоб именно он остался жив! А мысль примириться со смертью, дать чёрной пантере себя загрызть — была глупа, вяла, недостойна. Блеском своего таланта он укреплялся в мысли, что — выживет, выживет! Полночи он не спал от распирающего радостного возбуждения, представляя, что́ может сейчас делаться с тем свинцовым бюксиком, в котором везут ему золото: в багажном ли оно вагоне? или везут его на аэродром? или оно уже на самолёте? Он глазами возносился туда, в три тысячи километров тёмного ночного пространства, и торопил, торопил, и даже ангелов бы кликнул на помощь, если б ангелы существовали.

Сейчас на обходе он с подозрением следил, что будут делать врачи. Они ничего худого не говорили и даже лицами старались не выражать, но — щупали. Щупали, правда, не только печень, а в разных местах, и обменивались какими-то незначительными советами. Вадим отмеривал, не дольше ли они щупают печень, чем всё остальное.

(Они видели, какой это пристальный, настороженный больной, и совсем без надобности ходили пальцами даже на селезёнку, но истинная цель их наторённых пальцев была проверить, насколько изменена печень.)

Никак не удалось бы быстро миновать и Русанова: он ждал своего спецпайка внимания. Он последнее время очень подобрел к этим врачам: хотя и не заслуженные, и не доценты, но они его вылечили, факт. Опухоль на шее теперь свободно побалтывалась, была плоская, небольшая. Да, наверно, и с самого начала такой опасности не было, как раздули.

— Вот что, товарищи, — заявил он врачам. — Я от уколов устал, как хотите. Уже больше двадцати. Может, хватит, а? Или я дома докончил бы?

Кровь у него, действительно, была совсем неважная, хотя переливали четыре раза. И — жёлтый, заморенный, сморщенный вид. Даже тюбетейка на голове стала как будто большая.

— В общем, спасибо, доктор! Я тогда, вначале, был не прав, — честно объявил Русанов Донцовой. Он любил признавать свои ошибки. — Вы меня вылечили — и спасибо.

Донцова неопределённо кивнула. Не от скромности так, не от смущения, а потому что ничего он не понимал, что говорил. Ещё ожидали его вспышки опухолей во многих железах. И от быстроты процесса зависело — будет ли вообще он жив через год.

Как, впрочем, и она сама.

Она и Гангарт жёстко щупали его под мышками и надключичные области. Русанов даже поёживался, так сильно они давили.

— Да там нет ничего! — уверял он. Теперь-то ясно было, что его только запугивали этой болезнью. Но он — стойкий человек, и вот легко её перенёс. И этой стойкостью, обнаруженной в себе, он особенно был горд.

— Тем лучше. Но надо быть очень внимательным самому, товарищ Русанов, — внушила Донцова. — Дадим вам ещё укол или два и, пожалуй, выпишем. Но вы будете являться на осмотр каждый месяц. А если сами что-нибудь где-нибудь заметите, то и раньше.

Однако повеселевший Русанов из своего-то служебного опыта понимал, что эти обязательные явки на осмотр — простые галочные мероприятия, графу заполнить. И сейчас же пошёл звонить домой о радости.

Дошла очередь до Костоглотова. Этот ждал их со смешанным чувством: они ж его как будто спасли, они ж его и погубили. Мёд был с дёгтем равно смешан в бочке, и ни в пищу теперь не шёл, ни на смазку колёс.

Когда подходила к нему Вера Корнильевна одна — это была Вега, и о чём бы по службе она его ни спрашивала, и что бы ни назначала — он смотрел на неё и радовался. Он почему-то, последнюю неделю, полностью простил ей то калечение, которое она настойчиво несла его телу. Он стал признавать за ней как будто какое-то право на своё тело — и это было ему тепло. И когда она подходила к нему на обходах, то всегда хотелось погладить её маленькие руки или мордой потереться о них, как пёс.

Но вот они подошли вдвоём, и это были врачи, закованные в свои инструкции, и Олег не мог освободиться от непонимания и обиды.

— Ну как? — спросила Донцова, садясь к нему на кровать.

А Вега стояла за её спиной и слегка-слегка ему улыбалась. К ней опять вернулось это расположение или даже неизбежность — всякий раз при встрече хоть чуть да улыбнуться ему. Но сегодня она улыбалась как через пелену.

— Да неважно, — устало отозвался Костоглотов, вытягивая голову из свешенного состояния на подушку. — Ещё стало у меня от неудачных движений как-то сжимать вот тут... в средостении. Вообще чувство, что меня залечили. Прошу — кончать.

Он не с прежним жаром этого требовал, а говорил равнодушно, как о деле чужом и слишком ясном, чтоб ещё настаивать.

Да Донцова что-то и не настаивала, устала и она:

— Голова — ваша, как хотите. Но лечение не кончено.

Она стала смотреть его кожу на полях облучения. Пожалуй, кожа уже взывала об окончании. Поверхностная реакция могла ещё и усилиться после конца сеансов.

— Он у нас уже не по два в день получает? — спросила Донцова.

— Уже по одному, — ответила Гангарт.

(Она произносила такие простые слова: «уже по одному», и чуть вытягивала тонкое горло, и получалось, что она что-то нежное выговаривала, что должно было тронуть душу!)

Странные живые ниточки, как длинные женские волосы, зацепились и перепутали её с этим больным. И только она одна ощущала боль, когда они натягиваются и рвутся, а ему не было больно, и вокруг не видел никто. В тот день, когда Вера услышала о ночных сценах с Зоей, ей как будто рванули целый клок. И может, так было бы и лучше кончить. Этим рывком напомнили ей закон, что мужчинам не ровесницы нужны, а те, кто моложе. Она не должна была забывать, что её возраст пройден.

Но потом он стал так явно попадаться ей на дороге, так ловить её слова, так хорошо разговаривать и смотреть. И ниточки-волосы стали отбиваться по одной и запутываться вновь.

Что́ были эти ниточки? Необъяснимое и нецелесообразное. Вот-вот он должен был уехать — и крепкая хватка будет держать его там. И приезжать он будет лишь тогда, когда станет очень худо, когда смерть будет гнуть его. А чем здоровей — тем реже, тем никогда.

— А сколько он у нас получил синестрола? — осведомлялась Людмила Афанасьевна.

— Больше чем надо, — ещё прежде Веры Корнильевны неприязненно сказал Костоглотов и смотрел тупо. — На всю жизнь хватит.

В обычное время Людмила Афанасьевна не спустила б ему такой грубой реплики и проработала бы крепко. Но сейчас — поникла в ней вся воля, она еле доканчивала обход. А вне своей должности, уже прощаясь с ней, она, собственно, не могла возразить Костоглотову. Конечно, лечение было варварское.

— Вот вам мой совет, — сказала она примирительно, и так, чтобы в палате не слышали. — Не надо вам стремиться к семейному счастью. Вам надо ещё много лет пожить без полноценной семьи.

Вера Корнильевна опустила глаза.

— Потому что, помните: ваш случай был очень запущенный. Вы к нам прибыли поздно.

Знал Костоглотов, что дело плохо, но, так вот прямо услышав от Донцовой, разинул рот.

— М-мда-а-а, — промычал он. Но нашёл утешающую мысль: — Ну, да я думаю — и начальство об этом позаботится.

— Будете, Вера Корнильевна, продолжать ему тезан и пентаксил. Но вообще придётся отпустить его отдохнуть. Мы вот что сделаем, Костоглотов: мы выпишем вам трёхмесячный запас синестрола, он в аптеках сейчас есть, вы купите — и обязательно наладите лечение дома. Если уколы делать там у вас некому — берите таблетками.

Костоглотов шевельнул губами напомнить ей, что, во-первых, нет у него никакого дома, во-вторых, нет денег, а в-третьих, не такой он дурак, чтоб заниматься тихим самоубийством.

Но она была серо-зелёная, измученная, и он раздумал, не сказал.

На том и кончился обход.

Прибежал Ахмаджан: всё уладилось, пошли и за его обмундированием. Сегодня он будет с дружком выпивать! А справки-бумажки завтра получит. Он так был возбуждён, так быстро и громко говорил, как никогда ещё его не видели. Он с такой силой и твёрдостью двигался, будто не болел эти два месяца с ними здесь. Под чёрным густым ёжиком, под мазутно-чёрными бровями глаза его горели, как у пьяного, и всей спиной он вздрагивал от ощущения жизни — за порогом, сейчас. Он кинулся собираться, бросил, побежал просить, чтоб его покормили обедом вместе с первым этажом.

А Костоглотова вызвали на рентген. Он ждал там, потом лежал под аппаратом, потом ещё вышел на крыльцо посмотреть, отчего погода такая хмурая.

Всё небо заклубилось быстрыми серыми тучами, а за ними ползла совсем фиолетовая, обещая большой дождь. Но очень было тепло, и дождь мог полить только весенний.

Гулять не выходило, и снова он поднялся в палату. Ещё из коридора он услышал громкий рассказ взбудораженного Ахмаджана:

— Кормят их, гад буду, лучше, чем солдат! Ну — не хуже! Пайка — кило двести. А их бы говном кормить! А работать — не работают! Только до зоны их доведём, сейчас разбегут, прятают и спят целый день!

Костоглотов тихо вступил в дверной проём. Над постелью, ободранной от простынь и наволочки, Ахмаджан стоял с приготовленным узелком и, размахивая рукой, блестя белыми зубами, уверенно досказывал свой последний рассказ палате.

А палата вся переменилась — уже ни Федерау не было, ни философа, ни Шулубина. Этого рассказа при прежних составах палаты почему-то Олег никогда от Ахмаджана не слышал.

— И — ничего не строят? — тихо спросил Костоглотов. — Так-таки ничего в зоне и не возвышается?

— Ну, строят, — сбился немного Ахмаджан. — Ну — плохо строят.

— А вы бы — помогли... — ещё тише, будто силы теряя, сказал Костоглотов.

— Наше дело — винтовка, ихнее дело — лопата! — бодро ответил Ахмаджан.

Олег смотрел на лицо своего товарища по палате, словно видя его первый раз, или нет, много лет его видев в воротнике тулупа и с автоматом. Не развитый выше игры в домино, он был искренен, Ахмаджан, прямодушен.

Если десятки лет за десятками лет не разрешать рассказывать то, как оно есть, — непоправимо разблуживаются человеческие мозги, и уже соотечественника понять труднее, чем марсианина.

— Ну, как ты это себе представляешь? — не отставал Костоглотов. — Людей — и говном кормить? Ты — пошутил, да?

— Ничего не шутил! Они — не люди! Они — не люди! — уверенно-разгорячённо настаивал Ахмаджан.

Он надеялся и Костоглотова убедить, как верили ему другие тут слушатели. Он знал, правда, что Олег — ссыльный, а о лагерях его он не знал.

Костоглотов покосился на койку Русанова, не понимая, почему тот не вступается за Ахмаджана, но того просто не было в палате.

— А я тебя — за армейца считал. А ты во-от в какой армии служил, — тянул Костоглотов. — Ты — Берии служил, значит?

— Я никакой Берии не знаю! — рассердился и покраснел Ахмаджан. — Кто там сверху поставят — моё дело маленькое. Я присягу давал — и служил. Тебя заставят — и ты служил...

33

В тот день и полил дождь. И всю ночь лил, да с ветром, а ветер всё холодал, и к утру четверга шёл дождь уже со снегом, и все, кто в клинике предсказывал весну и рамы открывал, тот же и Костоглотов, — примолкли. Но с четверга ж с обеда кончился снег, пересекся дождь, упал ветер — стало хмуро, холодно и неподвижно.

В вечернюю же зарю тонкой золотой щелью просветлился западный край неба.

А в пятницу утром, когда выписывался Русанов, небо распахнулось без облачка, и даже раннее солнце стало подсушивать большие лужи на асфальте и земляные дорожки искосные, через газоны.

И почувствовали все, что вот это уже начинается самая верная и бесповоротная весна. И прореза́ли бумагу на окнах, сбивали шпингалеты, рамы открывали, а сухая замазка падала на пол санитаркам подметать.

Павел Николаевич вещей своих на склад не сдавал, казённых не брал и волен был выписываться в любое время дня. За ним приехали утром, сразу после завтрака.

Да кто приехал! — машину привёл Лаврик: он накануне получил права! И накануне же начались школьные каникулы — с вечеринками для Лаврика, с прогулками для Майки, и оттого младшие дети ликовали. С ними двумя Капитолина Матвеевна и приехала, без старших. Лаврик выговорил, что после этого повезёт покатать друзей, — и должен был показать, как уверенно водит и без Юрки.

И как в ленте, крутимой назад, всё пошло наоборот, но насколько же веселее! Павел Николаевич зашёл в каморку к старшей сестре в пижаме, а вышел в сером костюме. Весёлый Лаврик, гибкий красивый парень в новом синем костюме, совсем уже взрослый, если бы в вестибюле не затеял возню с Майкой, всё время гордо крутил вокруг пальца на ремешке автомобильный ключ.

— А ты все ручки закрыл? — спрашивала Майка.

— Все.

— А стёкла все закрутил?

— Ну, пойди проверь.

Майка бежала, тряся тёмными кудряшками, и возвращалась:

— Всё в порядке. — И тут же делала вид испуга: — А багажник ты запер?

— Ну, пойди проверь.

И опять она бежала.

По входному вестибюлю всё так же несли в банках жёлтую жидкость в лабораторию. Так же сидели изнурённые, без лица, ожидая свободных мест, и кто-то лежал врастяжку на скамье. Но Павел Николаевич смотрел на это всё даже снисходительно: он оказался мужественным человеком и сильнее обстоятельств.

Лаврик понёс папин чемодан. Капа, в демисезонном абрикосовом пальто со многими крупными пуговицами, медногривая, помолодевшая от радости, отпускающе кивнула старшей сестре и пошла под руку с мужем. По другую сторону отца повисла Майка.

— Ты ж посмотри, какая шапочка на ней! Ты ж посмотри — шапочка новая, полосатая!

— Паша, Паша! — окликнули сзади.

Обернулись.

Шёл Чалый из хирургического коридора. Он отлично бодро выглядел, даже уже не жёлтый. Лишь и было в нём от больного, что — пижама больничная да тапочки.

Павел Николаевич весело пожал ему руку и сказал:

— Вот, Капа, — герой больничного фронта, знакомься! Желудок ему отхватили, а он только улыбается.

Знакомясь с Капитолиной Матвеевной, Чалый изящно как-то состукнул пятками, а голову отклонил набок — отчасти почтительно, отчасти игриво.

— Так телефончик, Паша! Телефончик-то оставь! — теребил Чалый.

Павел Николаевич сделал вид, что в дверях замешкался и, может быть, недослышал. Хороший был Чалый человек, но всё-таки другого круга, других представлений, и, пожалуй, не очень солидно было связываться с ним. Русанов искал, как поблагородней ему бы отказать.

Вышли на крыльцо, и Чалый сразу окинул «москвича», уже развёрнутого Лавриком к движению. Оценил глазами и не спросил: «твоя?», а сразу:

— Сколько тысяч прошла?

— Да ещё пятнадцати нет.

— А чего ж резина такая плохая?

— Да вот попалась такая... Делают так, работнички...

— Так тебе достать?

— А ты можешь?! Максим!

— Ёж твою ёж! Да шутя! Пиши и мой телефон, пиши! — тыкал он в грудь Русанову пальцем. — Как отсюда выпишусь — в течение недели гарантирую!

Не пришлось и причины придумывать! Вырвал Павел Николаевич из записной книжечки листик и написал Максиму служебный свой и домашний свой.

— Всё, порядочек! Будем звонить! — прощался Максим.

Майка прыгнула на переднее, а родители сели сзади.

— Будем дружить! — подбадривал их Максим на прощанье.

Хлопнули дверцы.

— Будем жить! — кричал Максим, держа руку как «рот фронт».

— Ну? — экзаменовал Лаврик Майку. — Что сейчас делать? Заводить?

— Нет! Сперва проверить, не стоит ли на передаче! — тарахтела Майка.

Они поехали, ещё кое-где разбрызгивая лужи, завернули за угол ортопедического. Тут в сером халате и сапогах прогулочно, не торопясь, шёл долговязый больной как раз посередине асфальтного проезда.

— А ну-ка, гудни ему как следует! — успел заметить и сказать Павел Николаевич.

Лаврик коротко сильно гуднул. Долговязый резко свернул и обернулся. Лаврик дал газу и прошёл в десяти сантиметрах от него.

— Я его звал — Оглоед. Если бы вы знали, какой неприятный завистливый тип. Да ты его видела, Капа.

— Что ты удивляешься, Пасик! — вздохнула Капа. — Где счастье, там и зависть. Хочешь быть счастливым — без завистников не проживёшь.

— Классовый враг, — бурчал Русанов. — В другой бы обстановке...

— Так давить его надо было, что ж ты мне сказал — гудеть? — смеялся Лаврик и на миг обернулся.

— Ты — не смей головой вертеть! — испугалась Капитолина Матвеевна.

И правда, машина вильнула.

— Ты не смей головой вертеть! — повторила Майка и звонко смеялась. — А мне можно, мама? — И крутила головку назад то через лево, то через право.

— Я вот его не пущу девушек катать, будет знать!

Когда выезжали из медгородка, Капа отвертела стекло и, выбрасывая что-то мелкое через окно назад, сказала:

— Ну, хоть бы не возвращаться сюда, будь он проклят! Не оборачивайтесь никто!

А Костоглотов им вослед матюгнулся всласть, длинным коленом.

Но вывод сделал такой, что это — правильно: надо и ему выписываться обязательно утром. Совсем ему неудобно среди дня, когда всех выписывают, — никуда не успеешь.

А выписка ему была обещана назавтра.

Разгорался солнечный ласковый день. Всё быстро прогревалось и высыхало. В Уш-Тереке тоже уже, наверно, копают огороды, чистят арыки.

Он гулял и размечтался. Счастье какое: в лютый мороз уезжал умирать, а сейчас вернётся в самую весну — и можно свой огородик посадить. Это большая радость: в землю что-то тыкать, а потом смотреть, как вылезает.

Только все на огородах по двое. А он будет — один.

Он гулял-гулял и придумал: идти к старшей сестре. Прошло то время, когда Мита осаживала его, что «мест нет» в клинике. Уже давно они сознакомились.

Мита сидела в своей подлестничной каморке без окна при электрическом свете — после двора непереносимо тут было и лёгким, и глазам — и из стопки в стопку перекладывала и перекладывала какие-то учётные карточки.

Костоглотов, пригнувшись, влез в усечённую дверь и сказал:

— Мита! У меня просьбочка. Очень большая.

Мита подняла длинное немягкое лицо. Такое вот нескладное лицо досталось девушке от рождения, и никто потом до сорока лет не тянулся его поцеловать, ладонью погладить, и всё ласковое, что могло его оживить, так и не выразилось никогда. Стала Мита — рабочая лошадка.

— Какая?

— Мне выписываться завтра.

— Очень рада за вас! — Она добрая была, Мита, только по первому взгляду сердитая.

— Не в том дело. Мне надо за день в городе сделать много, вечером же и уехать. А одёжку со склада очень поздно приносят. Как бы, Миточка, так сделать: принести мои вещи сегодня, засунуть их куда-нибудь, а я утром бы рано-рано переоделся и ушёл.

— Вообще нельзя, — вздохнула Мита. — Низамутдин если узнает...

— Да не узнает! Я понимаю, что это — нарушение, но ведь, Миточка, — только в нарушениях человек и живёт!

— А вдруг вас завтра не выпишут?

— Вера Корнильевна точно сказала.

— Всё-таки надо от неё знать.

— Ладно, я к ней сейчас схожу.

— Да вы новость-то знаете?

— Нет, а что?

— Говорят, нас всех к концу года распустят! Просто упорно говорят! — Некрасивое лицо её сразу помилело, как только она заговорила об этом слухе.

— А кого — нас? Вас?

То есть значило — *спецпереселенцев*, нации.

— Да вроде и нас, и вас! Вы не верите? — с опаской ждала она его мнения.

Олег почесал темя, искривился, глаз один совсем зажал:

— М-может быть. Вообще-то — не исключено. Но сколько я этих *параш* уже пережил — уши не выдерживают.

— Но теперь очень точно, очень точно говорят! — Ей так хотелось верить, ей нельзя было отказать!

Олег заложил нижнюю губу за верхнюю, размышляя. Конечно, что-то зрело. Верховный Суд полетел. Только медленно слишком, за месяц — больше ничего, и опять не верилось. Слишком медленна история для нашей жизни, для нашего сердца.

— Ну, дай Бог, — сказал он, больше для неё. — И что ж вы тогда? Уедете?

— Не зна-аю, — почти без голоса выговорила Мита, расставив пальцы с крупными ногтями по надоевшим истрёпанным карточкам.

— Вы ведь — из-под Сальска?

— Да.

— Ну, разве там лучше?

— Сво-бо-да, — прошептала она.

А верней-то всего — в своём краю надеялась она ещё замуж выйти?

Отправился Олег искать Веру Корнильевну. Не сразу ему это удалось: то она была в рентгенкабинете, то у хирургов. Наконец он увидел, как она шла со Львом Леонидовичем по коридору, — и стал их нагонять.

— Вера Корнильевна! Нельзя вас на одну минуточку?

Приятно было обращаться к ней, говорить что-нибудь специально для неё, и он замечал, что голос его к ней был не тот, что ко всем.

Она обернулась. Инерция занятости так ясно выражалась в наклоне её корпуса, в положении рук, в озабоченности лица. Но тут же с неизменным ко всем вниманием она и задержалась.

— Да?..

И не добавила «Костоглотов». Только в третьем лице, врачам и сёстрам, она теперь называла его так. А прямо — никак.

— Вера Корнильевна, у меня к вам просьба большая... Вы не можете Мите сказать, что я точно завтра выписываюсь?

— А зачем?

— Очень нужно. Видите, мне завтра же вечером надо уехать, а для этого...

— Лёва, ладно, ты иди! Я сейчас тоже приду.

И Лев Леонидович пошёл, покачиваясь и сутулясь, с руками, упёртыми в передние карманы халата, и со спиной, распирающей завязки. А Вера Корнильевна сказала Олегу:

— Зайдёмте ко мне.

И пошла перед ним. Лёгкая. Легко-сочленённая.

Она завела его в аппаратную, где когда-то он так долго препирался с Донцовой. И за тот же плохо строганный стол села, и ему показала туда же. Но он остался стоять.

А больше — никого не было в комнате. Проходило солнце сюда наклонным золотым столбом с пляшущими пылинками, и ещё отражалось от никелированных частей аппаратов. Было ярко, хоть жмурься, и весело.

— А если я вас завтра не успею выписать? Вы знаете, ведь надо писать эпикриз.

Он не мог понять: она совершенно служебно говорила или немножко с плутоватостью.

— Ипи... — что?

— Эпикриз — это вывод изо всего лечения. Пока не готов эпикриз — выписывать нельзя.

Сколько громоздилось дел на этих маленьких плечах! — везде её ждали и звали, а тут ещё он оторвал, а тут ещё писать эпикриз.

Но она сидела — и светилась. Не одна она, не только этим благоприязненным, даже ласковым взглядом — а отражённый яркий свет охватывал её фигурку рассеянными веерами.

— Вы что же, хотите сразу уехать?

— Не то что хочу, я бы с удовольствием и остался. Да негде мне ночевать. На вокзале не хочу больше.

— Да, ведь вам в гостинице нельзя, — кивала она. И нахмурилась: — Вот беда: эта нянечка, у которой всегда больные останавливаются, сейчас не работает. Что же придумать?.. — тянула она, потрепала верхнюю губу нижним рядком зубов и рисовала на бумаге какой-то кренделёк. — Вы знаете... собственно... вы вполне могли бы остановиться... у меня.

Что?? Она это сказала? Ему не послышалось? Как бы это повторить?

Её щёки порозовели явно. И всё так же она избегала взглянуть. А говорила совсем просто, как если б это будничное было дело — чтобы больной шёл ночевать к врачу:

— Как раз завтра у меня такой день необычный: я буду утром в клинике только часа два, а потом весь день дома, а с обеда опять уйду... Мне очень удобно будет у знакомых переночевать...

И — посмотрела! Рдели щёки, глаза же были светлы, безгрешны. Он — верно ли понял? Он — достоин ли того, что ему предложено?

А Олег просто не умел понять. Разве можно понять, когда женщина так говорит?.. Это может быть и очень много, и гораздо меньше. Но он не думал, некогда было думать: она смотрела так благородно и ждала.

— Спа-сибо, — выговорил он. — Это... конечно, замечательно. — Он забыл совсем, как учили его сто лет назад, ещё в детстве, держаться галантно, отвечать учтиво. — Это — очень хорошо... Но как же я могу вас лишить... Мне совестно.

— Вы не беспокойтесь, — с уверительной улыбкой говорила Вега. — Нужно будет на два-три дня — мы что-нибудь придумаем тоже. Ведь вам же жалко уезжать из города?

— Да жалко, конечно... Да! Тогда только справку о выписке придётся писать не завтрашним днём, а послезавтрашним! А то комендатура меня потянет — почему я не уезжаю. Ещё опять посадят.

— Ну, хорошо, хорошо, будем мухлевать. Значит, Мите сказать — сегодня, выписать — завтра, а в справке написать — послезавтра? Какой вы сложный человек.

Но глаза её не ломило от сложности, они смеялись.

— Я ли сложный, Вера Корнильевна! Система сложная! Мне и справок-то нужно не как всем людям по одной, а — две.

— Зачем?

— Одну комендатура заберёт в оправдание поездки, а вторая — мне.

(Комендатуре-то он, может, ещё и не отдаст, будет кричать, что одна, но — запас надо иметь? Зря он му́ку принимал из-за справочки?..)

— И ещё третья — для вокзала. — На листике она записала несколько слов. — Так вот мой адрес. Объяснить, как пройти?

— Найду-у, Вера Корнильевна!

(Нет, серьёзно она думала?.. Она приглашала его по-настоящему?..)

— И... — ещё несколько уже готовых продолговатых листиков она приложила к адресу. — Вот те рецепты, о которых говорила Людмила Афанасьевна. Несколько одинаковых, чтоб рассредоточить дозу.

Те рецепты. *Те!*

Она сказала как о незначащем. Так, маленькое добавление к адресу. Она умудрилась, два месяца его леча, ни разу об этом не поговорить.

Вот это и был, наверно, такт.

Она уже встала. Она уже к двери шла.

Служба ждала её. Лёва ждал...

И вдруг в рассеянных веерах света, забившего всю комнату, он увидел её, беленькую, лёгонькую, переуженную в поясе, как первый раз только сейчас, — такую понимающую, дружественную и — необходимую! Как первый раз только сейчас!

И ему весело стало, и откровенно очень. Он спросил:

— Вера Корнильевна! А за что вы на меня так долго сердились?

Из светового охвата она смотрела с улыбкой, почему-то мудрой:

— А разве вы ни в чём не были виноваты?

— Нет.

— Ни в чём?

— Ни в чём!

— Вспомните хорошо.

— Не могу вспомнить. Ну, хоть намекните!

— Надо идти...

Ключ у неё был в руке. Надо было дверь запирать. И уходить.

А так было с ней хорошо! — хоть сутки стой.

Она уходила по коридору, маленькая, а он стоял и смотрел вслед.

И сразу опять пошёл гулять. Весна разгоралась — надышаться нельзя. Два часа бестолково ходил, набирал, набирал воздуха, тепла. Уже жалко ему было покидать и этот сквер, где он был пленником. Жалко было, что не при нём расцветут японские акации, не при нём распустятся первые поздние листья дуба.

Что-то и тошноты он сегодня не испытывал, и не испытывал слабости. Ему вполне бы с охоткой покопать сейчас земличку. Чего-то хотелось, чего-то хотелось — он сам не знал. Он заметил, что большой палец сам прокатывается по указательному, прося папиросу. Ну нет, хоть во сне снись — бросил, всё!

Находившись, он пошёл к Мите. Мита — молодец: сумка Олега уже была получена и спрятана в ванной, а ключ от ванной будет у старой нянечки, которая заступит дежурить с вечера. А к концу рабочего дня надо пойти в амбулаторию, получить все справки.

Его выписка из больницы принимала очертания неотвратимые.

Не последний раз, но из последних он поднялся по лестнице.

И наверху встретил Зою.

— Ну, как делишки, Олег? — спросила Зоя непринуждённо.

Она удивительно неподдельно, совсем в простоте, усвоила этот простой тон. Как будто не было между ними никогда ничего: ни ласковых прозвищ, ни танца из «Бродяги», ни кислородного баллона.

И, пожалуй, она была права. А что ж — всё время напоминать? помнить? дуться?

С какого-то её вечернего дежурства он не пошёл около неё околачиваться, а лёг спать. С какого-то вечера она как ни в чём не бывало пришла к нему со шприцем, он отвернулся и дал ей колоть. И то, что нарастало между ними, такое тугое, напряжённое, как кислородная подушка, которую они несли когда-то между собой, — вдруг стало тихо опадать. И превратилось в ничто. И осталось — дружеское приветствие:

— Ну, как делишки, Олег?

Он оперся о стол ровными длинными руками, свесил чёрную лохму:

— Лейкоцитов две тысячи восемьсот. Рентгена второй день не дают. Завтра выписываюсь.

— Уже завтра? — порхнула она золотенькими ресницами. — Ну, счастливо! Поздравляю!

— Да есть ли с чем?..

— Вы неблагодарный! — покачала Зоя головой. — Ну-ка вспомните хорошо ваш первый день здесь, на площадке! Вы — думали жить больше недели?

Тоже правда.

Да нет, она славная девчёнка, Зойка: весёлая, работящая, искренняя, что думает — то и говорит. Если выкинуть эту неловкость между ними, будто они друг друга обманули, если начать с чистого места, — что мешает им быть друзьями?

— Вот так, — улыбнулся он.

— Вот так, — улыбнулась она.

О мулинэ больше не напоминала.

Вот и всё. Четыре раза в неделю она будет тут дежурить. Зубрить учебники. Редко вышивать. А там, в городе, — с кем-то стоять в тени после танцев.

Нельзя же сердиться на неё за то, что ей двадцать три года и она здорова до последней клеточки и кровинки.

— Счастливо! — сказал он без всякой обиды.

И уже пошёл. Вдруг с той же лёгкостью и простотой она окликнула:

— Алё, Олег!

Он обернулся.

— Вам, может, переночевать будет негде? Запишите мой адрес.

(Как? И она?)

Олег смотрел недоумённо. Понять это — было выше его разумения.

— Очень удобно, около самой трамвайной остановки. Мы с бабушкой вдвоём, но и комнатушки две.

— Спасибо большое, — растерянно принял он клочок бумажки. — Ну, вряд ли... Ну, как придётся...

— Ну, вдруг? — улыбалась она.

В общем, в тайге б он легче разобрался, чем среди женщин.

Ступил он ещё два шага и увидел Сибгатова, тоскливо лежащего на спине на твёрдом щите в своём затхлом углу вестибюля. Даже в сегодняшний буйно-солнечный день сюда попадали только десятые отражения.

Смотрел Сибгатов в потолок, в потолок.

Похужел он за эти два месяца.

Костоглотов присел к нему на край щита.

— Шараф! Ходят слухи упорные: всю ссылку распустят. И — *спец,* и — *адм.*

Шараф головы к Олегу не повернул, глаза только одни. И как будто ничего не принял, кроме звука голоса.

— Слышишь? И вас, и нас. Точно говорят.

А он — не понимал.

— Не веришь?.. Домой поедешь?

Увёл Сибгатов глаза на свой потолок. Растворил безучастные губы:

— Мне — раньше надо было.

Олег положил ему руку на руку, а та была на груди, как у мертвеца.

Мимо них бойко проскочила в палату Нэля:

— Тут у вас тарелочков не осталось? — и оглянулась: — Э, чубатый! А ты чего не обедаешь? А ну, тарелки освобождай, ждать тебя?

Вот это да! — пропустил Костоглотов обед и даже не заметил. Домотало его! Только одного он не понял:

— Тебе-то что?

— Как что? Я — раздатчица теперь! — объявила гордо Нэля. — Халат, видишь, чистый какой?

Поднялся Олег — пойти похлебать свой последний больничный обед. Вкрадчивый, невидимый и беззвучный, выжег в нём рентген всякий аппетит. Но по арестантскому кодексу невозможно было оставить в миске.

— Давай, давай, управляйся быстро! — командовала Нэля.

Не только халат, — у неё по-новому были и локоны закручены.

— Во ты какая теперь! — удивлялся Костоглотов.

— А то! Дура я за триста пятьдесят по полу елозить! Да ещё и не подкормишься...

34

Как, наверно, у старика, пережившего сверстников, бывает тоскливая незаполненность — «пора, пора уходить и мне», так и Костоглотову в этот вечер в палате уже не жилось, хотя койки были все заполнены, и люди — всё люди, и заново поднимались как новые те же вопросы: рак или не рак? излечивают или нет? и какие другие средства помогают?

К концу дня последний ушёл Вадим: привезли золото, и его перевели в радиологическую палату.

Только и осталось Олегу пересматривать кровати и вспоминать, кто тут лежал с самого начала и сколько из них умерло. Получалось, что и умерло как будто немного.

Так душно было в палате и так тепло снаружи, что Костоглотов лёг спать с приоткрытым окном. Воздух весны переваливал на него через подоконник. Весеннее оживление слышалось и из маленьких двориков старых домишек, которые теснились вприлепку к стене медгородка с той стороны. Жизнь этих двориков через кирпичную стену городка не была видна, но сейчас хорошо слышались то хлопанье дверей, то крик на детей, то пьяный зык, то гнусавая патефонная пластинка, а уже поздно после отбоя донёсся женский сильный низкий голос, выводивший врастяжку, то ли с надрывом, то ли с удовольствием:

И шахтё-ора молодо-ого
На кварти-иру привела-а...

Все песни пели — о том же. Все люди думали — о том же. А Олегу надо было — о чём-нибудь другом.

Именно в эту ночь, когда встать предстояло рано и силы надо было беречь, Олег совсем не мог заснуть. Проволакивалось через его голову всё нужное и ненужное: недоспоренное с Русановым; недосказанное Шулубиным; и ещё Вадиму какие надо было высказать аргументы; и голова убитого Жука; и оживлённые лица Кадминых при жёлтой керосиновой лампе, когда он будет выкладывать им миллион городских впечатлений, а у них будут новости аульные и какие они за это время слышали музыкальные передачи — и приплюснутая хибарка будет казаться им троим наполненною вселенной; потом рассеянно-надменное выражение восемнадцатилетней Инны Штрём, к которой теперь Олег и подойти не посмеет; и эти два приглашения — два женских приглашения остаться ночевать, ещё и от них ломило голову: как нужно было правильно их понимать?

В том ледяном мире, который отформовал, отштамповал олегову душу, не было такого явления, такого понятия: «нерасчётливая доброта». И Олег — просто забыл о такой. И теперь ему чем угодно было легче объяснить это приглашение, чем простой добротой.

Что они имели в виду? и как он должен был поступить? — ему не было понятно.

С боку на бок, с боку на бок, и пальцы разминали невидимую папиросу...

Поднялся Олег и потащился пройтись.

В полутьме вестибюля, сразу у двери, в своём обычном тазике на полу сидел Сибгатов, отстаивая свой крестец — уже не с терпеливой надеждой, как прежде, а с завороженной безнадёжностью.

А за столиком дежурной сестры, спиной к Сибгатову, склонилась у лампы узкоплечая невысокая женщина в белом халате. Но это не была ни одна из сестёр — дежурил сегодня Тургун, и, наверно, он уже спал в комнате врачебных заседаний. Это была та диковинная воспитанная санитарка в очках, Елизавета Анатольевна. Она успела уже за вечер все дела переделать и вот сидела, читала.

За два месяца, которые пробыл тут Олег, эта старательная санитарка с лицом, полным быстрого смысла, не раз ползала под их кроватями, моя пол, когда все они, больные, лежали поверх; она передвигала там, в глубине, таимые сапоги Костоглотова, не побранясь ни разу; ещё она обтирала тряпками стенные панели; опорожняла плевательницы и начищала их до сверкания; разносила больным банки с наклейками; и всё то тяжёлое, неудобное или нечистое, что не положено было брать в руки сестре, она приносила и уносила.

И чем она безропотнее работала, тем меньше её в корпусе замечали. Две тысячи лет уже как сказано, что иметь глаза — не значит видеть.

Но тяжёлая жизнь углубляет способности зрения. И были тут, в корпусе, такие, кто друг друга сразу опознавали. Хотя не было им учреждено среди остальных ни погонов, ни явной формы, ни нарукавной повязки — а они легко опознавали друг друга: как будто по какому-то светящемуся знаку во лбу; как будто по стигматам на ладонях и плюснах. (На самом деле тут была тьма примет: слово оброненное одно; тон этого слова; пожимка губ между словами; улыбка, когда другие серьёзны; серьёзность, когда другие смеются.) Как узбеки или каракалпаки без труда признавали в клинике своих, так и эти, на кого хоть однажды упала тень колючей проволоки.

И Костоглотов с Елизаветой Анатольевной давно друг друга признали, уже давно понимающе здоровались друг с другом. А вот поговорить не сошлось им ни разу.

Теперь Олег подошёл к её столику, слышно хлопая шлёпанцами, чтоб не испугать:

— Добрый вечер, Елизавета Анатольевна!

Она читала без очков. Повернула голову — и самый поворот этот уже чем-то неназываемым отличался от её всегда готовного поворота на зов службы.

— Добрый вечер, — улыбнулась она со всем достоинством немолодой дамы, которая под устойчивым кровом приветствует доброго гостя.

Доброжелательно, не торопясь, они посмотрели друг на друга.

Выражалось этим, что они всегда готовы друг другу помочь.

Но что помочь — не могут.

Олег избочился кудлатой головой, чтоб лучше видеть книгу.

— И опять французская? И что же именно?

Странная санитарка ответила, мягко выговаривая «л»:

— Клёд Фаррер.

— И где вы всё французские берёте?

— А в городе есть иностранная библиотека. И ещё у одной старушки беру.

Костоглотов косился на книгу, как пёс на птичье чучело:

— А почему всегда французские?

Лучевые морщинки близ её глаз и губ выражали и возраст, и замученность, и ум.

— Не так больно, — ответила она. Голос её был постоянно негромок, выговор мягкий.

— А зачем боли бояться? — возразил Олег.

Ему было трудно стоять долго. Она заметила и пододвинула ему стул.

— У нас в России сколько? — лет двести уже наверно ахают: Париж! Париж! Все уши прогудели, — ворчал Костоглотов. — Каждую улицу, каждый кабачок мы должны им наизусть знать. А мне вот назло — совсем не хочется в Париж!

— Совсем не хочется? — засмеялась она, и он за ней. — Лучше под комендатуру?

Смех у них был одинаковый: как будто и начали, а дальше не тянется.

— Нет, правда, — брюзжал Костоглотов. — Какая-то легкомысленная переборсочка. Так и хочется их осадить: эй, друзья! а — вкалывать вы как? а на черняшке без приварка, а?

— Это несправедливо. Значит, они ушли от черняшки. Заслужили.

— Ну, может быть. Может, это я от зависти. А всё-таки осадить хочется.

Сидя на стуле, Костоглотов переваливался то вправо, то влево, будто тяготился излишне высоким туловищем. Без всякого перехода он естественно и прямо спросил:

— А вы — за мужа? Или сами по себе?

Так же прямо и сразу ответила и она, будто он её о дежурстве спрашивал:

— Всей семьёй. Кто за кого — не поймёшь.

— И сейчас все вместе?

— О, нет! Дочь в ссылке умерла. После войны переехали сюда. Отсюда мужа взяли на второй круг, в лагерь.

— И теперь вы одна?

— Сынишка. Восемь лет.

Олег смотрел на её лицо, не задрожавшее к жалости.

Ну, да ведь они о деловом говорили.

— На второй — в сорок девятом?

— Да.

— Нормально. А какой лагерь?

— Станция Тайшет.

Опять кивнул Олег:

— Ясно. Озёрлаг. Он может быть и у самой Лены, а почтовый ящик — Тайшет.

— И вы там были?? — вот надежды сдержать она не могла!

— Нет, но просто знаю. Всё ж пересекается.

— Дузарский!?? Не встречали?.. Нигде?..

Она всё-таки надеялась! Встречал... Сейчас расскажет...

Дузарский?.. Чмокнул Олег: нет, не встречал. Всех не встретишь.

— Два письма в год! — пожаловалась она.

Олег кивал. Всё — нормально.

— А в прошлом году пришло одно. В мае. И с тех пор нет!..

И вот уже дрожала на одной ниточке, на одной ниточке. Женщина.

— Не придавайте значения! — уверенно объяснял Костоглотов. — От каждого два письма в год — это, знаете, сколько тысяч? А цензура ленивая. В Спасском лагере пошёл печник, зэк, проверять печи летом — и в цензурной печке сотни две неотправленных писем нашёл. Забыли поджечь.

Уж как он ей мягко объяснял и как она давно ко всему должна была привыкнуть, — а смотрела сейчас на него диковато-испуганно.

Неужели так устроен человек, что нельзя отучить его удивляться?

— Значит, сынишка в ссылке родился?

Она кивнула.

— И теперь на вашу зарплату надо его поставить? А на высшую работу нигде не берут? Везде попрекают? В какой-нибудь конурке живёте?

Он вроде спрашивал, но вопроса не было в его вопросах. И так это всё было ясно до кислоты в челюстях.

На толстенькой непереплетенной книжечке изящного малого формата, не нашей бумаги, с легко-зазубристыми краями от давнишнего разреза страниц, Елизавета Анатольевна держала свои небольшие руки, измочаленные стирками, половыми тряпками, кипятками, и ещё в синяках и порубах.

— Если б только в этом, что конура! — говорила она. — Но вот беда: растёт умный мальчик, обо всём спрашивает — и как же его воспитывать? Нагружать всей правдой? Да ведь от неё и взрослый потонет! Ведь от неё и рёбра разорвёт! Скрывать правду, примирять его с жизнью? Правильно ли это? Что сказал бы отец? Да ещё и удастся ли? — мальчонка ведь и сам смотрит, видит.

— Нагружать правдой! — Олег уверенно вдавил ладонь в настольное стекло. Он так сказал, будто сам вывел в жизнь десятки мальчишек — и без промаха.

Она выгнутыми кистями подперла виски под косынкой и тревожно смотрела на Олега. Коснулись её нерва!

— Так трудно воспитывать сына без отца! Ведь для этого нужен постоянный стержень жизни, стрелка — а где её взять? Вечно сбиваешься — туда, сюда...

Олег молчал. Он и раньше слышал, что это так, а понять не мог.

— И вот почему я читаю старые французские романы, да, впрочем, только на ночных дежурствах. Я не знаю, умолчали они о чём-нибудь более важном или нет, шла в то время за стенами такая жестокая жизнь или нет, — не знаю и читаю спокойно.

— Наркоз?

— Благодеяние, — повела она головой белой монашки. — Близко я не знаю книг, какие бы не раздражали. В одних — читателя за дурачка считают. В других — лжи нет, и авторы поэтому очень собой гордятся. Они глубокомысленно исследуют, какой просёлочной дорогой проехал великий поэт в тысяча восемьсот таком-то году, о какой даме упоминает он на странице такой-то. Да может, это им и нелегко было выяснить, но как безопасно! Они выбрали участь благую! И только до живых, до страдающих сегодня — дела им нет.

Её в молодости могли звать — Лиля. Эта переносица ещё не предполагала себе вмятины от очков. Девушка строила глазки, фыркала, смеялась, в её жизни были и сирень, и кружева, и стихи символистов — и никакая цыганка никогда ей не предсказала кончить жизнь уборщицей где-то в Азии.

— Все литературные трагедии мне кажутся смехотворными по сравнению с тем, что переживаем мы, — настаивала Елизавета Анатольевна. — Аиде разрешено было спуститься к дорогому человеку и с ним вместе умереть. А нам не разрешают даже узнать о нём. И если я поеду в Озёрлаг...

— Не езжайте! Всё будет зря.

— ...Дети в школах пишут сочинения: о несчастной, трагической, загубленной, ещё какой-то жизни Анны Карениной. Но разве Анна была несчастна? Она избрала страсть — и заплатила за страсть, это счастье! Она была свободный гордый человек! А вот если в дом, где вы родились и живёте от роду, входят в мирное время шинели и картузы — и приказывают всей семье в двадцать четыре часа покинуть этот дом и этот город только с тем, что могут унести ваши слабые руки?..

Всё, что эти глаза могли выплакать, — они выдали давно, и вряд ли оттуда ещё могло течь. И только, может быть, на последнюю анафему ещё мог вспыхнуть напряжённый сухой огонёк.

— ...Если вы распахиваете двери и зовёте прохожих с улицы, чтоб, может, что-нибудь купили бы у вас, нет — швырнули б вам медяков на хлеб! И входят нанюханные коммерсанты, всё на свете знающие, кроме того, что и на их голову ещё будет гром! — и за рояль вашей матери бесстыдно дают сотую долю цены, — а девочка ваша с бантом на голове последний раз садится сыграть Моцарта, но плачет и убегает, — зачем мне перечитывать «Анну Каренину»? Может быть, мне хватит и этого?.. Где мне о нас прочесть, о нас? Только через сто лет?

И хотя она почти перешла на крик, но тренировка страха многих лет не выдала её: она не кричала, это не крик был. Только и слышал её — Костоглотов.

Да может, ещё Сибгатов из тазика.

Не так было много примет в её рассказе, но и не так мало.

— Ленинград? — узнал Олег. — Тридцать пятый год?

— Узнаёте?

— На какой улице вы жили?

— На Фурштадтской, — жалобно, но и чуть радостно протянула Елизавета Анатольевна. — А вы?

— На Захарьевской. Рядом!

— Рядом... И сколько вам тогда было лет?

— Четырнадцать.

— И ничего не помните?

— Мало.

— Не помните? Как будто землетрясение было — нараспашку квартиры, кто-то входил, брал, уходил, никто никого не спрашивал. Ведь четверть города выселили. А вы — не помните?..

— Нет, помню. Но вот позор: это не казалось самым главным. В школе нам объясняли, зачем это нужно, почему полезно.

Как кобылка туго занузданная, стареющая санитарка поводила головой вверх и вниз:

— О блокаде — все будут говорить! О блокаде — поэмы пишут! Это разрешено. А *до* блокады как будто ничего не было.

Да, да. Вот так же в тазике грелся Сибгатов, вот на этом месте Зоя сидела, а на этом же — Олег, и за этим столиком, при этой лампе они разговаривали — о блокаде, о чём же?

До блокады ведь ничего в том городе не случилось.

Олег вздохнул, боковато подпёр голову локтем и удручённо смотрел на Елизавету Анатольевну.

— Стыдно, — сказал он тихо. — Почему мы спокойны, пока не трахнет нас самих и наших близких? Почему такой человеческий характер?

А ещё ему стало стыдно, что выше памирских пиков вознёс он эту пытку: что́ надо женщине от мужчины? не меньше — чего? Как будто на этом одном заострилась жизнь. Как будто без этого не было на его родине ни муки, ни счастья.

Стыдно стало — но и спокойней гораздо. Чужие беды, окатывая, смывали с него свою.

— А за несколько лет до того, — вспоминала Елизавета Анатольевна, — выселяли из Ленинграда дворян. Тоже сотню тысяч, наверно, — а мы очень заметили? И какие уж там оставались дворянишки! — старые да малые, беспомощные. А мы знали, смотрели — и ничего: нас ведь не трогали.

— И рояли покупали?

— Может быть, и покупали. Конечно, покупали.

Теперь-то Олег хорошо разглядел, что женщине этой ещё не было и пятидесяти лет. А уже шла она по лицу за старушку. Из-под белой косынки вывисала по-старчески гладкая, бессильная к завиву космочка.

— Ну а вас когда выселяли — за что? как считалось?

— Да за что же? — соцвреды. Или СОЭ — социально-опасный элемент. Литерные статьи, без суда, удобно.

— Ваш муж — кто был?

— Никто. Флейтист Филармонии. В пьяном виде любил порассуждать.

Олегу вспомнилась его покойная мать — вот такая же ранняя старушка, такая же суетливо-интеллигентная, такая же беспомощная без мужа.

Жили бы в одном городе — он мог бы этой женщине чем-то помочь. Сына направить.

Но, как насекомым, приколотым в отъединённых клеточках, каждому была определена своя.

— В знакомой нашей семье, — уже теперь, прорвавшись, рассказывала и рассказывала намолчавшаяся душа, — были взрослые дети, сын и дочь, оба пламенные комсомольцы. И вдруг — всю семью назначили к высылке. Дети бросились в райком комсомола: «Защитите!» «Защитим, — сказали там. — Нате бумагу, пишите: прошу с сего числа не считать меня сыном, дочерью таких-то, отрекаюсь от них как от социально-вредных элементов и обещаю в дальнейшем ничего общего с ними не иметь, никаких связей не поддерживать.»

Сгорбился Олег, выперли его костлявые плечи, голова свесилась.

— И многие писали...

— Да. А эти брат и сестра сказали: подумаем. Пришли домой, кинули в печку комсомольские билеты и стали собираться в ссылку.

Зашевелился Сибгатов. Держась о кровать, он вставал из тазика.

Санитарка подхватилась взять тазик и вынести.

Олег тоже поднялся и, перед тем как ложиться спать, побрёл неизбежной лестницей вниз.

В нижнем коридоре он проходил мимо той двери, где Дёмка лежал, а вторым был у него послеоперационный, умерший в понедельник, и вместо него после операции положили Шулубина.

Дверь эта закрывалась плотно, но сейчас была приоткрыта, и внутри темно. Из темноты слышался тяжёлый хрип. А сестёр никого не было видно: или при других больных, или спали.

Олег больше открыл дверь и просунулся туда.

Дёмка спал. Это стонуще хрипел Шулубин.

Олег вошёл. Приоткрытая дверь давала немного света из коридора.

— Алексей Филиппыч!..

Хрип прекратился.

— Алексей Филиппыч!.. Вам плохо?..

— А? — вырвалось как хрип же.

— Вам плохо?.. Дать что-нибудь?.. Свет зажечь?

— Кто это? — испуганный выдох в кашель, и новый захват стона, потому что кашлять больно.

— Костоглотов. Олег. — Он был уже рядом, наклонясь, и начинал различать на подушке большую голову Шулубина. — Что вам дать? Сестру позвать?

— Ни-че-го, — выдохнул Шулубин.

Не кашлял больше и не стонал. Олег всё более, всё более различал, даже колечки волос на подушке.

— Весь не умру, — прошептал Шулубин. — Не весь умру.

Значит, бредил.

Костоглотов нашарил горячую руку на одеяле, слегка сдавил её.

— Алексей Филиппыч, будете жить! Держитесь, Алексей Филиппыч!

— Осколочек, а?.. Осколочек?.. — шептал своё больной.

И тут дошло до Олега, что не бредил Шулубин, и даже узнал его, и напоминал о последнем разговоре перед операцией. Тогда он сказал: «А иногда я так ясно чувствую: что́ во мне — это не всё я. Что-то уж очень есть неистребимое, высокое очень! Какой-то осколочек Мирового Духа. Вы так не чувствуете?»

35

Рано утром, когда ещё все спали, Олег тихо поднялся, застелил кровать как требовалось — с четырьмя заворотами пододеяльника — и, на цыпочках ступая тяжёлыми сапогами, вышел из палаты.

За столом дежурной сестры, положив густоволосую чёрную голову на переплетенные руки поверх раскрытого учебника, спал сидя Тургун.

Старушка-няня нижнего этажа отперла Олегу ванную, и там он переоделся в своё, за два месяца уже какое-то и отчуждённое: старенькие армейские брюки с напуском «галифе», полушерстяную гимнастёрку, шинель. Всё это в лагерях вылежалось у него в каптёрках — и так сохранилось, ещё не изношенное до конца. А зимняя шапка его была гражданская, уже купленная в Уш-Тереке, и мала ему очень, сдавливала. День ожидался тёплый, Олег решил шапку совсем не надевать, уж очень обращала его в чучело. И ремнём опоясал он не шинель, а гимнастёрку под шинелью, так что для улицы вид у него стал какого-то вольноотпущенника или солдата, сбежавшего с гауптвахты. Шапка же пошла в вещмешок — старый, с сальными пятнами, с прожогом от костра, с залатанной дырой от осколка, этот фронтовой вещмешок тётка принесла Олегу в передаче в тюрьму — он так попросил, чтобы в лагерь ничего хорошего не брать.

Но даже и такая одежда после больничной придавала осанку, бодрость и будто здоровье.

Костоглотов спешил скорее выйти, чтобы что-нибудь не задержало. Нянечка отложила брусок, задвинутый в ручку наружной двери, и выпустила его.

Он выступил на крылечко — и остановился. Он вдохнул — это был молодой воздух, ещё ничем не всколыхнутый, не замутнённый! Он взглянул — это был молодой зеленеющий мир! Он поднял голову выше — небо развёртывалось розовым от вставшего где-то солнца. Он поднял голову ещё выше — веретёна перистых облаков кропотливой, многовековой выделки были вытянуты черезо всё небо — лишь на несколько минут, пока расплывутся, лишь для немногих, запрокинувших головы, может быть — для одного Олега Костоглотова во всём городе.

А через вырезку, кружева, пёрышки, пену этих облаков — плыла ещё хорошо видная, сверкающая, фигурная ладья ущерблённого месяца.

Это было утро творения! Мир сотворялся снова для одного того, чтобы вернуться Олегу: иди! живи!

И только зеркальная чистая луна была — не молодая, не та, что светит влюблённым.

И, лицом разойдясь от счастья, улыбаясь никому — небу и деревьям, в той ранневесенней, раннеутренней радости, которая вливается и в стариков, и в больных, Олег пошёл по знакомым аллеям, никого не встречая, кроме старого подметальщика.

Он обернулся на раковый корпус. Полузакрытый длинными мётлами пирамидальных тополей, корпус высился в светло-сером кирпиче, штучка к штучке, нисколько не постарев за свои семьдесят лет.

Олег шёл — и прощался с деревьями медицинского городка. На клёнах уже висели кисти-серёжки. И первый уже цвет был — у алычи, цвет белый, но из-за листьев алыча казалась бело-зелёной.

А вот урюка здесь не было ни одного. А он уже, сказали, цветёт. Его хорошо смотреть в Старом городе.

В первое утро творения — кто ж способен поступать благорассудно? Все планы ломая, придумал Олег непутёвое: сейчас же, по раннему утру, ехать в Старый город смотреть цветущий урюк.

Он прошёл запретные ворота и увидел полупустую площадь с трамвайным кругом, откуда, промоченный январским дождём, понурый и безнадёжный, он входил в эти ворота умирать.

Этот выход из больничных ворот — чем он был не выход из тюремных?

В январе, когда Олег добивался больницы, визжащие, подскакивающие и перенабитые людьми трамваи замотали его. А сейчас, у свободного окна, даже дребезжание трамвая было ему приятно. Ехать в трамвае — был вид жизни, вид свободы.

Трамвай тянул по мосту через речку. Там, внизу, наклонились слабоногие ивы, и плети их, свисшие к жёлто-коричневой быстрой воде, уже были доверчиво зелены.

Озеленились и деревья вдоль тротуаров, но лишь настолько, чтобы не скрыть собою домов — одноэтажных, прочно каменных, неспешливо построенных неспешливыми людьми. Олег посматривал с завистью: и живут же какие-то счастливчики в этих домах! Шли удивительные кварталы: широченные тротуары, широченные бульвары. Ну да какой город не понравится, если смотреть его розовым ранним утром!

Постепенно кварталы сменялись: не стало бульваров, обе стороны улицы сблизились, замелькали дома торопливые, не гонкие за красотой и прочностью, эти уж строились, наверно, перед войной. И здесь Олег прочёл название улицы, которое показалось ему знакомым.

Вот откуда знакомым: на этой улице жила Зоя!

Он достал блокнотик шершавой бумаги, нашёл номер дома. Стал опять смотреть в окно и на замедлении трамвая увидел сам дом: разнооконный, двухэтажный, с постоянно распахнутыми или навсегда выломанными воротами, а во дворе ещё флигельки.

Вот, где-то здесь. Можно сойти.

Он совсем не бездомен в этом городе. Он зван сюда, зван девушкой!

И продолжал сидеть, почти с удовольствием принимая на себя толчки и громыхание. Трамвай был всё так же неполон. Против Олега сел старый узбек в очках, не простой, древнеучёного вида. А получив от кондукторши билет, свернул его в трубочку и заткнул в ухо. Так и ехал, а из уха торчал скруток розовой бумаги. И от этой незамысловатости при въезде в Старый город Олегу стало ещё веселей и проще.

Улицы ещё сузились, затеснились маленькие домишки, сбитые плечо к плечу, потом и окна у них исчезли, потянулись высокие глинобитные глухие дувалы, а если выше их выставлялись дома, то только спинами глухими, гладкими, обмазанными глиной. В дувалах мелькали калитки или туннелики — низкие, согнувшись войти. С подножки трамвая до тротуара остался один прыжок, а тротуары стали узкие, в шаг один. И улица падала под трамваем.

Вот, наверно, и был тот Старый город, куда ехал Олег. Только никаких деревьев не росло на голых улицах, не то что цветущего урюка.

Упускать дальше было нельзя. Олег сошёл.

Всё то же мог он теперь видеть, только со своего медленного хода. И без трамвайного дребезжания стало слышно — слышно железное какое-то постукивание. И скоро Олег увидел узбека в чёрно-белой тюбетейке, в чёрном стёганом ватном халате и с розовым шарфом по поясу. Присев на корточки среди улицы, узбек на трамвайном рельсе одноколейного пути отбивал молотком окружность своего кетменя.

Олег остановился с умилением: вот и атомный век! Ещё и сейчас тут, как и в Уш-Тереке, так редок металл в хозяйстве, что не нашлось лучше места, чем на рельсе. Следил Олег, успеет ли узбек до следующего трамвая. Но узбек нисколько не торопился, он тщательно отбивал, а когда загудел снизу встречный трамвай, посторонился на полшага, переждал и снова присел.

Олег смотрел на терпеливую спину узбека, на его поясной розовый шарф (забравший в себя всю розовость уже поголубевшего неба). С этим узбеком он не мог переброситься и двумя словами, но ощутил его как брата-работягу.

Отбивать кетмень весенним утром — это разве не была возвращённая жизнь?

Хорошо!..

Он медленно шёл, удивляясь, где же окна. Хотелось ему заглянуть за дувалы, внутрь. Но двери-калитки были прикрыты, и неудобно входить. Вдруг один проходик просветил ему насквозь. Олег нагнулся и по сыроватому коридорчику прошёл во двор.

Двор ещё не проснулся, но можно было понять, что тут-то и идёт вся жизнь. Под деревом стояла врытая скамья, стол, разбросаны были детские игрушки, вполне современные. И водопроводная колонка здесь же давала влагу жизни. И стояло корыто стиральное. И все окна вкруговую — их много оказалось в доме — все смотрели сюда, во двор. А на улицу — ни одно.

Пройдя по улице, ещё в другой двор зашёл он через такой же туннелик. И там всё было так же, ещё и молодая узбечка под лиловой накидкой с долгими тонкими чёрными косами до самых бёдер возилась с ребятишками. Олега она видела — и не заметила. Он ушёл.

Это было совсем не по-русски. В русских деревнях и городках все окна красных комнат выходят именно на улицу, и через оконные цветы и занавески, как из лесной засады, высматривают хозяйки, кто новый идёт по улице, кто к кому зашёл и зачем. Но сразу понял Олег и принял восточный замысел: как ты живёшь – знать не хочу, и ты ко мне не заглядывай!

После лагерных лет, всегда на виду, всегда ощупанный, просмотренный и подгляженный, — какой лучший образ жизни мог выбрать для себя бывший арестант?

Всё больше ему нравилось в Старом городе.

Уже раньше он видел в проломе между домами безлюдную чайхану с просыпающимся чайханщиком. Теперь попалась ещё одна на балконе, над улицей. Олег поднялся туда. Здесь уже сидело несколько мужчин в тюбетейках ковровой, бордовой и синей, и старик в белой чалме с цветной вышивкой. А женщины — ни одной. И вспомнил Олег, что и прежде ни в какой чайхане он не видел женщины. Не было таблички, что женщинам воспрещено, но они не приглашались.

Олег задумался. Всё было ново для него в этом первом дне новой жизни, всё надо было понять. Собираясь отдельно, хотят ли мужчины этим выразить, что их главная жизнь идёт и без женщин?

Он сел у перил. Отсюда хорошо было наблюдать улицу. Она оживлялась, но не было ни у кого торопливой городской побежки. Размеренно двигались прохожие. Бесконечно-спокойно сидели в чайхане.

Можно было так считать, что сержант Костоглотов, арестант Костоглотов, отслуживши и отбыв, что хотели от него люди, отмучившись, что хотела от него болезнь, — умер в январе. А теперь, пошатываясь на неуверенных ногах, вышел из клиники некий новый Костоглотов, «тонкий, звонкий и прозрачный», как говорили в лагере, вышел уже не на целую полную жизнь, но на жизнь-довесок — как хлебный довесок, приколотый к основной пайке сосновою палочкой: будто и входит в ту же пайку, а нет — кусочек отдельный.

Вот эту маленькую добавочную, другоданную жизнь сегодня начиная, хотел Олег, чтоб не была она похожа на прожитую основную. Он хотел бы теперь перестать ошибаться.

Но уже чайник выбирая — ошибся: надо было не мудрить и брать простой чёрный, проверенный. А он для экзотики взял *кок*-чай, зелёный. В нём не оказалось ни крепости, ни бодрости, вкус какой-то не чайный, и набиравшиеся в пиалу чаинки никак не хотелось глотать, а сплескивать.

А между тем день разгорался, солнце поднималось, Олег уже не прочь был и поесть — но в этой чайхане ничего не было, кроме двух горячих чаёв, да и то без сахара.

Однако, перенимая бесконечно-неторопливую здешнюю манеру, он не встал, не пошёл искать еды, а остался посидеть, ещё по-новому переставив стул. И тогда с балкона чайханы он увидел над соседним закрытым двором прозрачный розовый как бы одуванчик, только метров шесть в диаметре, — невесомый воздушный розовый шар. Такого большого и розового он никогда не видел в росте!

Урюк??..

Усваивал Олег: вот и награда за неторопливость. Значит: никогда не рвись дальше, не посмотрев рядом.

Он к самым перилам подошёл и отсюда, сверху, смотрел, смотрел на сквозистое розовое чудо.

Он дарил его себе — на день творения.

Как в комнате северного дома стоит украшенная ёлка со свечами, так в этом замкнутом глиняными стенами и только небу открытом дворике, где жили как в комнате, стоял единственным деревом цветущий урюк, и под ним ползали ребятишки, и рыхлила землю женщина в чёрном платке с зелёными цветами.

Олег разглядывал. Розовость — это было общее впечатление. Были на урюке бордовые бутоны как свечи, цветки при раскрытии имели поверхность розовую, а раскрывшись — просто были белы, как на яблоне или вишне. В среднем же получалась немыслимая розовая нежность — и Олег старался в глаза её всю вобрать, чтобы потом вспоминать долго, чтобы Кадминым рассказать.

Чудо было задумано — и чудо нашлось.

Ещё много разных радостей ждало его сегодня в только что народившемся мире!..

А ладьи-луны совсем уже не было видно.

Олег сошёл по ступенькам на улицу. Непокрытую голову начинало напекать. Надо было грамм четыреста хлеба чёрного купить, улопать его всухомятку и ехать в центр. Вольная ли одежда его так подбадривала, но его не тошнило, и ходил он совсем свободно.

Тут Олег увидел ларёк, вставленный в уступ дувала так, что не нарушал черты улицы. Навесное полотнище ларька было поднято как козырёк и поддерживалось двумя откосинами. Из-под козырька тянуло сизым дымком. Олегу пришлось сильно нагнуть голову, чтобы подойти под козырёк, а там стать не распрямляя шеи.

Длинная железная жаровня шла по всему прилавку. В одном месте её калился огонь, вся остальная была полна белым пеплом. Поперёк жаровни над огнём лежало полтора десятка длинных заострённых алюминиевых палочек с нанизанными кусочками мяса.

Олег догадался: это и был шашлык! — ещё одно открытие сотворённого мира, тот шашлык, о котором столько рассказывали в тюремных гастрономических разговорах. Но самому Олегу за тридцать четыре года жизни никогда не приходилось видеть его собственными глазами: ни на Кавказе, ни в ресторанах он никогда не бывал, а в нарпитовских довоенных столовых давали голубцы и перловую кашу.

Шашлык!

Затягивающий был запах — этот смешанный запах дыма и мяса! Мясо на палочках не только не было обуглено, но даже не было смугло-коричневым, а в том нежном розово-сером цвете, в котором оно доспевает. Неторопливый ларёчник с кругло-жирным лицом одни палочки поворачивал, другие передвигал с огня в сторону пепла.

— Почём? — спросил Костоглотов.

— Три, — сонно ответил ларёчник.

Не понял Олег: чтó три? Три копейки было слишком мало, три рубля слишком много. Может быть, три палочки на рубль? Эта неловкость всюду настигала его с тех пор, как он вышел из лагеря: он никак не мог уразуметь масштаба цен.

— Сколько на три рубля? — догадался вывернуться Олег.

Ларёчнику лень было говорить, он одну палочку приподнял за конец, помахал ею Олегу, как ребёнку, и опять положил жариться.

Одна палочка! — три рубля?.. Олег покрутил головой. Это было из круга других величин. На пять рублей он должен был проживать день. Но как хотелось отпробовать! Глазами он осматривал каждый кусочек и выбирал палочку. Да на каждой палочке было чем заманиться.

Близко ждали трое шоферов, их грузовики стояли тут же на улице. Подошла и ещё женщина, но ей ларёчник сказал по-узбекски, и она недовольная отошла. А ларёчник вдруг стал все палочки класть на одну тарелку и насыпал поверх, прямо пальцами, нарезанного лука и ещё из бутылочки брызгал. И Олег понял, что шофера забирают весь этот шашлык, каждый по пять стержней!

Это опять были те неуяснимые двухэтажные цены и двухэтажные заработки, которые царствовали всюду, но Олег ни вообразить не мог второго этажа, ни тем более забраться туда. Эти шофера запросто перекусывали за пятнадцать рублей каждый — и ещё, может быть, это был не главный их завтрак. Зарплаты на такую жизнь хватить не могло, да и не тем продавался шашлык, кто получает зарплату.

— Больше нету, — сказал ларёчник Олегу.

— Как нету? Вообще нету?? — очень огорчился Олег. Как он ещё мог раздумывать! Может быть, это был первый и последний случай в жизни!

— Сегодня не привозили. — Ларёчник убирал остатки своей работы и, кажется, собирался опускать козырёк.

И тогда Олег взмолился к шоферам:

— Братцы! Уступите мне одну палочку! Братцы — палочку!

Один из шоферов, сильно загоревший, но льноволосый паренёк, кивнул:

— Ну бери.

Они ещё не платили, и зелёную бумажку, которую Олег достал из кармана, заколотого английской булавкой, ларёчник даже не в руку принял, а смахнул с прилавка в ящик, как смахивал крошки и мусор.

Но палочка-то была олегова! Покинув солдатский вещмешок на пыльной земле, он двумя руками взял алюминиевый стержень и, посчитав кусочки — их было пять, а шестой половинка, — стал зубами отъедать их с палочки, да не сразу целыми, а помалу. Он вдумчиво ел, как пёс свою долю, отнесенную в безопасный угол, и размышлял над тем, как легко раздразнить человеческое желание и как трудно насытить раздразнённое. Сколько лет был ему из высших даров земли ломоть чёрного хлеба! Только сейчас он собирался пойти купить его себе на завтрак — но вот потянуло сизым дымком жаркого, и дали Олегу обглодать палочку, — и уже его надмевало презрение к хлебу.

Шофера кончили по пять палочек, завели машины, уехали — а Олег всё ещё досасывал свою долю. Он испытывал губами и языком каждый кусочек — как сочится нежное мясо, как пахнет, как оно в меру дошло и ничуть не пережарено, сколько первородного притяжения ещё таится, ещё не убито в каждом таком кусочке. И чем больше он вникал в этот шашлык и чем глубже наслаждался, тем холодней перед ним захлопывалось, что — к Зое нет ему пути. Сейчас трамвай повезёт его мимо — а он не сойдёт. Это именно над палочкой шашлыка ему стало ясно до предела.

И прежней дорогой в центр города поволок его трамвай, теперь только сильно набитый. Олег узнал зоину остановку и миновал ещё две. Он не знал, какая ему остановка лучше, какая хуже. Вдруг в окно их вагона снаружи снизу женщина стала продавать газеты, и Олегу захотелось посмотреть — как это, он газетчиков уличных не видел с детства (вот когда последний раз: когда застрелился Маяковский и мальчишки бегали с экстренным выпуском). Но тут была пожилая русская женщина, совсем нерасторопная, не сразу находившая сдачу, а всё-таки придумка помогала, и каждый новый трамвай успевал у неё сколько-нибудь купить. Олег постоял, убедился, как это у неё идёт.

— А милиция не гоняет? — спросил он.

— Не спохватились, — утёрлась газетчица.

Он себя самого не видел, забыл каков. Присмотрись к ним, милиционер бы документы потребовал с него первого, а не с газетчицы.

Уличные электрические часы показывали только девять, но день уже был настолько жарок, что Олег стал расстёгивать верхние крючки шинели. Не спеша, давая себя обгонять и толкать, Олег шёл по солнечной стороне около площади, щурился и улыбался солнцу.

Ещё много радостей ожидало его сегодня!..

Это было солнце той весны, до которой он не рассчитывал дожить. И хотя вокруг никто не радовался возврату Олега в жизнь, никто даже не знал, — но солнце-то знало, и Олег ему улыбался. Хотя б следующей весны и не наступило никогда, хотя б эта была последняя, — но ведь и то лишняя весна! и за то спасибо!

Никто из прохожих не радовался Олегу, а он — всем им был рад! Он рад был вернуться к ним! И ко всему, что было на улицах! Ничто не могло показаться ему неинтересным, дурным или безобразным в его новосотворённом мире! Целые месяцы, целые годы жизни не могли сравняться с одним сегодняшним вершинным днём.

Продавали мороженое в бумажных стаканчиках. Уж не помнил Олег, когда такие стаканчики и видел. Ещё полтора рубля, порхайте! Мешок, прожжённый и простреленный, — за спиной, обе руки свободны, и, отделяя холодящие слои палочкой, Олег пошёл ещё медленней.

Тут попалась ему фотография с витриной, и в тени. Олег облокотился о железные перила и застрял надолго, рассматривая ту очищенную жизнь и улучшенные лица, которые были выставлены в витрине, а особенно, конечно, девушек, их там больше всего и было. Сперва каждая из них оделась в своё лучшее, потом фотограф крутил ей голову и десять раз переставлял свет, потом сделал несколько снимков и отобрал из них лучший, и ретушировал его, потом из десяти таких девушек ещё отбирали по одной — и так составилась эта витрина, и Олег знал, — и всё же приятно было ему смотреть и верить, что из таких вот девушек и состоит жизнь. За все упущенные годы, и за все, которых он не доживёт, и за всё, чего он был теперь лишён, — он насматривался и насматривался бесстыдно.

Кончилось мороженое, и надо было выбросить стаканчик, но такой он был чистенький, гладенький, что сообразил Олег: в пути из него пить хорошо. И сунул в вещмешок. Спрятал и палочку — тоже может пригодиться.

А дальше попалась аптека. Аптека — тоже очень интересное учреждение! Костоглотов завернул в неё тотчас же. Прямоугольники её чистых прилавков, один за другим, можно было рассматривать целый день. Предметы, выставленные здесь, были все диковинны для лагерного глаза, они десятилетиями не встречались в том мире, а какие из них Олег и видел когда-то в вольной жизни, то сейчас затруднялся назвать или вспомнить, для чего они. С дикарским почтением рассматривал он никелированные, стеклянные и пластмассовые формы. А потом шли травы в пакетиках с объяснением их действия. В травы Олег очень верил, — но где была т а трава, где?.. А потом тянулись витрины таблеток, и сколько тут было названий новых, никогда в жизни не слыханных. В общем, одна эта аптека открывала Олегу целую вселенную наблюдений и размышлений. Но он вздохнул от витрины к витрине и только спросил, по заказу Кадминых, термометр для воды, соду и марганцовку. Термометра не было, соды не было, а за марганцовку послали платить три копейки в кассу.

Потом Костоглотов стал в очередь в рецептурный отдел и постоял минут двадцать, уже сняв мешочек со спины и тяготясь духотой. Всё-таки было у него колебание — может, лекарство-то взять? Он положил в окошечко один из трёх одинаковых рецептов, переданных ему вчера Вегой. Он надеялся, что лекарства не будет и отпадёт вся проблема. Но оно нашлось. Подсчитали в окошечке и написали ему пятьдесят восемь рублей с копейками.

Олег даже рассмеялся облегчённо и отошёл. Что на каждом шагу в жизни его преследует цифра «пятьдесят восемь» — этому он ничуть не удивился. Но что ему надо сто семьдесят пять рубликов положить за три рецепта — это уж было сверх. На такие деньги он мог месяц питаться. Хотел он тут же порвать рецепты в плевательницу, но подумал, что Вега может о них спросить, — и спрятал.

Жалко было уходить от аптечных зеркальных поверхностей. Но день разгорался и звал его, день его радостей.

Ещё много радостей ждало его сегодня.

Он не спешил отшагивать. Он переходил от витрины к витрине, цепляясь, как репейник, за каждый выступ. Он знал, что неожиданности ждут его на каждом шагу.

И правда, попалась почта, а в окне реклама: «Пользуйтесь фототелеграфом!» Поразительно! О чём десять лет назад писали в фантастических романах — вот уже предлагалось прохожим. Олег зашёл. Тут висел список — десятка три городов, куда можно посылать фототелеграммы. Стал Олег перебирать — кому и куда бы? Но во всех этих больших городах, раскинутых по шестой части суши, не мог он вспомнить ни одного такого человека, кому доставил бы радость своим почерком.

Всё же, чтоб отведать ближе, он подошёл к окошечку и попросил показать ему бланк и какой размер букв должен быть.

— Сейчас испортился, — ответила ему женщина. — Не работает.

Ах, не работает! Ну, леший с ним. Так и привычней. Спокойней как-то.

Шёл он дальше, читал афиши. Был цирк, и было несколько кино. В каждом что-то шло на дневных сеансах, но вот на это не мог он тратить дня, подаренного ему, чтоб рассмотреть вселенную. Вот если б, действительно, остаться пожить немного в городе, так даже и в цирк пойти не грешно: ведь он как ребёнок, ведь он родился только что.

Время было такое, что, пожалуй, уже удобно идти к Веге.

Если вообще идти...

А как можно не пойти? Она — друг. Она приглашала искренне. И смущённо. Она — единственная родная душа во всём городе, — и как же не пойти?

Ему-то самому, затаённо, только этого одного и хотелось — идти к ней. Даже не осмотрев городской вселенной — к ней.

Но что-то удерживало и подбрасывало доводы: может, ещё рано? Она могла ещё не вернуться или там не прибраться. Ну, позже...

На каждом перекрёстке он останавливался, размышляя: как бы не прогадать, куда лучше идти? Он никого не спрашивал и улицы выбирал по прихоти.

И так набрёл на винную лавку — не магазин с бутылками, а именно лавку с бочками: полутёмную, полусырую, с особенным кисловатым воздухом. Какая-то старая таверна! Вино наливали из бочек — в стаканы. И стакан дешёвого стоил два рубля. После шашлыка это была действительно дешёвка! И Костоглотов из глубинного кармана потащил на размен очередной червонец.

Вкуса никакого особенного не оказалось, но ослабевшую его голову стало вскруживать уже на допитии. А когда он пошёл из лавки, и дальше — то ещё полегчала жизнь, хотя и с утра была к нему благосклонна. Так стало легко и приятно, что, кажется, уже ничто не могло б его расстроить. Потому что всё плохое в жизни, что только есть, он уже испытал, отбыл, — а остальное было лучше.

Сегодня много радостей он себе ещё ожидал.

Пожалуй, если б ещё одна винная лавка встретилась — можно бы ещё стакан выпить.

Но лавка не попадалась.

Вместо этого густая толпа запрудила весь тротуар, так что её обходили по проезжей части. Олег решил: что-нибудь случилось на улице. Нет, все стояли лицом к широким ступеням и большим дверям и ждали. Костоглотов задрал голову и прочёл: «Центральный универмаг». Это было как раз вполне понятно: что-то важное должны были д а в а т ь. Но — что именно? Он спросил у одного, у другой, у третьей, но все жались, никто толком не отвечал. Лишь узнал Олег, что как раз подходит время открытия. Ну что ж, судьба. Втеснился и Олег в ту толпу.

Через несколько минут двое мужчин раскрыли широкие двери и испуганно-удерживающим движением пытались умерить первый ряд, — но отскочили в стороны, как от конницы. Ожидающие мужчины и женщины, в первых рядах молодые, с такой прытью затопали в двери и дальше по прямой лестнице на второй этаж, как могли б они только покидать это здание, если б оно горело. Втиснулась и прочая толпа, и каждый, в меру своего возраста и сил, бежал по ступенькам. Оттекала какая-то струйка и по первому этажу, но главная била на второй. В этом атакующем порыве невозможно было подниматься спокойно, и чёрно-взлохмаченный Олег с вещмешком за спиной тоже побежал (в толчее его бранили «солдатом»).

Наверху же поток сразу разделялся: бежали в три разных стороны, осторожно заворачивая по скользкому паркетному полу. Мгновение было у Олега, чтобы выбрать. Но как он мог рассудить? Он побежал наудачу за самыми уверенными бегунами.

И оказался в растущем хвосте около трикотажного отдела. Продавщицы в голубых халатиках так спокойно, однако, ходили и зевали, будто никакой этой давки не видели и предстоял им скучный пустой день.

Отдышавшись, узнал Олег, что ожидаются не то дамские кофточки, не то свитеры. Он матюгнулся шёпотом и отошёл.

Куда ж побежали те другие два потока — сейчас он не мог найти. Уже во все стороны было движение, у всех прилавков люди. У одного погуще толпились, и он решил — может быть здесь. Тут ожидались дешёвые глубокие тарелки. Вот и ящики с ними распаковывались. Это дело. В Уш-Тереке не было глубоких тарелок, Кадмины ели из надбитых. Привезти в Уш-Терек дюжину таких тарелок было дело! Да ничего б не довёз он, кроме черепков.

Дальше стал Олег гулять по двум этажам универмага произвольно. Посмотрел фотоотдел. Аппараты, которых до войны достать было невозможно, и все принадлежности к ним теперь забивали прилавки, дразня и требуя денег. Это была ещё одна детская несбывшаяся мечта Олега — заниматься фотографией.

Очень ему понравились мужские плащи. После войны он мечтал купить гражданский плащ, ему казалось это самым красивым на мужчине. Но сейчас надо было положить триста пятьдесят рубликов, месячную зарплату. Пошёл Олег дальше.

Нигде он ничего не покупал, а настроение у него было — как будто с тугим карманом, да только без всяких нужд. Ещё и вино в нём весело испарялось.

Продавались рубашки штапельные. Слово «штапель» Олег знал: все уш-терекские женщины, услышав это слово, бежали в раймаг. Посмотрел Олег рубашки, пощупал, ему понравились. И одну — зелёную в белую полоску — в мыслях своих взял. (А стоила она шестьдесят рублей, он взять её не мог.)

Пока он размышлял над рубашками, подошёл мужчина в хорошем пальто, но не к этим рубашкам, а к шёлковым, и вежливо спросил продавщицу:

— Скажите, а вот этот пятидесятый номер у вас есть с тридцать девятым воротничком?

И как передёрнуло Олега! Нет, как будто его напильниками теранули сразу по двум бокам! Он дико обернулся и посмотрел на этого чисто выбритого, нигде не поцарапанного мужчину в хорошей фетровой шляпе, в галстуке на белой сорочке, — так посмотрел, как если б тот его в ухо ударил и сейчас не миновать было кому-то лететь с лестницы.

Как?? Люди кисли в траншеях, людей сваливали в братские могилы, в мелкие ямки в полярной мерзлоте, людей брали по первому, по второму, по третьему разу в лагерь, люди коченели в этапах-краснушках, люди с киркой надрывались, зарабатывая на латаную телогрейку, а этот чистоплюй не только помнит номер своей рубашки, но и номер своего воротничка?!

Вот этот номер воротничка добил Олега! Никак не мог бы он подумать, что у воротничка ещё есть отдельный номер! Скрывая свой раненый стон, он ушёл от рубашек прочь. Ещё и номер воротничка! Зачем такая изощрённая жизнь? Зачем в неё возвращаться? Если помнить номер воротничка — то ведь что-то надо забыть! Поважнее что-то!

Он просто ослабел от этого номера воротничка...

В хозяйственном отделе Олег вспомнил, что Елена Александровна, хотя и не просила его привозить, но мечтала иметь облегчённый паровой утюг. Олег надеялся, что такого не окажется, как всего, что нужно, и совесть его, и плечи его будут разом освобождены от тяжести. Но продавщица показала ему на прилавке такой утюг.

— А это — точно облегчённый, девушка? — Костоглотов недоверчиво вывешивал утюг в руке.

— А зачем я вас буду обманывать? — перекривила губы продавщица. Она вообще смотрела как-то метафизически, углублённая во что-то дальнее, будто здесь перед ней не реальные покупатели слонялись, а скользили их безразличные тени.

— Ну, не то что обманывать, но, может быть, вы ошибаетесь? — предположил Олег.

Против воли возвращаясь к бренной этой жизни и совершая невыносимое для себя усилие переноса материального предмета, продавщица поставила перед ним другой утюг. И уже не осталось у неё сил что-нибудь объяснить словами. Она опять взлетела в область метафизическую.

Что ж, сравнением постигается истина. Облегчённый был, действительно, на килограмм полегче. Долг требовал его купить.

Как ни обессилела девушка от переноса утюга, но ещё утомлёнными пальцами она должна была выписать ему чек, и ещё произнести слабеющими губами: «на контроле» (какой ещё контроль? кого проверять? Олег совсем забыл. О, как трудно было возвращаться в этот мир!) — да ещё и не ей ли, касаясь пола ногами, надо было теперь перетянуть этот облегчённый утюг в контроль? Олег чувствовал себя просто виноватым, что отвлёк продавщицу от её дремлющего размышления.

Когда утюг лёг в мешок, плечи сразу почувствовали. Уже становилось душно ему в шинели, и надо было скорей выходить из универмага.

Но тут он увидел себя в огромном зеркале от пола до потолка. Хотя неудобно мужчине останавливаться себя рассматривать, но такого большого зеркала не было во всём Уш-Тереке. Да в таком зеркале он себя десять лет не видел. И пренебрегая, что́ там подумают, он осмотрел себя сперва издали, потом ближе, потом ещё ближе.

Ничего уже военного, как он себя числил, в нём не осталось. Только отдалённо была похожа эта шинель на шинель и эти сапоги на сапоги. К тому ж и плечи давно ссутуленные, и фигура, неспособная держаться ровно. А без шапки и без пояса он был не солдат, а скорее арестант беглый или деревенский парень, приехавший в город купить и продать. Но для того нужна хоть лихость, а Костоглотов выглядел замученным, зачуханным, запущенным.

Лучше б он себя не видел. Пока он себя не видел, он казался себе лихим, боевым, на прохожих смотрел снисходительно, и на женщин как равный. А теперь, ещё с этим мешком ужасным за спиной, не солдатским давно, а скорее сумою нищенской, ему если стать на улице и руку протянуть — будут бросать копейки.

А ведь ему надо было к Веге идти... Как же идти к ней таким?

Он переступил ещё — и попал в отдел галантерейный или подарочный, а в общем — женских украшений.

И тогда между женщинами, щебетавшими, примерявшими, перебиравшими и отвергавшими, этот полусолдат-полунищий, со шрамом по низу щеки, остановился и тупо застыл, рассматривая.

Продавщица усмехнулась — что он там хотел купить своей деревенской возлюбленной? — и поглядывала, чтоб чего не спёр.

Но он ничего не просил показать, ничего не брал в руки. Он стоял и тупо рассматривал.

Этот отдел, блистающий стёклами, камнями, металлами и пластмассой, стал перед его опущенным быковатым лбом как шлагбаум, намазанный фосфором. Шлагбаума этого лоб Костоглотова не мог перешибить.

Он — понял. Он понял, как это прекрасно: купить женщине украшение и приколоть к груди, набросить на шею. Пока не знал, не помнил — он был не виноват. Но сейчас он так пронзительно это понял, что с этой минуты, кажется, уже не мог прийти к Веге, ничего ей не подаря.

А и подарить ей он не мог бы и не смел бы — ничего. На дорогие вещи нечего было и смотреть. А о дешёвых — что он знал? Вот эти брошки не брошки, вот эти узорные навесики на булавках, и особенно вот эта шестиугольная, со многими искрящимися стекляшками, — ведь хороша же?

А может быть — совсем пошла́, базарна?.. Может, женщина со вкусом постыдится даже в руки такую принять?..

Может, таких давно уже не носят, из моды вышли?.. Откуда знать ему, что́ носят, что́ не носят?

И потом как это — прийти ночевать и протянуть, коснея, краснея, какую-то брошку?

Недоумения одно за другим сшибали его, как городошные палки.

И сгустилась перед ним вся сложность этого мира, где надо знать женские моды, и уметь выбирать женские украшения, и прилично выглядеть перед зеркалом, и помнить номер своего воротничка... А Вега жила именно в этом мире, и всё знала, и хорошо себя чувствовала.

И он испытал смущение и упадок. Если уж идти к ней — то самое время идти сейчас, сейчас!

А он — не мог. Он — потерял порыв. Он — боялся.

Их разделил — Универмаг...

И из этого проклятого капища, куда недавно вбегал он с такой глупой жадностью, повинуясь идолам рынка, — Олег выбрел совсем угнетённый, такой измученный, как будто на тысячи рублей здесь купил, будто в каждом отделе что-то примерял, и ему заворачивали, и вот он нёс теперь на согбенной спине гору этих чемоданов и свёртков.

А всего только — утюг.

Он так устал, словно уже многие часы покупал и покупал суетные вещи, — и куда ж делось то чистое розовое утро, обещавшее ему совсем новую прекрасную жизнь? Те перистые облака вечной выделки? И ныряющая ладья луны?..

Где ж разменял он сегодня свою цельную утреннюю душу? В Универмаге... Ещё раньше — пропил с вином. Ещё раньше проел с шашлыком.

А ему надо было посмотреть цветущий урюк — и сразу же мчаться к Веге...

Стало тошно Олегу не только глазеть на витрины и вывески, но даже и по улицам толкаться среди густеющего роя озабоченных и весёлых людей. Ему хотелось лечь где-нибудь в тени у речки и лежать-очищаться. А в городе куда он мог ещё пойти — это в зоопарк, как Дёмка просил.

Мир зверей ощущал Олег как-то более понятным, что ли. Более на своём уровне.

Ещё оттого угнетался Олег, что в шинели ему стало жарко, но и тащить её отдельно не хотелось. Он стал расспрашивать, как идти в зоопарк. И повели его туда добротные улицы — широкие, тихие, с тротуарными каменными плитами, с раскидистыми деревьями. Ни магазинов, ни фотографий, ни театров, ни винных лавок — ничего тут этого не было. И трамваи гремели где-то в стороне. Здесь был добрый тихий солнечный день, насквозь греющий через деревья. Прыгали «в классы» девочки на тротуарах. В палисадниках хозяйки что-то сажали или вставляли палочки для вьющихся.

Близ ворот зоопарка было царство детворы — ведь каникулы, и день какой!

Войдя в зоопарк, кого Олег увидел первым — был винторогий козёл. В его вольере высилась скала с крутым подъёмом и потом обрывом. И вот именно там, передними ногами на самом обрыве, неподвижно, гордо стоял козёл на тонких сильных ногах, а с рогами удивительными: долгими, изогнутыми и как бы намотанными виток за витком из костяной ленты. У него не борода была, но пышная грива, свисающая низко по обе стороны до колен, как волосы русалки. Однако достоинство было в козле такое, что эти волосы не делали его ни женственным, ни смешным.

Кто ждал у клетки винторогого, уже отчаялся увидеть какое-нибудь передвижение его уверенных копытец по этой гладкой скале. Он давно стоял совершенно как изваяние, как продолжение этой скалы; и без ветерка, когда и космы его не колыхались, нельзя было доказать, что он — жив, что это — не надувательство.

Олег простоял пять минут и с восхищением отошёл: так козёл и не пошевелился! Вот с таким характером можно переносить жизнь!

А перейдя к началу другой аллеи, Олег увидел оживление у клетки, особенно ребятишек. Что-то металось там бешено внутри, металось, но на одном месте. Оказалось, вот это кто: белка в колесе. Та самая белка в колесе, из поговорки. Но в поговорке всё стёрлось, и нельзя было вообразить — зачем белка? зачем в колесе? А здесь представлено это было в натуре. В клетке был для белки и ствол дерева, и разбегающиеся сучья наверху — но ещё при дереве было коварно повешено и колесо: барабан, круг которого открыт зрителю, а по ободу внутри шли перекладинки, отчего весь обод получался как замкнутая бесконечная лестница. И вот, пренебрегая своим деревом, гонкими сучьями в высоту, белка зачем-то была в колесе, хотя никто её туда не нудил и пищей не зазывал, — привлекла её лишь ложная идея мнимого действия и мнимого движения. Она начала, вероятно, с лёгкого перебора ступенек, с любопытства, она ещё не знала, какая это жестокая, затягивающая штука (в первый раз не знала, а потом тысячи раз уже и знала — и всё равно!). Но вот всё раскручено было до бешенства! Всё рыженькое веретённое тело белки и иссиза-рыжий хвостик развевались по дуге в сумасшедшем беге, перекладинки колёсной лестницы рябили до полного слития, все силы были вложены до разрыва сердца! — но ни на ступеньку не могла подняться белка передними лапами.

И кто стояли тут до Олега — всё так же видели её бегущей, и Олег простоял несколько минут — и всё было то же. Не было в клетке внешней силы, которая могла бы остановить колесо и спасти оттуда белку, и не было разума, который внушил бы ей: «Покинь! Это — тщета!» Нет! Только один был неизбежный ясный выход — смерть белки. Не хотелось до неё достоять. И Олег пошёл дальше.

Так двумя многосмысленными примерами — справа и слева от входа, двумя равновозможными линиями бытия, — встречал здешний зоопарк своих маленьких и больших посетителей.

Шёл Олег мимо фазана серебряного, фазана золотого, фазана с красными и синими перьями. Полюбовался невыразимой бирюзой павлиньей шеи и метровым разведенным хвостом его с розовой и золотой бахромою. После одноцветной ссылки, одноцветной больницы глаз пировал в красках.

Здесь не было жарко: зоопарк располагался привольно, и уже первую тень давали деревья. Всё более отдыхая, Олег миновал целую птичью ферму — кур андалузских, гусей тулузских, холмогорских — и поднялся в гору, где держали журавлей, ястребов, грифов, и наконец на скале, осенённой клеткою как шатром, высоко над всем зоопарком жили сипы белоголовые, а без надписи принять бы их за орлов. Их поместили сколько могли высоко, но крыша клетки уже была низка над скалой, и мучились эти большие угрюмые птицы, расширяли крылья, били ими, а лететь было некуда.

Глядя, как мучается сип, Олег сам лопатками повёл, расправляя. (А может, это утюг уже надавливал на спину?)

Всё у него вызывало истолкование. При клетке надпись: «Неволю белые совы переносят плохо». Знают же! — и всё-таки сажают!

А кой её выродок переносит хорошо, неволю?

Другая надпись: «Дикобраз ведёт ночной образ жизни». Знаем: в полдесятого вечера вызывают, в четыре утра отпускают.

А «барсук живёт в глубоких и сложных норах». Вот это по-нашему! Молодец барсук, а что остаётся? И морда у него матрасно-полосатая, чистый каторжник.

Так извращённо Олег всё здесь воспринимал, и, наверно, не надо было ему сюда, как и в Универмаг.

Уже много прошло дня — а радостей обещанных что-то не было.

Вышел Олег к медведям. Чёрный с белым галстуком стоял и тыкался носом в клетку, через прутья. Потом вдруг подпрыгнул и повис на решётке верхними лапами. Не галстук белый у него был, а как бы цепь священника с нагрудным крестом. Подпрыгнул — и повис! А как ещё он мог передать своё отчаяние?

В соседней камере сидела его медведица с медвежонком.

А в следующей мучился бурый медведь. Он всё время беспокойно топтался, хотел ходить по камере, но только помещался поворачиваться, потому что от стенки до стенки не было полных трёх его корпусов.

Так что по медвежьей мерке это была не камера, а *бокс*.

Увлечённые зрелищем дети говорили между собой: «Слушай, давай ему камней бросим, он будет думать, что конфеты!»

Олег не замечал, как дети на него самого оглядывались. Он сам здесь был лишний бесплатный зверь, да не видел себя.

Спускалась аллея к реке — и тут держали белых медведей, но хоть вместе двоих. К ним в вольеру сливались арыки, образуя ледяной водоём, и туда они спрыгивали освежиться каждые несколько минут, а потом вылезали на цементную террасу, отжимали лапами воду с морды и ходили, ходили, ходили по краю террасы над водой. Полярным медведям, каково приходилось им здесь летом, в сорок градусов? Ну, как нам в Заполярьи.

Самое запутанное в заключении зверей было то, что, приняв их сторону и, допустим, силу бы имея, Олег не мог бы приступить взламывать клетки и освобождать их. Потому что потеряна была ими вместе с родиной и идея разумной свободы. И от внезапного их освобождения могло стать только страшней.

Так нелепо размышлял Костоглотов. Так были вывороченьи его мозги, что уже ничего он не мог воспринимать наивно и непричастно. Что б ни видел он теперь в жизни — на всё возникал в нём серый призрак и подземный гул.

Мимо печального оленя, больше всех здесь лишённого пространства для бега, мимо священного индийского зебу, золотого зайца агути — Олег снова поднялся, теперь к обезьянам.

У клеток резвились дети и взрослые, кормили обезьян. Костоглотов без улыбки шёл мимо. Без причёсок, как бы все остриженные под машинку, печальные, занятые на своих нарах первичными радостями и горестями, они так напоминали ему многих прежних знакомых, просто даже он узнавал отдельных — и ещё сидевших где-то сегодня.

А в одном одиноком задумчивом шимпанзе с отёчными глазами, державшем руки повисшие между колен, Олег, кажется, узнал и Шулубина — была у него такая поза.

В этот светлый жаркий день на койке своей между смертью и жизнью бился Шулубин.

Не предполагая найти интересное в обезьяньем ряде, Костоглотов быстро его проходил и даже начал скашивать, — как увидел на дальней клетке какое-то объявление и нескольких человек, читавших его.

Он пошёл туда. Клетка была пуста, в обычной табличке значилось: «макака-резус». А в объявлении, наспех написанном и приколотом к фанере, говорилось:

«Жившая здесь обезьянка ослепла от бессмысленной жестокости одного из посетителей. Злой человек сыпнул табака в глаза макаке-резус.»

И — хлопнуло Олега! Он до сих пор прогуливался с улыбкой снисходительного всезнайки, а тут захотелось завопить, зареветь на весь зоопарк, — как будто это *ему* в глаза насыпали!

Зачем же?!.. *Просто так* — зачем же?.. Бессмысленно — зачем же?

Больше всего простотою ребёнка хватало написанное за сердце. Об этом неизвестном, благополучно ушедшем человеке не сказано было, что он — антигуманен. О нём не было сказано, что он — агент американского империализма. О нём сказано было только, что он — *злой*. И вот это поражало: зачем же он просто так — *злой*? Дети! Не растите злыми! Дети! Не губите беззащитных!

Уж было объявление прочтено и прочтено, а взрослые и маленькие стояли и смотрели на пустую клетку.

И потащил Олег свой засаленный, прожжённый и простреленный мешок с утюгом — в царство пресмыкающихся, гадов и хищников.

Лежали ящеры на песке, как чешуйчатые камни, привалясь друг ко другу. Какое движение потеряли они на воле?

Лежал огромный чугунно-тёмный китайский аллигатор с плоской пастью, с лапами, вывернутыми как будто не в ту сторону. Написано было, что в жаркое время не ежедневно глотает он мясо.

Этот разумный мир зоопарка с готовой едою, может быть, вполне его и устраивал?

Добавился к дереву, как толстый мёртвый сук, мощный питон. Совсем он был неподвижен, и только острый маленький язычок его метался.

Вилась ядовитая эфа под стеклянным колпаком.

А уж простых гадюк — по несколько.

Никакого не было желания всех этих рассматривать. Хотелось представить лицо ослепшей макаки.

А уже шла аллея хищников. Великолепные, друг от друга отменяясь богатой шерстью, сидели тут и рысь, и барс, и пепельно-коричневая пума, и рыжий в чёрных пятнах ягуар. Они были — узники, они страдали без свободы, но относился к ним Олег как к блатным. Всё-таки можно разобрать в мире, кто явно виноват. Вот написано, что ягуар за месяц съедает сто сорок килограммов мяса. Нет, этого представить себе нельзя! чистого красного мяса! А в лагерь такого не привозят, в лагерь — жилы да требуху, на бригаду килограмм.

Олег вспомнил тех расконвоированных ездовых, которые обворовывали своих лошадей: ели их овёс и так выжили сами.

Дальше увидел он — господина тигра. В усах, в усах было сосредоточено его выражение хищности! А глаза — жёлтые... Запуталось у Олега в голове, и он стоял и смотрел на тигра с ненавистью.

Один старый политкаторжанин, который был когда-то в туруханской ссылке, а в новое время встретился в лагере с Олегом, рассказывал ему, что не бархатно-чёрные, а именно жёлтые были глаза!

Прикованный ненавистью, Олег стоял против клетки тигра.

Всё-таки п р о с т о т а к, просто так — зачем??

Его мутило. Ему не хотелось больше этого зоопарка. Ему хотелось бежать отсюда. Он не пошёл уже ни к каким львам. Он стал выбираться к выходу наугад.

Мелькнула зебра, Олег покосился и шёл.

И вдруг! — остановился перед...

Перед чудом духовности после тяжёлого кровожадия: антилопа Нильгау — светло-коричневая, на стройных лёгких ногах, с настороженной головкой, но ничуть не пугаясь, — стояла близко за сеткой и смотрела на Олега крупными доверчивыми и — милыми! да, милыми глазами!

Нет, это было так похоже, что вынести невозможно! Она не сводила с него мило-укоряющего взгляда. Она спрашивала: «Ты почему ж не идёшь? Ведь полдня уже прошло, а ты почему не идёшь?»

Это — наваждение было, это — переселение душ, потому что явно же она стояла тут и ждала Олега. И едва он подошёл, сразу стала спрашивать укорными, но и прощающими глазами: «Не придёшь? Неужели не придёшь? А я ждала...»

Да почему ж он не шёл?! Да почему ж он не шёл!..

Олег тряхнулся — и наддал к выходу.

Ещё он мог её застать!

36

Он не мог сейчас думать о ней ни с жадностью, ни с яростью — но наслаждением было пойти и лечь к её ногам, как пёс, как битый несчастный пёс. Лечь на полу и дышать в её ноги, как пёс. И это было бы — счастьем изо всего, что только можно было придумать.

Но эту добрую звериную простоту — прийти и откровенно лечь ничком около её ног — он не мог, конечно, себе позволить. Он должен будет говорить какие-то вежливые извинительные слова, и она будет говорить какие-то вежливые извинительные слова, потому что так усложнено всё за многие тысячи лет.

Он и сейчас ещё видел этот вчерашний её рдеющий разлив на щеках, когда она сказала: «вы знаете, вы вполне могли бы остановиться у меня, вполне!» Этот румянец надо было искупить, отвратить, обойти смехом, нельзя было дать ей ещё раз застесняться — и вот почему надо было придумывать первые фразы, достаточно вежливые и достаточно юмористические, ослабляющие то необычное положение, что вот он пришёл к своему врачу, молодой одинокой женщине, — и с ночёвкой зачем-то. А то бы не хотелось придумывать никаких фраз, а стать в дверях и смотреть на неё. И обязательно назвать сразу Вегой: «Вега! Я пришёл!»

Но всё равно, это будет счастье невместимое — оказаться с ней не в палате, не в лечебном кабинете, а в простой жилой комнате — и о чём-то, неизвестно, говорить. Он наверно будет делать ошибки, многое некстати, ведь он совсем отвык от жизни человеческого рода, но глазами-то сможет же он выразить: «Пожалей меня! Слушай, пожалей меня, мне так без тебя плохо!»

Да как он мог столько времени потерять! Как мог он не идти к Веге — давно, давно уже не идти! Теперь он ходко шёл, без колебания, одного только боясь — упустить её. Полдня пробродив по городу, он уже схватил расположение улиц и понимал теперь, куда ему идти. И шёл.

Если они друг другу симпатичны. Если им так приятно друг с другом быть и разговаривать. Если когда-нибудь он сможет и брать её за руки, и обнимать за плечи, и смотреть нежно близко в глаза — то неужели же этого мало? Да даже и много более того — и неужели мало?..

Конечно, с Зоей — было бы мало. Но — с Вегой?.. с антилопой Нильгау?

Ведь вот только подумал, что можно руки её вобрать в свои, — и уже тетивы какие-то наструнились в груди, и он заволновался, как это будет.

И всё-таки — мало?..

Он всё больше волновался, подходя к её дому. Это был самый настоящий страх! — но счастливый страх, измирающая радость. От одного страха своего — он уже был счастлив сейчас!

Он шёл, только надписи улиц ещё смотря, а уже не замечая магазинов, витрин, трамваев, людей — и вдруг на углу, из-за сутолоки не сразу сумев обойти стоящую старую женщину, очнулся и увидел, что она продаёт букетики маленьких лиловых цветов.

Нигде, в самых глухих закоулках его вытравленной, перестроенной, приспособленной памяти, не осталось ни тенью, что, идя к женщине, надо нести цветы! Это вконец и во́корень было им забыто как несуществующее на земле! Он спокойно шёл со своим затасканным, залатанным и огрузнённым вещмешком, и никакие сомнения не колебали его шага.

И вот — он увидел какие-то цветы. И цветы эти зачем-то кому-то продавались. И лоб его наморщился. И недающееся воспоминание стало всплывать к его лбу, как утопленник из мутной воды. Верно, верно! — в давнем небывалом мире его юности принято было дарить женщинам цветы!..

— Это — какие же? — застенчиво спросил он у торговки.

— Фиалки, какие! — обиделась она. — Пучок — рубь.

Фиалки?.. Вот те самые поэтические фиалки?.. Он почему-то не такими их помнил. Стебельки их должны были быть стройнее, выше, а цветочки — колокольчатей. Но, может, он забыл. А может — это какой-то местный сорт. Во всяком случае никаких других тут не предлагалось. А вспомнив — уже не только нельзя было идти без цветов, а стыдно — как мог он только что спокойно идти без них.

Но сколько ж надо было купить? Один? Выглядело слишком мало. Два? Тоже бедненько. Три? Четыре? Дорого очень. Смекалка лагерная прощёлкала где-то в голове, как крутится арифмометр, что два букета можно бы сторговать за полтора рубля или пять букетов за четыре, но этот чёткий щёлк прозвучал как будто не для Олега. А он вытянул два рубля и тихо отдал их.

И взял два букетика. Они пахли. Но тоже не так, как должны были пахнуть фиалки его юности.

Ещё вот так, нюхая, он мог нести их, а отдельно в руке совсем смешно выглядело: демобилизованный больной солдат без шапки, с вещмешком и с фиалками. Никак нельзя было их пристроить и лучше всего втянуть в рукав и так нести незаметно.

А номер Веги — был вот он!..

Вход во двор, она говорила. Он вошёл во двор. Налево потом.

(А в груди так и переполаскивало!)

Шла длинная общая цементная веранда, открытая, но под навесом, с косой прутяной решёткой под перилами.

На перилах набросаны были на просушку — одеяла, матрасы, подушки, а на верёвках от столбика к столбику ещё висело бельё.

Всё это очень не подходило, чтобы здесь жила Вега. Слишком отяжелённые подступы. Ну что ж, она за них не отвечает. Вот там, дальше, за всем этим развешанным, сейчас будет дверь с её номерком, и уже за дверью — мир Веги одной.

Он поднырнул под простыни и разыскал дверь. Дверь как дверь. Светло-коричневая окраска, кой-где облупленная. Зелёный почтовый ящик.

Олег выдвинул фиалки из рукава шинели. Поправил волосы. Он волновался — и радовался волнению. Как вообразить её — без врачебного халата, в домашней обстановке?..

Нет, не эти несколько кварталов от зоопарка он прошлёпал в своих тяжёлых сапогах! — он шёл по растянутым дорогам страны, шёл два раза по семь лет! — и вот наконец демобилизовался, дошёл до той двери, где все четырнадцать лет его немо ожидала женщина.

И — косточкой среднего пальца коснулся двери.

Однако он не успел как следует постучать — а дверь уже стала открываться (*она* заметила его прежде? в окно?) — открылась — и оттуда, выпирая прямо на Олега ярко-красный мотоцикл, особенно крупный в узкой двери, двинулся мордатый парень с нашлёпанным расклёпанным носом. Он даже не спросил — к чему тут Олег, к кому, — он пёр мотоцикл, он сворачивать не привык, и Олег посторонился.

Олег опешил и не в миг понял: кто приходится этот парень одиноко живущей Веге, почему он от неё выходит? Да ведь не мог же он совсем забыть, хоть и за столько лет, что вообще люди не живут сами по себе, что они живут в коммунальных квартирах! Забыть не мог, а и помнить был не обязан. Из лагерного барака *воля* рисуется полной противоположностью бараку, не коммунальной квартирой никак. Да даже в Уш-Тереке люди жили все особно, не знали коммунальных.

— Скажите, — обратился он к парню. Но парень, прокатив мотоцикл под развешенную простыню, уже спускал его с лестницы с гулковатым постуком колеса о ступеньки.

А дверь он оставил открытой.

Олег нерешительно стал входить. В неосвещённой глуби коридора видны были теперь ещё дверь, дверь, дверь — какая же из них? В полутьме, не зажигая лампочки, показалась женщина и спросила сразу враждебно:

— Вам кого?

— Веру Корнильевну, — непохоже на себя, застенчиво произнёс Костоглотов.

— Нету её! — не проверяя двери, не смотря, с неприязненной уверенной резкостью отсекла женщина и шла прямо на Костоглотова, заставляя его тесниться назад.

— Вы — постучите, — возвращался в себя Костоглотов. Он размягчел так от ожиданья увидеть Вегу, а на гавканье соседки мог отгавкнуться и сам. — Она сегодня не на работе.

— Знаю. Нету. Была. Ушла. — Женщина, низколобая, косощёкая, рассматривала его.

Уже видела она и фиалки. Уже поздно было и прятать.

Если б не эти фиалки в руке, он был бы сейчас человек — он мог бы сам постучать, разговаривать независимо, настаивать — давно ли ушла, скоро ли вернётся, оставить записку (а может быть, и ему была оставлена?..).

Но фиалки делали его каким-то просителем, подносителем, влюблённым, дурачком...

И он отступил на веранду под напором косощёкой.

А та, по пятам тесня его с плацдарма, наблюдала. Уже что-то выпирало из мешка у этого бродяги, как бы и здесь он чего не смахнул.

Наглыми стреляющими хлопками без глушителя разражался мотоцикл во дворе — и затыка́лся, разражался и затыкался.

Мялся Олег.

Женщина смотрела раздражённо.

Как же Веги могло не быть, если она обещала? Да, но она ждала раньше — и вот куда-то ушла. Какое горе! Не неудача, не досада — горе!

Руку с фиалками Олег втянул в рукав шинели как отрубленную.

— Скажите: она вернётся или уже на работу ушла?

— Ушла, — чеканила женщина.

Но это не был ответ.

Но и нелепо было стоять тут перед ней и ждать.

Дёргался, плевался, стрелял мотоцикл — и заглохал.

А на перилах лежали — тяжёлые подушки. Тюфяки. Одеяла в конвертных пододеяльниках. Их выложили выжариваться на солнце.

— Так что вы ждёте, гражданин?

Ещё из-за этих громоздких постельных бастионов Олег никак не мог сообразить.

А та разглядывала и думать не давала.

И мотоцикл проклятый душу в клочья разрывал — не заводился.

И от подушечных бастионов Олег попятился и отступил — вниз, назад, откуда пришёл, — отброшенный.

Если б ещё не эти подушки — с одним подмятым углом, двумя свисшими, как вымя коровье, и одним вознесённым, как обелиск, — если б ещё не подушки, он бы сообразил, решился на что-то. Нельзя было так прямо сразу уйти. Вега, наверно, ещё вернётся! И скоро вернётся! И она тоже будет жалеть! Будет жалеть!

Но в подушках, в матрасах, в одеялах с конвертными пододеяльниками, в простынных знамёнах — был тот устойчивый, веками проверенный опыт, отвергать который у него не было теперь сил. Права не было.

Именно — теперь. Именно — у него.

На поленьях, на досках может спать одинокий мужчина, пока жжёт ему сердце вера или честолюбие. Спит на голых нарах и арестант, которому выбора не дано. И арестантка, отделённая от него силой.

Но где женщина и мужчина сговорились быть вместе — эти пухлые мягкие морды ждут уверенно своего. Они знают, что не ошибутся.

И от крепости неприступной, непосильной ему, с болванкой утюга за плечами, с отрубленной рукой, Олег побрёл, побрёл за ворота — и подушечные бастионы радостно били ему пулемётами в спину.

Не заводился, треклятый!

За воротами глуше были эти взрывы, и Олег остановился ещё немного подождать.

Ещё не потеряно было дождаться Веги. Если она вернётся — она не может здесь не пройти. И они улыбнутся, и ка́к обрадуются: «Здравствуйте!..» — «А вы знаете...» — «А как смешно получилось...»

И он тогда вытянет из рукава смятые, стиснутые, уже завядающие фиалки?

Дождаться можно и снова повернуть во двор — но ведь опять же им не миновать этих пухлых уверенных бастионов!

Их не пропустят вдвоём.

Не сегодня, так в день какой-то другой — и Вега, тоже и Вега, легконогая, воодушевлённая, с кофейно-светлыми глазами, вся чуждая земному праху, — и она же выносит на эту веранду свою воздушную, нежную, прелестную — но постель.

Птица — не живёт без гнезда, женщина — не живёт без постели.

Будь ты трижды нетленна, будь ты трижды возвышенна — но куда ж тебе деться от восьми неизбежных ночных часов?

От засыпаний.

От просыпаний.

Выкатился! выкатился пурпурный мотоцикл, на ходу достреливая Костоглотова, и парень с расклёпанным носом смотрел по улице победителем.

И Костоглотов пошёл, побитый.

Он выдвинул фиалки из рукава. Они были при последних минутах, когда ещё можно было их подарить.

Две пионерки-узбечки с одинаковыми чёрными косичками, закрученными туже электрических шнуров, шли навстречу. Двумя руками Олег протянул им два букетика:

— Возьмите, девочки.

Они удивились. Переглянулись. Посмотрели на него. Друг другу сказали по-узбекски. Они поняли, что он не пьян, и не пристаёт к ним. И даже, может быть, поняли, что дядя-солдат дарит букетики от беды?

Одна взяла и кивнула.

Другая взяла и кивнула.

И быстро пошли, притираясь плечо о плечо и разговаривая оживлённо.

И остался у него за плечами замызганный, пропотевший вещмешок.

Где ночевать — это надо было придумывать заново.

В гостиницах нельзя.

К Зое нельзя.

К Веге нельзя.

То есть можно, можно. И будет рада. И вида никогда не подаст.

Но запретнее, чем нельзя.

А без Веги стал ему весь этот прекрасный изобильный миллионный город — как мешок тяжёлый на спине. И странно было, что ещё сегодня утром город ему так нравился и хотелось задержаться подольше.

И ещё странно: чему он сегодня утром так радовался? Всё излечение его вдруг перестало казаться каким-то особенным даром.

За неполный квартал Олег почувствовал, как голоден, и как ноги натёр, как тело всё устало, и как опухоль недобитая перекатывается внутри. И пожалуй хотелось ему поскорей бы только уехать.

Но и возврат в Уш-Терек, теперь вполне открытый, тоже перестал манить. Понял Олег, что там его тоска загложет теперь ещё больше.

Да просто не мог он представить себе сейчас такого места и вещи такой, которые могли бы его развеселить.

Кроме как — вернуться к Веге.

К ногам её опуститься: «Не гони меня, не гони! Я же не виноват.»

Но это было запретнее, чем нельзя.

Посмотрел на солнце. Приспускаться начало. Как бы уже не третий час. Что-то надо было решать.

Увидел на трамвае тот самый номер, который вёз в сторону комендатуры. Стал смотреть, где он останавливается ближе.

И с железным скрежетом, особенно на поворотах, трамвай, как сам тяжело больной, потащил его по каменным узким улицам. Держась за кожаную петлю, Олег наклонялся, чтоб из окна видеть что-нибудь. Но волоклись, без зелени, без бульваров, мощёнка и облезлые дома. Мелькнула афиша дневного кино под открытым воздухом. Занятно было бы посмотреть, как это устроено, но что-то уже попригас его интерес к новинкам мира.

Она горда, что выстояла четырнадцать лет одиночества. Но не знает она — а чего может стоить полгода таких: вместе — и не вместе...

Свою остановку он узнал, сошёл. Теперь километра полтора надо было пройти по широкой улице унылого заводского типа, без деревца, раскалённой. По её мостовой грохотали в обе стороны непрерывные грузовики и тракторы, а тротуар тянулся мимо долгой каменной стены, потом пересекал железнодорожную заводскую колею, потом — пересыпь мелкого угля, потом шёл мимо пустыря, изрытого котлованами, и опять через рельсы, там снова стена и наконец одноэтажные деревянные бараки — те, что в титулах записываются как «временное гражданское строительство», а стоят десять, двадцать и даже тридцать лет. Сейчас хоть не было той грязи, как в январе, под дождём, когда Костоглотов в первый раз искал эту комендатуру. И всё равно — уныло-долго было идти, и не верилось, что эта улица — в том самом городе, где кольцевые бульвары, неохватные дубы, неудержимые тополя и розовое диво урюка.

Как бы она ни убеждала себя, что так надо, так верно, так хорошо, — тем надрывней потом прорвётся.

По какому замыслу была так таинственно и окраинно помещена комендатура, располагавшая судьбами всех ссыльных города? Но вот тут, среди бараков, грязных проходов, разбитых и заслепленных фанерою окон, развешанного белья, белья, белья, — вот тут она и была.

Олег вспомнил отвратное выражение лица того коменданта, даже на работе не бывшего в рабочий день, как он принимал его тут, и сам теперь в коридоре комендантского барака замедлил, чтоб и своё лицо стало независимым и закрытым. Костоглотов никогда не разрешал себе улыбаться тюремщикам, даже если те улыбались. Он считал долгом напоминать, что — всё помнит.

Он постучал, вошёл. Первая комната была полутемна, совсем гола и совсем пуста: только две долгих колченогих скамьи без спинок и, за балюстрадной отгородкой, стол, где, наверно, и производили дважды в месяц таинство отметки местных ссыльных.

Никого тут сейчас не было, а дверь дальше с табличкой «Комендант» — распахнута. Выйдя в прогляд этой двери, Олег спросил строго:

— Можно?

— Пожалуйста, пожалуйста, — пригласил его очень приятный радушный голос.

Что такое? Подобного тона Олег сроду в НКВД не слыхивал. Он вошёл. Во всей солнечной комнате был только комендант, за своим столом. Но это не был прежний — с глубокомысленным выражением загадочный дурак, а сидел армянин с мягким, даже интеллигентным лицом, нисколько не чванный, и не в форме, а в гражданском хорошем костюме, не подходящем к этой барачной окраине. Армянин так весело посматривал, будто работа его была — распределять театральные билеты и он рад был, что Олег пришёл с хорошей заявкой.

После лагерной жизни Олег не мог быть очень привязан к армянам: там, немногочисленные, они ревностно вызволяли друг друга, всегда занимали лучшие каптёрские, хлебные и даже масляные места. Но, по справедливости рассуждая, нельзя было за то на них и обижаться: не они эти лагеря придумали, не они придумали и эту Сибирь, — и во имя какой идеи им надо было не спасать друг друга, чуждаться коммерции и долбать землю киркой?

Сейчас же, увидя этого весёлого расположенного к нему армянина за казённым столом, Олег с теплотой подумал именно о неказённости и деловитости армян.

Услышав фамилию Олега и что он тут на временном учёте, комендант охотно и легко встал, хотя был полон, и в одном из шкафов начал перебирать карточки. Одновременно, как бы стараясь развлечь Олега, он всё время произносил что-нибудь вслух — то пустые междометия, а то и фамилии, которых по инструкции он жесточайше не имел права произносить:

— Та-а-ак... Посмотрим... Калифотиди... Константиниди... Да вы садитесь, пожалуйста... Кулаев... Карануриев. Ох, затрепался уголок... Казымагомаев... Костоглотов! — И опять в пущий изъян всех правил НКВД не спросил, а сам же и назвал имя-отчество: — Олег Филимонович?

— Да.

— Та-а-ак... Лечились в онкологическом диспансере с двадцать третьего января... — И поднял от бумажки живые человеческие глаза: — Ну и как? Лучше вам?

И Олег почувствовал, что уже — растроган, что даже защипало в горле немножко. Как же мало надо: посадить за эти мерзкие столы человечных людей — и уже жизнь совсем другая. И сам уже не стянуто, запросто ответил:

— Да как вам сказать... В одном лучше, в другом хуже... — (Хуже? Как неблагодарен человек! Что ж могло быть хуже, чем лежать на полу диспансера и хотеть умереть?..) — Вообще-то лучше.

— Ну, и хорошо! — обрадовался комендант. — Да почему ж вы не сядете?

Оформление театральных билетов требовало же всё-таки времени! Где-то надо было поставить штамп, вписать чернилами дату, ещё в книгу толстую записать, ещё из другой выписать. Всё это армянин весело, незатруднённо сделал, освободил олегово удостоверение с разрешённым выездом и, уже протягивая его и выразительно глядя, сказал совсем неслужебно и потише:

— Вы... не горюйте. Скоро это всё кончится.

— Что — э т о ? — изумился Олег.

— Как что? Отметки. Ссылка. Ко-мен-дан-ты! — беззаботно улыбался он. (Очевидно, была у него в запасе работка поприятней.)

— Что? Уже есть... распоряжение? — спешил вырвать Олег.

— Распоряжение не распоряжение, — вздохнул комендант, — но есть такие намётки. Говорю вам точно. Будет! Держитесь крепче, выздоравливайте — ещё в люди выйдете.

Олег улыбнулся криво:

— В ы ш е л уже я из людей.

— Какая у вас специальность?

— Никакой.

— Женаты?

— Нет.

— И хорошо! — убеждённо сказал комендант. — Со ссыльными жёнами потом обычно разводятся — и целая канитель. А вы освободитесь, вернётесь на родину — и же́нитесь!

Женитесь...

— Ну если так — спасибо, — поднялся Олег.

Доброжелательно напутствуя кивком, комендант всё же руки ему не подал.

Проходя две комнаты, Олег думал: почему такой комендант? Отроду он такой или от поветрия? Постоянный он тут или временный? Или специально таких стали назначать? Очень это важно было узнать, но не возвращаться же.

Опять мимо бараков, опять через рельсы, через уголь, этой долгой заводской улицей Олег пошёл увлечённо, быстрей, ровней, скоро скинув и шинель от жары, — и постепенно в нём расходилось и расплескивалось то ведро радости, которое ухнул в него комендант. Лишь постепенно это доходило всё до сознания.

Потому постепенно, что отучили Олега верить людям, занимающим эти столы. Как было не помнить специально распространяемой должностными лицами, капитанами и майорами, лжи послевоенных лет о том, что будто бы подготовляется широкая амнистия для политических? Как им верили! — «мне сам капитан сказал!» А им просто велели подбодрить упавших духом — чтобы тянули! чтобы норму выполняли! чтоб хоть для чего-то силились жить!

Но об этом армянине если что и можно было предположить, то — слишком глубокую осведомлённость, не по занимаемому посту. Впрочем, и сам Олег по обрывкам газет — не того ли и ждал?

Боже мой, да ведь пора! Да ведь давно пора, как же иначе! Человек умирает от опухоли — как же может жить страна, проращённая лагерями и ссылками?

Олег опять почувствовал себя счастливым. В конце концов, он не умер. И вот скоро сможет взять билет до Ленинграда. До Ленинграда!.. Неужели можно подойти и потрогать колонну Исаакия?..

Да что там — Исаакия! Теперь же всё менялось с Вегой! Головокружительно! Теперь, если действительно... если серьёзно... — ведь это не фантазия больше! Он сможет жить здесь, с ней!

Жить с Вегой?! Жить! Вместе! Да грудь разорвёт, если только это представить!..

А как она обрадуется, если сейчас поехать и всё это ей рассказать! Почему же не рассказать? Почему не поехать? Кому ж во всём свете рассказать, если не ей? Кому ещё интересна его свобода?

А он уже был у трамвайной остановки. И надо было выбирать номер: на вокзал? Или к Веге? И надо было спешить, потому что она ж уйдёт. Уже не так высоко стояло солнце.

И опять он волновался. И тянуло его опять к Веге! И ничего не осталось от верных доводов, собранных по дороге в комендатуру.

Почему, как виноватый, как загрязнённый, он должен её избегать? Ведь что-то же думала она, когда его лечила?

Ведь молчала, ведь уходила за кадр, когда он спорил, когда просил остановить это лечение?

Почему же не поехать? Разве они не могут — подняться? не могут быть выше? Неужели они — не люди? Уж Вега-то, Вега во всяком случае!

И уже он продирался на посадку. Сколько набралось людей на остановке — и все хлынули именно на этот номер! Всем нужно было сюда! А у Олега в одной руке была шинель, в другой вещмешок, нельзя было за поручни ухватиться — и так его стиснуло, завертело и втолкнуло сперва на площадку, потом и в вагон.

Со всех сторон люто припираемый, он очутился позади двух девушек, по виду студенток. Беленькая и чёрненькая, они так оказались к нему близки, что, наверно, чувствовали, как он дышит. Его разведенные руки зажало отдельно каждую, так что не только нельзя было заплатить рассерженной кондукторше, но просто нельзя было пошевелить ни той, ни другой. Левой рукой с шинелью он как будто приобнимал чёрненькую. А к беленькой его прижало всем телом, от колен и до подбородка он чувствовал её всю, и она тоже не могла его не чувствовать. Самая большая страсть не могла бы так их сплотить, как эта толпа. Её шея, уши, колечки волос были придвинуты к нему за всякий мыслимый предел. Через старенькое своё военное суконце он принимал её тепло, и мягкость, и молодость. Чёрненькая продолжала ей что-то об институтских делах, беленькая перестала отвечать.

В Уш-Тереке трамваев не было. Так стискивали, бывало, только в воронка́х. Но там не всегда вперемешку с женщинами. Это ощущение — не подтверждалось ему, не подкреплялось десятилетиями — и тем перворождённей оно было сейчас!

Но оно не было счастьем. Оно было и горем. Был в этом ощущении порог, перейти который он не мог даже внушением.

Ну да ведь предупреждали ж его: останется *либидо*. И только оно!..

Так проехали около двух остановок. А потом хоть и тесно, но уже не столько жали сзади, и уже мог бы Олег немножечко и отслониться. Но он не сделал так: у него не стало воли оторваться и прекратить это блаженство-мучение. В эту минуту, сейчас, он ничего большего не хотел, только ещё, ещё оставаться так. Хотя бы трамвай пошёл теперь в Старый город! хотя б, обезумев, он и до ночи лязгал и кружился без остановок! хотя б он отважился на кругосветное путешествие! — Олег не имел воли оторваться первый! Растягивая это счастье, выше которого он теперь не был достоин, Олег благодарно запоминал колечки на затылке (а лица её он так и не повидал).

Оторвалась беленькая и стала двигаться вперёд.

И, выпрямляясь с ослабевших, подогнутых колен, понял Олег, что едет к Веге — на муку и на обман.

Он едет требовать от неё больше, чем от себя.

Они так возвышенно договорились, что духовное общение дороже всякого иного. Но этот высокий мост составив из рук своих и её, вот видит он уже, что его собственные подгибаются. Он едет к ней бодро уверять в одном, а думать измученно другое. А когда она уйдёт и он останется в её комнате один, ведь он будет скулить над её одеждой, над каждой мелочью.

Нет, надо быть мудрее девчёнки. Надо ехать на вокзал.

И не вперёд, не мимо тех студенток, он пробился к задней площадке и спрыгнул, кем-то обруганный.

А близ трамвайной остановки опять продавали фиалки...

Солнце уже склонялось. Олег надел шинель и поехал на вокзал. В этом номере уже не теснились так.

Потолкавшись на вокзальной площади, спрашивая и получая ответы неверные, наконец он достиг того павильона, вроде крытого рынка, где продавали билеты на дальние поезда.

Было четыре кассовых окошечка, и к каждому стояло человек по сто пятьдесят — по двести. А ведь кто-то ещё и отлучился.

Вот эту картину — многосуточных вокзальных очередей — Олег узнал, как будто не покидал. Многое изменилось в мире — другие моды, другие фонари, другая манера у молодёжи, но это было всё такое же, сколько он помнил себя: в сорок шестом году так было — и в тридцать девятом так было, и так же в тридцать четвёртом, и в тридцатом то ж. Ещё витрины, ломящиеся от продуктов, он мог вспомнить по НЭПу, но доступных вокзальных касс и вообразить даже не мог: не знали тягости уехать только те, у кого были особые книжечки или особые справки на случай.

Сейчас-то у него справка была, хоть и не очень видная, но подходящая.

Было душно, и он обливался, но ещё вытянул из мешка тесную меховую шапку и насадил её на голову, как на колодку для растяга. Вещмешок он нацепил на одно плечо. Лицу своему внушил, что двух недель не прошло, как он лежал на операционном столе под ножом Льва Леонидовича, — и в этом изнурённом сознании, с меркнущим взглядом, потащился между хвостов — туда, к окошку поближе.

Там и другие такие любители были, но не лезли к окошку и не дрались, потому что стоял милиционер.

Здесь, на виду, Олег слабым движением вытащил справку из косого кармана под полой и доверчиво протянул товарищу милиционеру.

Милиционер — молодцеватый усатый узбек, похожий на молодого генерала, — прочёл важно и объявил головным в очереди:

— Вот этого — поставим. С операцией.

И указал ему стать третьим.

Изнеможённо взглянув на новых товарищей по очереди, Олег даже не пытался втесниться, стоял сбоку, с опущенной головой. Толстый пожилой узбек под бронзовой сенью коричневой бархатной шапки с полями, вроде блюда, сам его подтолкнул в рядок.

Около кассы близко стоять весело: видны пальцы кассирши, выбрасываемые билеты, потные деньги, зажатые в руке пассажира, уже достанные с избытком из глухого кармана, из зашитого пояса, слышны робкие просьбы пассажира, неумолимые отказы кассирши — видно, что дело движется, и не медленно.

А вот подошло и Олегу наклониться туда.

— Мне, пожалуйста, один общий жёсткий до Хан-Тау.

— До куда́? — переспросила кассирша.

— До Хан-Тау.

— Что-то не знаю, — пожала она плечами и стала листать огромную книгу-справочник.

— Что ж ты, милок, общий берёшь? — пожалела женщина сзади. — После операции — и общий? Полезешь на́верх — швы разо́йдутся. Ты бы палацкарт брал!

— Денег нет, — вздохнул Олег.

Это была правда.

— Нет такой станции! — крикнула кассирша, захлопывая справочник. — До другой берите!

— Ну как же нет, — слабо улыбнулся Олег. — Она уже год действует, я сам с неё уезжал. Если б я знал — я б вам билет сохранил.

— Ничего не знаю! Раз в справочнике нет — значит, станции нет!

— Но поезда-то останавливаются! — более горячо, чем мог бы операционный, втягивался спорить Олег. — Там-то касса есть!

— Гражданин, не берёте — проходите! Следующий!

— Правильно, чего время отнимает? — рассудительно гудели сзади. — Бери, куда дают!.. С операции, а ещё ковыряется.

Ух, как бы Олег сейчас мог поспорить! Ух, как бы он сейчас пошёл вокруг, требуя начальника пассажирской службы и начальника вокзала! Ух, как любил он прошибать эти лбы и доказывать справедливость — хоть эту маленькую, нищенькую, а всё же справедливость! Хоть в этом отстаивании ощутить себя личностью.

Но железен был закон спроса и предложения, железен закон планирования перевозок! Та добрая женщина позади, что уговаривала его в плацкартный, уже совала свои деньги мимо его плеча. Тот милиционер, который только что вставил его в очередь, уже руку поднимал отвести его в сторону.

— От той мне тридцать километров добираться, а от другой семьдесят, — ещё жаловался Олег в окошечко, но это была уже, по-лагерному, жалоба зелёного фрайера. Он сам спешил согласиться: — Хорошо, давайте до станции Чу.

А эта станция и наизусть была известна кассирше, и цена известна, и билет ещё был, — и надо было только радоваться. Тут же, не отходя далеко, проверил Олег дырчатую пробивку на свет, вагон проверил, цену проверил, сдачу проверил — и пошёл медленно.

А чем дальше от тех, кто знал его как операционного, — уже распрямляясь и сняв убогую шапку, сунув её в мешок опять. Оставалось до поезда два часа — и приятно было их провести с билетом в кармане. Можно было теперь пировать: мороженого поесть, которого в Уш-Тереке уже не будет, квасу выпить (не будет и его). И хлеба-черняшки купить на дорогу. Сахару не забыть. Терпеливо налить кипятка в бутылку (большое дело — своя вода с собой!). А селёдки — ни за что не брать. О, насколько же это вольготнее, чем ехать арестантским этапом! — не будет обыска при посадке, не повезут воронком, не посадят на землю в обступе конвоиров, и от жажды не мучиться двое суток! Да ещё, если удастся, захватить третью, багажную, полку, там растянуться во всю длину — ведь не на двоих, не на троих она будет — на одного! Лежать — и болей от опухоли не слышать. Да ведь это же счастье! Он счастливый человек! На что он может жаловаться?..

Ещё и комендант что-то сболтнул про амнистию...

Пришло долгозванное счастье жизни, пришло! — а Олег его почему-то не узнавал.

В конце концов, ведь есть же «Лёва» и на «ты». И ещё другой кто-нибудь. А нет — сколько возможностей!.. Появляется взрывом один человек в жизни другого.

Утреннюю луну сегодня когда он увидел — он верил! Но луна-то была — ущербная...

Теперь надо было выйти на перрон — гораздо раньше выйти, чем будет посадка на его поезд: когда будут пустой их состав подавать, уже надо будет заметить вагон и бежать к нему, захватывать очередь. Олег пошёл посмотрел расписание. Был поезд в другую сторону — семьдесят пятый, на который уже должна была идти посадка. Тогда, выработав в себе запышку и быстро проталкиваясь перед дверью, он спрашивал у кого попало, и у перронного контролёра тоже (билет же вытарчивал из его пальцев):

— Семьсь пятый — уже?.. семьсь пятый — уже?..

Очень он был испуган опоздать на семьдесят пятый, и контролёр, не проверяя билета, подтолкнул его по огрузневшему, распухшему заспинному мешку.

По перрону же Олег стал спокойно гулять, потом остановился, сбросил мешок на каменный выступ. Он вспомнил другой такой смешной случай — в Сталинграде, в тридцать девятом году, в последние вольные деньки Олега: уже после договора с Риббентропом, но ещё до речи Молотова и до указа о мобилизации девятнадцатилетних. Они с другом в то лето спускались по Волге на лодке, в Сталинграде лодку продали, и надо было на поезд — возвращаться к занятиям. А порядочно у них было вещей от лодочной езды, еле тянули в четырёх руках, да ещё в каком-то глухом сельмаге приятель Олега купил репродуктор — в Ленинграде в то время их нельзя было купить. Репродуктор был большой открытый раструб без футляра — и друг боялся его помять при посадке. Они вошли в сталинградский вокзал — и сразу оказались в конце густой очереди, занявшей весь зал, заставившей его деревянными чемоданами, мешками, сундучками, — и пробиться прежде времени было невозможно, и грозило им на две ночи остаться без лежачих мест. А на перрон тогда свирепо не пускали. И Олега осенило: «Уж дотащишь как-нибудь все вещи до вагона, хоть самый последний?» Он взял репродуктор и лёгким шагом пошёл к служебному запертому проходу. Через стекло важно помахал дежурной репродуктором. Та отперла. «Ещё вот этот поставлю — и всё», — сказал Олег. Женщина кивнула понимающе, будто он тут целый день таскался с репродукторами. Подали поезд — он прежде посадки первый вскочил и захватил две багажных полки.

Ничего не изменилось за шестнадцать лет.

Олег похаживал по перрону и видел тут других таких хитрых, как он: тоже прошли не к своему поезду и здесь с вещами ждали. Немало их было, но всё же перрон был куда свободней, чем вокзал и привокзальные скверы. Тут беспечно гуляли и с семьдесят пятого люди свободные, одетые хорошо, у которых места были нумерованы, и никто без них захватить не мог. Были женщины с подаренными букетами, мужчины с пивными бутылками, кто-то кого-то фотографировал, — жизнь недоступная и почти непонятная. В тёплом весеннем вечере этот долгий перрон под навесом напоминал что-то южное из детских лет — может быть Минеральные Воды.

Тут Олег заметил, что на перрон выходит почтовое отделение и даже прямо на перроне стоит четырёхскатный столик для писем.

И — заскребло его. Ведь это надо. И лучше сейчас, пока не раздробилось, не затёрлось.

Он втолкнулся с мешком внутрь, купил конверт, — нет, два конверта с двумя листами бумаги, — нет, ещё и открытку, — и вытолкнулся опять на перрон. Мешок с утюгом и буханками он поставил между ног, утвердился за покатым столиком и начал с самого лёгкого — с открытки:

«Здорово, Дёмка!

Ну, был в зоопарке! Скажу тебе: это вещь! Такого — никогда не видел. Пойди обязательно. Белые медведи, представляешь? Крокодилы, тигры, львы. Клади на осмотр целый день, там и пирожки внутри продают. Не пропусти винторогого козла. Не торопясь постой около него — и подумай. Ещё если увидишь антилопу Нильгау — тоже... Обезьян много, посмеёшься. Но одной нет: макаке-резус злой человек насыпал в глаза табаку — просто так, ни за чем. И она ослепла.

Скоро поезд, спешу.

Выздоравливай — и будь человек! На тебя — надеюсь!

Алексею Филиппычу пожелай от меня доброго! Я надеюсь — он выздоровеет.

Жму руку!

Олег.»

Писалось легко, только ручка очень мазала, перья были перекособочены или испорчены, взрывали бумагу, упирались в неё как лопата, и в чернильнице хранились лохмотья, так что при всей обереге страшным на вид выходило письмо:

«Пчёлка Зоенька!

Я благодарен вам, что вы разрешили мне прикоснуться губами — к жизни настоящей. Без этих нескольких вечеров я был бы совсем, ну совсем какой-то обокраденный.

Вы были благоразумнее меня — зато теперь я могу уехать без угрызений. Вы приглашали меня зайти — а я не зашёл. Спасибо! Но я подумал: останемся с тем, что было, не будем портить. Я с благодарностью навсегда запомню всё ваше.

Искренне, честно желаю вам — самого счастливого замужества!

Олег.»

Это как во внутренней тюрьме: в дни заявлений давали вот такую же мерзость в чернильнице, перо вроде этого, а бумага — меньше открытки, и чернила сильно плывут, и насквозь проступают. Пиши кому хочешь, о чём хочешь.

Олег перечёл, сложил, вложил, хотел заклеить (с детства помнил он детективный роман, где всё начиналось с путаницы конвертов) — но не тут-то было! Лишь утемнение на скосах конверта обозначало то место, где по ГОСТу подразумевался клей, а не было его, конечно.

И, обтерев из трёх ручек не самое плохое перо, Олег задумался над последним письмом. То он твёрдо стоял, даже улыбался. А сейчас всё зыбилось. Он уверен был, что напишет «Вера Корнильевна», а написал:

«Милая Вега!

(Я всё время порывался вас так назвать, ну — хоть сейчас.)

Можно мне написать вам совсем откровенно — так, как мы не говорили с вами вслух, но — ведь думали? Ведь это не просто больной — тот, кому врач предлагает свою комнату и постель?

Я несколько раз к вам шёл сегодня! Один раз — дошёл. Я шёл к вам и волновался, как в шестнадцать лет, как, может быть, уже неприлично с моей биографией. Я волновался, стеснялся, радовался, боялся. Ведь это надо столько лет исколотиться, чтобы понять: Бог посылает!

Но, Вега! Если б я вас застал, могло бы начаться что-то неверное между нами, что-то насильно задуманное! Я ходил потом и понял: хорошо, что я вас не застал. Всё, что мучились вы до сих пор и что мучился до сих пор я, — это по крайней мере можно назвать, можно признать! Но то, что началось бы у нас с вами, — в этом нельзя было бы даже сознаться никому! Вы, я, и между нами это — какой-то серый, дохлый, но всё растущий змей.

Я — старше вас, не так по годам, как по жизни. Так поверьте мне: вы — правы, вы во всём, во всём, во всём правы! — в вашем прошлом, в вашем сегодняшнем, но только будущую себя угадать вам не дано. Можете не соглашаться, но я предсказываю: ещё прежде, чем вы доплывёте до равнодушной старости, вы благословите этот день, когда не разделили моей судьбы. (Я не о ссылке совсем говорю — о ней даже слух, что кончится.) Вы полжизни своей закололи, как ягнёнка, — пощадите вторую!

Сейчас, когда я всё равно уезжаю (а если кончится ссылка, то проверяться и дальше лечиться я буду не у вас, значит — мы прощаемся), я открою вам: и тогда, когда мы говорили о самом духовном, и я честно тоже так думал и верил, мне всё время, всё время хотелось — вскинуть вас на руки и в губы целовать!

Вот и разберись.

И сейчас я без разрешения — целую их.»

То же было и на втором конверте: отемнённая полоска, совсем не клейкая. Всегда Олег почему-то думал, что это — не случайно, это — чтоб цензуре легче работать.

А за спиной его — хо-го! — пропала вся предусмотрительность и хитрость — уже подавали состав и бежали люди!

Он схватил мешок, схватил конверты, втиснулся в почту:

— Где клей? Девушка! Клей есть у вас? Клей!

— Потому что уносят! — громко объяснила девушка. Посмотрела на него, нерешительно выставила баночку: — Вот тут, при мне, клейте! Не отходя.

В чёрном густом клее маленькая ученическая кисточка по всей длине давно обросла засохшими и свежими комьями клея. Почти не за что было ухватить, и мазать надо было — всем телом ручки, как пилой водя по конвертной укосине. Потом пальцами снять лишнее. Заклеить. Ещё снять пальцем избыточный, выдавленный.

А люди — бежали.

Теперь: клей — девушке, мешок — в руки (он между ногами всё время, чтоб не упёрли), письма — в ящик, и самому бегом!

Как будто и доходяга, как будто и сил нет, а бегом — так бегом!

Наперерез тем, кто, сволакивая тяжёлые вещи с перрона на пути и потом взволакивая на вторую платформу, бежал из главных выпускных ворот, — Олег донёсся до своего вагона и стал примерно двадцатым. Ну, к ставшим ещё подбегали свои, ну пусть будет тридцатым. Второй полки не будет, но ему и не надо по длинным ногам. А багажной должно бы хватить.

Все везли какие-то однообразные корзины, и вёдра даже — не с первой ли зеленью? Не в ту ли Караганду, как рассказывал Чалый, исправлять ошибки снабжения?

Седой старичок-кондуктор кричал, чтобы стали вдоль вагона, чтоб не лезли, что всем место будет. Но это последнее у него не так уже уверенно было, а хвост позади Олега рос. И сразу же заметил Олег движение, которого опасался: движение прорваться поперёд очереди. Первым таким лез какой-то бесноватый кривляка, которого незнающий человек принял бы за психопата, и пусть себе идёт без очереди, но Олег за этим психопатом сразу узнал *полуцвета* с этой обычной для них манерой пугать. А вслед за крикуном подпирали и простые тихие: этому можно, почему не нам?

Конечно, и Олег мог бы так же полезть, и была б его верная полка, но насточертело это за прошлые годы, хотелось по чести, по порядку, как и кондуктору-старичку.

Старичок всё-таки не пускал бесноватого, а тот уже толкал его в грудь и так запросто матерился, как будто это были самые обычные слова речи. И в очереди сочувственно загудели:

— Да пусть идёт! Больной человек!

Тогда Олег сорвался с места, в несколько больших шагов дошёл до бесноватого и в самое ухо, не щадя перепонки, заорал ему:

— Э-э-эй! Я тоже — оттуда!

Бесноватый откинулся, ухо потёр:

— Откуда?

Олег знал, что слаб сейчас драться, что это всё на последних силах, но на всякий случай обе длинных руки у него были свободны, а у бесноватого одна с корзиной. И, нависнув над бесноватым, он теперь, наоборот, совсем негромко отмерил:

— *Где девяносто девять плачут, один смеётся.*

Очередь не поняла, чем излечен был бесноватый, но видели, как он остыл, моргнул и сказал длинному в шинели:

— Да я ничего не говорю, я не против, садись хоть ты.

Но Олег остался стоять рядом с бесноватым и с кондуктором. На худой-то конец, отсюда и он полезет. Однако подпиравшие стали расходиться по своим местам.

— Пожалуйста! — укорял бесноватый. — Подождём!

И подходили с корзинами, с вёдрами. Под мешочной накрывой иногда ясно была видна крупная продолговатая лилово-розовая редиска. Из трёх двое предъявляли билет до Караганды. Вот для кого Олег очередь установил! Садились и нормальные пассажиры. Женщина какая-то приличная, в синем жакете. Как сел Олег — так за ним уверенно вошёл и бесноватый.

Быстро идя по вагону, Олег заметил небоковую багажную полку, ещё почти свободную.

— Так, — объявил он. — Корзинку эту сейчас передвинем.

— Куда? чего? — всполошился какой-то хромой, но здоровый.

— Того! — отозвался Костоглотов уже сверху. — Людям ложиться негде.

Полку он освоил быстро: вещмешок пока сунул в головы, вытащив из него утюг; шинель снял, расстелил, и гимнастёрку сбросил — тут, наверху, всё можно было. И лёг остывать. Ноги его в сапогах сорок четвёртого размера нависали над проходом на полголени, но так высоко не мешали никому.

Внизу тоже разбирались, остывали, знакомились.

Тот хромой, общительный, сказал, что раньше ветфельдшером был.

— И чего ж бросил? — удивились.

— Да что ты! — чем за каждую овечку на *скамью* садиться, отчего подохла, я лучше буду инвалид, да овощи свезу! — громко разъяснял хромой.

— Да чего ж! — сказала та женщина в синем жакете. — Это при Берии за овощи, за фрукты ловили. А сейчас только за промтовары ловят.

Солнце было уже, наверно, последнее, да его и заслонял вокзал. Внизу купе ещё было светловато, а наверху тут —

сумерки. Купированные и мягкие сейчас гуляли по платформе, а тут сидели на занятом, вещи устраивали. И Олег вытянулся во всю длину. Хорошо! С поджатыми ногами очень плохо двое суток ехать в арестантском вагоне. Девятнадцати человекам в таком купе очень плохо ехать. Двадцати трём ещё хуже.

Другие не дожили. А он дожил. И вот от рака не умер. Вот и ссылка уже колется, как яичная скорлупа.

Он вспомнил совет коменданта жениться. Все будут скоро советовать.

Хорошо лежать. Хорошо.

Только когда дрогнул и тронулся поезд — там, где сердце, или там, где душа, — где-то в главном месте груди — его схватило — и потянуло к оставляемому. И он перекрутился, навалился ничком на шинель, ткнулся лицом зажмуренным в угловатый мешок с буханками.

Поезд шёл — и сапоги Костоглотова, как мёртвые, побалтывались над проходом носками вниз.

1963–1967

ОГЛАВЛЕНИЕ

ЧАСТЬ ПЕРВАЯ

1. Вообще не рак 5
2. Образование ума не прибавляет 13
3. Пчёлка 28
4. Тревоги больных 41
5. Тревоги врачей 57
6. История анализа 67
7. Право лечить 82
8. Чем люди живы 95
9. Tumor cordis 107
10. Дети 120
11. Рак берёзы 132
12. Все страсти возвращаются 150
13. И тени тоже 171
14. Правосудие 181
15. Каждому своё 193
16. Несуразности 204
17. Иссык-кульский корень 212
18. «И пусть у гробового входа...» 227
19. Скорость, близкая свету 238
20. Воспоминание о Прекрасном 254
21. Тени расходятся 268

ЧАСТЬ ВТОРАЯ

22. Река, впадающая в пески 281
23. Зачем жить плохо? 287
24. Переливая кровь 309

25. Вега 323
26. Хорошее начинание 337
27. Что кому интересно 352
28. Всюду не́чет 365
29. Слово жёсткое, слово мягкое 379
30. Старый доктор 393
31. Идолы рынка 406
32. С оборота 421
33. Счастливый конец 435
34. Потяжелей немного 447
35. Первый день творения 457
36. И последний день 482

Повесть задумана А. И. Солженицыным летом 1954 в Ташкенте, где он лечился в раковом корпусе. Однако замысел лежал без движения почти 10 лет. В 1964 автор ездил из Средней России в Ташкент для встречи с его бывшими врачами-онкологами и для уточнения некоторых медицинских обстоятельств. Вплотную А. И. Солженицын писал «Раковый корпус» с осени 1965. В 1966 повесть была предложена «Новому миру», отвергнута, — и тогда пущена автором в самиздат. Осенью 1967 «Новый мир» решил всё же печатать повесть, но встретил твёрдый запрет в верхах.

В 1968 «Раковый корпус» был опубликован по-русски за границей. Впоследствии переведен практически на все европейские языки и на ряд азиатских. На родине впервые напечатан в 1990.

О прототипах героев:

Костоглотов возник соединением жизненной биографии знакомого фронтового сержанта — и личного опыта писателя. Прототип *Русанова* лежал в раковом корпусе в другое время, его больничное поведение взято автором из рассказов однопалатников, а сам он списан с двух разных лиц — одного крупного эмвэдешника и одного школьного парторга. Истинная медицинская история *Вадима Зацырко* совмещена с образом его здорового брата, которого автор знал. Подобным соединением двух лиц получен *Ефрем Поддуев. Дёмка* слился из кок-терекского ссыльного ученика А. И. Солженицына и мальчика с больной ногой в ташкентском онкодиспансере. *Шулубин* не имеет частных прототипов. Большинство же прочих больных списаны с натуры, многие оставлены под своими именами. Также почти без изменений взяты врачи, заведующие лучевым и хирургическим отделениями (истинные фамилии — Л. А. Дунаева и А. М. Статников).

Литературно-художественное издание

Солженицын Александр Исаевич
Раковый корпус
Роман

Художественный редактор *О.Н. Адаскина*
Компьютерный дизайн: *А.Р. Казиев*
Технический редактор *О.В. Панкрашина*
Младший редактор *Н.К. Белова*

Общероссийский классификатор продукции
ОК-005-93, том 2; 953000 — книги, брошюры

Гигиеническое заключение
№ 77.99.11.953.П.002870.10.01 от 25.10.2001 г.

ООО «Издательство АСТ»
368560, Республика Дагестан, Каякентский район,
с. Новокаякент, ул. Новая, д. 20
Наши электронные адреса:
WWW.AST.RU
E-mail: astpub@aha.ru

При участии ООО «Харвест». Лицензия ЛВ № 32 от 10.01.2001. РБ, 220013, Минск, ул. Кульман, д. 1, корп. 3, эт. 4, к. 42.

Республиканское унитарное предприятие «Полиграфический комбинат имени Я. Коласа». 220600, Минск, ул. Красная, 23.